U0670033

中 国 古 代 民 族 走 廊 丛 书
ZHONGGUOGUDAIMINZUZOULANGCONGSHU

辽西走廊

LIAOXIZOULANG

石 硕 主 编

程妮娜 李忠芝
赵红梅 辛时代 著

青海人民出版社

图书在版编目（CIP）数据

辽西走廊 / 程妮娜等著. -- 西宁 : 青海人民出版社, 2025.1
（中国古代民族走廊丛书 / 石硕主编）
ISBN 978-7-225-06661-5

Ⅰ. ①辽… Ⅱ. ①程… Ⅲ. ①文化交流—文化史—研究—辽宁 Ⅳ. ①K293.1

中国国家版本馆 CIP 数据核字（2023）第 236558 号

中国古代民族走廊丛书

石硕　主编

辽西走廊

程妮娜　等著

出 版 人　樊原成
出版发行　青海人民出版社有限责任公司
西宁市五四西路 71 号　邮政编码：810023　电话：（0971）6143426（总编室）
发行热线　（0971）6143516 / 6137730
网　　址　http://www.qhrmcbs.com
印　　刷　陕西龙山海天艺术印务有限公司
经　　销　新华书店
开　　本　890 mm × 1240 mm　1/32
印　　张　13.5
字　　数　250 千
版　　次　2025 年 1 月第 1 版　2025 年 1 月第 1 次印刷
书　　号　ISBN 978-7-225-06661-5
定　　价　68.00 元

总　序

2021年青海人民出版社社科编辑部负责人李兵兵联系我组织和出版一套“中国古代民族走廊丛书”计划时，我心里不禁暗自佩服其眼光、见识。编辑因阅文无数，眼界开阔和捕捉新选题的敏锐度，往往为专治某一领域学者所难以比拟。今呈现于读者面前的这套“中国古代民族走廊丛书”，正是青海人民出版社长达数年精心策划、组织和锲而不舍努力的结果。

古代民族走廊的研究，始于1980年改革开放之初。其时，著名民族学、人类学和社会学家费孝通在深刻反思过去30年我国的民族研究后，提出两个基本思路：一是要从“中华民族所在地域”的整体视野来开展民族研究；二是要打破按行政区划研究民族的格局，主张按照“历史形成的民族地区”进行民族研究。什么是“历史形成的民族地区”？费孝通提出一个基本框架，他将“中华民族所在地域”大致划分为“六大板块”和“三大走廊”。“六大板块”即北部草原、东北角的高山森林区、青藏高原、云贵高原、沿海地区、中原地区；“三大走廊”即藏彝走廊、河西走廊、南岭走廊。这“六大板块”和“三大走廊”，正是我国主要的“历史形成的民族地区”。后来有学者以此为基础，进一步将之归纳为“六区－三廊－诸岛（沿海诸岛）”，则更为全面。[①]

为何要以“历史形成的民族地区”来开展中国的民族研究？费孝通作了这样的阐释：“我们需要一个宏观的、全面的、整体的观念，看中国民族大家庭里的各个成分在历史上是怎样运动的。”[②] 费孝通以“历史形成的民族地区”来开展民族研究的倡议，得到了民族学界的热烈响应与支持。1981 年中国西南民族研究学会在昆明召开成立大会，首任会长马曜先生和李绍明、童恩正、何耀华等诸多民族学、人类学前辈学者做出一个重要决定——组成“六江流域”（指藏彝走廊地区）民族综合考察队，对该区域的民族、文化开展实地调查。费孝通闻知此消息后十分欣喜，指出：

> 这次我听说你们要搞六江流域的综合调查，我真是十分高兴。民族研究一定要把考古、历史、语言、社会调查结合起来。搞综合研究要有一套合作的办法和合作的组织，这方面我们才开始，没经验，有很多困难，怎么办？不要怕，这是必须走的一条道路。我说你们的计划很好，一是跨省，二是跨学科，打破了过去的老框框，照这样做，看来民族研究就可以提高一步。[③]

---

① 参见徐新建：《“群族地理”与“生态史学”》，载石硕主编：《藏彝走廊：历史与文化》，成都：四川人民出版社，2005 年，第 82—110 页。

② 费孝通：《谈深入开展民族调查问题》，《中南民族学院学报》（哲学社会科学版）1982 年第 3 期。

③ 费孝通：《支持六江流域民族的综合调查》，载《费孝通全集》第九卷，呼和浩特：内蒙古人民出版社，2009 年，第 270 页。

1981 年的六江流域民族综合调查是藏彝走廊研究的开端，也是改革开放初期我国民族研究的“破冰之旅”。其价值和意义在于打破过去按行政区划研究民族的范式，开始按照“历史形成的民族地区”进行民族研究，这标志我国民族研究开始迈向一个新阶段。

随着藏彝走廊研究的启动，河西走廊、南岭走廊的研究也纷纷跟进。此外，历史上东北民族进入华北平原的“辽西走廊”也日渐受到学界的认同、重视和研究。这使得民族走廊研究异军突起，开始成为民族研究的一个热点，并逐渐开辟了我国民族研究的新局面。可以说，近 40 年来我国民族研究中不少有学术分量、有时代特点的成果，很多是以民族走廊为研究对象而产生的。从此意义上说，民族走廊的研究，很大程度上成为引领和开拓我国民族研究新局面的一个重要突破口。

值得深思的是，为何民族走廊研究能够开辟我国民族研究的新局面？我想，这大致有以下三个原因 ：

首先，民族走廊不同于民族聚居区，民族聚居区多为某一个或几个民族的传统聚居区域，民族及文化特色呈现较大稳定性和单一性。与之相比，民族走廊却完全不同。民族走廊是历史上民族频繁流动的场所，也是民族间发生交流、联系的典型区域。因民族种类及支系众多、流动性大且民族间交流频繁，民族及文化的复合性和多样性表现十分突出，蕴藏和积淀着丰富的民族文化现象。所以，同板块型的传统民族聚居区相比，民族走廊既是各民族交流、接触地带，也是各民族吸纳其他民族因素，促成其社会文化发生变迁的重要窗口。不同民族、不同社会的发展演进从来不可能在封闭的环境中发生。中国 56 个民族中也没有一个民族是一座孤岛。文明、民族与文化间的接触、交流和相互吸纳，从来就是发展的前提和基础。所以，从此意义上说，民族走廊不但是我们观察、认识历史上各民族发展及其社会变迁的关键区域，也是我们从现实角度理解民族内涵及民族边界的重要场所。

其次，民族走廊多是连接民族聚居区的通道、桥梁，也是各民族交往接触的枢纽。在历史长河中，民族走廊恒久不变的主题是“流动”。在这里，人群是不断流动和变换的，可谓“你方唱罢我登场”。各民族在此密切接触与互动，形成文化及习俗上相互吸纳，你中有我、我中有你的格局。这种局面，给民族走廊地区带来了一个重要特点——民族之间的排斥性较少，民族观及文化态度更为包容，即排他性弱而兼容性强，无论是对不同语言、宗教信仰，还是异质性的文化与风俗，都持一种更宽容态度。正是这种宽容，使得各民族的宗教信仰、语言、风俗习惯得以相互容纳、相互渗透，传统与现代也得以更好地兼容并存，形成“同中有异，异中有同”的和谐局面。由于排他性小且包容性强，很多古老的历史遗留与文化遗产也得以延续和保留，人们在民族走廊中往往能更多观察到民族与文化的历史变迁，能看到或感受到历史与现实的相互交织以及累层叠压之生动情形，从而对我们理解民族历史发展脉络及民族间的互动与交往交流，提供了更丰富的视角。

第三，在中国的民族格局中，民族走廊是认识、把握中国民族特点与变迁的关键节点和典型区域。费孝通在 1978 年针对藏彝走廊指出：“我们以康定为中心向东和向南大体划出了一条走廊。把这条走廊中一向存在着的语言和历史上的疑难问题，一旦串联起来，有点像下围棋，一子相联，全盘皆活。这条走廊正处在藏彝之间，沉积着许多现在还活着的历史遗留，应当是历史与语言科学的一个宝贵园地。”[①] 因此，从走廊角度来看待历史上的民族流动及相互联系，即抓住了理解民族的“纲”，纲举目张，很多关键和要害之处就自然凸显出来。

我是藏彝走廊研究的较早参与者。2004 年，在前辈民族学家李绍明先生带领下，我们在成都召开了“藏彝走廊：历史与文化学术研讨会”，这是全国首次以“藏彝走廊”为主题的学术会议，出版的《藏彝走廊：历史与文化》会议论文集，[②] 激发起学界对民族走廊的兴趣与关注。此后，在李绍明先生和台湾学者黄树民先生的带领和参与下，我们又召开了“藏彝走廊族群互动中美学术合作研讨会”“藏彝走廊族群认同与区域文化发展：现今与历史两岸学术研讨会”等学术会；并于 2009 年昆明国际人类学与民族学联合会第十六届世界大会上成功举办藏彝走廊专题会议“藏彝走廊：文化多样性、族际互动与发展”，吸引众多中外学者参与，引起较大反响。自此之后，不少学者如黄树民先生、王铭铭教授、中国社科院民族学与人类学研究所的翁乃群研究员、中山大学刘志扬教授等以及川滇及东南各地学者纷纷参与到藏彝走廊的研究之中，在当地建立田野点和工作站，一方面将之作为培养学生的田野实习基地，同时也通过深入广泛的实地考察，对藏彝走廊的民族与文化现象作细致深入的研究。以我多年对藏彝走廊进行实地考察和研究的切身体会而言，藏彝走廊让我真切感受到民族及文化的多样性和复杂性，也真切感受到教科书传播的知识体系同民族实际生活状态之间存在的距离。这充分说明，民族研究离不开田野，文献与文本尽管是认识民族的重要渠道，但其局限性仍

① 费孝通：《关于我国民族的识别问题》，《中国社会科学》1980 年第 1 期。

② 石硕主编：《藏彝走廊：历史与文化》，成都：四川人民出版社，2005 年。

不言而喻，唯有与田野相结合，文献与文本才具有巨大的生命力。从某种意义上说，民族走廊为我们了解民族社会历史变迁提供了一个最佳的实地观察窗口。

正如费孝通指出："中国民族的实质取决于中国悠久的历史。"[①] 要真正认识和理解中国民族，离不开历史的纬度。这套"中国古代民族走廊丛书"，为我们从历史纬度认识中国民族提供了一个便捷的门径。

今天，各民族交往交流交融正成为我国民族研究的重要主题。翁独健先生指出："如果说我国历史上民族关系有主流的话，主流就是各民族日益接近、相互吸取，相互依存。"[②] 很显然，使中国民族之间"日益接近、相互吸取，相互依存"的基本途径，正是各民族间的交往交流交融。而民族走廊作为民族之间交往交流交融的典型区域，其意义与价值不言而喻。我想，这同样是出版这套"中国古代民族走廊丛书"的意义所在。

石　硕

2023 年 7 月 11 日于川大江安花园

---

① 费孝通：《顾颉刚先生百年祭》，《读书》1993 年第 11 期。

② 翁独健：《中国民族关系史纲要》，北京：中国社会科学出版社，2001 年，第 16 页。

目　录

绪　论　1

第一章
多元交汇的辽西走廊早期文明　29
第一节　辽西走廊早期人类的足迹　29
第二节　辽西走廊原始族群的发展与文明曙光　34

第二章
青铜时代辽西走廊多族群的往来、更替与消长　67
第一节　夏及商初辽西走廊方国的兴衰　67
第二节　北方诸族在辽西走廊的更替与发展　77

第三章
辽西走廊长城内外胡汉交往与迁徙　95
第一节　燕国征东胡与辽西走廊设置郡县　96
第二节　塞外乌桓迁入辽西　103
第三节　曹操征三郡乌桓　111
第四节　鲜卑入辽西　120

第四章

三燕政权称雄辽西走廊 132
第一节 慕容廆政权崛起辽西 132
第二节 前燕政权的建立与发展 145
第三节 后燕统辖辽西 152
第四节 北燕经营辽西 161

第五章

营州时期辽西走廊多民族交融与发展 170
第一节 北魏时期营州与辽西走廊民族的变迁 170
第二节 隋朝边地重镇营州及辽西走廊民族交流与发展 180
第三节 唐朝东北军政中心营州与辽西走廊的族群 198

第六章

医巫闾山契丹帝后家园 231
第一节 东丹国与医巫闾山 232
第二节 契丹帝后陵与医巫闾山 234
第三节 守陵斡鲁朵与医巫闾山谒陵祭祀 256

第七章

辽金元时期辽西走廊多民族社会发展与交融 265
第一节 辽西走廊的人口流动与分布 265
第二节 辽西走廊交通道的发展 286
第三节 辽西走廊的经济发展 298
第四节 辽西走廊的文化交融 313

第八章
明清时期辽西走廊的治理与开发 335
第一节 都司卫所治边城 336
第二节 马市贸易促交融 353
第三节 清朝东北闭关与闯关 361
第四节 关东文化的嬗变 380

参考文献 393
古籍 393
考古学发掘、调查报告 399
中国现代论著 405
外国现代论著 419

后 记 420

绪　论

“辽西走廊”是连接东北平原与华北平原的交通走廊，古代东北地区是以少数民族为主的多民族聚居地，华北平原则是华夏——汉族的故乡。辽西走廊是东北各民族南下中原；汉族北上东北、西北去东蒙古草原、东往朝鲜半岛的重要通道。几千年来这里书写了多民族交往交流交融的历史篇章，从一个侧面描绘了中华民族多元一体格局从萌芽、演进、形成、发展到巩固的历史进程。

一、辽西走廊的自然环境与北镇山

辽西走廊的地理范围，东部滨渤海，南部至燕山，西部抵达七老图山，北面是科尔沁沙地，东北接辽河平原。这里地处蒙古高原向辽河平原的过渡地带，地势由西北向东南倾斜。由七老图山向东，有努鲁儿虎山、松岭、黑山、医巫闾山，除七老图山为西北—东南走向外，其他诸山皆为东北—西南走向。七老图山属燕山山脉的支脉，为老哈河与滦河的分水岭，最高峰海拔 2000 多米，山的东侧主要是低山、丘陵地带，渤海沿岸为海拔仅 50

米的狭长带状海滨平原。辽西走廊为温暖带气候，除山地和西北部风沙区属于亚干旱气候区外，其他地区属湿润和亚湿润气候区，宜于农业、畜牧业生产，适合人类生活。[①]

这一区域内,东部和中部有大凌河（古称白狼水)、小凌河（古称唐就水、彭卢水、小灵河)、女儿河（古称屠河、徒河)、六股河（古称封大水、六州河）等，东流注入渤海。大凌河是辽西走廊区域内最大的河流,有南、西、北三个源头，南支发源于辽宁省建昌县境内，西支发源于河北省平泉市境内，北支发源于辽宁省凌源市境内，在喀左县境内汇合后形成干流，流向东北，流经朝阳、北票、义县、凌海、盘锦，最终向东注入渤海。大凌河干流全长 397 公里，贯穿辽西走廊，流域面积为 2.38 万平方公里。主干支流众多，较大支流有牤牛河，又名“北土河”，发源于内蒙古奈曼旗境内，全长 136 公里，流经阜新、北票，在北票境注入大凌河。第二牤牛河，又名“牛儿河”，发源于建平县境内努鲁儿虎山，该河流长 66 公里，至水泉东注入大凌河南源。老虎山河，发源于内蒙古敖汉旗境内，该河流长 75 公里，于朝阳县境内注入大凌河。细河，源于阜新县，流经义县，义县境内 23 公里长，注入大凌河。宋杖子河，又称“石塔河”，源于河北平泉境内，在凌源市注入大凌河西源。大凌河流域东邻绕阳河、柳河，南有小凌河、六股河,西与滦河支流青龙河为邻,北与老哈河、教来河相邻。[②]西部有老哈河、教来河，老哈河发源于七老图山，长 400 多公里，两岸有英金河、海棠河等许多支流汇入，东北流入西拉木伦河后

① 高秀静主编：《中国分省系列地图册 · 辽宁》，北京：中国地图出版社，2019 年，第 8—9 页。

② 单丽、路成宽：《大凌河流域地表水资源状况分析》，《东北水利水电》2008 年第 4 期。

汇合成西辽河。教来河发源于内蒙古敖汉旗金厂沟梁镇，流经奈曼旗汇入西辽河，长 400 多公里。辽西走廊内部河流与山脉交错，形成一条条河谷天然孔道，自古以来是人群出行的交通廊道。

坐落在辽西走廊东北部的医巫闾山，位于辽宁省北镇市西北五公里处，山势自东北延伸向西南，纵长 45 公里，横宽 14 公里，面积为 630 平方公里，主峰望海山海拔 866.6 米，属阴山山系松岭山脉，山势雄伟，峰峦秀耸，松柏参天，溪水潺潺。由太行山而东，山脉峰峦高峻，以医巫闾山为诸山之冠，《辽东志》赞曰“山以医巫闾为灵秀之最”。

医巫闾山古代又有无虑山、无闾山、六山之称，《周礼·夏官司马》称：“东北曰幽州，其山镇曰医无闾。”西周时，医巫闾山已有北部镇山之说。秦汉大一统中央集权王朝建立后，在帝王的祭祀活动之中，山川祭祀不仅仅是简单的通神信仰，而是国家政权重要的地理符号，象征着君主对四方土地的控制。西汉王朝国家祭祀中，天子祭天下名山大川，“五岳视三公，四渎视诸侯”①。东晋明帝太宁三年（325 年）七月，始诏立北郊，然未及建而帝崩。及成帝咸和八年（333 年）正月，追述前旨，方立北郊，其中“地郊则五岳、四望、四海、四渎、五湖、五帝之佐、沂山、岳山、白山、霍山、医无闾山、蒋山、松江、会稽山、钱唐江、先农，凡四十四神也”②。然东晋时，医巫闾山并不在其辖区之内，此为遥祭，以示恢复先祖基业的决心。北魏文成帝和平元年（460 年），鲜卑皇帝东巡，“幸辽西，望祀医无

① （汉）班固：《汉书》卷 25《郊祀志第五上》，北京：中华书局，1962 年，第 1193 页

② （唐）房玄龄等：《晋书》卷 19《礼志上》，北京；中华书局，1974 年，第 584—585 页

闾山”[①]。隋统一南北后，文帝开皇十四年（594年）闰十月，“诏东镇沂山，南镇会稽山，北镇医无闾山，冀州镇霍山，并就山立祠”。十六年（596年）正月，“又诏北镇于营州龙山立祠”[②]。自隋文帝时期，医巫闾山正式纳入王朝四镇祭祀，为历代王朝所继承。

唐代王朝祭礼更加完备，“五岳、四镇、四海、四渎，年别一祭，各以五郊迎气日祭之”，“北镇医无闾山，于营州”，“其牲皆用太牢，笾、豆各四。祀官以当界都督刺史充”[③]。五郊迎气日，是指立春、立夏、立秋、立冬日以及立秋前十八天，由当地的地方长官充当祭祀官主持岳、镇祭祀。北镇医巫闾山位于营州（治所在今辽宁朝阳），每年立春、立夏、立秋、立冬日以及立秋前十八天，由营州都督充祭祀官，在北镇庙以太牢（牛、羊、猪三牲）祭祀山神。此外，朝廷夏至祭方丘、腊日蜡祭，岳镇皆从祀。唐玄宗天宝十年（751年），正月甲子，有事于南郊，合祭天地，大赦天下，玄宗制曰：“五岳四渎及诸镇山，宜令专使分往致祭其名山大川及诸灵迹，先有祠庙者，各令郡长官逐便致祭。”二月，以“范阳郡司马毕悦祭医无闾山广宁公”[④]。从史籍记载看，唐代最早册封北镇医巫闾山神，封号为“广宁公”。

唐末，王朝再次陷于分裂，宋与辽、金南北对峙，医巫闾山不在宋朝境内。然而，岳镇海渎祭祀除了祈求风调雨顺之外，更重要的是从山川祭祀的角度彰显王朝的正统地位。宋太宗太平兴国八年（983年），秘书监李至言：“按五郊迎气之日，皆祭逐方

① （北齐）魏收：《魏书》卷108之1《礼志一》，北京：中华书局，1974年，第2739页。

② （唐）魏徵等：《隋书》卷7《礼仪志二》，北京：中华书局，1973年，第140页。

③ （后晋）刘昫等：《旧唐书》卷24《礼志》，北京：中华书局，1975年，第910页。

④ （宋）王钦若等：《册府元龟》卷33《帝王部·崇祭祀第二》，北京：中华书局，1960年，第365页。

岳镇、海渎。自兵乱后，有不在封域者，遂阙其祭。国家克复四方，间虽奉诏特祭，未著常祀。望遵旧礼，就迎气日各祭于所隶之州，长吏以次为献官。”其后，“立冬祀北岳恒山、北镇医巫闾山并于定州，北镇就北岳庙望祭”[①]。北岳恒山，即今河北保定境内大茂山。北宋仍以医巫闾山为北镇，每年于定州北岳庙望祭北镇。金朝与宋划淮而治，在没拥有位于南方的岳镇海渎的情形下，采取与宋朝相同的方法，设立岳镇海渎祭祀。金世宗大定四年（1164年），礼官言：“岳镇海渎，当以五郊迎气日祭之。”诏依典礼以四立、土王日就本庙致祭，其在他界者遥祀。“立冬，祭北岳恒山于定州、北镇医巫闾山于广宁府”。医巫闾山在广宁府（治所在今辽宁北镇）境内，其封爵仍唐、宋之旧。章宗明昌年间，加封“医巫闾山为广宁王”[②]。王寂《辽东行部志》记载：“明昌改元（1190年）春二月十有二日丙申，予以使事出……庚子，予昨晚以薄书少隙，携香楮酒茗，致奠于广宁神祠。且讶其栋宇庳漏，旁风上雨，无复有补完者。”[③]王寂带上祭祀用的香、纸钱、酒之类用品，以个人的身份去广宁神祠祭祀北镇神。可见此时，金朝祭祀北镇神既有国家行为，也有个人行为。

1206年，成吉思汗在斡难河上源即汗位，建立蒙古汗国，1227年灭亡西夏，1234年灭亡金朝。1260年忽必烈即大汗位，在他继汗位之前，曾总领漠南汉地军事，吸收大量汉族儒士谋臣进入幕府，这对忽必烈日后推行崇尚儒学的施政方针具有重要影

---

①（元）脱脱等：《宋史》卷102《礼志五》，北京：中华书局，1977年，第2485—2486页。

② （元）脱脱等：《金史》卷34《礼志七》，北京：中华书局，2020年，第866页。

③ （金）王寂：《辽东行部志》，《辽海丛书》第4册，沈阳：辽沈书社，1985年，第2531页。

响。忽必烈继汗位后，仿照中原王朝建立了蒙古汗国的第一个年号“中统”，中统二年（1261年）元朝始行“岳镇海渎代祀”，所谓“代祀”,即“(遣)使者奉玺书即其处行事,称代祀”[①]。初岳镇海渎代祀,遣道士,或副以汉官,出玺书给驿以行。至元三年（1266年）四月，定岁祀岳镇海渎之制，于每年十月“北岳、镇、海渎，土王日祀恒山于曲阳县界，医巫闾于辽阳广宁路界”，“祀官，以所在守土官为之”。祭祀北镇山神由“代祀”转为广宁路地方官主持。1271年,忽必烈改国号为“大元”,是为元世祖。至元二十八年(1291年）正月，世祖曰：“五岳四渎祠事，朕宜亲往，道远不可。大臣如卿等又有国务，宜遣重臣代朕祠之，汉人选名儒及道士习祀事者。”[②]在蒙古国时期初行岳镇海渎代祀的祭典中,以道士为主,汉官为辅；到元朝时行岳镇海渎代祀的祭典中，则以汉人名儒为主，道士为辅。这表明初期岳镇海渎的祭祀重于祈求风调雨顺，其后转向重于君主对四方土地的统治。元朝祭令规定:“诸五岳、四渎、五镇,国家秩祀有常,诸王、公主、驸马辄遣人降香致祭者,禁之。”百姓祈求风调雨顺可以祭祀岳镇，但是“小民辄僭礼犯义，以祈祷亵渎者，禁之”[③]。成宗大德二年（1298年）三月，在金朝医巫闾山封号之上，加封“北镇医巫闾山为贞德广宁王，岁时与岳渎同祀,著为令式”[④]。今天北镇庙中最早的碑刻即是元朝这道加封诏书，碑石现存于北镇庙御香殿西侧。

明代元，太祖朱元璋登基后，洪武二年（1369年），以岳镇海渎及天下山川城隍诸神合为一坛,分为春秋两祭,祭日定在清明、

---

① （明）宋濂等:《元史》卷72《祭祀志一》，北京：中华书局，1976年，第1780页。

② 《元史》卷76《祭祀志五·岳镇海渎》，第1900、1902页。

③ 《元史》卷103《刑法二·祭令》，第2636页。

④ 《元史》卷19《成宗纪二》，第418页。

霜降，皇帝亲临祭祀。“前期一日，皇帝躬省牲。至日，服通天冠绛纱袍，诣岳镇海渎前，行三献礼。山川城隍，分献官行礼。是年命官十八人，祭天下岳镇海渎之神。帝皮弁御奉天殿，躬署御名，以香祝授使者。百官公服，送至中书省，使者奉以行”。明代皇帝亲临岳镇海渎祭典，同时不定期派出官员到岳镇海渎所在地祭祀。明太祖认为：“岳镇海渎之封，起自唐、宋。夫英灵之气，萃而为神，必受命于上帝，岂国家封号所可加？渎礼不经，莫此为甚。今依古定制，并去前代所封名号。”洪武三年（1370年）诏定岳镇海渎神号，北镇称“北镇医无闾山之神”，再次遣官以更定神号告祭。洪武十八年（1385年）规定：“凡岳镇海渎及他山川所在，令有司岁二祭以清明、霜降。”[①]清朝沿用明制，《钦定大清会典事例·礼部》记载：光绪十四年（1888年）受盛京将军之请，“敕封北镇医巫闾山神为灵应北镇医巫闾山神”，增加“灵应”二字，以颂扬北镇医巫闾山神在当地遭受自然灾害之际庇佑苍生的能力。

今天在医巫闾山下，有一座古朴威严的北镇庙，庙坐北朝南，依山而建，南北长240米，东西宽109米。在其中轴线上，由南至北，庙前有一座六柱五楼单檐庑殿顶式仿木结构牌楼建造的石牌坊，原为明代弘治年间所建木牌楼一座，清代重修时改建为石牌坊，1973年被一场龙卷风刮倒，1992年重建现在的石牌坊。庙的山门匾额上刻有“北镇庙”三个大字，过了山门是神马殿，在东次间现有光绪十八年（1892年）敕修北镇庙碑一通，西次间有无字碑一通。神马殿的东西有钟、鼓楼，始建于明代弘治年间。神马殿北甬路东西两侧，横列四座碑亭，分别为清康熙五十年（1711年）

① （清）张廷玉等：《明史》卷49《礼志三》，北京：中华书局，1974年，第1284、1285页。

的万寿碑、康熙四十七年（1708 年）的《北镇庙碑文》、雍正五年（1727 年）的《御制碑文》、乾隆十九年（1754 年）《御制并书·七言律诗》碑。御香殿位于神马殿之北，古时是用于贮藏朝廷祭典所用香火和供品、陈放朝廷诏书的庙宇，又称龙亭。殿内北部中央的神坛上供有一尊“北镇山神”，东西两侧的墙壁上绘有明代开国元勋 32 人的画像。[①] 从史籍记载看，隋文帝时于医巫闾山立祠，唐代北镇有山神祠庙，金代王寂曾到广宁神祠祭奠，元代有加封诏书碑存于北镇庙中，明、清两代多次扩建与重修。现存的北镇庙可能是金代广宁神祠旧址，庙内现存几十通元、明、清石碑，有清康熙、雍正、乾隆三位皇帝的御制碑，内容主要是祭祀医巫闾山的祭文、游医巫闾山的杂咏。1988 年国务院公布“北镇庙”为国家级重点文物保护单位。

二、辽西走廊的交通线

辽西走廊主要为低山、丘陵地带，总体地形是自西北向东北展布为努鲁儿虎山、大凌河上游—牤牛河谷地、松岭—黑山、细河谷地、医巫闾山相间排列，[②] 辽西走廊内有三条交通干线。

一是贯穿东北—西南的中部主干道：辽东—大凌河古道—卢龙塞。

医巫闾山的东北，古代辽河下游临近入海处，有一面积广大的沼泽地，称为“辽泽”，横亘于辽西、辽东之间。辽河下游，平原地势低洼，平均海拔 2—10 米。其东西两侧是低山、丘陵地带，北部地势也相对高耸，由东、北、西三面向中部、南部倾斜，由

① 李春利：《东北非物质文化遗产丛书（民间建筑技艺卷）》，沈阳：东北大学出版社，2018 年，第 96—99 页。

② 王琦：《大凌河流域水资源开发利用程度分析》，《内蒙古水利》2015 年第 5 期。

于排水不畅，河流决口泛滥形成湖泊、沼泽。唐太宗东征高丽时，“师旅至辽泽，东西二百余里泥淖，人马不通”[①]。下辽河平原沼泽地区，冬季结冰封冻时期可以通行，是辽西与辽东中心城市之间的最短交通线。但是在夏秋多雨季节，由于河流、湖泊、沼泽交互错杂，水域面积广阔，交通十分困难。古时大多是南北绕行，使路线迂回里程延长。[②]燕秦汉时期以医巫闾山为界，划分辽西郡、辽东郡。汉代辽东郡西部都尉治所无虑县（今辽宁北镇），成为辽西走廊东北部重要的交通枢纽，金元以后的北镇庙建在这里。

过“辽泽”至无虑县，便进入辽西走廊，从无虑县（今北镇）向西沿大凌河古道西南行，至辽西郡西部都尉治所柳城县（今辽宁朝阳南十二台营子燕秦汉古城址），溯大凌河干流西南行，进入右北平郡境，在今喀左大城子处，大凌河上游干道分为东西两条，东为大凌河南源——傲木伦河；西为大凌河西源——凌源南大河。在傲木伦河一侧耸立着陡峭险峻的白狼山（今大阳山），燕秦汉右北平郡白狼县（今喀左县平房子乡黄道营子古城）坐落在白狼山北麓的谷地平原处，是扼守大凌河古道的交通重镇。沿傲木伦河经石城县（喀左县山嘴子乡黄家店古城址），出新开岭（今辽宁建昌县境内），过广城县（今建昌县境内），进入青龙河谷，[③]由陆路到瀑河。再沿河谷南下，至瀑河汇入滦河处，沿滦河谷入燕山山脉东段的隘口，古称卢龙塞，现名喜峰口，在今河北迁西县与宽城县接壤处。通过燕山隘口，进入华北平原。从卢龙塞向

---

① 《旧唐书》卷 77《阎立德传》，第 2679 页。

② 肖忠纯：《古代“辽泽”地理范围的历史变迁》，《中国边疆史地研究》2010 年第 1 期。肖忠纯：《古代文献中的“辽泽”地理范围及下辽河平原辽泽的特点、成因分析》，《北方文物》2010 年第 3 期。

③ 王绵厚、李健才：《东北古代交通》，沈阳：沈阳出版社，1990 年，第 48—51 页。

东南通往燕秦汉时期的辽西郡令支县（今河北省迁安县境内）、肥如县（今河北省卢龙县境）。向南通往右北平郡无终县（今天津市蓟州与河北玉田县相邻一带）。

二是东北—西南向的傍海道：辽东—傍渤海而行—渝关/山海关。

由辽东南路沿着沼泽南部傍渤海进入辽西走廊，经大凌河下游，至小凌河和女儿河汇合后的古徒河下游西岸近海处的宾从县（今凌海市西南高山子汉城），西行至徒河县（今辽宁葫芦岛市部集屯汉城），缘女儿河谷上游，进入六股河谷道，然后沿辽西走廊东部傍渤海西海岸西南行，过临渝县（今山海关附近），[①]至燕山的“渝关”（今河北抚宁东榆关镇），明代建山海关后，取代了渝关，成为辽西走廊南面主要的出口。越过渝关，通往今河北省滦河下游的迁安、卢龙、昌黎县境，先秦时期这里是令支、孤竹等方国所在地，齐桓公二十二年（公元前664年），山戎侵燕，燕告急于齐，齐桓公“遂北伐山戎，制令支，斩孤竹而南归。海滨诸侯莫敢不来服”[②]。由此东行通往齐地（今山东），是一条由辽西到山东半岛的陆路通道。

三是南北向的通道：古北口/卢龙塞—老哈河谷道—东蒙古草原。

从渔阳郡出古北口，向东北行，经今承德地区向东，进入辽西走廊，北行过今平泉县；或出卢龙塞，北行经平泉县，至汉右北平郡字县（今辽宁凌源县安杖子村汉城址），向北沿老哈河谷，

① 王绵厚、李健才：《东北古代交通》，第13页。今地参见孙进己、王绵厚：《东北历史地理》第一卷，哈尔滨：黑龙江人民出版社，1989年，第306、308、309页。

② 上海师范大学古籍整理组校点：《国语》卷6《齐语》，上海：上海古籍出版社，1978年，第242页。

至右北平郡郡治平刚县（今内蒙古宁城县甸子乡黑城村古城），[①] 平刚地处老哈河西岸南北谷地，是控制沿老哈河交通孔道重要的军事和交通重镇，沿老哈河谷道向东北到达都尉治所賨县（今辽宁建平西胡素台汉城址），[②] 往北出塞可去东蒙古草原，是汉魏时期通往匈奴左地、乌桓、鲜卑，隋唐时期通往室韦、契丹、奚，辽金元明清王朝东北通往内地重要的交通道。

辽西走廊内部，顺着山川河流的走向，形成了东、中、西三条交通干线，在三条主干线之间，交错的河流谷地，又使主干道彼此相连，形成一个以三条主干道为主的交通网，在主干道上出现几个重要的交通枢纽重镇。

汉代辽西郡西部都尉所在地柳城县（今辽宁朝阳南十二台营子战国秦汉古城址），慕容燕时期为都城，北魏时期为龙城，隋唐时期为营州都督府，位于辽西走廊大凌河古道上核心交通枢纽的位置。柳城县向北通往辽西郡郡治且虑县（今朝阳西北召都巴乡汉城址），从且虑县出发，沿大凌河谷地向西至老虎山河与大凌河交汇处，溯老虎山河西北行，越过努鲁儿虎山至今内蒙古敖汉旗境内，与西部交通干线相接，通往右北平郡郡治平刚县，向北通往东蒙古草原。柳城县向南行，进入小凌河谷地，沿小凌河东南行，到小凌河、女儿河下游，与傍海道相接，沿海岸线向东北行，通往辽东；沿海岸线向西南行，通往渝关（山海关）。

汉代辽东郡西部都尉所在地无虑县（今辽宁北镇），金代为广宁府，元代为广宁府路治，明代广宁府是东北最高官府（辽东总兵府、镇守辽东太监府、巡抚辽东地方督察院）所在地，是医

① 李文信：《西汉右北平郡治平刚考》，《社会科学战线》1983 年第 1 期。

② 王绵厚、李健才：《东北古代交通》，第 24—45 页。孙进己、王绵厚：《东北历史地理》第一卷，第 317 页。

巫闾山以东辽西走廊东北部的交通枢纽，由无虑县（今北镇）通往辽东有三条交通线，中路是跨越“辽泽”而行，冬春季结冰封冻时期可以通行，夏秋季会有沼泽泥淖，人马无法通行，虽然中路是辽西通往辽东最短的交通线，但只能季节性通行。北路是沿着沼泽北部而行，从辽东郡无虑县出发，中经望平县（辽宁新民），侯城（今沈阳），到辽东郡治襄平（今辽阳）。亦可由侯城（今沈阳）通往玄菟郡（今辽宁新宾），进而通向东北的中部和东北部边疆民族的居地。南路是沿着沼泽南部而行，从无虑县出发，沿着沼泽南部，避开泥泞严重地区，经险渎县（今辽宁台安县东南孙城子）东南跨越辽河，再东北行，到达襄平。[①]是通往辽东半岛乃至朝鲜半岛的主要交通线。

汉右北平郡白狼县，因白狼水（大凌河）得名，是大凌河上游辽西走廊西南面重要的交通枢纽。白狼县位于大凌河上源东、西两条河汇入大凌河主干道处，溯东面的傲木伦河面西南行，进入青龙河谷，通往卢龙塞；溯西面的凌源南大河西北行，通往右北平郡字县（今辽宁凌源县安杖子村汉城址），与西部交通干线相接，向北可到达右北平郡郡治平刚县（今内蒙古宁城），向南可通往古北口或卢龙塞。

辽西走廊的南面越过燕山通往华北平原；北面通往东蒙古沙地与草原；东北通往辽河平原。辽西走廊是连接中原与东北边疆各民族地区的交通廊道，也是中原通往东蒙古草原和中原通往朝鲜半岛的交通走廊。早在史前时期，辽西走廊的古人类遗迹和石器时代文化就揭示了东北人群与华北人群的交往与联系。进入文明时期，东北民族与中原王朝的交往交流交融越来越频繁和深入，

---

① 肖忠纯：《辽河平原主干交通线路的历史变迁》，《东北史地》2009年第6期。

从商末殷贵族箕子东迁、战国中期燕国秦开打东胡、汉朝与匈奴左地的交通、东汉末曹操征三郡（辽东属国、辽西、右北平）乌桓、十六国时期前燕与后赵争雄，到北魏隋唐时期东北各族朝贡的营州道、隋唐东征高句丽、辽宋时期的松亭关道、金元北方王朝的驿道、明代朝鲜使臣的“朝天路”、后金入关道、清末“闯关东”之路，辽西走廊从交通到政治、经济、文化各方面在中国历史上的重要地位越加凸显，为历代王朝所重视。

三、辽西走廊历代行政建置与民族变迁

辽西走廊是东北与中原之间的交通廊道，又是向西延伸到蒙古高原东部，向东南通往朝鲜半岛的交通要道，自史前到近现代，南北民族迁徙未曾中断过，其地理位置十分重要。在中国历史各个时期，这里既是中原王朝统辖东北各族的重镇，也是不同民族政治势力博弈的舞台，既有和平交往，也有民族间的摩擦、争战，以不同形式展现了各民族交往、交流的途径，其结果最终走向民族交融，走向多元一体。

早在夏商时期，辽西走廊的人群就与古商族有着某种联系，部分地区纳入孤竹国的势力范围。西周、春秋时期，山戎、貊人、东胡活跃在辽西走廊地区。战国中期，燕国中兴，“燕有贤将秦开，为质于胡，胡甚信之。归而袭破走东胡，东胡却千余里……燕亦筑长城，自造阳至襄平。置上谷、渔阳、右北平、辽西、辽东郡以拒胡”[①]。成为历代王朝和政权在辽西走廊设置行政建制的开端，一直延续至近现代。

---

① （汉）司马迁：《史记》卷110《匈奴传》，北京：中华书局，1959年，第2885—2886页。

1. 战国至隋唐时期辽西走廊行政建置与民族变迁

燕国昭王时期，始在辽西走廊设置郡县，并缘郡县北边修筑长城。燕长城在辽西走廊地区的走向是由今内蒙喀喇沁旗东行，越过赤峰南境的美丽河，到辽宁建平县北境，长城顺山顶由西南往东北盘旋而上，经内蒙敖汉旗中部到达宝国吐乡，继续向东伸入辽宁北票市的北境，向东越过牤牛河，进入阜新县北境，一直延伸到鸡冠山，这段燕北长城遗址目前尚断断续续保存 300 多公里，由此向东北进入辽东郡地段。这一时期，辽西走廊的大部分地域都在辽西郡和右北平郡的辖区内。但燕国辽西郡和右北平郡的郡治与辖县不见记载，具体设置情况不详。

秦汉时期，在辽西走廊的设置基本承燕制，又有一定的变化。西汉时，辽西郡与辽东郡以医巫闾山为界，辽东郡西部都尉治所无虑县，在辽西走廊的北端，今辽宁北镇境内。辽西郡位于辽西走廊的中部与东部，郡治且虑县，故址在今朝阳西北召都巴乡汉城址。辽西郡下设东、西二都尉：东部都尉治交黎县（今辽宁凌海北界大凌河右岸大堡汉城址）；西部都尉治柳城县（今辽宁朝阳南十二台营子燕秦汉古城址）。下辖十四县，多在辽西走廊。右北平郡位于辽西走廊的西部，郡治平刚县，故址在内蒙古宁城西南的黑城子古城址。右北平郡下设一都尉治賨县，故址在今辽宁建平西胡素台汉城址。[①]下辖十六县，有近一半的县在辽西走廊。

随着燕秦汉郡县的设置，大批华夏族—汉族人进入辽西走廊，成为当地的主要民族。秦及西汉初年，辽西走廊的北部分布着匈奴与东胡，东胡被匈奴打败解体后北迁。汉武帝时期将东胡后裔乌桓人从匈奴左地迁至五郡塞外，成为分布在辽西走廊北部主要

① 上述郡县的今地，参见孙进己、王绵厚:《东北历史地理》第一卷，第 307、317 页。

的游牧部落。两汉之际，鲜卑人南下，进入西拉木伦河流域，鲜卑、乌桓、匈奴之间彼此争斗，不断有游牧部落南下与辽西走廊郡县发生摩擦，刚刚建立的东汉王朝因无暇顾及东北边地问题，采取以安抚为主的策略，辽西走廊的郡县辖区大幅内缩，涌进大量的乌桓、鲜卑部落。

东汉时，越来越多的乌桓人和一定数量的鲜卑人迁入郡县地区，为安置内迁的乌桓、鲜卑部落，东汉王朝对西汉的郡县进行了调整，在辽西走廊设置了辽东属国。辽东属国是将辽水以西的辽东郡无虑、险渎（辽宁台安县孙城子汉城址）、房（辽宁盘锦市大洼区小盐滩汉遗址）[①] 三县与辽西郡交黎（改名昌辽）、宾从、徒河三县合并设置而成，属国治所设在昌辽（今辽宁凌海）。东汉时辽西郡除三县划归辽东属国外，废止六县，仅存五县，郡治设在阳乐县（今辽宁朝阳与义县之间），临渝县在今山海关附近，其余三县在燕山南今河北境内。右北平郡仅存四县，全部内缩至燕山以南。东汉时期辽西走廊内郡县区域缩小到大凌河流域及其以东沿海地区。

东汉初期，辽西走廊的西部和北部分布着许多乌桓部落和新迁来的鲜卑部落。到 2 世纪中叶以后，乌桓主体部分已逐步迁入北方缘边诸郡，辽西走廊郡县地区是乌桓人主要的迁入地，东汉末年著名的“三郡乌桓”即是指辽西郡、辽东属国、右北平郡内居住的乌桓部落，三郡乌桓联盟的中心地区在辽西郡原柳城县（今辽宁朝阳）一带。由于三郡乌桓参与到北方割据势力的争斗之中，为完成统一北方大业，曹操亲自率大军征讨之，击败三郡乌桓后，曹操将俘获的万余乌桓人从辽西走廊通道迁往中原内地。这一重

① 孙进己、王绵厚：《东北历史地理》第一卷，第 281、287 页。

大事件，导致辽西走廊内乌桓人口骤减，南下的鲜卑人很快取代乌桓人占据了辽西走廊郡县以外地区。

魏晋时期辽西走廊内郡县地区无明显变化，但曹魏改辽东属国为昌黎郡，辖县四：昌黎、宾徒、柳城、棘城（今辽宁义县西砖城子），郡治昌黎，在今辽宁省朝阳市大凌河东。西晋时期，昌黎郡郡治不变，辖县五，增加徒河县，柳城改为龙城。魏晋辽西郡治所与辖县与东汉同。[①]

西晋末年，爆发“八王之乱”，中原陷入战乱，晋室南渡，北方各民族角逐中原，东部鲜卑以辽西走廊为中心，形成慕容、段氏、宇文三部，以大凌河流域为中心，三部相互争长，最后慕容鲜卑吞并了段部与宇文部。337 年慕容皝建立前燕政权，定都龙城（今辽宁朝阳），辽西走廊纳入前燕的统治范围。十六国时期，辽西走廊基本在三燕的统辖区内，前燕设置昌黎郡，辖县五：昌黎、宾徒、龙城、徒河、棘，郡治昌黎。后燕、北燕承袭不变。三燕是多民族政权，前燕和后燕的统治者为鲜卑人，北燕的统治者则是鲜卑化的汉人，其下统辖的人口有鲜卑人、汉人、高句丽人、夫余人等。

拓跋鲜卑建立的北魏灭亡北燕后，于辽西走廊设置营州，治所龙城，领昌黎、建德、辽东、乐浪、冀阳、营丘六郡。昌黎郡治龙城县，辖三县。建德郡治白狼城，后迁于石城，辖三县。辽东郡（设于 522—526 年）治固都城，辖二县，大约都在今义县至阜新一带。乐浪郡治连城，在今义县西北大凌河东岸，辖二县。冀阳郡治平刚，辖二县，与昌黎郡相邻。营丘郡治富平，辖二县，

① 谭其骧主编：《〈中国历史地图集〉释文汇编·东北卷》，北京：中央民族学院出版社，1988 年，第 1、6 页。

在今大凌河下游近海及其以东地区。北魏分裂为东、西魏之后，辽西走廊属东魏。北齐代东魏后，罢昌黎郡，存龙城县，罢乐浪郡，存永乐、带方二县。北齐时营州实际仅存冀阳、建德二郡。①

隋朝统一南北，重建大一统王朝。隋文帝初年，重新整顿了南北朝以来郡县设置过多的状况，开皇元年（581 年）调整北朝建置，于营州（今辽宁朝阳）置总管府，"唯留建德一郡，龙城一县，其余并废。寻又废郡，改县为龙山，十八年改为柳城"。大业初，营州总管府废，置辽西郡。统县一，户七百五十一。②大业八年（612 年），辽西郡改名为柳城郡。隋炀帝攻打高句丽期间，大业八年（612 年）以后，在辽西走廊的东北部辽河以西地区，设置三郡：燕郡在今辽西义县七里河镇开州城村古城，③襄平郡在今朝阳附近，辽东郡在辽河西岸今北镇县境内。④

早在北魏时期，随着鲜卑人南下入塞，东北西部草原地带原始族群出现了新一轮的迁徙、分化组合，形成了若干个较大的原始族群。隋朝取代北周后，辽西走廊州县以外的西南部地区分布着库莫奚人，北部分布着契丹人。隋朝对于前来归附的少数民族部落实行安抚政策，将一部分内附部落安置在营州治所一带，设立羁縻州进行统辖。《旧唐书·地理志》记载："（营州都督府）玄州，隋开皇初置，处契丹李去闾部落。"隋朝设羁縻州安置内属的契丹李去闾部落，唐承其建置称为玄州。《北蕃风俗记》记载，开

---

① 张博泉、苏金源、董玉瑛：《东北历代疆域史》，长春：吉林人民出版社，1981 年，第 84—85 页

② 《隋书》卷 30《地理志》，第 859 页。

③ 王绵厚、朴文英：《中国东北与东北亚古代交通史》，沈阳：辽宁人民出版社，2016 年，第 232 页。

④ 孙进己、冯永谦：《东北历史地理》（上），哈尔滨：黑龙江人民出版社，2013 年，第 421 页。

皇中，粟末水（今西流松花江）流域的粟末靺鞨厥稽部渠长突地稽率八部向关内附，隋朝将其“处之柳城，乃燕都之柳城，在燕都之北。炀帝大业八年为置辽西郡，并辽西、怀远、泸河三县以统之”[①]。此辽西郡及辽西、怀远、泸河三县，为羁縻州县。隋以突地稽为辽西太守，封扶余侯。[②]

唐朝初年承隋朝，东北地区州县建置仍仅设在辽西走廊地区。《旧唐书·地理志》记载：“高祖受命之初，改郡为州，太守并称刺史。其缘边镇守及襟带之地，置总管府，以统军戎。至武德七年，改总管府为都督府。”[③]营州都督府之下仅有营州、柳城县为正州县，其他皆是为安置内属的边疆民族而设置的羁縻州县。唐玄宗时期，开始在营州地区设置节度使，开元五年（717年），“营州置平卢军使”。七年，“升平卢军使为平卢军节度”[④]。天宝元年（742年）改营州为柳城郡。安史之乱爆发后，肃宗乾元元年（758年），复为营州，取消都督府之号。平乱之后，营州不再设都督府，为一般正州。

唐朝建立后，东北少数民族内属部落的数量和规模远超过隋朝，唐朝继续在营州地区以内附的少数民族设置羁縻州县，先后安置内属的靺鞨、契丹、奚、突厥、新罗、室韦等族人口，到武则天时期辽西走廊内羁縻州达到十七个之多。唐太宗贞观四年（630年），平定东突厥后，太宗采纳温彦博的建议：“全其部落，顺其土俗，以实空虚之地，使为中国扞蔽”[⑤]。在东突厥地设置羁

---

① 《旧唐书·靺鞨传》、《新唐书·李谨行传》亦皆将此事系于隋炀帝大业末年。

② 《册府元龟》卷970《外臣部·朝贡第三》，第11396页。

③ 《旧唐书》卷38《地理志》第1384页。

④ （宋）欧阳修：《新唐书》卷66《方镇表》，北京：中华书局，1975年，第1832—1833页。

⑤ （宋）司马光：《资治通鉴》卷193《唐纪九》，北京：中华书局，1956年，第6076页。

縻府州，并将此作为治理边疆的基本方针，推广到其他边疆民族地区。贞观二十二年（648 年）在辽西走廊西部奚人地区设置饶乐都督府，治所在奚王帐所在地，位于老哈河上游之西某地。在北部契丹人地区设置松漠都督府，治所在契丹衙帐，在今内蒙古阿鲁科尔沁旗天山镇西北的乌兰苏木。[①]

唐中期松漠、饶乐二羁縻都督府曾发生几次较大的叛唐行为，契丹、奚人转而依附突厥、回纥等游牧民族政权。约 9 世纪前期唐朝废止了松漠、饶乐二都督府。唐朝后期国势衰微，藩镇渐成割据势力，契丹日益勃兴，10 世纪初契丹完成了由酋邦社会向文明社会的飞跃。

自战国中期燕国在辽西走廊设置郡县，经魏晋、北朝到隋唐，辽西走廊的郡县一直是王朝的边地郡县，只有十六国时期诸燕政权的都城曾设在辽西走廊的龙城。这个历史时期的大部分时间内，辽西走廊的东部是郡县地区，西部先后是乌桓、鲜卑、奚、契丹等北方游牧民族分布区，唐代是奚、契丹羁縻都督府地区。自汉代以来，中原王朝以边地郡县统领边疆民族事务，汉魏晋的辽西郡是东北西部游牧民族的朝贡地，北魏隋唐的营州更是东北地区各民族的朝贡地，是中原王朝统辖东北民族的重镇。此外，辽西走廊不仅是东北各民族向中原王朝进行朝贡的陆路通道，也是北方民族各个政治势力争长的地区，这个局面直到辽代才发生根本性转变。

2. 辽金元时期辽西走廊行政建置与民族变迁

916 年耶律阿保机建立了契丹王朝——辽朝，定都于上京（今内蒙古赤峰巴林左旗），地处辽西走廊的西北。辽朝实行五京制度，

---

① 冯永谦：《北方史地研究》，郑州：中州古籍出版社，1994 年，第 195 页。

在全国设置了五京道，中京道设在辽西走廊，设有大定、兴中二府，大定府是中京治所，在今内蒙古宁城，兴中府在今辽宁朝阳，大定府“统州十”，为恩、惠、高、武安、利、榆、泽、北安、潭、松山州。此外设有成、宜、锦、川、建、来六个节度使州。府州之下，又设有迁、隰、润三个刺史州。[①]从这些府州的分布看，傍渤海地设有锦州、岩州、隰州、来州、润州；沿大凌河谷道设有宜州、迁州、川州、兴中府、建州；大凌河南源设有利州、潭州；西源设有榆州；老哈河流域设有高州、惠州、恩州、大定府；东北部设有成州、武安州；西北部设有松山州；南部设有榆州、泽州、北安州。[②]辽西走廊的东北部医巫闾山山脉及以东地区为东京道辖区，设有显州（今北镇）、乾州（北镇西南）两个节度州，下属嘉、辽西、康、海北四个刺史州。辽朝对契丹、奚人实行部族制度，奚王府的牙帐在中京大定府附近，所辖五帐六节度的驻牧地在老哈河一带。大凌河上游一带有契丹部族的驻牧地。[③]

辽西走廊成为辽朝的内地，尤其是辽中后期主要以中京大定府为都城，是契丹皇帝四时捺钵时常去的地方，也是南面官汉官居守之地，“每岁正月上旬，车驾启行。宰相以下，还于中京居守”[④]。并有两位契丹帝王的陵寝——世宗显陵和景宗乾陵位于医巫闾山的显州（北镇）。辽西走廊的中西部以奚人、契丹人为主要居民，东部以汉人为多。辽圣宗时期又将在讨伐高丽战争中俘获的高丽

① （元）脱脱等：《辽史》卷39《地理志三》，北京：中华书局，2016年，第545—549页。

② 谭其骧：《中国历史地图集》第六册，北京：中国地图出版社，1982年，第5页。

③ ［日］岛田正郎著，何天明译：《大契丹国——辽代社会史研究》，呼和浩特：内蒙古人民出版社，2007年，第59页。

④ 《辽史》卷32《营卫志中》，第426页。

人口及参与反辽斗争的渤海人及其家属，大批迁到辽契丹中京道，如《辽史·地理志》中京道高州三韩县条下，“开泰中，圣宗伐高丽，俘三国之遗人置县。户五千”。辽代辽西走廊民族杂居的现象十分普遍。

金灭辽后，前期在辽西走廊设置中京路，海陵贞元元年（1153年）改中京路为北京路，治所仍在大定府（今内蒙古宁城）。北京路有“府四，领节镇七，刺郡三，县四十二，镇七，寨一”[①]。辽西走廊有三府，大定府为路治，辖十一县。广宁府初隶咸平路，后隶东京路，章宗泰和元年（1201年）改隶属北京路，辖三县，治所在今北镇。兴中府辖四县，治所在今辽宁朝阳。五节度州为义州、锦州、瑞州、懿州、建州；二刺史州为利州、泽州。金朝初年，攻占辽西走廊后，便将一部分契丹、奚人、汉人迁往女真内地，以女真军将驻守辽西走廊，其后又将女真猛安谋克迁往辽西走廊，如女真宗室完颜阿喜“袭父北京路筈柏山猛安”；完颜伯嘉为“北京路讹鲁古必剌猛安人”等。[②]金代居住在辽西走廊的契丹、奚人的经济生产已由游牧转向农耕，呈现出契丹人、奚人、汉人和渤海人杂居耕种的局面。

蒙古汗国灭金之后，初期基本承金制，在东北地区实行以蒙古诸王监镇的体制，成吉思汗同父异母弟别勒古台镇广宁（辽宁北镇），辖辽西。太宗窝阔台汗以后，蒙古皇帝不断地将州县作为投下分赐给蒙古诸王，别勒古台家族得到“广宁路、恩州二城户一万一千六百三，以为分地”[③]。忽必烈继汗位后不久，便在东北地区设置北京行省，八年（1271年）七月“以国王头辇哥行尚

① 《金史》卷24《地理志上》，第598页。

② 《金史》卷66《阿喜传》，第1670页；《金史》卷100《完颜伯嘉传》第2342页。

③ 《元史》卷117《别里古台传》，第2905页。

书省于北京、辽东等路”[①]。大概因为行省设置遭到蒙古王公贵族的非议，至元十五年（1278 年）四月，复“改北京行省为宣慰司”[②]，又恢复到原来的行政统辖体系。至元二十三年（1286 年）东北地区设置行省之议再起，这引起东道诸王的不安，二十四年（1287 年）四月，东北爆发了以乃颜为首的蒙古东道诸王叛乱，忽必烈仅用两个月时间擒杀乃颜。十月，“诏立辽阳等处行尚书省”[③]。

蒙古汗国时期，在辽西走廊的设置承金北京路不变，领兴中府及义、瑞、兴、高、锦、利、惠、川、建、和十州。元世祖至元七年（1270 年），改北京路为大宁路，领州九，治所在今内蒙古宁城。辖境东抵大凌河，南至辽东湾，西南达长城，西北至赤峰，与上都路交界。至元十五年（1278 年）设置广宁路，治所在今北镇，辖境西至大凌河，东达辽河下游附近，北接大宁路，南至辽东湾。[④]辽阳行省设置后，在辽西走廊的建置保留了大宁路、广宁路。

早在成吉思汗起兵之初，与诸兄弟相约：“取天下了呵，各分地土，共享富贵。”[⑤]蒙古汗国时期，成吉思汗将所占领的地区分封给皇族、外戚和开国功臣，木华黎家族的札剌儿部分地，初期位于以昌州（今内蒙太仆寺旗狗泊附近）为中心的一带地区，其后逐渐东移，大约在忽必烈即位前已迁到辽西，王府也从昌州移至锦州（今辽宁锦州）。兀鲁部和忙兀部两部的封地在大凌河中游以北地区，南接札剌儿部。[⑥]元代蒙古族成为辽西走廊的新

① 《元史》卷 7《世祖纪》，第 136 页。

② 《元史》卷 10《世祖纪》，第 200 页。

③ 《元史》卷 14《世祖纪》，第 301 页。

④ 张博泉、苏金源、董玉瑛：《东北历代疆域史》，第 232—235 页。

⑤ 陈高华等点校：《元典章》卷 9《吏部三》，北京：中华书局，2011 年，第 296 页。

⑥ 佟冬主编，丛佩远著：《中国东北史》第三卷，长春：吉林文史出版社，1998 年，第 74、86—87 页。

居民。辽西走廊的各族居民，自辽金以来长期杂居相处，汉文化逐渐为各民族所接受。元世祖时期，将生活习俗基本与汉人相同的渤海、女真、契丹人划入汉人之内，加速了这一地区各民族间的融合。

辽金元时期，辽西走廊从边地郡县与边疆民族分布地区，转变为北方民族王朝内地的郡县地区。尤其是辽代，辽西走廊西部的老哈河流域被视为契丹内地，设立中京（辽后期居都城地位），为充实契丹内地的人口，也为加强对新征服民族（汉、渤海、高丽等）的统治，不断向老哈河流域迁徙人口，促使这一地区出现前所未有的繁荣。金元时期，作为统治民族的女真人、蒙古人迁入辽西走廊，辽西走廊各民族在辽金王朝州县的统辖下，尤其是金朝辽西走廊农业经济长足发展，长期杂居相处的各族人逐渐融合。进入元朝后，在蒙古统治者的民族政策推动下，辽西走廊居住的契丹、奚、渤海等族大多融入汉族，成为北方汉人。

3. 明清时期辽西走廊行政建置与民族变迁

1368 年，朱元璋建立明朝。洪武三年（1370 年），明太祖遣使诏谕辽阳等处官民，对在东北的故元势力展开了招抚与军事打击的双重攻势。洪武四年（1371 年）二月，明设辽东卫指挥使司；[①] 七月，置定辽都卫指挥使司；[②] “八年十月诏各都卫并改为都指挥使司”，以“定辽都卫为辽东都司”[③]。明承元制在全国普遍设置行省，但以东北地处边疆，又是多民族的聚居区，“华夷杂糅之民，

① 《明太祖实录》卷 61，洪武四年二月壬午，台湾“中央研究院”历史语言研究所校勘本，上海：上海书店出版社，1982 年，第 1192 页。

② 《明太祖实录》卷 67，洪武四年七月辛亥，第 1253—1254 页。

③ 《明史》卷 76《职官志五》，第 1873 页。

迫近胡俗，易动难安，非可以内地之治治之也”，故“辽独划去州邑，并建卫所，而辖之都司”。[①]

洪武二十年（1387年），明于辽西走廊老哈河流域设置大宁都司，大宁都司前身是大宁卫，《明史·地理志一》记载：“大宁卫，元大宁路，治大定县，属辽阳行省。洪武十三年为府，属北平布政司，寻废。二十年八月置卫。九月分置左、右、中三卫，寻又置前、后二卫。”洪武二十一年七月大宁都司更名为北平行都指挥使司，迁入关内，大宁都司辖区废止州县设置。

辽东都司治所在辽阳城（今辽宁省辽阳市），下辖二十五卫，其中有十卫设在辽西走廊，广宁卫、广宁中卫、广宁左卫、广宁右卫设在今北镇地区，义州卫、广宁后屯卫设在今义县地区，广宁中屯卫、广宁左屯卫设在今锦州地区，宁远卫设在今兴城，广宁前屯卫设在今绥中。[②]

明朝在“边方重地，即命内臣镇守，武臣充总兵官，又必命都御史巡抚或提督赞理军务”[③]。自洪武年间开始，明廷先后设置镇守辽东总兵官、镇守辽东太监、巡抚辽东督御史，驻于辽西走廊的广宁（今辽宁北镇），明户部员外郎刘元《广宁新建镇东堂记》曰：“广宁于辽东为都会，辽东为卫二十有五，其戎政悉听于监军、总兵、巡抚，而听政之堂曰镇东。”[④]镇守总兵官、镇守太监和辽东巡抚是管理东北边疆事务的最高长官，镇东堂所在地广宁（今北镇）成为明朝在东北地区的军政重镇。

---

① （明）王之诰：《全辽志·叙》，《辽海丛书》第1册，第496页。

② 张博泉、苏金源、董玉瑛：《东北历代疆域史》，第264—265页。

③ 《全辽志》卷5《艺文志上》，《广宁都察院题名记》，《辽海丛书》第1册，第647页。

④ 《全辽志》卷5《艺文志上》，《辽海丛书》第1册，第648页。

明英宗正统二年（1437年）明朝开始在辽东都司的外围修筑边墙，首先修筑了从广宁（辽宁北镇）至开原一段辽河流域边墙。正统七年（1442年）为防御兀良哈等蒙古部落的南下剽掠，修筑了从山海关至广宁一段辽西边墙。这两段边墙又合称为西段边墙，“自山海关，直抵开原，高墙垣，深沟堑，五里为堡，十里为屯，烽燧斥堠，珠连璧贯”[①]。其大体走向，从山海关向东北，傍渤海湾，一个狭长的地带，从今辽宁绥中北部，经兴城、锦西到义县的北部，东向穿过北镇的北部，再转向东南，经台安、盘山的北部，南越辽河与辽东段边墙相接。

明成祖永乐年间将大宁都司南迁后，废弃了辽西走廊中部和西部大部分州县，此后这里成为蒙古部落的分布地。《明史·朵颜传》记载：“成祖从燕起靖难，患宁王蹑其后，自永平攻大宁，入之。谋胁宁王，因厚赂三卫说之来。成祖行，宁王饯诸郊，三卫从，一呼皆起，遂拥宁王西入关。……天下既定，徙宁王南昌，徙行都司于保定，遂尽割大宁地畀三卫，以偿前劳。”所谓“三卫”，即兀良哈蒙古的泰宁、朵颜、福余三卫，由明中央礼部、兵部和地方辽东都司、永平府共同管辖，分布在辽西走廊的主要是泰宁卫和朵颜卫。《辽东志》记载，明朝在广宁开设马市，与兀良哈蒙古三卫互市，“永乐二年设于城北马市河之阴。成化十一年，改设塔儿山西南。十四年又改团山堡后”。有明一代，故元势力蒙古部（或曰北元政权）始终存在于北方，明朝将兀良哈三卫视为防范北部蒙古的首道藩篱。但因受蒙古部的挟持和影响，兀良哈三卫往往是一面向明朝进行朝贡，一面又出兵寇抄明边。明后

① （明）陈建撰，（明）沈国元订补：《皇明从信录》卷18，《续修四库全书》第355册，上海：上海古籍出版社，2002年，第299页。

期，在明政府与北元的拉锯战中兀良哈蒙古逐渐衰落，16 世纪中叶以后，兀良哈蒙古诸部逐渐被并入东北西部其他蒙古部落之中。

清朝建立后，在辽西走廊设置的行政建置分为两部分，辽西走廊的东部原明朝辽东都司的辖区设置奉天将军与奉天府，据《清朝文献通考·舆地》记载："凡满洲、蒙古、汉军八旗事务，则统之于奉天将军；凡民人事务，则统于奉天府尹。"奉天将军之下在辽西走廊设锦州副都统，辖有小凌河城、宁远城、中前所城、中后所城、广宁城、巨流河城、白旗堡城、小黑山城、闾阳驿城、义州城。奉天府尹辖有锦州府（今锦州）、广宁县（今北镇）、宁远州（今兴城）、义州（今义县）。[①]

在辽西走廊的中部和西部原蒙古诸部分布地区实行盟旗制度，先后设有土默特左、右翼二旗，喀喇沁左、中、右三旗，《钦定大清会典事例》卷九八三记载："喀喇沁三旗、土默特二旗，共五旗，于卓索图地方为一会。"卓索图盟的会盟地点在土默特右旗（辽宁北票）境内。康熙年间，卓索图喀喇沁三旗允许民人前往开垦种地，此后蒙古封建主相率"私招流民"垦地，这一地区的汉族民户与日俱增，为管理蒙古旗民与汉族民户交涉事务，雍正七年（1729 年）于喀喇沁右翼旗境内八沟地方设置八沟理事同知厅（今河北平泉）；雍正十年（1732 年）设九关台门同知，驻义州，乾隆三年（1738 年）裁撤，又于喀喇沁中旗境内设置塔子沟理事同知厅（今辽宁凌源）；乾隆三十九年（1774 年）于塔子沟东境设置三座塔厅（今朝阳）。乾隆四十三年（1778 年）将此三厅改置为平泉州和建昌县、朝阳县。

明朝君臣固守传统的"华夷观"，放弃了元朝大力推进以行

① 张博泉、苏金源、董玉瑛：《东北历代疆域史》，第 299—300 页。

政建置统治东北边疆民族的政策，州县辖区大幅缩减，辽西走廊由内地州县区又恢复了汉唐时期边郡的地位。居民以汉人为主，并有一定数量的蒙古、女真等族人，如明英宗正统十二年（1447 年）六月，“达子奴儿挈妻子六人马七匹来归，称其自幼被虏，不记籍贯，愿于广宁居住，以图报效，上嘉其忠诚，授以总旗令，隶广宁左卫给赐如例”[①]。明代宗景泰二年（1451 年）十月，海西女真来归，授肥河卫舍人亦失麻为所镇抚，“隶广宁中卫，俱给赐房屋器皿等物”[②]。明末，满族（女真）崛起于东北，南下入关建立清朝，辽西走廊东部成为满族内地（东北三将军辖区）的一部分，中西部则是清朝边疆民族建置——蒙古盟旗辖区。清末中原汉人“闯关东”和受“蒙地招垦”，大批汉人进入辽西走廊地区，成为占各族人口多数的居民。

纵观辽西走廊的发展史，自战国中期燕国开郡县以来，辽西走廊成为中原王朝与北方政权连接内地郡县与东北郡县的重要通道，尽管两千多年间，辽西走廊的郡（州）县地区有伸有缩，却未尝中断过。燕秦至隋唐（除诸燕时期外），辽西走廊一直处于边郡地位，东汉以后，辽西走廊东部为郡县区，西部为边疆民族的分布地，民族交往、交流频繁。这一时期，以大凌河流域的今朝阳成为政治文化中心，南北交通以中部主干道：辽东—大凌河古道—卢龙塞为主，东、西两道为辅。

辽金元时期，辽西走廊全部纳入行政区划，成为王朝的内地。然而，辽金元王朝实行因俗而治的统治政策，两种或多种地方统辖体系在行政区划内并行，辽代是州县制与部族制并行，金代是

① 《明英宗实录》卷 155，正统十二年六月，第 3031 页。

② 《明英宗实录》卷 209，景泰二年冬十月，第 4493 页。

州县制与猛安谋克制并行，元代是将一些州县作为投下封赐给蒙古贵族，辽西走廊内民族杂居、民族间通婚现象普遍。这一时期老哈河流域的今内蒙古宁城成为政治文化中心，南北交通以东、西部交通道为主，西部通道：古北口 / 卢龙塞—老哈河谷道—东蒙古草原，是辽、宋使者往来的主要通道，被称为“松亭关道”。元代出卢龙塞，溯青龙河北上，进入老哈河流域，直达内蒙古宁城。在宁城分二路：一路从宁城向东行，沿大凌河东北行，经朝阳到阜新，向东南往辽东；或由阜新东北行，通往开原。另一路从宁城沿老哈河北行，至赤峰（元高州），北行到巴林左旗（辽上京临潢府），北出金界壕，通往元代阿木哥大王府（内蒙古新巴尔虎左旗）。东部傍海道，是金代东北与中原的主要交通道，金海陵王贞元元年（1153 年）将都城由女真内地的上京（今黑龙江哈尔滨阿城）迁往燕京（今北京），改称中都。傍海道是中原与东北之间最便捷的道路，往来交通十分频繁。

明清时期，辽西走廊的州县地区缩小到东部沿海地区，大凌河主干河谷地和老哈河流域，以往的辽西重镇——朝阳、宁城，都成为蒙古部的驻牧地。明代辽西走廊的政治中心在今北镇，清代的政治中心在今锦州，连接中原与东北州县地区的交通道只有傍海道一途。中部与西部交通道，成为中原与蒙古诸部之间的交通道。

自先秦以来，中原人通过辽西走廊的交通道，向东经辽东，通往朝鲜半岛；向东北，通往白山黑水东北边疆民族地区；向西北，通往东蒙古草原地带。反之亦然。特殊的地理环境，使辽西走廊成为多民族的交汇地，不同民族的文化在碰撞中融合，描绘了一幅民族交往交流交融的瑰丽画卷。

第一章

多元交汇的辽西走廊早期文明

早在旧石器时代中期原始人类进入辽西走廊，到新石器时代原始部落逐步繁衍发展，创造了丰富多彩的原始文化，在与中原及周边地区原始人群的交往中，迸发出璀璨的文明曙光，成为中华文明发展的一个重要源头。进入文明社会后，辽西走廊的居民既有外迁人群，也有从其他地区迁入的人群，还有通过辽西走廊走向不同地区的过程中暂居的人群，不同文明的交替和交融，展现出丰富多彩的文化面貌。

第一节　辽西走廊早期人类的足迹

旧石器时期，辽西走廊出现人类活动的遗迹，从旧石器时代中期到晚期，原始人类的遗迹逐渐增多，成为辽西走廊最早的居民。

一、最早进入辽西走廊的原始人

古人类何时走进辽西走廊，他们来自何方？20世纪70年代中国科学院古脊椎动物与古人类研究所和辽宁省博物馆的考古工作者为人们解开了谜底。1973年上述两家机构组成考古发掘队，由辽宁省博物馆主持发掘的鸽子洞旧石器时代遗存，是迄今所知辽西走廊最早的旧石器遗存和重要的第四纪哺乳动物化石地点。

鸽子洞旧石器遗址位于大凌河上游，辽宁省喀喇沁左翼蒙古族自治县水泉乡。遗址的周围是缓坡低山和小型的河谷盆地，鸽子洞紧靠大凌河右岸，遗址高出大凌河水面约35米。1973年和1975年考古工作者两次发掘鸽子洞遗址，出土有古人类牙齿及顶骨化石、石器260余件。两个洞穴遗址中A洞有文化遗物堆积约2/3；B洞只有化石，未发现人类活动的痕迹。相邻的两洞出土的化石种类大体相同，石化程度相当，堆积物相像，是同一时代生成的堆积物。

A洞文化层中发现人类化石、烧骨、木炭、烧土块、少量旧石器和哺乳动物化石。这里主要是古人类的住所，灰烬层较厚的火堆遗迹表明，当时人有控制用火的能力，并且已懂得保留火种。B洞在化石层中，较完整的食肉类化石颇多，发掘者估计B洞原是垂井式的洞穴，野兽失足跌入，难以跃出，死于洞中。

出土的石器材料，有石核、石片、石锤、刮削器、尖状器、雕刻器和砍砸器，刮削器数量最多，修理工作比较细致，可区分为单刃组、双刃组、复刃组和端刃组。石料中石英岩占75%，燧石占18.9%，此外有少量的火成岩、石灰岩，燧石等原料在遗址附近可捡到。当时人对做石器的原料作了相当严格的选择，打片基本上使用锤击法，亦留有砸击的痕迹。鸽子洞发现的石核和石片具一定原始性，无论从石器制作技术上、类型上或石器大小上都与北京周口店第一地点上部地层、第十五地点的石器十分相近。在文化上与北京猿人文化关系最为密切，是北京猿人文化的延续和发展。鸽子洞遗址的年代学界看法不一，有的认为是旧石器时代早期向中期过渡时期，有的认为接近旧石器时代晚期，大约在距今15万年到5万年之间。

鸽子洞出土的哺乳动物化石有22种，从生态上划分，动物群主要是森林型和草原半草原型的动物，有猛犸象、披毛犀、沙狐、岩羊、达呼尔鼠兔、硕旱獭、直隶狼、小野猫和最后鬣狗等，主要是更新世动物群的成分，为旧石器时代早期向中期过渡时期。发掘者根据不同种属的动物数量多寡进行分析，认为当时人主要的狩猎对象是羊，而直隶狼等多数肉食类动物，主要是在遗址附近活动着的人类敌人。更新世时期这里应有较大的森林和较茂密的草地。并根据岩羊、披毛犀等动物的存在，认为这反映出远古人类在鸽子洞居住时期气候可能比较干燥、寒冷。①

在喀左鸽子洞旧石器时代遗址生活的远古人类大约在旧石器时代中期走进辽西走廊，从出土石器的制作技术上、类型上或石器大小看，与北京猿人文化关系最为密切。在辽东营口地区金牛山洞穴遗址发现旧石器时代早期人骨化石，出土的石器从打片技术上使用砸击法和锤击法，石器类型和加工方式，也都与北京猿人石器相似，同样显示出文化上的亲密关系。②那么，喀左鸽子洞古人类是从今北京地区向北迁徙，越过燕山，进入辽西走廊的？

① 鸽子洞发掘队：《辽宁鸽子洞旧石器遗址发掘报告》，《古脊椎动物与古人类》1975年第2期。赵宾福：《东北石器时代考古》，长春：吉林大学出版社，2003年，第42—48页。

② 金牛山联合发掘队：《辽宁营口金牛山旧石器文化的研究》，《古脊椎动物与古人类》1978年第2期。

还是从辽东营口一带南下进入辽西走廊的？还无从定论。但可以肯定的是无论喀左鸽子洞古人类还是营口金牛山古人类，溯源都指向北京猿人。

二、扎根辽西走廊逐步繁衍的原始人

进入旧石器时代晚期，辽西走廊内古人类的遗存逐渐多起来，主要有以下几处旧石器时代晚期遗存。

1.“建平人”遗存

1957 年 4 月，辽宁省博物馆曾在建平县发现地质时代为更新世晚期的披毛犀、转角羚羊、古野牛、野驴和蒙古野马等哺乳动物化石。夏天，再次派遣学者前往建平县调查脊椎动物化石，发现了一根人类肱骨（上臂骨）化石，调查者认为人类化石与之前发现的哺乳动物化石大概来自同一地点。

建平人骨化石是一个成年男性的右侧肱骨，长 255 毫米，除两端的骨髁外，全部保存。骨干中部的前后径（21.6 毫米）大于横径(16.7 毫米),指数为 72.2,骨干的下半横切面约呈等边三角形，内侧缘较为圆钝，外侧缘则形成锐嵴。化石呈乳白色，石化程度相当深。

我国人类化石中，有肱骨化石材料的有中国猿人和山顶洞人，另外在河套地面曾捡得肱骨化石。建平人肱骨化石与上述古人类肱骨化石都比较细致，建平人肱骨的指数为 72.2，中国猿人肱骨的指数为 73.5，二者比较相似，与欧洲发现的各种尼安德特类型人类的肱骨有明显的不同。

在人类发展过程中，从猿人到新人，肱骨形态变化不大，在外表形态上非常相似，没有显著的差别。学者根据同一地点调查所得哺乳动物化石的材料，认为建平人肱骨的地质时代，大概是更新世晚期，这一地质时期的人类可能是古人或新人类型，从肱骨上还难以确定是古人还是新人。[①]

2. 凌源西八间房遗存

凌源西八间房旧石器时代遗存在辽宁省凌源县城西北草帽山的东北坡上，东距大凌河1公里，这里的地势缓缓地坡向大凌河畔，遗存位于大凌河右岸第一级阶地上，考古工作者发掘出一批打制石器和哺乳动物化石。

石器包括直刃刮削器、尖状器、带背石器、石核以及两件石叶。带背石器在我国较为罕见，一件可能为带背的刮削器，另一件可能是带背雕刻器。西八间房的石器文化属于细石器范畴，加工方法上几乎全用交互打击法，器形相当小，加工精致，个别器物好像以压削法进行加工，出现修理台面技术。石核中有的与细石器中的柱状石核很相似，同时还发现了小量石叶。小石片镶嵌在骨把或木柄上，可当刀子使用。石器原料为各色火石、水晶、玛瑙、石英岩和火成岩等。此外，还发现了薄层灰烬和一些烧骨。

伴生的哺乳动物有原始牛、普氏羚羊、东北马鹿、长尾黄鼠、中华鼢鼠、东北鼢鼠、斑鹿、普氏野马、野驴等。这一动物组合反映了当时干冷的气候条件和草原景观。遗存的时代为晚更新世末期，距今大约1万年。[②]

3. 凌海沈家台遗存

凌海沈家台旧石器时期遗存，位于渤海之滨的辽宁省凌海市境内小凌河一条支流右岸的山坡上，遗存发现了一些打制石器和

---

① 吴汝康：《辽宁建平人类上臂骨化石》，《古脊椎动物与古人类》1961年第4期。

② 辽宁省博物馆：《凌源西八间房旧石器时代文化地点》，《古脊椎动物与古人类》1973年第2期。张镇洪：《辽宁地区远古人类及其文化的初步研究》，《古脊椎动物与古人类》1981年第2期。

哺乳动物化石。石器多为玛瑙和石英岩制成。伴生动物群是河套大角鹿–披毛犀动物群，其中有不少的中华鼢鼠和蒙古黄鼠，以及葛氏斑鹿、虎、沙狐等。从这个动物群的组成来看，时代比凌源西八间房遗存稍早，属于晚更新世中期，距今大约 1 万年前。[①]

4. 翁牛特上窑遗存

上窑旧石器时代洞穴遗址位于辽西走廊西北部老哈河流域的内蒙古翁牛特旗山嘴子乡上窑村北老虎洞山顶的石崖下，崖高 25 米。遗址所在洞穴高 3.5 米，宽 9 米，进深 6.5 米，洞穴内出土数量不多的打制石核石器。[②]

此外在喀左帽儿山发现中更新世动物化石，在辽西山地两侧的洞穴中较为普遍地发现晚更新世的动物化石。

辽西走廊旧石器时代文化和周围地区的旧石器时代文化有着不可分割的关系，这里很可能是古人类走向东北内地，乃至更广阔的东北亚地区的重要通道。

第二节　辽西走廊原始族群的发展与文明曙光

距今 1 万年前后，辽西走廊原始人群进入新石器时代原始社会时期，以大凌河流域和老哈河流域为中心，百年来考古工作者发现了丰富的原始族群的活动遗迹。到距今 5000 年前后，辽西走廊地区的新石器时代中后期的红山文化达到繁盛期，迸发出耀

---

① 张镇洪：《辽宁地区远古人类及其文化的初步研究》，《古脊椎动物与古人类》1981 年第 2 期。

② 孙进己、王绵厚：《东北历史地理》第一卷，1989 年，第 43 页。

眼的文明曙光，与中原的龙山文化、南方的良渚文化交相辉映，成为中华远古文明重要的起源地之一。

一、早期原始氏族部落文化的发展

经过几代考古学者的探索，辽西走廊地区新石器时代文化序列基本明晰，小河西文化（距今8200年以前）、兴隆洼文化（距今8200—7000年）、赵宝沟文化（距今7000—6700年）、红山文化（距今6500—5000年）、小河沿文化（距今5000—4000年）。

（一）小河西文化时代原始氏族文化

1987年中国社会科学院考古研究所内蒙古工作队在辽西走廊西北部老哈河下游内蒙古敖汉旗木头营子乡发掘一处距今8000多年的新石器时代遗址，这种遗存后来被学界命名为“小河西文化”，是目前辽西走廊地区时代最早的新石器时代文化遗存。

遗址位于木头营子乡木头营子村小河西、孟克河西岸一级台地上，地表西高东低，东距河约400米。从地表“灰土圈”可判断有6排，共26个灰土圈，每个灰土圈即是一座房址。该遗址南北长61.5米、东西宽10米，面积约615平方米。此次共发掘了3座较完整的半地穴式房址，有圆角方形和圆角长方形两种形式。房址居中央部位有灶址，灶有椭圆形和不规则瓢形两种。居住面有火烧痕迹，有的房址地面有砸实的痕迹。F1发现柱洞，F2和F3内未发现柱洞。F2内发现灰坑2个。3座房址均未发现门道。小河西3座房址内出土遗物不多，大部分出在居住面，出土遗物有陶、石、蚌及极少的残骨器。陶器以素面陶为特征，器类很少，只发现方唇和圆唇的敞口斜腹陶罐残器。石器中以石锄、磨盘、磨棒、石球和圆饼形器为典型器。

其后，考古工作者先后在敖汉旗孟克河右岸的榆树山和西梁（千斤营子）遗址、翁牛特旗大新井村遗址发掘了房址结构及出土遗物均与小河西遗址大同小异的半地穴式房址，此类遗存还在老哈河右岸发现10余处。[①]

小河西文化遗存的主要特征，房址均为半地穴式，有长方形、方形、椭圆形三种结构，灶址多位于房址中央。陶器全部为夹砂陶，烧制火候较低，陶质疏松。陶色不纯，多呈褐色，有黄褐、红褐、灰褐、黑褐等，少量为红色。手制，制陶水平原始。绝大多数陶器为素面，纹饰有附加堆纹、窝点纹、短斜线纹、叶脉纹、指甲纹等。器型单一，筒形罐占绝大多数。石器有打制、磨制、琢制、压制等制作方法，以打制为主，压制和琢制石器数量较多，磨制石器数量占少数。器型有石球、锄形器、石铲、环状器、敲砸器、饼形器、斧、锛、凿、磨盘、磨棒、石杵、臼形石器、石杯、管、淘槽器、兽头石雕、细石器等。玉器磨制精致，器型有斧、球、刻刀等，玉斧呈方形，颜色呈白色。骨器有石刃骨柄鱼镖。[②]

（二）兴隆洼文化时代原始氏族文化

1983年中国社会科学院考古研究所内蒙古工作队对内蒙古敖汉旗兴隆洼遗址进行了考古发掘，揭示出一种新型的新石器时代遗存，后来被定名为兴隆洼文化。当时是辽西走廊地区时代最早的新石器时代遗存，小河西文化发现后，在内蒙古林西县双井店乡白音长汗遗址发掘中，兴隆洼文化白音长汗类型一期房址BF63打破小河西文化房址BF64，从叠压打破关系看，兴隆洼文

① 杨虎、林秀贞：《内蒙古敖汉旗小河西遗址简述》，《北方文物》2009年第2期。

② 以上内容，参见索秀芬：《小河西文化初论》，《考古与文物》2005年第1期。

化晚于小河西文化。[①] 兴隆洼遗址 F119 居住面上的木炭经碳 14 年代测定为距今 7470 ± 115 年，按高精度表树轮校正为公元前 6211—前 5590 年。[②]

兴隆洼文化在辽西走廊东西部地区皆有分布，以老哈河、教来河和大凌河流域为主，考古发掘的遗址主要有兴隆洼遗址、兴隆沟遗址、查海遗址。

1. 兴隆洼聚落遗址

遗址位于辽西走廊西北部老哈河流域，在内蒙古赤峰市敖汉旗宝国吐乡兴隆洼村，地处大凌河支流牤牛河上游右岸一东西向低丘岗地上。考古工作者对此遗址先后进行过六次发掘，共发现房址 170 座，全面揭开了兴隆洼文化聚落形态。兴隆洼聚落形态的演变大体经历了三个阶段，兴隆洼一期聚落的房址排列十分齐整，居住区外绕以椭圆形的围沟。房址均沿西北—东南方向成排分布，室内面积较大，一般每间约为 50—80 平方米，最大的两间面积各达 140 余平方米，并排分布在聚落中心部位。二期聚落基本维持一期原有的布局形式，房址面积略小，一般每间约为 30—50 平方米。三期聚落的房址分布密集，排列不规整，室内面积明显变小，一般每间约 15—30 平方米。聚落突破原有布局，多数位于围沟外侧。在房址结构上，兴隆洼一期聚落的房址穴壁较齐整，二期出现用烧烤方法加固穴壁的技术，居住面多系在原生土地面上砸实而成。三期出现经过抹泥处理的居住面，灶址皆为圆形土坑式，灶址位于室内中部，所有房址均无门道。在兴隆

① 索秀芬、郭治中：《白音长汗遗址小河西文化遗存》，《边疆考古研究》第 3 辑，北京：科学出版社，2004 年。

② 中国社会科学院考古研究所编：《中国考古学中碳十四年代数据集（1965—1991）》，北京：文物出版社，1992 年，第 57 页。

洼遗址中还先后发现了30余座居室墓葬。

出土有陶器、石器、骨器、玉器、牙器和蚌器等。陶器以陶罐为主，高者达40余厘米，矮者不足10厘米，均为夹砂陶，还有少量钵、碗、杯、盅。绝大多数陶器外表满施纹饰，个别陶器为素面。纹饰以压印为主，有少量系压划、戳印而成。常见有短斜线交叉纹、横人字纹、之字纹、席状纹、网格纹等。石器数量较多，主要出于房址的居住面上，分为打制、磨制、琢制、压削四类。打制石器数量最多，器体相对较大，有锄、铲形器、刀、砍砸器、盘状器等；磨制石器数量较少，主要有斧、斧形器、饼形器、凿、磨石、砥石等；琢制石器主要是磨盘和磨棒，多数出于房址内居住面上。骨器数量较多，主要有刀、锥、针、两端器、叉状器等。玉器数量不多，皆为小型器物，主要出于居室墓葬中，以玦为主，还有钻孔匕形器、斧和锛等。此外，还有野猪牙和蚌壳磨制的饰品。[①]

2. 兴隆沟遗址

遗址东南距离兴隆洼遗址13公里，地处大凌河支流牤牛河上游左岸，位于兴隆沟村西南约1公里的坡地上，地势西高东低，呈缓坡状，遗址是一处兴隆洼文化中期（距今8000—7500年）大型聚落。地表可以看到成行排列的灰土圈，共确认145个灰土圈，每一个灰土圈基本代表一座兴隆洼文化半地穴式房址，所有房址均成排分布，明确分成三区。房址平面呈长方形或近方形，半地穴式建筑，均呈东北—西南向成排分布。房址可分为大、中、小型三种，大型房址面积为70余平方米，中型房址面积为40—60平方米，小型房址面积为30—35平方米。灶址位于居室的中部，

---

① 中国社会科学院考古研究所内蒙古工作队：《内蒙古敖汉旗兴隆洼聚落遗址1992年发掘简报》，《考古》1997年第1期。

平面呈圆形。房址均无外凸的门道，但房址东南部偏中的居住面有明显的下凹，这里应是出入口。两次发掘，共清理出房址 25 座，居室墓葬 20 座。在成排的房屋遗址外围，没有发现围沟的遗迹。

出土一批陶器、石器、骨器、蚌器、动物骨骼和植物遗骸等。房址内出土的遗物集中分布在居住面上，有陶器、石器、骨器、玉器、蚌器和复合工具等。陶器以罐为主，钵、杯、盅次之。陶罐唇部较厚，颈部多附加一周凸泥带，器体自上至下分段施纹。石器有打制的亚腰石铲、石球，磨制的石斧、锛、饼形器、大型磨盘、磨棒等。玉器数量较少有锛、玦、坠等。发现动物骨骼较多，有鹿、猪、狗。大量破碎的动物骨骼，以及碳化的山核桃，说明狩猎采集经济在人们生活中占据主导地位。在房址中发现碳化粟，据学者鉴定这是经过人工栽培的粟，由此可断定兴隆洼文化中期已经出现了原始的农业经济。①

3. 查海遗址

遗址位于辽宁省阜新县沙拉乡查海村西南，在辽西走廊的东北部，医巫闾山以西，绕阳河一条支流的发源地，遗址坐落在一坡度平缓的南坡台地上，是一处兴隆洼文化晚期的大型聚落遗址。1986—1994 年间对查海聚落遗址进行过七次发掘，共发现房址 55 座，房址排列紧密有序，基本上东西成排、南北成行，房址为半地穴式，分为大、中、小三种，面积分别约 60—100 平方米、30—50 平方米、10—20 平方米，最大的一间房址面积 120 平方米，位于聚落中部偏北。查海聚落的房址开凿在风化的基岩层上，穴壁多不齐整，居住面未经特殊处理，平面以圆角方形最多，还有

① 中国社会科学院考古研究所内蒙古第一工作队：《内蒙古赤峰市兴隆沟聚落遗址 2002~2003 年的发掘》，《考古》2004 年第 7 期。

方形和近椭圆形。灶址一般设1—2个，为圆坑式，位于房址中部，均无门道。日常生活所用陶器、石器一般摆放在室内四周。房址附近一般都建造有储藏食物的窖穴，有些窖穴成群分布在房址的旁边。在房址中清理了居室墓葬6座。在居住区外围有壕沟遗迹。

出土遗物大多数出于房址内，有石器、陶器、玉器，未见骨器。陶器以夹粗砂陶为主，夹细砂陶次之。陶色有红褐、灰褐两大类。陶器均为手制。红褐陶多为素面，或有不规则的交叉网纹、“人”字纹、窝点纹等复合纹饰，并见浮雕动物形象。灰褐陶以压印“之”字纹为主，还有斜线纹、“人”字纹等富于变化的几何纹饰。器型以敞口斜直腹筒形罐为主，还有少量的钵、杯、纺轮等。石器为打制、磨制、琢制和压制4种，石料一般选用页岩、花岗岩、石英岩、沉积岩、燧石。器类有铲状器、斧、刀、凿、磨盘、磨棒、盘状器、敲砸器、石球、砺石等。细石器主要是刮削器、锥状器等。玉器分为装饰品和工具两类，有玦、环、管、匕、斧、凿。房址内发现经过火烧的猪骨和碳化山杏核、胡桃核，说明采集、狩猎仍然是居民经济生活的重要组成部分。

在聚落的中部有一小片墓地，清理了10座墓葬，2个祭祀坑和1个龙形堆石。祭祀坑内都出土有火烧过的猪骨碎块。龙形堆石在聚落中部墓地的上方，用红褐色大小均等的石块堆塑而成，全长19.7米，头部最宽处为1.8—2米，身体到尾部逐渐变细，“龙”的腹部和背部出土几件完整的陶罐。另外，在查海陶器上发现贴塑的浮雕的蟾蜍、蛇衔蟾蜍。这些遗存展现了查海居民的精神世界。[①]

① 参见辛岩、方殿春：《查海遗址1992~1994年发掘报告》，载《辽宁考古文集》，沈阳：辽宁民族出版社，2003年。

4. 兴隆洼文化时期原始氏族的聚落生活与对外交往

兴隆洼文化聚落遗址揭示了当地原始氏族的社会层次和居住习俗，从上述 3 个典型遗址看，房屋成排同向分布，既有壕沟环绕的聚落（兴隆洼遗址、查海遗址），也有无壕沟环绕的聚落（兴隆沟遗址）。聚落内持续居住的房址，前后时期排列有序，如查海遗存可分为早、中、晚三期，一期房址在居住区的西北部，二期房址在中部，三期房址在东南部。聚落内有大、中、小三种不同面积房屋，有研究者提出每一座小型房屋代表一个家庭；每一座中型房屋及其所属的一排房址代表一个大家庭；大房址位于中心部位，它和所属中型房址、小型房址代表一个氏族。在兴隆沟聚落中划分东、中、西三个区块，三区房屋各自独立，每个区则代表一个氏族组成一个胞族。[①]

兴隆洼文化时期原始氏族存在一种特殊的葬俗——居室葬，即在居住的屋内挖墓穴埋葬死者。在兴隆洼遗址和查海遗址共发现居室墓葬近 40 座，占两地发现房址的 11%—17%，应当是一种非一般死者的埋葬方式。从埋葬方式看，一种是房屋内埋葬死者后，居住者废弃此屋，移居别处；另一种是在居室内挖墓穴埋葬死者，有的是对墓葬所在位置严禁踩踏，以保持原状；有的是将墓口部分砸实，继续居住。从骨架保存的情况看基本是单人葬，在兴隆洼遗址一座居室墓的填土中出土人面形蚌饰和长条形蚌饰各 1 件，这应是在下葬过程中举行某种仪式后埋入的。在查海遗址一座儿童居室墓内出土大、中、小三对钻孔匕形玉器，分别在墓主人的颈部、胸部和腹部，应是佩戴的饰物。有学者认为兴隆洼文化聚落遗址内未发现单独祭祀的场所，推测一些祭祀活动是在居室内举行，墓主生前因地

① 索秀芬：《燕山南北地区新石器时代文化研究》，吉林大学博士学位论文，2006 年。

位、身份或死因特殊，死后埋在室内，成为生者祭祀、崇拜的对象。兴隆洼文化居室墓与当时人的祭祀活动有关。①

兴隆洼文化时期，正处于辽西走廊气候温暖期，在阔叶林和针叶林的森林草原的自然环境下，动物、植物资源丰富，遗址内出土常见细石器、鱼标等工具，多见马鹿和野性较强的猪，还有狍、鱼骨和野生胡桃核、杏核等，说明兴隆洼聚落居民的经济生活是以采集狩猎为主。在兴隆洼遗存还出土许多打制的锄形器，查海遗存中也发现较多的束腰铲状器，这种工具可用于掘土，在寻找食物的同时，也可以用于最原始的种植，兴隆沟遗址中发现了经过人工栽培的碳化粟，这说明最晚兴隆洼文化中期已经出现了原始农业。成排房址组成的大型聚落，说明原始氏族人们已有定居，但兴隆洼文化遗址的文化层不厚，又说明此时人们还不是过着永久性的定居生活，这与他们的经济生活是以采集狩猎为主，农业为辅密切相关。

兴隆洼文化时期，辽西走廊的人群与周边地区的交往逐渐加强，辽西走廊的北面西拉木伦河以北地区文化面貌与辽西走廊地区遗存相比，陶器群具有相同的时代特征，虽然共性是主要的，但它们之间在许多方面又存在着较大的差异，如在辽西走廊兴隆洼文化遗址存在的“居室葬”和玉器，在西拉木伦河以北没有发现；陶器的纹饰与石制工具都有区别。辽西走廊南面，分布在燕山南麓的泃河流域的“上宅文化东寨类型”陶器的种类和纹饰布局上，与兴隆洼文化相似。有学者主张将这两种文化纳入兴隆洼文化类型，可视为兴隆洼文化的两个地方类型，即“白音汗类型”和“东寨类型”。②兴隆洼文化原始氏族人群是以采集狩猎经济为

① 杨虎、刘国祥：《兴隆洼文化居室葬俗及相关问题探讨》，《考古》1997年第1期。

② 赵宾福：《东北石器时代考古》，第177—179页。

主，受自然资源的制约，人们在一定时期需要迁徙寻找更丰富的资源，这种流动性，加强了辽西走廊居民与周边地区的文化交流。

（三）赵宝沟文化时代原始氏族文化

1984—1986 年中国社会科学院考古研究所内蒙古工作队对辽西走廊西部内蒙古敖汉旗宝国吐乡小山遗址和敖汉旗新惠镇东北赵宝沟遗址进行了考古发掘，确认这是一种新的原始文化，其文化特征不同于已知的考古学文化，被命名为“赵宝沟文化”。据碳 14 标本测定数据，赵宝沟文化的年代约在距今 7000—4700 年间，其下限可能晚到距今 4500 年左右。

赵宝沟文化主要分布在西拉木伦河、老哈河、教来河及大小凌河流域，其南越过燕山到达滦河流域，共发现 100 多处遗址。辽西走廊地区考古发掘的遗址主要有小山遗址和赵宝沟遗址。

1. 小山遗址

小山地处大凌河支流牤牛河上游，东、南两面低丘起伏，小山西北高，东南低，遗址位于东南坡的浅洼地，在地表可辨认出七八个“灰土圈”，发掘结果表明“灰土圈”即为半地穴房址，发掘的两座房址均为圆角长方形半地穴式，面积分别为 F1 约 23 平方米和 F2 约 33 平方米，灶址为圆形土坑式，均未见门道。F1 出土了 1 件腹部刻划猪形首、鹿形首和鸟形首等灵物图像的陶尊，还有 1 件刻有人面像的钻孔斧形器。该房址除居住功能外，可能还具有祭祀性功能。

房址居住面上出土一些陶器和石器，还发现 2 枚胡桃楸果核。陶器绝大多数是夹砂褐陶，偶见细砂红褐陶，泥质陶甚少。除极少数素面陶外，夹砂陶器的外表几乎全部施满纹饰。纹饰多样，最具代表性的是几何纹、“之”字纹，以及动物形纹。夹砂粗褐陶器类有筒形罐、盂、深腹钵、碗、盘、杯等。夹砂磨光褐陶器类较多，外表多饰压印几何纹，有尊形器、盖、盆、盂、椭圆底罐和敛口器等。泥质陶器类仅见 5 件钵。出土的石器有磨制、打制和压削三种，生产工具以磨制石器为主，器类较多，有斧、穿孔斧形器、凿、耜、环形器、饼形器，以及砥石、磨石、磨棒、磨盘、有槽石器等。打制和压制石器主要是刮削器、石核与石片。①

2. 赵宝沟遗址

遗址四周环山，山峰较低，山脚地带为高低不平的缓坡，遗址坐落在现代村庄西北 2 公里处，地表房址灰土圈清晰可见，面积约 90 000 平方米，分为两区，第一区遗址分布在东南面的平缓坡地上，共有 82 个灰土圈，发掘房址 18 座，均为半地穴式建筑，房址平面呈方形或长方形，有的呈梯形。房址面积分为大、中、小三类，大型房址面积近 100 平方米，中型房址约为 50—70 平方米，小型房址约 20—30 平方米。灶址多位于室内中心部位，为长方形或方形土坑灶。未发现出入的门道。第二区分布在第一区东南侧的坡地上，共有 6 座房址，在其东面坡顶有一处建筑规模较大的祭祀遗迹。

遗址出土遗物以陶器为大宗，还有石、骨、蚌器等。陶器绝大多数是夹砂陶，火候不高，陶色不匀，外表多以黄褐色为主，也有红褐色的。素面陶器很少，器表多从口到底布满纹饰，纹饰以压印的几何纹为主。在陶器表面用类似“地纹”（琐印纹）和主纹的装饰手法，是这一地区迄今最早出现的技艺。陶器为手制，器形较规整。较常见的器类为筒形罐、椭圆底罐、圈足钵，还有圈足圆腹罐、盂、碗、尊形器等。石

① 中国社会科学院考古研究所内蒙古工作队：《内蒙古敖汉旗小山遗址》，《考古》1987 年第 6 期。

器中数量较多的是磨制石器，其中石耜和石斧较有特色。琢制石器有磨盘、磨棒等。细石器为石片、石核。还有骨锥、骨或蚌质的陶器纹饰压印工具。[①]

3. 赵宝沟文化时期原始氏族的聚落生活与对外交往

目前在辽西走廊地区发现的赵宝沟文化遗址中仅有上述两个遗址经过考古发掘，尽管这两个遗址都在辽西走廊的西部地区，但也可以揭示出赵宝沟文化时代原始氏族大致的聚落生活形态。

赵宝沟文化聚落的规模有大有小，小山遗址仅有房址 8 处，赵宝沟遗址房址可达 100 余处。以赵宝沟遗址为例，聚落分为两区，中间以自然凹地相隔，两区房屋分布在相对的两个山坡上。第一区为居住区，房址灰圈 82 座，沿东北—西南方向成排分布，自西北至东南共有 12 排，每排 7—17 座不等，遗址西南部破损严重，据保存较好的房屋布局推测，第一区原有房址数量应在 100 座以上。遗址中最大的房址居该区的中心部位，每排中亦有一座相应的中心性房址，即大于小型房址的中型房址。聚落中心的大型房址与单排中心的中型房址，平面都是“凸”字型，外凸的部分是一座室内窖穴，从居住面出土的遗物看，3 座房址都不是一个独立的生产和消费单位，而是公共活动场所。从而形成了普通性房屋、单排里的中心性房屋、整个聚落里最大的中心性房屋三重结构。第二区有学者认为是祭祀区，分布在第一区东南侧的坡地上，共有 6 座房址，沿西北—东南成排分布，自东北至西南可分成 2 排，第一排 2 座，第二排 4 座。其东约 100 米的坡顶有一座人工砌筑的祭祀平台。这 6 座房址的居住面

① 中国社会科学院考古研究所内蒙古工作队：《内蒙古敖汉旗赵宝沟一号遗址发掘简报》，《考古》1988 年第 1 期。刘国祥：《赵宝沟文化聚落形态及相关问题研究》，《文物》2001 年第 9 期。

上出土遗物的种类和数量非常丰富，有的几乎遍布整个居住面，与普通居住性房屋废弃前的状况有显著区别。[①] 赵宝沟文化聚落内划分为居住区与祭祀区，表明祭祀已成为人们生活中重要的一部分。[②]

赵宝沟文化时代一些原始氏族的经济生活中农业生产的比重有明显的增加，[③] 工具中有砍伐用具石斧、翻土工具石耜、石铲、收割工具石刀、加工谷物工具石磨盘和磨棒，40 厘米高的大型筒形罐可以用来装运、储藏谷物。但赵宝沟遗址出土了数量较多的动物骨骼，其中可鉴定的有 14 种动物，以马鹿、野猪、狗为主，现已发掘出土的动物骨骼原体重总计 4592.39 公斤，可提供纯肉量 2296.19 公斤，还出土了鱼骨和软体动物贝壳。[④] 还有的遗址如小山遗址没有发现可用于农业生产的耜、铲、刀，却存在着大量的细石叶，说明在这里人们主要从事狩猎经济生产活动，这可能也是小山聚落较小、居民较少的原因所在。可见尽管赵宝沟文化遗址出土了一定数量的磨制农业工具，但这一时期原始氏族人群仍然是以狩猎采集经济为主。

赵宝沟文化的分布范围比兴隆洼文化分布的范围更为广泛，而且与周围同时期文化的联系也明显加强。南与燕山以南的上宅文化泥质陶器造型相同，夹砂陶筒形罐等形状相近。北与西拉木伦河和西辽河以北的富河文化在某些房屋建筑形式、陶器的器型

① 刘国祥：《赵宝沟文化聚落形态及相关问题研究》，《文物》2001 年第 9 期。

② 赵宾福：《关于赵宝沟文化的聚落形态问题》，《华夏考古》2008 年第 3 期。该文认为判定赵宝沟遗址第二区属于祭祀区，还缺乏足够的证据。

③ 在内蒙古敖汉旗杜力营子赵宝沟文化遗址考古调查中，采集不同类型石耜达 13 件、不同类型的石斧 23 件。参见敖汉旗博物馆：《敖汉旗杜力营子新石器时代遗址调查简报》，《内蒙古文物考古》2009 年第 2 期。

④ 刘国祥：《赵宝沟文化聚落形态及相关问题研究》，《文物》2001 年第 9 期。

（筒形罐）和纹饰（“之”字纹、篦点纹）上有许多共同点。东北与辽河流域的新乐下层文化，在房屋形状和分级布局上基本相同，两者同样以陶器以筒形罐为主，通身饰有纹饰，其中短“之”字纹相同。再往东北，与第二松花江流域的左家山一期文化也存在相互影响。[①]越过辽泽，与辽东半岛的原始文化相互影响，小珠山下层文化筒形罐上的大量“之”字纹与赵宝沟文化有关。[②]随着原始氏族人们文化水平的提高，赵宝沟文化的人群对外交往的能力也不断提高，反之进一步促进了辽西走廊原始文化的进步，走向辽西走廊文化的第一个繁荣期。

二、原始社会繁盛时期的红山文化与文明曙光

距今6500—5000年左右，辽西走廊进入红山文化时期。红山文化主要分布在西辽河、辽河、大小凌河、滦河流域，辽西走廊只是其中一个区域，却是红山文化的中心区，目前发现的早期红山文化遗址主要在老哈河流域，中期向大小凌河流域发展，晚期在大小凌河流域又形成了一个中心，[③]发展成为遗址最为密集、规模最大、规格最高的中心地区。农业经济逐步发展为主导经济，人口迅速增加，大大小小的聚落星罗棋布，原始氏族部落内部出现社会分层，并且出现特权阶层，文明曙光出现在辽西走廊的大地上。

红山文化发现于20世纪初，1908年日本人鸟居龙藏在赤峰英金河畔采集到红山文化陶片。1921年，瑞典人安特生等人发掘

① 索秀芬、李少兵：《赵宝沟文化与周围考古学文化的关系》，《内蒙古文物考古》2008年第2期。

② 朱延平：《辽西区新石器时代考古学文化纵横》，载《内蒙古东部区考古学文化研究文集》，北京：海洋出版社，1991年。

③ 张星德：《红山文化分期初探》，《考古》1991年第8期。

锦西沙锅屯洞穴遗址时发现红山文化遗物。1930 年中国学者梁思永先生在赤峰城东到红山嘴一带考古调查，发现红山文化彩陶。1935 年，日本东亚考古学会滨田耕作等人对赤峰红山后遗址的第一、二住地进行考古发掘。1954 年，我国著名考古学家尹达先生正式提出“红山文化”的命名。自 20 世纪 50 年代以来，我国几代考古工作者对红山文化遗址进行了大量的考古发掘和研究工作，通过对辽西走廊红山文化遗址的聚落、墓葬和祭祀遗址的研究，展现了原始氏族部落人们的社会发展、经济形态、对外交往与文明起源的进程。

1. 聚落生活与经济形态

魏家窝铺遗址是辽西走廊迄今为止发现规模最大的红山文化聚落址，遗址位于内蒙古赤峰市红山区文钟镇，其西部约 1 公里处有一条自南向北流的季节性河流，东部为一谷地，地势相对开阔平坦，遗址区内地势呈东北高、西南低走向。这是一处环壕聚落遗址，遗址南北长约 315 米，东西宽约 295 米，面积为 9.3 万平方米，壕沟周长 1100 米。发掘房址 103 座，均为半地穴式，最深的房址残深 0.6—0.7 米，房址平面主要呈方形或圆角方形，个别房址略呈梯形，房址的中部通常有相互连接的灶坑和烟火道。有门道，门道大部分为斜坡状，偶有台阶。门道基本上与烟火道方向一致，有西南、东南、西北、东北四种朝向，其中东南向与西南向的房址占多数。房址内出土大量的陶器、石器、蚌壳以及动物骨骼等。[①] 小东山遗址位于大凌河流域辽宁省朝阳县柳城镇东南约 2 公里的一处高敞台地上，小木头沟河（季节河）从遗址的

① 成景瑭、塔拉、曹建恩、熊增珑：《内蒙古赤峰魏家窝铺新石器时代遗址的发现与认识》，《文物》2014 年第 11 期。下面关于魏家窝铺遗址出土遗存出自该篇文章的内容，不再出注。

西部流过，远处山峦起伏，气候宜人。发现房址 10 座，围沟 1 条。房址为半地穴式，平面有近方形、圆形两种。这是一处环壕聚落址，较大型房址均位于发掘区的东侧，从南至北成排分布。圆形房址相对较小，多分布于发掘区的西侧，分布密集，周围灰坑分布较密集。[①] 西水泉遗址南距内蒙古赤峰市约 1 公里，坐落在召苏河西岸山岗的东侧坡上，高出河面约 15—30 米。发现三座红山文化房址，都是半地穴式建筑，平面近方形和长方形。一座大房址的面积约 100 平方米，另外两座房址较小，其中一座面积约 16 平方米。房址中央发现带有火道的灶坑。房门向东南。[②] 大凌河上游牤牛河流域的西台遗址，位于敖汉旗王家营子乡，北依群山，东西均为临河台地。遗址内发现两个保存完好的长方形环壕，北环壕由三面壕构成，平面呈“Π”形，共发掘 10 段，全长 280 米。环壕内有红山文化残房址 7 座。南环壕平面近长方形，周长约 600 米。其中一面壕沟有三个门。环壕内有红山文化房址 8 座，绝大部分残破。环壕的功能主要是防御，其次为界定人们居住的范围。房址结构皆为半地穴式，平面多半为长方形，少量有门道。灶为土坑，有方形或圆形。在一座房址内出土一件完整的女性陶塑。[③]

魏家窝铺遗址出土的陶器以夹砂陶器为多，主要是夹砂黑陶和夹砂灰陶，泥质陶器的数量较少。夹砂陶器烧制火候较低，纹

---

① 辽宁省文物考古研究所、朝阳市博物馆、朝阳县文物管理所：《朝阳小东山新石器至汉代遗址发掘报告》，载《辽宁省道路建设考古报告集（2003）》，沈阳：辽宁民族出版社，2004 年。下面关于小东山遗址出土遗存出自该篇文章的内容，不再出注。

② 中国社会科学院考古研究所内蒙古工作队：《赤峰西水泉红山文化遗址》，《考古学报》1982 年第 2 期。下面关于西水泉遗址出土遗存出自该篇文章的内容，不再出注。

③ 杨虎、林秀贞：《内蒙古敖汉旗红山文化西台类型遗址简述》，《北方文物》2010 年第 3 期。下面关于西台遗址出土遗存出自该篇文章的内容，不再出注。

饰多为刻划纹和戳印纹，器类有筒形罐、斜口器、釜、杯等，其中筒形罐的数量最多。小东山遗址出土的陶器，泥质陶略多于夹砂陶，器类以钵类为主，还有盆、瓮、碗、豆形器等，有的绘有红彩、黑彩，图案有三角形与竖条的组合。夹砂陶以“之”字纹大、中、小型筒形罐为主，还有钵、杯盘、盖等。纹饰以“之”字纹为多，其次是压划几何纹，其他纹饰较少。西水泉遗址出土的陶器均为手制，泥质陶略多于夹砂陶。泥质陶主要有钵、盆、瓮、罐，其中钵最多，部分器物上有彩绘，彩陶的纹饰主要有平行线纹、涡纹、菱形纹、鳞形纹等。夹砂陶器种类较少，主要有大口深腹罐和少量的偏口罐、器盖。器表大都压印横“之”字线纹或划纹。西台遗址出土的陶器有夹砂陶筒形罐，腹部饰有横向或竖向“之”字纹。泥质彩陶有彩陶钵，腹饰红彩，体形较大;彩陶罐肩饰红彩，还有素面钵等。

魏家窝铺遗址出土的石器，以磨制石器为多，主要有磨盘、磨棒、穿孔刀、耜、斧等。打制石器的数量不多，主要有刮削器、砍砸器以及石片。细石器的数量也比较多，原材料主要是燧石，也有少量水晶，器形有镞、刃等。小东山遗址出土的石器，有磨制的斧、凿、磨棒、杵状器、钺形器，打制的石铲，细石器为压制的刮削器、尖状器、石片。此外还有石球、石饼、沟磨石等。西水泉遗址出土石器，有磨制的斧、锛、凿、铲、桂叶形双孔石刀和掘土工具，琢制的磨盘、磨棒等。细石器数量较多，主要是复合工具中做刃用的条形小石片，少数是三角形石镞、指甲形圆刮器等。

红山文化聚落址多分布于河流两岸，遗址规模大小不一，据学者考察聚落遗址结群现象十分普遍。一般每群包含 3—5 个遗址点，多者可达 20 余个遗址点。以河谷为纽带，若干遗址群又聚集成更高层次的群体。[①] 每个聚落应是一个原始聚居单位，从事不同经济生产的原始组织的聚居规模有差异，以采集狩猎生产为主的聚落址比较小，可能是三五家到十家左右，居住时间相对较短。以农业生产为主的聚落址规模比较大，几十家甚至达百家以上，定居的时间也相对较长。一个包含几十家或上百家的聚落点，以及包含几个小聚落点的一个群，可能是一个氏族。包含十几个到二十余个遗址的聚居群，可能是两个或两个以上的亲近氏族。若干聚居群彼此聚集成更高层次的群体，可能是一个部落。具有环壕的聚落址不占多数，环壕的功能不仅是为了界定人们居住的范围，更重要的是防御功能，反映了这个时期不同氏族部落之间不仅彼此交往频繁，而且出现了冲突。

红山文化时期原始氏族部落的生产力水平较前一时期有明显的提高，原始氏族内的窑场实行集体劳作，布局井然有序，一窑能烧造 20—60 件陶器，以树枝为燃料，早期为单室窑，后发展为双室窑，均为横式窑。[②] 陶器中制作相对精细的泥质陶比例明显上升，并在外来文化的影响下出现了彩陶，某些器形和彩陶图案，与中原仰韶文化的同类器物近似。磨制石器取代打制石器成为主要的生产工具。出现配套的农业工具，开荒工具有石斧、石锛和砍砸器，翻土工具有石耜、石铲，收割工具有单孔和双孔的石刀，加工谷物的工具有磨盘、磨棒和石杵等。遗址中出土的粟

---

① 邵国田：《概述敖汉旗的红山文化遗址分布》，载《中国北方古代文化国际学术研讨会论文集》，北京：中国文史出版社，1995 年。

② 李恭笃、高美璇：《内蒙古敖汉旗四稜山红山文化窑址》，《史前研究》1987 年第 4 期。

和黍等农作物遗存，说明当时确实已经有了栽培农业。[①]红山文化遗址仍然出土相当数量的细石器，大量的石叶、刮削器和一定数量的石镞，说明渔猎经济仍占有一定的比重。总体看红山文化中后期原始氏族部落的生产方式是以农业为主，兼营渔猎采集活动。

2. 墓葬、祭祀遗存与社会分层

辽西走廊发现了多处红山文化时期的墓地和祭祀遗存，尤其在大凌河流域东山嘴遗址和牛河梁遗址中发现大型祭坛、积石冢和女神庙，以及近年在半拉山遗址发现墓地与祭坛并存的现象，揭开了辽西走廊由原始社会向文明社会发展进程中贫富分化、社会分层的状况，展现了这一地区文明起源的轨迹。

半拉山遗址位于辽宁省朝阳市龙城区北部，地处大凌河中游地带，努鲁儿虎山以南，墓地在低矮、平缓的半拉山顶部，墓地经过精心规划和营建，墓葬和祭祀遗迹均建于人工土冢之上。墓地大致以石界分为南北两区，南区为墓地区，考古发掘共清理 78 座墓葬，可分土坑墓、石棺墓和积石墓三类，土坑墓与积石墓出土的随葬品较少，甚至没有随葬品，石棺墓出土遗物较丰富，如一座墓出土玉龙、玉璧、石钺和玉兽首形柄端饰各 1 件。贫富分化显著，墓葬中出土的石钺和玉兽首形柄端饰可能是墓主人身份的标志，说明已经出现了社会阶层。北区为祭祀区，共清理 1 座祭坛和 29 座祭祀坑。祭坛由土筑台体和石砌墙体组成，近长方形的黄土台，东西长约 13.6 米、南北宽约 11.5 米，祭坛中部发现 1 座木构建筑址，根据遗迹发掘者推测该建筑址是一座由木柱

① 孙永刚、赵志军：《魏家窝铺红山文化遗址出土植物遗存综合研究》，《农业考古》2013 年第 3 期。

作支架、顶部有盖、无墙的建筑，在活动面上发现 1 件石雕人像、1 件陶塑人像的头部及数件玉器。在祭坛西墙的一块墙石上面发现有两个雕刻的人面像，在南段一块墙石上发现一个雕刻的符号，祭坛内墙外壁成单排放置泥质红陶彩绘筒形器。[①] 祭坛与墓地同出一地，说明此时红山先民已存在墓祭。祭坛与木结构的祭祀场所，以及墓地中显示的社会分层迹象，则暗示着以神权体制为特征的酋邦组织已经出现。

东山嘴祭坛遗址位于喀喇沁左翼蒙古族自治县县城东南约 4 公里处，山梁正中一缓平突起的台地上，东南部隔着大凌河正对着山口，四周为开阔的平川，颇有气势。建筑基址的布局可分为中心、两翼和前端部分，中心部分为一座大型方形基址，东西长 11 米、南北宽 9.5 米，基址四边均砌石墙基。两翼又可分为南、北两部分。北部两翼，分别为两道南北走向、相互对称的石墙基。南部两翼，东侧为以长条石平卧为主的石堆，形成长 11 米、宽 2 米的石带；西侧石堆较零散。前端部分，由石圈形台址与多圆形石砌基址组成。石砌建筑基址以南北中轴线为中心，均衡对称布局主要建筑，出土遗物主要有妇女陶塑像、无底筒形器、钵、盆、瓮、罐、杯等。是一处原始氏族部落举行祭祀活动的大型祭坛。[②]

牛河梁冢、坛、庙遗址位于辽宁省建平、凌源、喀左三县交界处，大凌河支流牛儿河流经这里，在方圆 50 平方公里范围的山谷间，发现红山文化遗存二十多个地点，是迄今所知规模最大

---

① 辽宁省文物考古研究所、朝阳市龙城区博物馆：《辽宁朝阳市半拉山红山文化墓地的发掘》，《考古》2017 年第 2 期。辽宁省文物考古研究所、朝阳市龙城区博物馆：《辽宁朝阳市半拉山红山文化墓地》，《考古》2017 年第 7 期。

② 郭大顺、张克举：《辽宁省喀左县东山嘴红山文化建筑群址发掘简报》，《文物》1984 年第 11 期。

的红山文化晚期埋葬与祭祀中心。“女神庙”位于牛河梁主梁北山丘顶，海拔671.3米，形成了以“女神庙”（详见后文）为中心，诸积石冢环绕四周的布局。

目前牛河梁遗址十几个地点共清理墓葬85座，以2号地点积石冢为例，遗址位于牛河梁西梁的顶部，东西一线排开四冢二坛，编号1、2、4、6为冢，3、5为坛。1号冢是一座大型积石建筑，平面呈“同”形，外廓结构属地上台阶式砌石建筑，墙体上摆放排列密集的彩陶筒形器，可辨出的有60余件。已清理25座墓葬，冢内置中墙，将冢划分南、北两部分，北部框界内，中轴线两侧分置2座中心大墓，积石为封，随葬玉器精美丰厚，且具很高规格，地位显赫。南部是附属中小型墓葬分布区，墓上主要以土为封。大中型墓基本只随葬玉器，以玉器及其组合象征墓主人身份等级和地位。小墓墓坑很浅，仅能容身，几乎没有随葬品，个别有一两件玉器。2号冢由中心的一座设有冢台的大型砌石墓和南侧的3座墓葬组成。4号冢由下层10座积石冢、上层3座积石冢两大部分组成。6号冢的冢体保存散乱，发掘墓葬1座。3号坛，位于第二地点中心位置，平面近正圆形。由三层以立石为界桩的阶台和坛上积石组成，外石界桩圈直径22米。5号坛位于最东边，该坛平面呈南北长的长方形，中部东西横砌一石墙带，使坛体又呈“日”字形。坛体南北长19.2米、东西宽14.6米。坛四边石墙都为单层石块构筑，未见有内墙的设置。①

红山文化的大小墓葬所显示的规模不同，所处位置在中心与周围不同，具有“唯玉为葬”特征的随葬品中，玉器的精美丰厚

① 辽宁省文物考古研究所：《牛河梁红山文化第二地点一号冢石棺墓的发掘》，《文物》2008年第10期。辽宁省文物考古研究所编著：《牛河梁——红山文化遗址发掘报告（1983—2003年度）》，北京：文物出版社，2012年。

与极少或没有，不仅显示氏族内部成员贫富分化明显，也标志着氏族成员间已经形成了身份等级和地位高低不同的社会分层。牛河梁第五地点中心大墓的墓主人双手各握一个玉龟，龟被古人视为灵物和神物，表明墓主人是神权掌握者。[①]红山文化晚期大量的大型宗教礼仪性遗址的出现，尤其是牛河梁地区发现规模宏大的女神庙、积石冢、祭坛建筑，修建主持者强大的组织管理能力，表明红山文化晚期辽西走廊地区已经进入原始社会的高级发展阶段，形成了一定范围的地域性社会组织——具有神权特征的大型酋邦。有学者认为在这一时期大凌河流域的红山文化分布区域内，形成了以牛河梁遗址为最高等级的权力中心，同时存在着如半拉山等遗存所代表的不同地域低一级的权力中心。[②]这种分层级的酋邦已经脱离了简单低级的酋邦形态，进入到高级复杂的酋邦形态，并以神权的名义树立权威，建立权威系统，随着规模的扩大，以文化形态而广泛分布，文明国家的因素孕育其中并且逐步推进。

3. 红山文化内涵与对外交往

进入红山文化时期，辽西走廊的先民们对外交往的能力与范围更为提高和扩大，多方面的不断交流，促进红山文化在各种文化因素的碰撞和交融下，出现了前所未有的文化繁荣和社会进步。

红山文化具有周边文化因素的特点，很早就引起学术界的关注，20 世纪 50 年代，尹达先生就指出红山文化对于研究长城以北和以南的新石器时代文化遗存的相互关系问题，具有极大的启

---

① 辽宁省文物考古研究所:《辽宁牛河梁第五地点一号冢中心大墓（M1）发掘简报》，《文物》1997 年第 8 期。郭大顺：《从东山嘴到牛河梁——辽西红山文化遗址发现始末》，《沈阳故宫博物院院刊》2008 年第 6 辑。

② 辽宁省文物考古研究所、朝阳市龙城区博物馆：《辽宁朝阳市半拉山红山文化墓地》，《考古》2017 年第 7 期。

发和帮助。红山文化以彩陶著称，但彩陶并不见于之前辽西走廊的土著文化，显然彩陶是受外来文化影响而产生的。红山文化泥质陶中常见的“红顶碗”式钵和彩陶的图案，具有中原后岗类型仰韶文化遗址同类器物的特征。红山文化彩陶以红地黑彩的风格与黄河流域半坡文化彩陶以红地黑彩为主要风格相同。但红山文化在吸纳中原彩陶文化因素的同时，还发展出具有本地特色的龙鳞纹图案的彩陶文化。考古学家苏秉琦先生指出：“源于华山脚下的仰韶文化的优生支系，即以成熟型玫瑰花图案彩陶为主要特征的庙底沟类型，沿太行山麓北上，源于辽西遍及燕山以北西辽河和大凌河流域的红山文化的一个支系，即以龙鳞纹图案彩陶和压印纹陶为主要特征的红山后类型，由大凌河源南下，这两个出自母体文化而比其他支系有更强生命力的优生支系，一南一北各自向外延伸到更广、更远的扩散面。它们终于在河北省西北部相遇，产生了以龙纹与玫瑰花结合的图案彩陶为主要特征的文化群体。红山文化坛庙冢就是它们相遇后迸发出的文明火花。”①

多元文化对红山文化的影响，来自内蒙古中南部地区的海生不浪文化的彩陶因素，豫北冀南的大司空文化的深腹钵因素，以及来自大汶口文化的彩陶和黑陶因素等，这些具有不同文化传统，属于不同经济类型的因素在辽西走廊地区相碰撞推进了红山文化的发展。②外来文化的因素既有辽西走廊居民主动引进丰富的文化内涵和先进的手工业工艺，也有外来居民进入辽西走廊后，将自身先进的文化与本地文化结合的成果，如红山文化早期的筒形罐、斜口器是采用泥条盘筑法制作而成。考古学

① 引自郭大顺：《从东山嘴到牛河梁——辽西红山文化遗址发现始末》，《沈阳故宫博物院院刊》2008 年第 6 辑。

② 张星德：《红山文化分期初探》，《考古》1991 年第 8 期。

家张忠培先生指出这种陶器制作工艺与豫北冀南后冈一期文化的制作技艺一脉相承。[①]

红山文化时期辽西走廊的居民凭借着地处南北通道的地理优势，在与不同文化的接触中吸收先进文化因素，改造更新本地文化，创造出具有自身特色的先进文化，与周边文化比肩发展，相互影响，成为中华文明重要的起源地之一。

4. 受自然环境制约一度衰落的原始文化

全新世大暖期并不是一个持续的升温过程，其间有多次剧烈的气候波动与寒冷事件。距今5000年左右辽西走廊地区气候降温，是全新世大暖期全球性气候波动的产物。[②]气候由温暖转向寒冷，这对适应自然环境陡然恶化能力很弱的原始氏族部落人群来说，无疑是一场灾难。为了生存，辽西走廊居民大批外迁，寻找合适生存的温暖环境。繁荣了1500年的红山文化衰落了，辽西走廊居民迅速减少，除了很少一部分居民留下来外，一些原始族群从环境更为恶劣的地区迁入辽西走廊，与当地居民融合，形成了一种新的原始社会晚期文化——小河沿文化。距今约4500—3000年之间，在辽西走廊地区生活的是小河沿文化居民。

在辽西走廊发现的小河沿文化遗址较之红山文化时期数量大幅缩减，大约仅相当于红山文化的十分之一。遗址面积变小，文化层较薄。小河沿文化南台地遗址位于内蒙古敖汉旗小河沿乡老哈河畔的南台地第一级台地上，清理了4座房址，8个灰坑。房址均为半地穴建筑，房址平面有圆形、椭圆形两种，圆形房址

---

① 引自张星德：《辽西地区新石器文化的序列与谱系再认识》，载《红山文化学术研讨会论文集》，沈阳：辽宁人民出版社，2013年。

② 张小咏、李永化、刘耕年、尹怀宁：《辽西北地区全新世中期以来环境变迁》，《海洋地质与第四纪地质》2004年第4期。

为双室，面积不到10平方米，大屋与小屋之间有一道夯土隔梁，大屋中间有一圆形灶址，小屋陶片成堆，是用来存放物品的地方。门道可能设在西南方向，房内没有发现柱洞，可能是半地穴式蒙古包式的房子。房址四周分布大小不等的灰坑，其中一个灰坑发现1具狗骨架，1件双耳红陶罐，1件筒形瓮，发掘者推测可能和祭祀活动有关。①

小河沿文化石棚山墓地位于内蒙古赤峰县与翁牛特旗交界地带海拔1000余米的石棚山顶部，发掘清理了77座墓葬，墓坑分为长方形竖穴土坑墓和竖穴土洞墓两种形制。多数墓为单人头东脚西仰身屈肢葬，少数墓头向西。3座合葬墓都是二人脚相对，头向相反，下肢屈而相互交错，奇特的葬俗十分罕见。4座无头骨墓，4座无骨架墓，随葬的器物却与一般墓相同，可能是非正常死亡者的一种埋葬方法。人们习惯用桦树皮做葬具，用树枝和树皮遮盖尸体，然后填土。所有的墓葬均有随葬品，多者二十余件，少者三四件。男性墓多随葬石铲、骨刀、石镞；女性墓多随葬纺轮、骨针、骨锥、装饰品。②

小河沿文化的陶器以夹砂褐陶为主，有少量的泥质陶，彩陶也是夹砂陶。器类有瓮、罐、豆、尊、钵、碗、盘、盆、高足杯、器盖等。房址出土的夹砂筒形罐（瓮）制作粗糙，器形不规整，器表多施拍印的菱形细绳纹和斜方格纹。墓葬出土的豆类器座多以三角镂孔作装饰。彩陶花纹以三角形、半圆形、菱形与平行直线相结合，也有的用原始文字符号与花纹图案或动物图像相结合，行笔流畅，线条疏朗，构图巧妙，富于变化，但与红山文化的彩

---

① 辽宁省博物馆、昭乌达盟文物工作站、敖汉旗文化馆：《辽宁敖汉旗小河沿三种原始文化的发现》，《文物》1977年第12期。

② 李恭笃：《昭乌达盟石棚山考古新发现》，《文物》1982年第3期。

陶花纹相比虽显得粗放简略，图案布局稍逊严谨。石器以磨制石器为主，有斧、铲、刀，圆形有孔石器、圆磨器、磨盘、石杵等。小河沿文化以农业生产为主，动物骨骼发现得较少，石镞形式多样，狩猎仍以小型动物为主，在南台地遗址房址内还发现陶塑家猪头饰、狗头饰等。

小河沿文化形成于辽西走廊，在气候恶劣的环境下，一部分人为寻求更好的生存资源，向南越过燕山，沿燕山南麓向西发展，经河北省北部的泥河湾盆地，到达山西大同地区，再由燕山南麓向南面太行山东麓和华北平原西部扩张，到达河北中部地区；另一部分沿长城沿线向西迁徙，到达甘青地区。小河沿文化移民把土洞墓、屈肢葬等文化因素带到燕山以南的河北北部地区和甘青地区。[①]

三、辽西走廊居民的原始信仰

原始社会时期辽西走廊的居民最初的崇拜活动主要出于他们对自然界现象的不解和神秘感，也出于在生产活动中避免遭到来自动物界危害的愿望。随着适应自然环境能力的增强，人们在祈求风调雨顺的同时，更加祈盼获得人口生产和物质生产的丰硕成果，女性的形象被塑造成偶像，受人们顶礼膜拜。一些特定的动物被神化，成为能带给人们福祉的吉祥物。早在距今 8000 多年的小河西文化中就发现了“龙”的崇拜，兴隆洼文化又发现偶像崇拜，到红山文化发展为女神崇拜，辽西走廊的原始人群中形成了一系列具有本地区特征的原始崇拜信仰。

---

① 索秀芬:《燕山南北地区新石器时代文化研究》，吉林大学博士学位论文，2006年，第 167 页。

1. “龙”的崇拜信仰

辽西走廊地区主要是低山、丘陵地带，距今 10000—5000 年处于新世大暖期阶段，这里气候温暖湿润，各类植物漫山遍野，动物资源十分丰富。狩猎采集生产始终是辽西走廊原始居民重要的经济生产活动之一，越是早期狩猎采集生产的比重越大，即使到原始社会末期，农业经济占主导地位后，狩猎采集生产也是不可或缺的经济活动。在人们出入丛林草地猎取动物、采集果实时，经常与各种毒虫打交道，便萌生了祈求百虫之王——蛇的护佑，以防止毒虫的侵入。被人们神化的蛇，即是“龙”的原型。

在辽西走廊东部渤海西岸葫芦岛市塔山乡杨家洼村小河西文化遗址中发现了距今 8000 多年，我国出土时代最早的堆塑土龙。两条土龙是用米黄色黏土堆塑而成，两条土龙相距 7 米。1 号土龙身长 1.4 米，身高 0.77 米。昂首、扁嘴、挺身，“Y”字形尾，扬尾呈腾飞状。2 号土龙身长 0.8 米，高 0.32 米。形象与一号土龙相似，昂首作轻盈飞翔状。[①] 在辽宁省阜新县兴隆洼文化查海聚落遗址的中部发现一座龙形堆石，石堆龙是用红褐色大小均等的石块堆塑而成，全长 19.7 米，头部最宽处为 1.8—2 米，身体到尾部逐渐变细，龙的腹部和背部出土几件完整的陶罐。在石龙堆附近祭祀坑内都出土有火烧过的猪骨碎块。另外，在查海陶器上发现贴塑的浮雕蟾蜍、蛇衔蟾蜍。[②] 小河西文化时期，原始人类如何崇拜祭祀“龙”，从发表的考古材料看尚不清楚。到兴隆洼文化时期人们用焚烧猪骨来祭祀“龙”，“蛇衔蟾蜍”的图案形象地展示了蛇为百虫之王的地位。石堆龙从形象上看，几乎是巨

① 索秀芬：《小河西文化初论》，《考古与文物》2005 年第 1 期。

② 参见辛岩、方殿春：《查海遗址 1992~1994 年发掘报告》，载《辽宁考古文集》。

蟒的真实写照，说明人们对“龙”的崇拜祭祀是源于对蛇的禁忌。

在内蒙古赤峰市兴隆沟聚落遗址的一个灰坑底部发现了2个猪头蛇身的“猪龙”,2个猪头骨相对而置,西侧的猪头骨破损严重，东侧的猪头骨额顶正中钻有1个圆孔，躯体由陶片、自然石块和残石器摆放而成，大体呈“S”形，颈部较宽，尾部渐细，明显上翘，朝向东北，通长1.92米。在遗址中还发现有人头盖骨牌饰、石、蚌质人面饰，[①]这可能是氏族中举行祭祀“龙”的活动中，主持人或祭祀者所佩戴的饰物。这个发现揭示了具有辽西走廊原始信仰“猪龙”崇拜的原始形象，这个时期辽西走廊的原始先民还没有驯化饲养家猪，遗址中发现的猪骨是野猪，野猪是当地人们狩猎获取食物的主要对象之一。从祭祀“龙”烧猪骨，到将猪首嫁接到“龙”身，反映了人们在祈求避免伤害的时期，还期盼获得更多的猎物，具有向神灵祈求和索取的双重含义。

内蒙古敖汉旗赵宝沟文化小山聚落遗址的一座房址中出土1件器腹刻划鸟兽图的尊形器，图案中描绘了神化的猪龙、凤鸟、飞鹿。猪龙为猪首蛇身，猪首为细眼（长半椭圆形），长吻前突，鼻端上翘，獠牙长而略弯，蛇身躯体作蜷曲状，刻划网纹与磨光两部分错置成鳞纹。凤鸟的首上有冠，圆眼，勾形长嚎，作引颈展翅高飞状。飞鹿的鹿首长角分叉，桃形耳，扁菱形眼，两侧有翅膀，前肢为偶蹄，亦作展翅高飞状。尊形陶器刻划的鸟兽图不是单纯的猪、鹿、鸟的写实图像，而是人们创造的崇拜对象，神化了的三种灵物形象栩栩如生。[②]在三种灵物中猪龙居核心地位，

① 中国社会科学院考古研究所内蒙古第一工作队：《内蒙古赤峰市兴隆沟聚落遗址2002~2003年的发掘》，《考古》2004年第7期。

② 中国社会科学院考古研究所内蒙古工作队：《内蒙古敖汉旗小山遗址》，《考古》1987年第6期。

赵宝沟文化时期原始氏族人群的猪龙信仰更为丰富，从神系上看，出现了主从地位不同的因素。这座房址中还出土了1件刻有人面像的钻孔斧形器，可能是祭祀用器。房屋主人被认为是该聚落中首领级的人物，从房址内还有许多制作石器所遗留下的石核和石片来看，说明氏族首领并未脱离普通的劳动。①

大凌河中游牛河梁红山文化冢坛庙遗址中出土一些龙、鸟、龟、虎、鱼等动物形玉器，其中尤其以玉猪龙引人注目，猪头部吻前突、有的还露出獠牙，前端并列双鼻孔、宽厚的双耳和肥硕的躯体。牛河梁2号地点1号积石冢4号墓，墓主人是一位男性，随葬3件玉器，一件玉箍置于头骨下，两件玉猪龙并排倒置于胸前。从出土玉猪龙的位置看，玉猪龙吊挂墓主人胸前，作为葬服的配饰与墓主人一同下葬。4号墓位于1号积石冢偏东南位置，墓葬规模较小，远离1号积石冢中部的两座中心大墓，显然墓主人不是1号积石冢集团的核心人物，学者推测他可能是从事祭祀活动的巫师。佩戴在巫师身上的玉猪龙是当地人崇拜和祭祀的灵物，巫师通过玉猪龙实现人与神的沟通，以达到人们祈祷的目的。②

2. 女神崇拜、祖先崇拜

原始社会时期人类适应环境的能力低，人口成活率低，平均寿命短。人们热切祈盼人口繁殖，部落兴旺，在祈求人类自身增殖的生存本能的驱使下，通过对女性生殖功能的神化而产生了生殖崇拜，生殖崇拜是人类最原始的崇拜之一，女性形象成为原始人类祈求生殖的符号象征。辽西走廊地区的考古发现表明最晚在

① 王立新：《辽西区史前社会的复杂化进程》，《吉林大学社会科学学报》2005年第2期。

② 索秀芬、李少兵：《红山文化玉龙》，《内蒙古师范大学学报》（哲学社会科学版）2010年第5期。

距今8000多年前已经出现生殖崇拜，到5000年前红山文化时期，已经形成了成熟的生殖神崇拜——女神崇拜。生殖神崇拜是祖先崇拜形成的重要基础，某一氏族或酋邦的生殖神往往就是该氏族或酋邦的始祖神。[①]

兴隆洼文化遗址中曾出土圆雕女性石人像，西门外遗址出土了2件女性石雕像，均为双眼内凹，鼻头凸起，乳房高耸，腹部凸鼓。较大的人像通高近67厘米，略小的通高40厘米。两件人像的具体姿势略有不同，较大的人像双臂交叉于胸腹之间，略小的人像双臂弯曲放置胸前。南湾子北遗址的房址内出土1女性石雕像，双眉弯曲呈新月状，双目圆睁，右眼放置1件圆形带孔蚌片表示眼珠。双耳明显，梯形鼻，嘴巴张开，内嵌半圆形蚌片，其上有明显的刻划线表示牙齿。右手放在上腹部，左手置于胸前。胸部有明显凸起的两圆点，表示乳房。[②]赵宝沟文化时期聚落内出现专门的祭祀区，其中有一排6座房址，一个房址内还出土一件陶塑人头，脑后塑空，口、鼻、眉、目、耳均凸出。耳靠上，双眉相接，并作出两鼻孔。人头长5.1厘米、宽4.5厘米。其东约100米的坡顶有一座人工砌筑的祭祀平台（面积达323.75平方米），台面上竖立石块，表明祭祀已成为人们生活中重要的一部分。虽然在赵宝沟文化的遗址内尚未发现女性雕像，但在同一遗址的红山文化房址内出土1个女性陶塑像，个体较小，裸体，突出女性双乳，塑造精细。[③]原始崇拜有很强的延续性，赵宝沟文化之前和之后，辽西走廊地区都存在生殖崇拜，这个时期也应存在生

---

① 梅新林：《祖先崇拜起源论》，《民俗研究》1994年第4期。

② 王苹：《辽西地区史前人像造型特征与功能探析》，《南方文物》2021年第6期。

③ 杨虎、林秀贞：《内蒙古敖汉旗红山文化西台类型遗址简述》，《北方文物》2010年第3期。

殖崇拜。

红山文化时期辽西走廊地区原始生殖崇拜已发展到生殖神—始祖神的阶段。女神崇拜不再是单纯的生殖崇拜，而是与祖先崇拜相结合，祖先崇拜是原始氏族成员崇祀死去祖先亡灵，祈求庇护，表现为氏族、部落、酋邦成员的群体意志。祭祀地点由之前主要在房间内、聚落内举行，转变为主要在墓地附近修筑祭坛，并出现了区域性的在大型女神庙、大型祭坛举行的高规格祭祀活动。

半拉山墓地北部是祭祀区，祭坛的中部有祭祀用的建筑，建筑周围发现大量祭祀坑，活动面上发现零散分布的石人头像、陶塑人像和玉器，其中大小不同的陶质、石质和泥塑的人像共 14 件。陶人像大小与真人接近，头部和下肢残缺，仅存部分躯干和上肢，裸体，鼓腹，双臂环抱于胸前，应为孕妇形象。[①] 在东山嘴祭坛出土的偶像群中，同样出土了具有明显的孕妇特征的女性塑像，这座陶塑小型女像的腹部隆起，臀部肥大，与国内外出土的石器时代象征生育、繁殖和丰收的“女神”特征一般无二。

牛河梁第 1 地点是辽西走廊大凌河地区高级酋邦组织最高等级的祭祀礼仪中心，第 1 地点是以南北向山脊为中心，依山势建造台基，通过东、西两侧逐层垫平地势较低的地方，形成一个总面积约 10 万平方米相对平整的台面，考古发掘确认有四个建筑址。1 号建筑址是女神庙；2 号建筑址是面积约 4 万平方米的品字形山台；3 号建筑址，在 70 多平米类似房子的遗迹里，出土了大量祭祀用的筒形器残片。4 号建筑址是一座 75 平米左右的

① 辽宁省文物考古研究所、朝阳市龙城区博物馆：《辽宁朝阳市半拉山红山文化墓地》，《考古》2017 年第 7 期。

房子，遗物较少。[①]

女神庙是一座半地穴式南北狭长形建筑，由南、北两组建筑组成，平面呈窄长形状，南北最长 22 米、东西最窄处 2 米、最宽处 9 米。北组建筑规模较大，有主、侧室和前、后室之分。主室呈长方形，前、后室及侧室呈长方形或椭圆形。南组建筑规模较小，形制简单，中部近圆形，至两侧渐变为方形。北多室和南单室都有发现彩绘墙壁面。庙址内出土的遗物有人体塑像残件、动物塑像和陶祭器。人体塑像残件有人像头部、鼻、耳、手、手臂、乳房等，都是草拌泥质。在中室西侧出土一尊较为完整的泥塑浮雕女性头像，鬓角部位有竖行的系带，眼嵌玉石为睛，熠熠生辉，近耳垂部位有一穿孔，可能与穿系耳饰有关，从背面的残面看，应是贴于庙的墙壁处。此即享誉海内外的“红山女神”。[②]

牛河梁 2 号地点 3 号冢的祭坛遗址，受到学者们的关注，祭坛是由六棱石柱围成的圆形遗迹，直径不同的三个同心圆逐级升高，形成了三个台阶。有学者考察后提出三个大小不同的圈分别对应着冬至、春秋分和夏至，准确地表现了分至日的太阳周日视运行轨迹，牛河梁的三环石坛比古巴比伦的三环图要提前近 2000 年，是迄今所见史前时期最完整的宇宙盖天理论图解，进而提出这里是红山先民祭祀天神的场所。[③]然而，红山文化所反映原始崇拜信仰的现象，还处于自然崇拜与祭祀祖先的水平，尽管祭坛

---

① 贾笑冰：《5500 年前，牛河梁祭祀礼仪完成史前首次制度创新》，https//www.whb.cn/zhuzhan/jtxw/20221231/502094.html。

② 辽宁省文物考古研究所编著：《牛河梁——红山文化遗址发掘报告（1983—2003 年度）》上，北京：文物出版社，2012 年，第 17—19 页。刘国祥：《红山文化研究》，中国社会科学院研究生院博士学位论文，2015 年，第 213 页。

③ 冯时：《红山文化三环石坛的天文学研究——兼论中国最早的圜丘与方丘》，《北方文物》1993 年第 1 期。

的建筑反映了先民观察天体运行的能力，从祭坛规模远小于女神庙（祖庙）看，这里应是祭祀某种自然现象或某种天体的场所。

辽西走廊处于南北交通的连接处，开放的地理环境促使这里的原始先民具有开放的性格，从小河西文化、兴隆洼文化、赵宝沟文化到红山文化、小河沿文化，各个时期的原始文化都显示出活跃的对外交流特征（其中不乏外来族群带来的文化），辽西走廊的先民们不断吸收来自不同地区的文化，发展本地文化，到红山文化晚期达到这一地区原始文化发展的顶峰，被认为是中华文明重要的起源地之一。

第二章

青铜时代辽西走廊多族群的往来、更替与消长

距今 4000 年左右，中原进入夏王朝时期，辽西走廊地区在这个时期也向早期国家迈进，直到燕国势力进入这里设置郡县之前，这一地区基本处于早期国家发展阶段，在不同族群往来更替中整体社会发展水平逐步提高，呈现出精彩纷呈的历史画卷。

第一节　夏及商初辽西走廊方国的兴衰

在中原地区的夏朝与商朝早期时期（距今 4000 年到 3300 年左右），燕山南北分布着一种早期铜器时代文化——夏家店下层文化，其分布范围北起西拉木伦河，南到海河，西达桑干河上游，东至辽河左岸的广大地区。辽西走廊地区的夏家店下层文化遗存与燕山以南的夏家店下层文化遗存有不同的文化来源，文化面貌也有明显的差异，考古学界称之为夏家店下层文化的燕北类型和辽西类型。

辽西走廊的夏家店下层文化主体源于红山文化—小河沿文化，融合了内蒙古东部的老虎山文化因素和中原后岗二期文化因素而形成，在后来的发展过程中又受辽河流域的高台山文化、河南的二里头文化、山东龙山—岳石文化的影响，这里是夏家店下层文化发祥地中心区。[①] 夏家店下层文化遗址在大小凌河流域发现 2000 多处，在老哈河流域发现 3000 多处，遗址分布的密度堪比现代辽西走廊的村落。

一、环壕、城墙、村落

二道井子遗址位于内蒙古赤峰红山区二道井子村北部的山坡上，周围是连绵的浅山丘陵。该遗址是目前发现保存最好的夏家店下层文化聚落遗址，由环壕、城墙、村落三部分组成，占地面积近 3 万平方米。环壕平面大体呈椭圆形，南北长约 190 米、东西宽约 140 米。城墙位于环壕的内侧，基宽 9.6 米、存高 6.2 米，二者构成聚落最重要的防御设施。城墙顶部至环壕底部落差达 12 米。聚落东部地势较高处，建有墙体带孔道的房屋，推测是作为瞭望孔使用，具有防御和监视的功能。从聚落的外围布局看，利用东、南、北三侧的自然冲沟改造成围壕，再将西侧人工修筑的一段壕沟与之相连，形成四周环壕的防御之势。

城内村落由房址、院落、窖穴、小巷、广场组成，展现了居民生活的场景。发现房址共 149 座，除 2 座为长方形半地穴式建筑外，其余均为地面式建筑。房址建筑平面形状以圆形为主，少见圆角方形，外部多附有回廊或侧室。房址墙体大多为土坯层层

① 陈平：《夏家店下层文化研究综述》，载《北京文物与考古》第 5 辑，北京：北京燕山出版社，2002 年。

错砌而成，部分为夯土筑就，内外皆抹有多层黄土草拌泥，存高0.5—2.1米，居住面中部一般可见长方形或方形地面灶，门道多朝向西南，门口通常有门槛。房屋外部多附建有回廊或侧室，有的回廊近乎环绕房屋一周，或环绕在房屋一侧，呈圆弧形。回廊内部多以短墙相隔成几个独立的空间，可能作为不同的功能区使用。位于聚落中部偏东的一座房址（F8）用大型石块作基础，石块外部用草拌泥抹平，上部用规格统一的土坯层层交错垒砌而成。房址外围发现有顺地势修成的广场，从台阶处向四周倾斜，广场周边约150平方米的范围内几乎未见任何遗迹。矗立于石砌墙基之上的大型屋檐式建筑居高临下，在周边广场的衬托下显得极其高大、威严。这里应是供聚落首领居住的中心性大房址，广场则为举行集会或相关公共活动的场所。

聚落的东南部有4组院落，由院墙、一大一小两座房屋、方形或长方形小隔间、窖穴及院内活动空间构成，多用土坯垒砌而成。一字排开的院落之间形成宽约1米的小巷，规划整齐，是聚落晚期的建筑。聚落内各类建筑保存较好，布局有序，结构清晰。同一位置的房址有经过多次维修或重建的现象，有的房址最多可见6次维修和使用的情况。这些现象都表明聚落内是以核心家庭为基本居住单位。①

同样现象也见于大凌河流域的辽宁北票康家屯遗址，城内由石质主墙、附墙分隔成若干层次的院区及院落；房址被组合在各个院区、院落之中，各院区、院落之间均有出入的门道；在院区的墙与墙之间有相互连通的石墁道，每个院区中又用隔墙分隔成

① 以上参见内蒙古文物考古研究所：《内蒙古赤峰市二道井子遗址的发掘》，《考古》2010年第8期。刘国祥、栗媛秋、刘江涛：《赤峰二道井子聚落的形制布局与社会关系探讨》，《南方文物》2020年第4期。

院落。[①]有学者提出可将单体房址理解为一个核心家庭，院落理解为父母与没有分家的子女及其配偶组成的大家庭，院区理解为有着共同血缘、包含若干个大家庭的家族。聚落就是一个个由血缘纽带、婚姻关系维系在一起的人群集团。[②]

二、经济生活

夏家店下层文化先民的经济生活以农业为主，同时经营畜牧业和狩猎业。以大凌河流域的辽宁北票丰下遗址出土的工具为例，工具以石器为主，骨器也较多见，其次为陶制工具，蚌器极少。石器以磨制石器为主，其中最多见的是一面刃的有肩石铲，此外有长方形单孔或双孔石刀、弧背直刃单孔或双孔石刀；石斧、石锛、石镞、石磨盘、石磨棒、石杵等。打制石器有亚腰斧、石锄、三棱形刀、石盘状器，还有一些细石器。骨器主要有铲、刀、凿、镞、锥、针等。陶质工具主要有纺轮、盘状器。蚌器只见刀。遗址内出土成堆的炭化谷物，分大、小粒两种。大粒为稷，小粒为粟。还出土较多的兽骨，以猪骨多见，羊、牛骨次之。猪骨大部分为成年个体。[③]夏家店下层文化居民农业生产种植的农作物为稷和粟。各遗址都出土有大量的动物骨骼，数量最多的是猪、牛、羊、狗四类，此外还有极少量野生的鹿科动物和兔等。猪所占的比例最大，除个别个体的牛骨或角尚具有野生性状之外，绝大多数都

---

① 辽宁省文物考古研究所：《辽宁北票市康家屯城址发掘简报》，《考古》2001年第8期。

② 张星德、辛岩：《大、小凌河流域夏家店下层文化聚落的初步认识》，载《东方考古》第11集，北京：科学出版社，2014年。

③ 辽宁省文物干部培训班：《辽宁北票县丰下遗址1972年春发掘简报》，《考古》1976年第3期。

已具有明显的家养动物的特征。家畜饲养业已成为当时居民肉食品的主要来源，狩猎所起的作用已十分有限。①

丰下遗址出土的生活用具陶器以夹砂褐陶为主，火候一般较高。其次是磨光泥质黑陶，多见早期；外表打磨的素面红陶器多见于晚期。制法多手制，泥条盘筑法很普遍。通体轮制见于小型磨光黑陶器。纹饰以绳纹和绳纹加划纹为主，器形以甗、鬲、鼎等三足器和敞口罐、小口罐、瓮、大口盆、折腹盆、碗等类为常见，豆、壶、器盖等次之。出土有彩绘的折腹盆和鬲，彩色以朱、白色为主，兼或用黄彩。多为一种用折线和曲线勾连组成的云雷纹,彩绘极易脱落,发掘者推测非日常所用。家庭手工业除了制陶、制作工具外，还有纺织，丰下遗址发现一座儿童墓，在骨架上附有黄色平纹麻布残迹，每平方厘米经纬线各 10 根。人们日常服饰也可能以麻布为主。②

此外，夏家店下层文化遗址还出土了少量的金属制品，赤峰县四分地东山咀遗址发现一件铸造铜饰品的小陶范，宁城县小榆树林子遗址发现小铜刀，敖汉旗大甸子墓地出土 60 件铜、金、铅金属器物，其中以铜耳环和指环为多，还有象征权力的权杖的杖首，以及钉、帽、镦等，均为小型金属制品。耳环的大、小及改制型都经过热锻加工，杖首、帽、镦等则为铸造的。铜器材质皆为青铜，表明制造大甸子墓地铜器的工匠已经能够按锻、铸工

① 王立新：《大山前遗址发掘资料所反映的夏家店下层文化的经济形态与环境背景》，载《边疆考古研究》第 6 辑，北京：科学出版社，2007 年。

② 辽宁省文物干部培训班：《辽宁北票县丰下遗址 1972 年春发掘简报》，《考古》1976 年第 3 期。

艺的要求调配青铜的含锡量。[①] 金属制造业的出现，显示原始手工业开始与农业分离，走向独立的生产部门。

三、丧葬风俗

大凌河支流牤牛河流域发现的敖汉旗大甸子墓地，是目前发现最大的夏家店下层文化墓地，墓地在聚落遗址的东侧，紧靠在遗址的围墙与壕沟之外，面积万余平方米。墓皆为长方形土坑竖穴。墓圹排列有秩序，较密集处墓间缝隙宽不及 1 米，墓地以东西方向的空白地带间隔分为北、中、东南三大区。北区占地面积最大，有 545 座墓，中区有 143 座墓，东南区有 116 座墓，共 804 座墓。墓皆头向西北。男、女成人是单人一次葬。未成年及婴幼儿多埋葬在成人墓之间，有少数是在成人墓填土中再作小圹，或与成人同次埋在同一墓中。成人墓中大都有随葬陶器，陶器都置于脚端，或脚端的壁龛之中，常见每墓出二三件，鬲、罐各 1 件，或再加小罐（壶、鼎）1 件，常是鬲覆扣在罐口之上为一组。[②] 大型墓葬深 3 米以上，使用木椁，多有整猪和狗随葬，壁龛较大，彩绘陶器的图案构图复杂，有与商代青铜器花纹接近的兽面纹（“饕餮”纹）或“有目”图案，常同出陶鬶、爵，铜器、玉器、漆器、海贝以及石或玉钺等。大中小墓葬的等级划分具备了较为细密而严格的标准，已经规范化。大甸子墓地分为三个平行发展的墓区，每区又以特征鲜明的大型墓分为若干小区，墓葬排列有

① 辽宁省博物馆、昭乌达盟文物工作站、赤峰县文化馆：《内蒙古赤峰县四分地东山咀遗址试掘简报》，《考古》1983 年第 5 期。内蒙古自治区文物工作队：《内蒙古宁城县小榆树林子遗址试掘简报》，《考古》1965 年第 12 期。李延祥、贾海新、朱延平：《大甸子墓地出土铜器初步研究》，《文物》2003 年第 7 期。

② 刘观民：《内蒙古赤峰市大甸子墓地述要》，《考古》1992 年第 4 期。

北早南晚的趋势，可视为不同家族的茔区。大甸子墓地人骨可分为北亚、东亚结合的当地人种和具东亚特征近中原的人种两个类型。当地人种集中于等级较高的墓葬比较多的北区和中区，近中原人种集中分布于墓葬等级较低的东南区，根据随葬的陶器又可以将当地人种分为本地人群和辽东地区迁来的人群，这种代表不同文化群体的因素在一个墓地大量共存，反映了由血缘关系向地域关系的过渡。①

四、晚期聚落

21 世纪初，在燕山北麓与松辽平原的过渡地带，内蒙古敖汉旗城子山发现夏家店下层文化大型祭祀遗址，遗址主体分布范围约 6.6 平方公里，现已发现 10 个祭祀地点。位于城子山主梁的最北端的 1 号地点，是规模最大、祭坛分布数量最多、保存最好的一处，总面积为 13 万多平方米。周围有石块砌筑的围墙，周长 1310 米，残高约 2 米，墙面砌筑平整，外壁不等距砌筑有“马面”式建筑和鱼鳞状护坡。围墙内平缓，并人工修成几层台面，以石墙分隔出 5 区。最高处为中心区，石墙周长 318 米，有 5 个城门，正顶部有 3 个较大的围石祭坛。其他 4 区又分隔出近似长方形若干单元，内砌筑 1—2 座石砌建筑。可见坛状建筑址 230 多个，最大直径 13 米，最小直径 2—3 米，一般在 10 米左右。祭坛的形制有四种：第一种为石圈并全部由石块堆砌而成，个别祭坛中部还有立置的石块；第二种为外围砌筑石圈，内为隆起的土丘；第三种外围有零星的石块，中部有隆起的土丘；第四种为自然立

① 郭大顺：《大甸子墓地初析》，载《古代文明》第 2 卷，北京：文物出版社，2003 年。潘其风：《大甸子墓葬出土人骨的研究》，载《大甸子——夏家店下层文化遗址与墓地发掘报告》，北京：科学出版社，1996 年，第 252、255、262 页。

石，有的立石上还钻有圆窝。石墙多为叠砌，主墙外侧多围有石弧圈。还发现多处被打磨得十分光滑的巨石，巨石为自然形成，与悬崖等融为一体，上面有深浅不一的石窝，其作用为何？还是不解之谜。在南区南侧外围主墙中部发现一个自然石块雕塑的巨型石雕猪首像，猪嘴张开，头顶正中弧起，总长约 8 米，宽约 5 米，与主区祭坛处在一条直线上。在围墙外东、北侧裸露的基岩上，有三组人工碾磨的巨大砺石群，围墙内地表分布石块、砺石和石臼，有少量的陶片和石器。在主峰周围的山头、山脊和坡地上分布有 20 余处祭坛和 11 处山城和居址。[①] 在辽西走廊人们的传统信仰中很早就有对猪、猪龙的崇拜，这处祭祀遗址中屹立的巨型石雕猪首像，表明进入文明社会以后，当地居民仍然存在猪崇拜的传统信仰。

五、先商方国

夏家店下层文化不同层次的聚落成组群分布的格局，在辽西走廊地区比比皆是。如老哈河流域每一组聚落群中，都有一两座大的聚落址，如大甸子遗址 6 万平方米的面积，有夯筑城墙和壕沟的大规模城址和高度礼制化的大型墓地，明显具有中心聚落的地位。每组聚落群间，有相当距离的间隔。[②] 大、小凌河流域聚落群体的多级层次化的现象也很普遍，具有中心地位的规模较大的聚落坐落在腹心地区，周围分布同时期几个小的聚落址，处在边缘或前沿的聚落多地势较高，经常地表现为由若干个聚落组成

---

① 邵国田：《城子山遗址》，《内蒙古文物考古》2001 年第 2 期。刘泷、武自然：《敖汉旗城子山夏家店下层文化考古新发现：4000 年前的中心性祭祀遗址》，《内蒙古日报（汉）》2000 年 11 月 1 日第 5 版。

② 郭大顺：《大甸子墓地初析》，载《古代文明》第 2 卷。

链锁式城堡带。腹心地的中心聚落有的不设界围，如辽宁省朝阳市东面积 4 万余平方米的上河首遗址，未发现任何形式的围墙或围沟类界围遗迹。边缘的聚落址多设置围墙，有石墙、土石结构墙、夯土墙几种，其中石墙或土石结构墙体多见马面或角台等建筑，有着强烈的军事意义。[①]有学者提出每座石城址（聚落址）可能是一个相对独立的社会单位，每组石城址群则可能是这种社会单位的联合体，每一组群中大的石城址可能是联合体的中心，而整个的由石城址群组成的城堡带，则属于更高于这种联合体的社会组织。[②]

辽西走廊夏家店文化遗址分布十分密集，以农业经济为主的各类遗址群组合具有相当严密的层次性，特别是大范围遗址群的中心邑落发现不止一两处，城子山大型祭祀遗址的发现，有力地暗示着一个极其重要的现象，即存在着一个该文化最高层次的超中心邑落。[③]著名考古学家苏秉琦先生提出夏家店下层文化的人们“已形成了高于部族之上的、稳定的、独立的政治实体”[④]。许多学者都认为夏家店下层文化已进入早期国家的方国阶段，那么这个与夏王国为伍的方国是谁？

历史学家们根据文献所述的商人传说与甲骨文的材料提出一个观点，商起源于东北，殷人先世在建立商朝之前即先商时期活动在东北地区，《世本·居篇》记载，商族的始祖“契居蕃”，“昭

---

① 张星德、辛岩：《大、小凌河流域夏家店下层文化聚落的初步认识》，载《东方考古》第 11 集。

② 徐光冀：《赤峰英金河、阴河流域的石城遗址》，载《中国考古学研究——夏鼐先生考古五十年纪念论文集》，北京：文物出版社，1986 年。

③ 郭大顺：《大甸子墓地初析》，载《古代文明》第 2 卷。

④ 苏秉琦：《辽西古文化古城古国——兼谈当前田野考古工作的重点或大课题》，《文物》1986 年第 8 期。

明居砥石”。砥石为西辽河发源之地，蕃亦当离西辽河源不远。《诗·商颂·长发》记载，昭明之后，“相土烈烈，海外有截。”相土时迁至渤海湾沿海之地。从契所居蕃到昭明所居砥石，再到相土时期，先商的分布地当与今辽河上源的老哈河及大凌河相关。先商在由北向南迁徙的过程中发展起来，到卜辞中出现的第一位有王号的高祖王亥时期，逐渐发展壮大进入河北易水流域，成汤灭夏以后，在原来基础上吸收夏文化而创造出光辉灿烂的商文化。[①]考古学家在考察夏家店下层文化时发现彩绘陶器的图案中饕餮纹、龙纹、夔龙纹、目雷纹、圆涡纹以及各式云纹等，酷似商代青铜器上同类花纹主题，有可能是商代青铜器花纹的源头；磨光黑陶盂形鬲具有商鬲的基本特征。殷墟王陵区以外氏族墓地中有一定规模的中型墓葬，他们可能是受封的贵族，或本身就是王室成员，颅骨测定结果呈现出具有北亚蒙古人种和东亚蒙古人相混合的形态，商族的祖先很可能与北方地区的古代居民有更多的关联。殷墟的发掘者也发现商代王室及高级贵族有尊东北方位的规律，可能是表示对其先祖起源地的怀念和崇敬。[②]

从夏家店下层文化所反映的社会发展形态可以看出，辽西走廊地区的先民与中原地区先民几乎同时进入早期国家发展时期，从文献、甲骨和考古材料的研究看，这里很有可能是先商诸方国

① 金景芳：《商文化起源于我国北方说》，载《中华文史论丛》（第七辑），上海：上海古籍出版社，1978年。张博泉：《关于殷人的起源地问题》，《史学集刊》1981年复刊号。干志耿、李殿福、陈连开：《商先起源于幽燕说》，《历史研究》1985年第5期。

② 郭大顺：《北方古文化与商文化的起源》，载《中国商文化国际学术讨论会论文集》，北京：中国大百科全书出版社，1998年。潘其凤：《我国青铜时代居民人种类型的分布和演变趋势》；杨锡璋：《殷人尊东北方位》，载《庆祝苏秉琦考古五十五年论文集》，北京：文物出版社，1989年。

的分布区，退一步讲至少是与先商有密切关系的北方部族方国的分布地。

第二节　北方诸族在辽西走廊的更替与发展

商族不断南下发展，使辽西走廊失去了昔日的繁荣，人口明显减少，东北辽河流域和西部草原地带的部族相继进入辽西走廊。自商朝后期到战国中期燕国势力进入辽西走廊之前，这里不再是以往高度一致性的文化面貌，而是大致以努鲁儿虎山为界，东西两区呈现不同民族文化面貌。据史籍记载在这个历史时期，辽西走廊的居民先后有孤竹、山戎、貊人、东胡人，彼此在相互交流、碰撞中更替发展。

一、商朝方国

商代后期，夏家店下层文化衰落后，在辽西走廊东部兴起一种新的铜器时代考古学文化——魏营子文化，其分布地域以大小凌河流域为中心，南达燕山以北，北到医巫闾山麓，西至奴鲁尔虎山，东抵渤海湾。从文化面貌上看，魏营子文化具有多种因素，有来自河套地区的朱开沟文化因素，也有来自东部下辽河流域的高台山文化因素，同时承袭了当地夏家店下层文化因素，还吸收了燕山以南张家园上层文化和中原商文化的因素。有学者认为魏营子文化的陶器与夏家店下层文化晚期阶段有较多接近点，青铜器中的地方产品应是当地夏家店下层文化青铜铸造业长期发展的结果，虽然魏营子文化与夏家店下层文化有较大的不同，但也是有承袭脉络可寻的。[①] 也有学者认为魏营子文化是朱开沟文化的一支，大体在商代后期沿燕山北麓到达夏家店下层文化的大小凌河流域，与西进的一支高台山文化相碰撞，三者相互吸收，相互融合，形成了独具特色的魏营子文化。[②] 在其发展过程中，又与同时期的燕山以南张家园上层文化和中原商文化发生了密切关系。

魏营子文化遗址多位于背山靠水的台地或山坡上，文化层一般比较薄。陶器几乎都是夹砂红陶和红褐陶，素面为主，纹饰多为细密而浅的绳纹。代表性器类为袋足鬲、大口罐、形体甚大的瓮，此外有豆、鼎、甗、盆等。墓葬结构主要是长方形土坑竖穴墓，有木椁，东西向，单人仰身直肢葬，随葬陶器多置于头前，有殉猪的习俗。出土的铜器中一种是具有中原特征的铜容器和车马器，同时共存的是一种具有地方特色的铜器，主要是铜镜、耳环、各种甲饰之类的小件铜器。如在大凌河流域辽宁喀左和尚沟墓地 1 号墓葬中出土铜卣、铜壶各 1 件，铜卣内置海贝近百枚，墓主身上佩戴金钏 1 对，绿松石珠多枚。同类的铜卣在河南安阳商晚期墓中出土多件，同样形制的金钏见于北京平谷刘家河商代中期墓葬。

在魏营子文化分布中心地区，大凌河流域先后出土多处商到西周早期的铜器窖藏，所代表的文化非常复杂，有来自南部中原地区的商周文化，有来自北部的草原文化，也有当地的土著文化，有的还发生了文化的融合现象。[③] 如小波汰沟出土铜器 14 件，有典型中原器物鼎、簋、盘，也有北方风格铜器铃首勺、悬铃方座簋等，其中一件覆钵式器盖饰有锯齿纹夹粟点纹组成的宽纹带，

① 郭大顺：《试论魏营子类型》，载《考古学文化论集》（一），北京：文物出版社，1987 年。

② 董新林：《魏营子文化初步研究》，《考古学报》2000 年第 1 期。

③ 杨建华：《燕山南北商周之际青铜器遗存的分群研究》，《考古学报》2002 年第 2 期。

这种纹饰为北方铜器所习见，时代也在商周之际前后，属北方地方产品，可能是魏营子文化本身拥有的青铜制品。①

魏营子文化属于哪一种政治势力？大凌河流域出土的窖藏铜器中发现铸有族徽、爵名之类铭文的重器，北洞沟 2 号窖藏坑出土的“宄亚罍”，口颈内有铭文一行六字“父丁𦐇冉宄亚（亚形中宄）”，学界普遍认为是商代孤竹国的重器。2 号窖藏出土的“𡚬方鼎”，腹内壁铸铭文四行二十四字，内底中心铸铭文四字“㠱侯亚矣”，据学者考证为商代巨族箕氏家族的重器。“宄亚罍”和“𡚬方鼎”分别置于同组器物的最前面，发掘者推测两组铜器窖藏可能与孤竹国君和箕氏举行某种礼仪有关。②

关于孤竹国，先秦史籍多有记载，《尔雅·释地》：“觚竹、北户、西王母、日下，谓之四荒。”觚竹即孤竹，所谓“四荒”，指四方边远之地，孤竹国是商朝北方边远之地的方国。据《孟子·万章章句下》载：孤竹伯夷“当纣之时，居北海之滨，以待天下之清也。”孤竹国位于北海之滨。北海当指渤海，魏营子文化分布地正当渤海之滨，有学者指出北洞 1 号窖藏商代铜器的发现从实物上证明喀左一带是商孤竹国的范围。③据《史记·伯夷传》记载商朝末年，孤竹君有三子，长子名伯夷，少子名叔齐，孤竹君欲立少子叔齐，及孤竹君卒，叔齐将国君之位让与长兄伯夷，伯夷曰：“父命也。”遂逃去。叔齐亦出走不肯继国君位，于是国人立中子为君。伯夷、叔齐闻西方周西伯昌善养老，便往归之。《庄子·让王》载：伯夷、

① 郭大顺：《试论魏营子类型》，载《考古学文化论集》（一）。

② 辽宁省博物馆、朝阳地区博物馆：《辽宁喀左县北洞村发现殷代青铜器》，《考古》1973 年第 4 期。喀左县文化馆、朝阳地区博物馆、辽宁省博物馆、北洞文物发掘小组：《辽宁喀左县北洞村出土的殷周青铜器》，《考古》1974 年第 6 期。

③ 唐兰：《从河南郑州出土的商代前期青铜器谈起》，《文物》1973 年第 7 期。

叔齐西至岐阳，见周武王伐殷，曰："吾闻古之士，遭治世不避其任，遇乱世不为苟存。今天下暗，周德衰，其并乎周以涂吾身也，不如避之以洁吾行。"武王灭商朝后，天下宗周，伯夷、叔齐义不食周粟，隐于首阳山，采薇而食之，最后饿死于首阳山。西周初年，武王封召公为燕王，商朝在燕地的势力以及燕山以北的孤竹国随着商朝的灭亡，相继被纳入西周燕国势力之下。魏营子文化兴起于商朝后期，衰落于西周初期，见于史籍记载这个时期辽西地区只有孤竹国的事迹，这暗示魏营子文化与孤竹国有着密切的关系。

商朝末年纣王淫乱于政，重刑厚敛，穷兵黩武，拒不听大臣谏言，沉湎于酒池肉林，其庶长兄微子、太师箕子、少师比干数谏之，纣王皆不听，微子去之，箕子披发佯狂为奴，比干谏而死。《论语・微子》载孔子曰："殷有三仁焉。"箕子为纣王亲戚，商之巨族，武王既克殷，访问箕子，并封箕子于朝鲜。箕子率族人5000余人离开商都经由辽西走廊往至辽河以东。北洞2号窖藏坑出土商代铜器"㠱方鼎"为箕氏家族的重器，距离出土"完亚罍"孤竹氏之重器的1号窖藏坑3.5米，两个窖藏坑内器物排列有序，位于大凌河东岸一座平地而起的山峰孤山西山坡笔架山顶中部。可能是箕子率众通经孤竹国时，与孤竹国君共同举行某种礼仪所留下的。周武王虽允许箕子不臣，但箕子立国不久便亲自朝周，在路过昔日殷商故都时，见宫室毁坏，废墟已长禾黍，遂作《麦秀之诗》曰："麦秀渐渐兮，禾黍油油。彼狡僮兮，不与我好兮！"所谓狡僮者，纣也。[①]1867年在北京城郊出土商周之际燕侯诸器中有一件盉，盉上铸有铭文记载了商箕族亚在周初曾受燕侯赏赐

① 《史记》卷38《宋微子世家第八》，第1621页。

而作器，[①] 箕亚很可能是箕子后人，如这个推测成立，周初封燕以后，箕侯国曾一度与燕侯为从属关系。

自 19 世纪以来，辽西走廊东部大凌河流域发现多处商周时期的铜器窖藏和几处出土商周铜器的墓葬，尤其是 1955 年在辽宁喀左马厂沟还发现了“匽侯盂”等近 20 件青铜器。有学者指出喀左集中了这么多西周早期青铜容器，但不见西周的陶片和周人的墓葬，表明那些青铜器很可能是通过赏赐、贸易或战争流入这一地区的，反映出喀左一带与燕国有密切的联系。与此同时，北方草原文化向南由近及远地对这一地区发生影响，这些外来文化的南下和北上对这一地区的土著文化产生了很大的影响。[②]

纵观夏家店下层文化到魏营子文化的发展脉络，大致可勾勒出辽西走廊东北地区从先商发展到商代灭亡之后的历史轨迹，如史学家傅斯年先生所说：“商之兴也，自东北来，商之亡也，向东北去。”[③] 先商兴起后，商族走出辽西走廊进入中原，建立了强大的商朝，留在辽西走廊的商人与外来各种政治势力融合建立了商朝属下的孤竹国。西周灭商之后，燕山南北的商朝遗裔归属于西周的燕国，商朝巨族箕子则率族人回到先祖之地，稍作停留继续向东走出辽西走廊进入辽东地区建立箕侯国。西周以后，辽西走廊传统文化式微，各种外来文化面貌复杂，进入一个动荡的时期。

二、山戎政治势力

西周到春秋时期，辽西走廊西部以老哈河流域为中心，新兴起一种不同于夏家店下层文化的青铜文化，考古学界将其命名为

---

① 陈梦家：《西周铜器断代》（三），《考古学报》1956 年第 1 期。

② 杨建华：《燕山南北商周之际青铜器遗存的分群研究》，《考古学报》2002 年第 2 期。

③ 傅斯年：《东北史纲》，上海：上海三联书店，2017 年，第 35 页。

“夏家店上层文化”。这一文化分布地域西自大兴安岭南段东麓，南达燕山山脉，北起西拉木伦河流域，东抵奴鲁尔虎山东麓一带。夏家店上层文化遗存呈现出一种亦农亦牧的定居生活状态，应是历史上山戎人的遗存。

夏家店文化的居住遗存发现不多，在内蒙古赤峰夏家店遗址发现上层文化房址 5 处，按建筑形式分为窖穴式和地面建筑 2 种，窖穴式房址平面略呈圆形，直径 2.5—3.2 米，坑壁残存 0.56—0.9 米，现存坑壁上未见有门道或其他加工痕迹。靠西壁的地面上有灶坑或红烧土，烧土上面发现陶鬲、陶豆等生活用具。地面建筑都已破坏，保存稍好的一座房址残存部分东西长约 5 米、南北宽约 4 米。居住面是夯打三层的黄土，房址墙壁也是黄土筑成，东北面残存高 0.25 米、厚 0.2 米。居住面西边和东南边处各有烧坑一个，居住面西南与一条路土相接，可能是出入的通道路面。房址附近还发现一段用天然石块横栏着山坡砌造的台阶。[①]在其他地点还发现有半地穴式房址，分为长方形和圆形两种，一般用石块砌墙，居住面经过夯打，室屋内有石砌炉灶，地面正中和部分房址四周留有柱洞。

生活用具日常以陶器为主，陶器烧制火候较低，皆为夹砂陶，质地粗糙，均为手制。炊器有鬲、甗、鼎，多为夹砂红褐陶。食器和盛贮器罐、豆、盆、钵、碗，多为夹砂红陶，素面磨光，有的表面似乎施有红陶衣。鬲、罐、豆、盆是最常用的陶器组合。[②]还有少量的铜器，有罐、勺和匙等。

---

① 中国科学院考古研究所内蒙古工作队：《赤峰药王庙、夏家店遗址试掘报告》，《考古学报》1974 年第 1 期。

② 朱永刚：《夏家店上层文化的初步研究》，载《考古学文化论集》（一），北京：文物出版社，1987 年。

生产工具有石器、骨器、铜器等，以石器为主，多为磨制石器，大都是经过打制成形，再磨制加工，多数已看不出原来的打制痕迹，未经磨制的很少。有斧、穿孔锤斧、双孔弧背半圆形刀、盘状器、环形器、杵、臼、锤、石坠、磨石和石范等，主要是从事农业生产的工具。骨器有镞、锥、匕、针、穿孔器等。铜器有刀、刀鞘、斧、锛、凿、锥、镐、锄等，主要用于手工业、畜牧业、狩猎业。遗址中出土的动物骨骼有猪、狗、羊、牛、马、鹿和鸟类（鸡？）。[①]

拥有夏家店上层文化的山戎人已经脱离了原始社会，社会发展程度至少已经进入早期国家形态，目前虽然还没有发现其政治统治中心，但已发掘的大小墓葬中呈现出鲜明的社会分层，内蒙古宁城一带应是老哈河流域夏家店上层山戎人的统治中心，这里发现了一些随葬丰富青铜器的墓葬，甸子乡小黑石沟石椁墓是一座大型贵族墓葬，墓地位于卢龙古塞道要冲之地，在老哈河上游东南岸 800 米的台地上，发现时墓葬已被严重破坏，墓葬平面呈长方形，残长约 3.1 米、宽 2.3 米、深 2.1 米，南北向。头部墓壁有石块垒砌的头龛，四壁和墓底发现有木板残痕及榫卯痕迹，应是木棺。墓顶残存自然石盖板三层。墓葬出土各类随葬器物 400 余件（组），大部分为青铜器，还有少量的金器、石器和骨器等，其中青铜礼器 20 件，有鼎、簋（2 件）、罍、鬲、壶、盉、尊、匜（7 件）、豆（4 件）、盨盖。其中“许季姜簋”，在簋内腹底部有铭文三行：“许季姜作尊簋其万年子子孙孙永宝用”，共 16 字。还出有铜制杖首 2 件，一件上端为男性生殖器形，另一件上端铸一人头像。铜制生活用器 34 件，其中四联罐在出土时四罐内分别装

① 中国科学院考古研究所内蒙古工作队：《赤峰药王庙、夏家店遗址试掘报告》，《考古学报》1974 年第 1 期。

有鱼、肉、韭菜、瓜果等食品；圜底罐（2件），口沿上的小孔，出土时孔中有皮革残痕；圜底瓜棱罐，罐内有凝固的油质物，使用时也当用皮绳穿环悬挂，不能平置；双联罐，出土时罐内分别装有肉食和瓜果；以及圜底器、平底罐（2件）、祖柄勺与长柄勺（各2件）。铜制工具36件，斧（22件）、锛（6件）、锤（1件）、凿（2件）、锥（2件）、锥形器（3件）；石制工具10件，有斧（5件）、双孔半月刀（2件）、磨石（3件）。铜制车马具70余件，有当卢（1件）、衔（2件）、轭（1件）、马冠（2件）、軎首（2件）、套管（50余件）、别钉（7件）、骨车穿（2件）。铜兵器数十件，有短剑（5件）、双连剑鞘（2件）、盔（1件）、戈（1件）、刀（17件）、刀鞘、匕首、镞（16件），伴随这些兵器同时出土的还有木制箭杆、桦皮箭壶等。装饰品近200件，铜扣饰70余件，铜牌饰60余件，以虎形牌饰为多，此外有马、牛、鹿、鼠纹及素面牌饰；铜铃（7件），以及其他小型铜饰20余件，伴出有黑白骨珠和松石小串珠一组250余粒。金器20余件，正面镂16只鸭形牌饰、丝环（2副）、指甲形饰（11件），不成型的碎金（4.3克），其中有10余件外观呈扁平"⊃"状，发掘者估计是嵌卡在衣领上，或丝织头饰的边饰。[①]这座墓葬墓主应是地位显赫的贵族上层人物，出土的成套青铜礼器，显示了统治阶层吸收中原文化采用礼制维护国家机器的运行，大量武器和车马器则表明军事统治已成为维持社会统治的主要手段。

相比之下，在夏家店遗址发现的10余座平民墓葬，为长方形竖穴墓和浅圹石棺墓，有的有简单的木质葬具，有的没有，随葬品也很少。如11号女性墓，除装饰品外，随葬陶罐1件，纺

① 项春松、李义：《宁城小黑石沟石椁墓调查清理报告》，《文物》1995年第5期。

轮 1 件，骨针 2 件，铜锥 1 件；12 号男女合葬墓，男性随葬铜刀 1 件，铜镞 2 件，骨镞 2 件；女性随葬陶罐 1 件、骨针 1 件。这里还发现利用废弃的住址或灰坑埋人的现象，在 5 个灰坑和 1 处房址内，共发现 12 具骨架，男女成人和儿童都有，均无随葬品。经鉴定，这些骨架与墓葬中的骨架并无种族类型上的区别。如无特殊原因，灰坑内埋葬的人，很可能是地位卑贱的奴婢。夏家店遗址发现有铸造铜饰和铜斧的石范，普通平民也使用了铜制工具，说明这些器物是在当地铸造的。[①] 赤峰林西县大井夏家店上层文化铜矿遗址，面积达 2.5 平方公里，出土各类青铜器达四五百件，集采矿、选矿、冶炼、铸造于一体，显示了较高的青铜铸造技术水平。[②]

在西周时期到两周之际，夏家店上层文化是中国北方最为发达的青铜文化。考古学家们指出夏家店上层文化的青铜器是多元的，数量和种类繁多，内涵复杂，是以自身特色的銎柄剑和齿柄刀为主，在器物造型和装饰风格方面具有鲜明的独创性；吸收中原文化典型的青铜礼器和兵器，并效仿中原铸造出同类器；部分继承了商末周初北方青铜文化的传统，有各种形式的短剑、生产工具、动物牌饰；在与欧亚草原地区文化的交往中，吸收了草原青铜文化的因素，空首斧、成排动物纹、刀柄装饰立兽与部分装饰品，与蒙古草原东部和外贝加尔地区十分相近。在西周早期夏家店上层文化的初创阶段，铜器的器类略显单一，基本不见车马器，也不见典型的中原式铜礼器和其他与中原文化相联系的铜器，

① 中国科学院考古研究所内蒙古工作队：《赤峰药王庙、夏家店遗址试掘报告》，《考古学报》1974 年第 1 期。

② 辽宁省博物馆文物工作队：《辽宁林西县大井古铜矿 1976 年试掘简报》，载《文物资料丛刊》第 7 辑，北京：文物出版社，1983 年。

但在器型和铸造技术方面基本上形成了特定的风格。这一时期，夏家店上层文化人群偏安一隅，实力较弱，没有与南部中原人群发生大规模的直接联系。西周中期处于逐步发展阶段，西周后期到春秋早期进入鼎盛阶段，器类显著增加，形式多样，出现成组的青铜容器，青铜铸造技术达到相当高的水平。这一时期，夏家店上层文化人群与南部中原文化有密切关系，主要表现在车马器和青铜礼器上。同时发现了一定数量的典型的东北系青铜短剑，这应是与辽西走廊东部人群长期接触和交流的结果。春秋中晚期，夏家店上层文化处于逐渐衰亡阶段。[①]

夏家店上层文化逐渐衰退，与齐桓公伐山戎有关。《左传·桓公》记载：桓公六年（公元前706年），“北戎伐齐，齐使乞师于郑，郑太子忽帅师救齐。六月，大败戎师，获其二帅大良、少良，甲首三百，以献于齐。”《史记·匈奴列传》记载此事云：“山戎越燕而伐齐，齐厘公与战于齐郊。”齐不敌山戎，求救于郑国，才打败山戎，可见此时山戎势力强盛，拥有较强的军事实力。西周晚期到春秋时期，燕国已走向衰弱，山戎才敢无视燕国去攻打齐国。燕庄公二十九年（公元前662年），“山戎伐燕。燕告急于齐，齐桓公北伐山戎，山戎走”[②]。《管子·封禅》记载齐桓公曾说：“寡人北伐山戎，过孤竹。”此处的孤竹已不是商代后期的孤竹国，其地在今河北卢龙一带。齐军在斩孤竹后，才遇山戎。从地理

① 刘国祥：《夏家店上层文化青铜器研究》，《考古学报》2000年第4期。邵会秋、杨建华：《从夏家店上层文化青铜器看草原金属之路》，《考古》2015年第10期。杨建华：《夏家店上层文化在中国北方青铜器发展中的传承作用》，载《边疆考古研究》第7辑，北京：科学出版社，2008年。

② 《史记》卷110《匈奴列传》，第2881页。

方位看，齐桓公大军应进入到燕北夏家店上层文化山戎人地区。[①]经此一役，山戎一蹶不振，逐渐走向衰落。

夏家店上层文化衰亡后，其影响还残留在附近的冀北东部和中西部，以及北方长城沿线的内蒙古北方青铜器文化之中，如夏家店上层文化中数量最多的銎柄剑和齿柄刀在冀北东部战国时期有大量出现，齿柄刀在冀北中西部战国早期有少量发现。夏家店上层文化流行的以铜扣缝缀在衣物上的装饰手法和发射性纹饰泡饰、双联珠饰对内蒙古战国早期青铜文化有一定影响。夏家店上层文化对后来北方青铜文化的影响由近及远再逐渐递减，在最近的冀北东部只是一种简单的延续，最后逐渐消失，[②]可能暗示了夏家店上层文化衰落后人群的流向。

三、貊人政治势力

西周初年，商人在辽西走廊的势力衰落后，西部老哈河流域为山戎人占据，东北大小凌河流域则为貊人占据。西周初年，周王曾在燕国之北封韩侯，韩侯国的势力范围可能进入辽西走廊的东南部。《诗经·韩奕》曰："韩侯受命，王亲命之。……溥彼韩城，燕师所完。以先祖受命，因时百蛮。王锡韩侯，其追其貊，奄受北国，因以其伯。"有学者指出《韩奕》是西周晚期的作品，诗中说韩侯的先祖受周王之命统治貊和追，韩侯的都城为燕国的军队所建，诗中所提到的貊，其地亦当近燕。传世的西周早期的貉子卣铭"王令士道归貉子鹿，貉子对扬王休"，"貉子"有可能是

① 韩嘉谷：《论山戎病燕》，《首都博物馆丛刊》2004 年第 1 期。

② 杨建华：《夏家店上层文化在中国北方青铜器发展中的传承作用》，载《边疆考古研究》第 7 辑。

貊族中的首领人物。[①]《韩奕》诗曰："孔乐韩土，川泽訏訏，鲂鱮甫甫，麀鹿噳噳，有熊有罴、有猫有虎"，"献其貔皮，赤豹黄罴"。东汉许慎《说文解字》说"貔，豹属，出貉国。"这里描写的自然环境和物产恰与辽西走廊东部大小凌河流域相似，低山、丘陵连绵不断，山林中熊、貔、虎、鹿等动物出没追逐，大小凌河众多支流"川泽訏訏"，鱼类资源十分丰富。

韩侯国消失后，春秋战国时期，貊人仍活跃在辽西走廊的东部，《管子·小匡》记述齐桓公武功云："禽狄王，败胡貉，破屠何，而骑寇始服。"齐桓公打山戎时，曾击败貊人，破屠何，屠何可能是貊人的一种。《山海经·海内西经》记载："貊国在汉水东北，地近于燕，灭之。"战国中期，燕昭王北拓疆土，灭貊国。西周到战国中期，大小凌河流域兴起一种以"曲刃短茎式青铜剑"（又称东北式青铜短剑）为标志物的新型铜器时代文化，考古学界称为"凌河类型文化"，时间与地域大体与貊国相当。

目前已发现的凌河类型文化遗存数量不多，主要是墓葬、灰坑，极少见居住址，虽然还不清楚这一文化居住房址的形态，但在辽宁锦西县部集屯小荒地发现一座山城，北城郭依山势修筑，平面呈不规则半椭圆形，弧长 856 米，现存墙体高 5.53—6.74 米，底宽 21—26 米，顶宽 5—6 米。墙体系在凝灰岩或砂岩山体上覆盖土石堆筑而成，截面呈梯形。山城的南部城垣已毁，但可以见到一条顺山势走向由北至南的古河道，其绕过夯土城西南角折向东南作曲尺状，恰与山城的北城郭相对应，呈合围之势。复原城址的周长应近 2000 米。城垣东北角有一土筑墩台，长 22.5 米、宽 12 米，水平高程 43.2 米，作为鸟瞰山城周围地区的制高点，

① 林沄：《说"貊"》，《史学集刊》1999 年第 4 期。

估计是一处瞭望遗址。在古城址附近先后出土曲刃短茎式青铜剑及相关遗物，如青铜戟、铜镞、铜套管、铜铃、铜带钩等，在古城址北 1.5 公里的田九沟村还发现过青铜短剑墓。当地战国层以下堆积出土的陶器以泥质灰陶或红胎黑皮陶为主，器类有盆、罐、壶、豆、碗、钵、瓮，器型多平底和圈足器，不见袋足三足器，陶器群与夏家店上层文化的面貌差别较大，与大、小凌河流域青铜短剑墓共存陶器属同类器物。研究者认为山城是春秋至战国中期以前某一时期营建的，是先秦屠何故地。[①]

目前发现的凌河类型文化的遗存主要是墓葬，辽宁朝阳十二台营子 1 号墓是一座夫妻合葬青铜短剑墓，墓地位于高地东端的崖壁上，下临一条由南向北的小河。墓室以自然石块和卵石砌筑成四壁，上搭盖石板作为墓盖，墓底平铺卵石，墓门用一块大石板立堵，构成长方形单室的石室墓。墓室内，长 1.8 米、宽 1 米、壁高 1.2 米，墓顶深入地表下 2 米。墓室内有人骨 2 架，均头西（向墓门）脚东，仰身直肢，左右排列，为夫妻合葬，男左女右。卵石墓底铺有树皮，之上放置木板，板上再铺“十”字纹的苇席，尸体葬在苇席上。男性的随葬品主要是武器和工具，2 柄曲刃剑分置身体两侧，头顶部和脚底分别置 1 面多纽铜镜，右肩上部置 1 件“Y”形铜具，右腿上部置 1 件铜斧，左胫骨处有 2 枚铜镞。女性的随葬品主要是工具和装饰品，股骨干右侧置有铜鱼钩、铜凿、锥形铜器和有孔砺石，骨盆旁边出土一组铜刀、镳形铜具（6 件）、人面铜牌（6 件）、兽面铜牌（3 件）、铜节约（12 件）、管状铜饰（59 件）等，此外，还有石网坠和陶纺轮。从随葬品看，

① 朱永刚：《锦西邰集屯小荒地出土的曲刃青铜短剑与屠何故城》，《文物春秋》2000 年第 1 期。

有兵器、马具、装饰品、渔猎用具、纺织工具和手工业工具，基本都是青铜器。[①] 十二台营子1号墓的男性墓主人可能是貊国中具有一定地位的武士。

辽宁北票八家乡喇嘛洞墓地发掘12座凌河类型文化墓葬，墓地坐落在大凌河畔的二级台地上，墓葬形制分为四种类型，为土坑墓、石椁墓、木棺墓、石椁木棺墓，各种类型墓葬的规格都比较小，其中306号木棺墓出土曲刃短茎式铜短剑、铜凿各1件，右臂骨外侧出土铜斧1件，左胫骨外出土夹砂陶壶1件，胫骨下还出土串珠2枚。其他11座墓中有4座墓无随葬品，另7座墓的随葬品极少，主要为几枚石珠，1件陶纺轮，只有2座墓随葬陶壶1件或2件。[②] 喇嘛洞墓地埋葬的应是貊国下层普通的平民。

凌河类型文化的陶器为夹砂红陶或红褐陶，手制粗糙，内外打磨，火候低，无纹饰，器类较为单一，以钵类为主，还有杯、碗等。石器以石斧为多见，并有石钺、砺石、网坠等。随葬品多有青铜器，特色鲜明，说明当时人应用青铜器比较普遍，有兵器、马具、手工业工具、装饰品等。早期墓葬发现有殉牛（头、肩胛骨、腿）、羊肩胛骨的风俗。[③]《孟子·告子下》载：“夫貉，五谷不生，惟黍生之。无城郭、宫室、宗庙、祭祀之礼，无诸侯币帛饔飧，无百官有司。故二十取一而足也。”凌河类型文化的居住址发现得很少，墓葬中出土的农业生产工具主要是石斧，不见石刀、石镰、石耜之类的工具，从貊地“惟黍生之”看，其农业生产尚不成熟。出土的渔猎用具和马具，以及有殉葬牛羊骨的习俗，说明畜牧业、

---

① 朱贵：《辽宁朝阳十二台营子青铜短剑墓》，《考古学报》1960年第1期。

② 辽宁省文物考古研究所:《辽宁北票喇嘛洞青铜时代墓葬》,《文物》2004年第5期。

③ 辽宁省文物考古研究所、喀左县博物馆：《喀左和尚沟墓地》，《辽海文物学刊》1989年第2期。

狩猎业与农业共同构成貊人的社会经济。以曲刃短茎式铜短剑为代表的貊人的兵器较发展，马具的发现也说明貊人养马，善骑射。这暗示貊人已经进入以武力维系统治的国家形态，但“无城郭、宫室、宗庙、祭祀之礼”“无百官有司”，这说明貊国的国家机器处于初建阶段，却已经开始向被统治者收取“赋税”，“二十取一而足也”。《山海经·海内西经》中说“貊国在汉水东北，地近燕，灭之”。大约在战国中期燕昭王北拓疆土，设置郡县时，灭貊国，其地纳入辽西郡辖区。

四、东胡势力进入辽西走廊

春秋时期，北方草原游牧族群东胡势力向南扩展，[①]分布在赵国之东，燕国之北，《史记·赵世家》曰“东有燕、东胡之境”。《汉书·匈奴传》曰“燕北有东胡、山戎。各分散溪谷，自有君长”。在山戎日渐衰落之时，东胡继续向东南进入辽西走廊的西部，逐渐取代山戎成为辽西走廊西部势力强大的游牧民族。

20世纪90年代前后，在辽西走廊的努鲁儿虎山以西老哈河流域发现一种战国早中期具有典型游牧民族文化特点的考古学文化。在东北历史上包括辽西走廊地区，在此之前无论史籍记载还是已知的考古学文化，或是农业民族文化，或是农牧族群文化，抑或是渔猎民族文化，最早登上东北地区辽西走廊舞台的游牧民族即是东胡人。老哈河这支游牧文化无论是在时代上，还是文化面貌上大体上与东胡历史和文化相当。由于游牧民族过着随水草迁徙的生活，遗址的文化层较薄，目前发现的遗迹不多，对东胡文化仅能有较为粗略的了解。

① 关于东胡族的族源与族系，参见第三章。

史籍中关于东胡人的社会经济生活记载很少，但从史籍关于汉魏时期同样生活在辽西走廊的东胡后裔乌桓人的记载可知一二,《三国志·乌桓传》记载:“俗善骑射，随水草放牧，居无常处,以穹庐为宅,皆东向。日弋猎禽兽,食肉饮酪,以毛毳为衣。”所牧牲畜以马、牛、羊为多，并适时射猎禽兽补充生计。在老哈河流域所发现的东胡文化遗迹主要是墓葬，内蒙古敖汉旗新惠乡房申村铁匠沟战国早中期的墓群位于一道东南—西北走向的山梁南坡，墓地分两个茔区，因当地农民耕作的破坏，发掘者清理了A区的3座墓和B区的2座墓。西拉木伦河上游北岸内蒙古林西县井沟子遗址位于地势较缓的一处黄土坡岗上，遗址范围内的墓葬同样分为东、西两区。发掘者清理了西区31座墓。两处墓葬有明显的相似性,也存在一定的差异,当是地域或部落间的不同。[①]

墓葬形制皆为土坑竖穴，墓的平面形状多呈长方形或窄梯形，一般长200—230厘米、宽60—80厘米，墓口距地表深30—60厘米，墓深50—110厘米。均未见用葬具的痕迹。葬式为头东脚西(或西北—东南向),仰身直肢。井沟子墓不仅有单人葬(13座),还有双人葬（7座）和多人葬（9座），有的墓中个别死者似非正常死亡，可能为殉人。墓葬用牲现象普遍，牲畜种类有马、牛、羊、驴、骡、狗六种，均为饲养动物，不见猪，以马、牛、羊为主，尤以马的地位最为突出。牲畜并非整体入葬，都是只用某些部位。在用牲墓中，用1至2种动物的墓的数量最多，其次是用3种动物的墓，用4种动物的墓最少。一般每墓每种动物仅用1个个体，

① 邵国田：《敖汉旗铁匠沟战国墓地调查简报》，《内蒙古文物考古》1992年第1、2期。吉林大学边疆考古研究中心、内蒙古文物考古研究所：《2002年内蒙古林西县井沟子遗址西区墓葬发掘纪要》，《考古与文物》2004年第1期。下文凡出自上述两篇文章的材料皆不再出注。

少见2或3个个体。在所用牲畜的各部位中，有些可能有代表整牲来入殉的意义，如牲头和大部分的蹄骨；有些则明显是当作肉食来入葬的，如椎骨、肋骨和股骨等，可能是带肉入葬的。用牲的位置既有放在墓内的，也有埋于填土中的。

随葬品中陶质生活用具制作工艺不高，均为手制，系泥圈套接法成型，器型不甚规整，均素面，烧制火候不高。器类简单，以罐类器为主，另有少量鬲、壶、瓮、碗。[①]随葬的工具和武器数量不多，主要是铜制品，有环首刀、短剑、镞、刀、锥、针等。此外，还有少量的骨镞。

随葬品中数量最多的是装饰品，铁匠沟墓葬随葬品中比较有特点的是较多的铜牌饰，如半浮雕野猪交媾式牌饰1件、半浮雕卧状野猪形牌饰6件、虎形饰3件、鸟纹饰8件、卷云纹圆形牌饰2件、涡纹圆形牌饰1件、连锁卷云纹条形饰3件、连锁“之”字纹带饰3件、铃形饰5件、珠饰1件，以及各种纹饰的铜泡11件。井沟子墓葬随葬品中以铜泡数量最多，又有变体鸟形饰、变体鸟首形饰、“S”形卷云纹铜饰、联珠饰、坠饰、铃形饰等，以及耳环和管状饰，铁匠沟墓葬出土7件铜丝卷作弹簧状的耳环。此外，还有若干颗松石、玛瑙、骨珠、贝饰等。

从随葬品出土的位置看，陶器多置于死者头端，各类装饰品主要集中在死者头部、颈部和腰部，青铜工具、武器类则多置于腰部左右。井沟子M25人头骨两侧及颈部散落有蚌饰8枚、大铜泡2枚、小铜泡15枚；还有几例人头骨的左右眼眶内各有一枚小铜泡，推测原先可能是缝缀于覆面之上，盖在死者的面部。

铁匠沟墓葬的随葬品均出自A区，B区发掘的两座墓没有随

① 铁匠沟墓葬不见“陶鬲”。

葬器物。井沟子墓葬虽然都有随葬品，但数量多少不等。说明生活在这里的东胡族群内部贫富分化显著。墓葬出土的野生动物骨骼经鉴定有鹿、獐、狐狸，同时也有水生的背角无齿蚌和淡水螺，说明渔猎是游牧居民经济生活的一项重要补充。用牲习俗与富有特色的铜饰件，反映了东胡人游牧狩猎文化的特征。

铁匠沟墓地的附近发现战国时期燕国长城遗址，A 区墓葬分布在长城南侧的第二、第三条灰土带间，说明这是在燕昭王打东胡，设郡县，筑长城之前的东胡人墓地。到战国中期燕昭王北拓疆土，占领辽西走廊地区后，东胡人的势力退到蒙古草原地区，辽西走廊进入土著民与燕国移民之间文化碰撞与交融时期。

第三章

辽西走廊长城内外胡汉交往与迁徙

战国中期燕昭王时期（前 311—前 279 年），燕国名将秦开利用在东胡做人质的机会取得了东胡人的信任，趁机了解东胡的山川地理、收集东胡的各种情报，重回到燕国之后领兵攻打东胡。在秦开的攻击之下，东胡退到一千余里外的西拉木伦河一带。燕国对新拓展的领土采取郡县制的统辖方式进行管理，同时，为了防止东胡人卷土重来，燕国从造阳到襄平修筑了长城，在新占领地区设置了上谷、渔阳、右北平、辽西、辽东 5 个郡来抵御东胡、匈奴。自此，燕国的西部长城成为草原游牧民族与燕人居住区域的分界线，并被秦汉王朝所沿用。故而，燕秦汉长城周边地区被看作北方游牧民族与中原农耕民族交往交流交融重要区域。审视辽西走廊区域由东胡人的居住地转变成为燕国与秦汉王朝北方直辖地的变化过程，可深入考察辽西走廊各民族在郡县统治区交往交流交融的初始状况。

第一节　燕国征东胡与辽西走廊设置郡县

东胡，是先秦时期分布在匈奴东部的北方游牧民族。东胡作为族称，最早见于《逸周书·王会篇》中的“东胡黄罴”，孔晁为“东胡”作注“东胡，东北夷”，在《史记》中与林胡、楼烦被史家并称为“三胡”。[①]《史记·匈奴列传》中记载了燕国与东胡、山戎的位置关系:“燕北有东胡、山戎。”[②]服虔将“东胡”注释为:“乌丸之先,后为鲜卑。在匈奴东,故曰东胡。”[③]依照服虔的认识，东胡是因为居住在匈奴的东部而得名，并且将东胡一族的发展谱系解释为“东胡—乌桓—鲜卑”，这与《后汉书·乌桓鲜卑列传》和《三国志·乌丸鲜卑列传》中关于东胡被匈奴冒顿单于袭破之后，分为乌桓、鲜卑二部的记载出现了分歧。那么，东胡与乌桓、鲜卑是什么关系？乌桓、鲜卑是同一个民族在不同历史时期的不同称谓，还是同一个民族不同的分支？乌桓、鲜卑二者是同时出现在辽西走廊地区，还是分先后次序登上历史舞台的？乌桓、鲜卑又是以什么样的身份在辽西走廊演绎着跌宕起伏的历史大戏呢？想要寻求这一系列问题的答案，都要从东胡谈起。

一、东胡的族源

“东胡”一词，既是对东胡这一民族的称谓，又是对由东胡

---

① 《史记》卷43《赵世家》，第1809、1810页。原文为：“变服骑射，以备燕、三胡、秦、韩之边。”《索隐》：林胡，楼烦，东胡，是三胡也。

② 《史记》卷110《匈奴列传》，第2883页。

③ 《史记》卷110《匈奴列传》，第2885页。

及其后裔——乌桓、鲜卑、契丹、室韦、蒙古等民族所组成的族系的称呼。《史记》没有为东胡单独立传，在《匈奴列传》中可发现东胡在辽西走廊地区活动的蛛丝马迹。“当是之时，秦晋为强国。……而晋北有林胡、楼烦之戎，燕北有东胡、山戎。各分散居溪谷，自有君长，往往而聚者百有余戎，然莫能相一。”[①] 春秋时期，东胡是与山戎同时并存在燕国之北的族群，既不是与山戎同为一个族群，也不是山戎的一个分支。

早在春秋战国时期，东胡已经为燕人所知，东胡之名，并非自称，所谓“东胡”，盖指活动在匈奴（胡）之东的部族。[②] 东胡各部落应有各自的称谓。只是因为地处悬远，语言不通，来往较少，为中原人所不知。从中原人对这一集团的称谓及其后裔的情况看，应是战国时期的中原人对匈奴以东今内蒙古东部和东北西部族属、语言、习俗相同或相近的各部落的称谓。[③] 东胡的族称，一方面说明了这一民族具备胡人的游牧特征；另一方面也说明了东胡人不同于匈奴人，保留了自身的一些民族特色，才会以居住在匈奴的东部而得名，“东胡”的他称也因此传承了下来。

东胡这样一个有本土特色的游牧民族，关于它的族源，学界主要有屠何、土方、山戎等几种说法，目前尚难以达成共识。通过考古学者与体质人类学学者的共同努力，提出内蒙古林西县井沟子遗址西区墓地出土的古代居民是东胡人，将其遗骸进行体质人类学、分子生物学和稳定同位素分析的生物考古学综合性研究，

① 《史记》卷 110《匈奴列传》，第 2883 页。

② 林幹：《东胡史》，呼和浩特：内蒙古人民出版社，1989 年，第 3 页。

③ 参见张久和：《东胡系各族综观》，《内蒙古大学学报》（哲学社会科学版）1990 年第 2 期；《东胡系各族族名研究及其存在问题——兼谈译名研究的可行性条件》，《内蒙古大学学报》（哲学社会科学版）1996 年第 1 期。

指出其人种类型具有低颅、阔面、面部扁平度很大等西伯利亚蒙古人种性状，与已知的鲜卑人、契丹人、蒙古人的种族特征十分接近。从而论证了东胡人与后世的鲜卑人、契丹人、蒙古人有着比较近的亲缘关系。[①]

二、燕击东胡置边郡

燕昭王统治期间，燕国领土扩张最为显著，特别是燕国的将领秦开在开拓辽西、辽东疆土过程中起到了举足轻重的作用。史载，“燕有贤将秦开，为质于胡，胡甚信之。归而袭破走东胡，东胡却千余里……燕亦筑长城，自造阳至襄平。置上谷、渔阳、右北平、辽西、辽东郡以拒胡。”[②]秦开袭破东胡后，燕国采取了筑长城、设边郡的方式对北方、西北地区进行政治管辖。根据考古调查的成果，燕北长城的走向是“由独石口北滦河南的大滩一带，东经围场、赤峰、敖汉，由奈曼、库伦南部，进入阜新，又经彰武、法库、开原一带，跨越辽河，再折而东南，经新宾、宽甸，向东至当时国境”[③]。右北平（治平刚，今内蒙古自治区宁城）、辽西（治且虑，今辽宁省朝阳市）、辽东（治襄平，今辽宁省辽阳市）郡级行政建置的出现，使郡县制度落户辽西走廊地区，并逐渐常态化，与地方社会结合得越发紧密。在辽西走廊建平县北部努鲁儿虎山的崇山峻岭之中，断断续续地盘亘着一条被当地群众称为“石龙”或“土龙”的古代长城遗迹，这就是历史上著名的燕秦长城。历经了2300多年的燕秦长城，虽经风雨蚀变，但

① 朱泓、张全超、常娥：《探寻东胡遗存——来自生物考古学的新线索》，《吉林大学社会科学学报》2009年第1期。

② 《史记》卷110《匈奴列传》，第2885—2886页。

③ 李文信：《中国北部长城沿革考（上）》，《社会科学辑刊》1979年第1期。

仍可探寻它的踪迹，在烧锅营子乡的下霍家地前山，经烧锅营子南山，张家湾南山、至蛤蟆沟北梁之间，至今还保留着走向清楚、石砌结构清晰，长宽约 2 米、高 0.2—1 米的长城墙遗址，还可看出墙体、城堡及亭障等遗迹。沿线发现了许多古代用于驻兵屯粮的附属城池，还有不同类型的防御建筑设施——台址、障址和城址，它们多筑于长城线上或长城南侧。石墙蜿蜒起伏在连绵的山巅和深谷之中，宛如一条巨龙，是当时防御外族侵扰的屏障。

从地缘政治的角度来看，辽西走廊的西部位于中原王朝农耕民族居住区域与北方游牧民族居住区域的交汇地带，中原农耕民族与北方游牧民族在辽西走廊地区有着千丝万缕的联系，辽西走廊地区成了各民族交往交流交融的重要场域，燕国在这一地区设置了辽西郡和右北平郡。

《汉书 · 地理志》中记为“辽西郡，秦置”，秦汉王朝在辽西走廊地区沿袭了燕国的设置，《水经注》称“秦始皇二十二年，分燕置辽西郡”。史书中关于燕秦时期辽西郡的郡治及其属县情况没有明确的记载，两汉时期辽西郡在郡治、辖区方面还是有一定变化的。

《汉书·地理志》中出现了关于西汉时期辽西郡的户口、治所、属县、王莽朝更改县名等情况，[①] 辽西郡下辖且虑（今辽宁省朝阳市）、海阳（今河北省滦县）、新安平（今内蒙古奈曼旗）、柳城（今辽宁省朝阳市）、令支（今河北省迁安县）、肥如（今河北省迁安县）、宾从（又作宾徒，今辽宁省凌海）、交黎（又作昌黎，今辽宁省凌海）、阳乐（今辽宁省义县）、狐苏（今辽宁省朝阳市）、徒河（今辽宁省葫芦岛）、文成（今辽宁省建昌县）、临榆（今辽宁省义县）、絫（今

① 《汉书》卷 28《地理志》，第 1625 页。

河北省山海关）等14个县。

辽西郡下设东部都尉与西部都尉。其中，东部都尉的治所在交黎县（今辽宁省凌海），西部都尉的治所在柳城县（今辽宁省朝阳市）。1982年后在辽西两次文物普查中，于朝阳市区和西北召都巴都发现有汉代古城，夯筑土城均有汉城特点。其位置正处在由“柳城”中部都尉西北，北出大青山关隘的古代交通孔道上。其南接柳城、白狼、广成，出大凌河上游，接河北青龙河北支，则在辽西境有建昌县碱厂乡东大杖子重要遗址（或即城址）和战国墓葬群。其向北控燕秦汉辽西长城，其地处襟要，当为辽西和右北平郡交界地的交通重镇。[①]

与辽西郡相连的是辽东郡与右北平郡。辽东郡西至医巫闾山，与辽西郡为界，辽东郡的郡治在襄平县（今辽宁省辽阳市），辽东郡的西部都尉的治所在无虑县（今辽宁省北镇市）是为辽西走廊北部，另有险渎（今辽宁省台安县）、房（辽宁省盘锦市大洼区）等县，地处辽东郡城之西，为今辽河以西至大凌河以东之地；[②]辽西走廊的西端则位于右北平郡。右北平郡东以努鲁儿虎山与辽西郡为邻，包括今大凌河上游和老哈河上游的塞内之地，[③]右北平郡下辖16县，郡治为平刚县（今内蒙古自治区宁城县），无终（今河北省蓟县）、石成（今辽宁省喀左县）、廷陵（今内蒙古自治区赤峰市）、俊靡（今河北省遵化市）、賨（今辽宁省建平县）、字（今辽宁省凌源市）、土垠（今河北省丰润县）、白狼（今辽宁省喀左县）、广成（今辽宁省建昌县）等10县，在辽西走廊地区。

王莽篡夺汉位，实行改制，对辽西郡14个属县当中的9个

① 王绵厚、朴文英：《中国东北与东北亚古代交通史》，第31页。

② 孙进己、王绵厚：《东北历史地理》第一卷，第276页。

③ 孙进己、王绵厚：《东北历史地理》第一卷，第312页。

县的县名进行更改。王莽将且虑县改为鉏虑县、令支县改为令氏亭、肥如县改为肥而县、宾从县改为勉武县、交黎县改为禽虏县、徒河县改为河福县、文成县改为言虏县、临渝县改为冯德县、絫县改为选武县。王莽将右北平郡从郡名到县名都有所更改，将郡名右北平改为“北顺”，16个属县当中的11县的县名进行更改，将廷陵改成铺武、俊靡改成俊麻、賨改成裒睦、徐无改成北顺亭、白狼改成伏狄、夕阳改成夕阴、昌城改成淑武、骊成改成揭石、广成改成平虏、聚阳改成笃睦、平明改成平阳。

三、东汉时期辽西郡、右北平郡的变迁

辽西走廊地区设郡置县，纳入中原诸侯国与王朝统治之后，大批农耕民族不断迁入。公元前206年，辽西走廊北部的游牧民族东胡被匈奴打败后，北徙分为乌桓、鲜卑二部。汉武帝时期将乌桓人从匈奴左地迁至五郡塞外，成为生活在辽西走廊北部的主要的游牧民族。汉代，鲜卑人陆续南迁，进入到西拉木伦河流域。从乌桓、鲜卑在辽西走廊的活动情况来看，鲜卑人晚于乌桓人进入辽西。无论是乌桓人还是鲜卑人，都以本地化游牧为主要的生产生活方式，与农耕民族之间既有摩擦，又有往来。

东汉王朝建立初期，无暇顾及辽西走廊地区的民族问题，采取以招抚为主的治边方略，将大批归附的游牧部落纳入郡县区域，辽西走廊的地方建置随之也发生了调整。直接统辖的郡县区域因为人力、物力的不足，开始出现向内收缩的趋势，乌桓、鲜卑部落的存在，使得除原有的郡县制之外，度辽将军、使匈奴中郎将、护东夷校尉等边疆民族管理机构之间也在相互配合、各司其职地发挥着稳定边疆的重要作用。

东汉时期与辽西走廊相关的辽西、辽东、右北平郡都有所调

整,《后汉书·郡国志》载:“辽西郡,秦置。洛阳东北三千三百里。五城,户万四千一百五十,口八万一千七百一十四。阳乐、海阳、令支,有孤竹城。肥如、临渝。”①辽西郡仅管辖阳乐（今朝阳东南百里，即义县西南百里之处。当为今朝阳、义县间，北票县南境）、海阳（今滦县境）、令支（今河北省迁安县）、肥如（今河北省卢龙县）、临渝（今山海关附近）②5县。朝廷将辽西郡原下属的昌辽（今凌海北）、宾徒（今凌海）、徒河（今辽宁省葫芦岛）3县与辽东郡位于辽水以西的无虑（今辽宁省北镇）、险渎（今辽中县）、房（大窪县）3县合并,设置辽东属国,治所为昌辽县。右北平郡仅存土垠（今河北省丰润县）、徐无（今河北省遵化县）、俊靡（今河北省遵化县）、无终（今淋河下游西岸）4县。③东汉时期，辽西走廊的郡县区域已经缩小到了大凌河流域及其以东的沿海地区。

辽西走廊大凌河古道，是东北地区古代东北与中原文化交流和民族迁徙的重要孔道。从目前大凌河流域的交通考古遗存看，在北票、朝阳以南的大凌河中上游，战国到汉代的遗址（包括城址）分布的密度居东北和东北亚之首。以柳城（今辽宁省朝阳市）为辐集点，辽西大凌河古道又可分为两个方向，一是由柳城东南，过松岭山脉，经大凌河曲折南流的下游西岸义县大王屯一带，即汉代辽西郡“昌黎县”境(今辽宁省义县);二是由朝阳南袁台子“柳城”正南，过大柏山隘口，沿大凌河右岸南行有古道。④

① （南朝宋）范晔：《后汉书》志第23《郡国五》，北京：中华书局，1965年，第3528页。

② 上述郡县的今地,参见孙进已、王绵厚:《东北历史地理》第一卷,第386—388页。

③ 上述郡县的今地,参见孙进已、王绵厚:《东北历史地理》第一卷,第389—390页。

④ 王绵厚、朴文英：《中国东北与东北亚古代交通史》，第103—104页。

第二节　塞外乌桓迁入辽西

乌桓，又称“乌丸”，是东胡的后裔，“乌桓”之名始见于《史记·货殖列传》，在《三国志》中写作“乌丸”。乌桓最初的分布地点“乌桓山”在蒙古草原的东部，[①]历经迁徙，汉武帝时将乌桓人迁到上谷、渔阳、右北平、辽西、辽东五郡塞外（今内蒙古锡林郭勒盟中东部、赤峰市北部、河北省北部、辽宁省北部地区），东汉光武帝时期再移居到了朔方（治临戎，今内蒙古鄂尔多斯）、太原（治晋阳，今山西阳曲）、雁门（治阴馆，今山西代县）、代郡（治高柳，今山西阳高）、上谷（治沮阳，今河北怀来）、广阳（治蓟，今北京大兴）、渔阳（治渔阳，今北京密云）、右北平（治土垠，今河北丰润）、辽西（治阳乐，今河北卢龙）、辽东属国（治昌辽，今河北昌黎）等缘边十郡[②]，大致相当于今天的内蒙古河套、山西北部、河北北部、辽宁北部地区。从西汉开始，到曹操迁三郡乌桓以前，在辽西走廊郡县以外的西部地区生活的游牧民族主要是乌桓人。

一、迁徙乌桓至五郡塞外

秦朝末年，匈奴冒顿单于乘“诸侯畔秦，中国扰乱”，大举征伐东胡、月氏，对西汉王朝造成了严重威胁。公元前 201 年，

---

① 学界关于乌桓人早期分布地“乌桓山”的具体地点有争议，目前尚未达成共识。

② 缘边十郡的郡治及今地参考马长寿:《乌桓与鲜卑》，桂林：广西师范大学出版社，2006 年，第 124—125 页。

匈奴骑兵大举南侵攻占马邑（今山西朔县）。次年，汉高祖刘邦亲率大军反击，被匈奴围困在白登山，刘邦采纳了陈平以重金贿赂阏氏的计策，才得以脱困。随后，刘邦采纳了刘敬与匈奴和亲的建议。文景时期休养生息，匈奴常常侵扰边郡。一直到汉武帝时期，西汉以防守策略为主的汉匈关系发生了转变。

公元前120年，汉武帝为了分化匈奴的势力与影响，命霍去病将乌桓迁到今内蒙古旧热河的南部、察哈尔的东南以及河北省的北部。他们主要的根据地在辽西走廊的老哈河流域的赤山和白山。东汉时期，匈奴西遁南迁之后，乌桓的分布地随之向西扩展，最西到达今内蒙古鄂尔多斯草原一带。[①]元狩四年(前119年)，汉武帝派遣骠骑大将军霍去病“袭破匈奴左地”，匈奴人败退漠北。

汉武帝将居住在乌桓山一带的乌桓人迁徙至上谷、渔阳、右北平、辽西、辽东五郡塞外之后，设置护乌桓校尉以管理塞外乌桓事务。《后汉书》记载：“乌桓自为冒顿所破，众遂孤弱，常臣伏匈奴，岁输牛马羊皮，过时不具，辄没其妻子。及武帝遣骠骑将军霍去病击破匈奴左地，因徙乌桓于上谷、渔阳、右北平、辽西、辽东五郡塞外，为汉侦察匈奴动静。其大人岁一朝见，于是始置护乌桓校尉，秩二千石，拥节监领之，使不得与匈奴交通”。[②]护乌桓校尉“秩二千石”，其官地位相当于郡守，并且“拥节监领之”。林幹指出“拥节”是代表皇帝行使权力和传达皇帝意旨的一种标志，西汉时护乌桓校尉的等级虽与郡太守相当，但权力和地位却比郡太守要高。[③]西汉王朝不仅要求乌桓不得与匈奴交通，而且

① 参见马长寿：《乌桓与鲜卑》，第25页。

② 以上引文均见《后汉书》卷90《乌桓鲜卑列传》，第2981页。

③ 林幹：《两汉时期“护乌桓校尉”略考》，《内蒙古社会科学》1987年第1期。

要求乌桓为汉朝侦察匈奴动静，在汉朝东北西部边地建构一道防备匈奴的藩屏。武帝时乌桓保塞无事，汉昭帝时开始见到乌桓人犯塞的记载，昭帝始元中（前86—前81年）“兵诛乌桓”。[①]元凤三年（前78年）冬，“辽东乌桓反，以中郎将范明友为度辽将军，将北边七郡郡二千骑击之”[②]。六年，度辽将军范明友再击乌桓，《汉书·匈奴传上》记载：“汉复得匈奴降者，言乌桓尝发先单于冢，匈奴怨之，方发二万骑击乌桓。……乌桓时新中匈奴兵，明友既后匈奴，因乘乌桓敝，击之。斩首六千余级，获三王首，还，封为平陵侯。”[③]乌桓与匈奴之间相攻，既有本族与匈奴间的积怨，也有身为汉朝外臣，与汉朝宿敌作战的因素。范明友在乌桓新被匈奴所败时，“乘人之危”击败之，这显然胜之不武，不利于招抚乌桓。这件事导致乌桓愈加频繁地寇抄边地郡县。

宣帝甘露年间（前53—前50年）匈奴呼韩邪单于归附汉朝，成为西汉朝贡制度成员。乌桓与匈奴的关系变得复杂起来，并出现了彼此役属的现象，这直接影响了汉朝的利益。哀帝时，以宗主国的身份要求匈奴不得接受私自逃入匈奴的汉人和其他朝贡成员，不得役属其他朝贡成员。汉朝遣护乌桓使者告乌桓民，毋得复与匈奴皮布税。在匈奴仍遣使者向乌桓征税时，“乌桓距曰：‘奉天子诏条，不当予匈奴税。’匈奴使怒，收乌桓酋豪，缚到悬之。酋豪昆弟怒，共杀匈奴使及其官属，收略妇女马牛。单于闻之，遣使发左贤王兵入乌桓责杀使者，因攻击之。乌桓分散，或走上山，或东保塞。”[④]在这种形势下，为了逃避匈奴人的骚扰，一部分乌

① 《汉书》卷26《天文志第六》，第1307页。

② 《汉书》卷7《昭帝纪》，第229页。

③ 《汉书》卷94上《匈奴传上》，第3784页。

④ 《汉书》卷94下《匈奴传下》，第3820页。

桓人请求内迁，汉朝出于保护朝贡成员的责任，允许部分乌桓邑落迁入边郡地区，大约此时有一部分乌桓部落迁入辽西走廊的郡县地区。

二、东汉护乌桓校尉

东汉时期，护乌桓校尉移治于上谷郡宁城（今张家口市万全区一带），《后汉书·乌桓鲜卑列传》：建武二十五年（49 年），“辽西乌桓大人郝旦等九百二十二人率众向化，诣阙朝贡……于是封其渠帅为侯王君长者八十一人，皆居塞内，布于缘边诸郡，令招来种人，给其衣食，遂为汉侦侯。”[①] 司徒掾班彪“上言：‘宜复置乌桓校尉，诚有益于附集，省国家之边虑。’帝从之，于是始复置校尉于上谷宁城，开营府，并领鲜卑，赏赐质子、岁时互市焉”[②]。护乌桓校尉是朝廷命官，对辖区内的乌桓、鲜卑进行羁縻管理，乌桓、鲜卑首领被朝廷封授为大大小小的“侯王君长”，岁时至护乌桓校尉营府朝贡、互市，并送质子以为表达对朝廷的臣服。

1971 年内蒙古和林格尔县东南 40 公里的新店子发现一座汉代壁画墓，1972 年秋内蒙古文物工作队对古墓进行了清理。古墓位于红河北岸，墓内壁画内容非常丰富，由《使持节护乌桓校尉车马出行图》《宁城护乌桓校尉幕府图》《乐舞百戏图》《牧马图》《朱雀凤凰白象图》等五幅壁画组成，《宁城图》表现了乌桓、鲜卑部落大人拜见护乌桓校尉的情景，护乌桓校尉端坐在校尉府正堂中央，门前站立着侍卫，许多乌桓、鲜卑人低头俯身鱼贯而入校尉府大门，正堂阶下跪拜着乌桓、鲜卑大人、渠帅。《出巡图》

① 《后汉书》卷 90《乌桓鲜卑列传》，第 2982 页。

② 《后汉书》卷 90《乌桓鲜卑列传》，第 2982 页。

表现了护乌桓校尉前往乌桓、鲜卑部落巡行的情景，护乌桓校尉骑在马上，在众骑兵（其中当包含其下属官员）的簇拥下奔驰在山岭草地之间。[①]再现了汉代设置护乌桓校尉后，对乌桓、鲜卑等北方游牧民族羁縻统治的真实情景。

三、乌桓朝贡

王莽时期，匈奴与汉交恶，王莽“使东域将严尤领乌桓、丁令兵屯代郡，皆质其妻子于郡县。乌桓不便水土，惧久屯不休，数求谒去。莽不肯遣，遂自亡叛，还为抄盗，而诸郡尽杀其质，由是结怨于莽”[②]。王莽与诸郡的做法导致一些乌桓人亡出边塞，匈奴因诱乌桓豪帅为吏。两汉之际，匈奴、乌桓屡寇边郡。代郡（治高柳，今山西阳高）“以东尤被其害。居止近塞，朝发穹庐，暮至城郭，五郡（代郡、上谷、渔阳、右北平、辽西郡）民庶，家受其辜，至于郡县损坏，百姓流亡”[③]。建武二十一年（45年），汉光武帝“遣伏波将军马援将三千骑出五阮关掩击之。乌桓逆知，悉相率逃走，追斩百级而还。乌桓复尾击援后，援遂晨夜奔归，比入塞，马死者千余匹。二十二年，匈奴国乱，乌桓乘弱击破之，匈奴转北徙数千里，漠南地空，帝乃以币帛赂乌桓”[④]。乌桓与匈奴的关系松散，匈奴强大时，乌桓依附于他，并与匈奴连兵寇掠代郡以东，包括辽西走廊的郡县地区；匈奴发生内乱时，乌桓又趁机攻打匈奴。也正是基于匈奴、乌桓、鲜卑三方势力的互相牵制，

① 内蒙古自治区文物考古研究所编：《和林格尔汉墓壁画》，北京：文物出版社，2007年。

② 《后汉书》卷90《乌桓鲜卑列传》，第2981页。

③ 《后汉书》卷90《乌桓鲜卑列传》，第2982页。

④ 《后汉书》卷90《乌桓鲜卑列传》，第2982页。

在乌桓击破匈奴后，光武帝于建武二十二年（46年）“乃以币帛赂乌桓”，在经济利益的诱惑下，乌桓走上了归附东汉的道路。

乌桓对东汉的朝贡活动持续了150余年，其间局部地区不乏乌桓部落反叛活动。光武帝时期，司徒掾班彪上言：“乌桓天性轻黠，好为寇贼，若久放纵而无总领者，必复侵掠居人，但委主降掾史，恐非所能制。臣愚以为宜复置乌桓校尉，诚有益于附集，省国家之边虑。”[①]光武帝采取了班彪的建议，恢复西汉时期曾经设置的“乌桓校尉”,将其设于“上谷宁城”（今河北张家口西北）。

乌桓是骁勇善战的北方游牧民族，居地靠近匈奴、鲜卑，分布在郡县之外的乌桓部落易受鲜卑、匈奴人的蛊惑、拉拢与控制。东汉初年，赤山乌桓频繁寇边，永平元年（58年），辽东太守祭肜使鲜卑大人偏何击破赤山乌桓后，“肜之威声，畅于北方，西自武威，东尽玄菟及乐浪，胡夷皆来内附”[②]，内附的“胡夷”中当包括赤山乌桓在内。《后汉书·祭肜传》记载：“乌桓、鲜卑追思肜无已，每朝贺京师，常过冢拜谒，仰天号泣乃去。辽东吏人为立祠,四时奉祭焉。”[③]从乌桓人“每朝贺京师,常过冢拜谒”看，乌桓人不仅岁时至护乌桓校尉营府朝贡，还有适时朝贺京师之举。

东汉中期尤其是顺帝时期塞外乌桓大举内迁后，分布于缘边十郡的乌桓人数量猛增，设在北部边郡地区的使匈奴中郎将、度辽将军和各郡官员的职责也增加了对乌桓人的兼领和管辖。东北部边郡内的乌桓邑落主要受护乌桓校尉统辖。内迁的乌桓邑落同时受所在州郡地方官管理，史籍中记载东部诸郡乌桓的活动常常被冠有郡名，如辽东属国乌桓、辽西乌桓、右北平乌桓、上谷乌桓、

① 《后汉书》卷90《乌桓鲜卑列传》，第2982页。
② 《后汉书》卷20《祭肜传》，第745页。
③ 《后汉书》卷20《祭肜传》，第746页。

渔阳乌桓等。东汉后期幽州刺史已有管辖塞内外东北民族（包括乌桓在内）朝贡制度的职责，如汉灵帝时期，刘虞任幽州刺史期间，“民夷感其德化，自鲜卑、乌桓、夫余、秽貊之辈，皆随时朝贡，无敢扰边者，百姓歌悦之”[①]。到曹魏明帝青龙年间，开始以幽州刺史兼任护乌桓校尉，这是由于幽州所辖郡县之内已分布着大量的乌桓、鲜卑邑落，故管理和安抚郡县内外乌桓、鲜卑事务已成为幽州重要的地方行政事务。[②]护乌桓校尉府的治所也当与幽州治所同在一地。

根据史籍关于东汉乌桓人活动的记载统计，有具体时间记载的乌桓人朝贡（内附）活动为 18 次，随护乌桓校尉（或度辽将军、使匈奴中郎将等）出战平叛有 17 次，寇抄边郡的行动有 10 次。[③]朝贡活动最多，随军出战次之，寇抄边郡最少。此外，还有一些没有确切年份，而是一段时期乌桓事迹的记载，如光武帝后期“边无寇警，鲜卑、乌桓并入朝贡”；乌桓“及明、章、和三世，皆保塞无事”；灵帝时“自鲜卑、乌桓、夫余、秽貊之辈，皆随时朝贡，无敢扰边者，百姓歌悦之”，[④]等等。因此，在朝贡制度下，按时朝贡是乌桓人的常态活动，随军出战是乌桓人的义务，寇抄边郡则是乌桓人的反叛行为。乌桓人的朝贡地点始终以边郡为主，偶见诣阙朝贡记载。《后汉书·明帝纪》记载：“宗祀光武皇帝于明堂，帝及公卿列侯始服冠冕、衣裳、玉佩、絇履以行事。……

---

① 《后汉书》卷 73《刘虞传》，第 2353 页。

② 参见程妮娜：《古代中国东北民族地区建置史》，北京：中华书局，2011 年，第 61—62 页。

③ 参见程妮娜：《古代中国东北民族地区建置史》，书后附表一“乌桓对东汉王朝朝贡与战争表”。

④ 《后汉书》卷 20《祭肜传》、卷 90《乌桓鲜卑列传》、卷 73《刘虞传》，第 745、2983、2353 页。

乌桓、秽貊咸来助祭，单于侍子、骨都侯亦皆陪位。”[①] 赴京朝贡的既有塞外乌桓也有塞内乌桓，其中关于乌桓大人亲自诣阙朝贡的确切记载只见两条：一是光武帝建武二十五年（49 年）辽西乌桓大人郝旦率 922 位邑落大人诣阙朝贡，当时他们的身份为塞外乌桓；二是汉献帝建安二十一年（216 年）“代郡乌丸行单于普富卢与其侯王来朝。天子命王女为公主，食汤沐邑”[②]。此为塞内乌桓的朝贡活动。一则为东汉初，一则为东汉末，中间乌桓大人诣阙朝贡的具体事迹则缺载。汉帝对于诣阙朝贡的乌桓大人和保塞有功的乌桓大小渠帅进行册封，以嘉奖其对汉朝的臣属和忠心，如建武二十五年，汉帝一次册封 81 位乌桓大人为“侯王君长”。顺帝时，“乌桓豪人扶漱官勇健，每与鲜卑战，辄陷敌，诏赐号‘率众君’”。“乌桓亲汉都尉戎朱廆、率众王侯咄归等，出塞抄击鲜卑，大斩获而还，赐咄归等已下为率众王、侯、长，赐綵缯各有差”[③]。汉朝册封乌桓大人的封号主要有率众王、率众侯、率众君、率众长，以及乌桓亲汉都尉等官号。从出土的汉代蛮夷印和明代著录的汉代蛮夷印看，汉代授予边疆朝贡体制下少数民族首领的印章有“滇王之印”“越青邑君”“汉归义賨邑侯”“汉匈奴归义亲汉长”“汉率善羌长”等，[④] 汉朝册封乌桓大人“侯王君长”名号的同时也授予印绶，如“汉保塞乌桓率众长”之印等。[⑤]

乌桓人大批迁入边郡后，汉朝仍以朝贡制度对郡内乌桓邑落

① 《后汉书》卷 2《明帝纪》，第 100 页。

② （晋）陈寿：《三国志》卷 1《魏书·武帝纪》，北京：中华书局，1959 年，第 47 页。

③ 《后汉书》卷 90《乌桓鲜卑列传》，第 2988 页。

④ ［日］梶山勝：《漢魏晋代の蛮夷印の用法——西南夷の印を中心として》，载大谷光男编著：《金印研究論文集成》，东京：新人物往来社，1994 年。

⑤ 瞿中溶：《集古官印考证》卷 9《汉诸蛮夷》，东方学会，1924 年，第 14 页。

进行羁縻统辖，但地方各级政府、专设机构对其统辖力度明显加强，以渐变的形式使其适应新的统治环境，这使乌桓社会不可避免地开始发生深刻的变化。

第三节　曹操征三郡乌桓

东汉末年，辽西乌桓大人蹋顿助力袁绍出击公孙瓒，曹操平定袁绍势力后，袁尚、袁熙投奔蹋顿，袁氏兄弟与乌桓势力成为曹操统一中国北部的障碍。为统一幽、冀之地，曹操亲自出兵征讨“三郡乌桓”。曹操采纳田畴建议，取道辽西走廊，击败了三郡乌桓，将俘获的二十多万乌桓人迁往内地，从而解决了北方危机。此后，南下的鲜卑人很快取代乌桓人占据了辽西走廊郡县以外地区。

一、三郡乌桓参与北方割据势力的角逐

东汉末年，辽西走廊及邻近郡县内乌桓人形成乌桓联盟，《后汉书·乌桓鲜卑列传》中记载，“灵帝初，乌桓大人上谷有难楼者，众九千余落，辽西有丘力居者，众五千余落，皆自称王；又辽东苏仆延，众千余落，自称峭王；右北平乌延，众八百余落，自称汗鲁王；并勇健而多计策。中平四年，前中山太守张纯畔，入丘力居众中，自号弥天安定王，遂为诸郡乌桓元帅”[①]。灵帝中平四年（187年），张纯畔东汉入辽西乌桓丘力居后，以辽西郡为据点与诸部乌桓大人联盟，以辽西郡乌桓大人丘力居为盟主，“自号

① 《后汉书》卷90《乌桓鲜卑列传》，第2984页。

弥天安定王，为三郡乌丸元帅，寇略青、徐、幽、冀四州，杀略吏民。灵帝末，以刘虞为幽州牧，募胡斩纯首，北州乃定。后丘力居死，子楼班年小，从子蹋顿有武略，代立，总摄三王部，众皆从其教令。”[①]张纯帮助辽西乌桓大人丘力居在东部诸郡乌桓中确立了首领地位，在张纯败亡“为其客王政所杀”[②]后，乌桓联盟并没有解体，仍以辽西乌桓大人为乌桓联盟首领，丘力居死后侄子蹋顿代立“总摄三郡，众皆从其号令”[③]。

乌桓联盟在《后汉书·乌桓鲜卑列传》的记载为上谷、辽西、辽东、右北平等四郡乌桓；《三国志》中多处称三郡乌丸，如“会袁绍兼河北，乃抚有三郡乌丸，宠其名王而收其精骑”[④]；“（袁）绍矫制赐蹋顿、（难）峭王、汗鲁王印绶，皆以为单于”[⑤]。裴注引《英雄记》亦曰：“绍遣使即拜乌丸三王为单于，皆安车、华盖、羽旄、黄屋、左纛。版文曰：‘使持节大将军督幽、青、并领冀州牧阮乡侯绍，承制诏辽东属国率众王颁下、乌丸辽西率众王蹋顿、右北平率众王汗卢维：乃祖募义迁善，款塞内附，北捍玁狁，东拒濊貊，世守北陲，为百姓保障……三王奋气裔土，忿奸忧国，控弦与汉兵为表里，诚甚忠孝，朝所嘉焉……乌桓单于都护部众，左右单于受其节度，他如故事。’”[⑥]据此三郡当指辽西、辽东属国、右北平，“乌桓单于都护部众”的单于指辽西乌桓率众王蹋顿，左右单于则指辽东属国乌桓率众王颁下（苏仆延）与右

① 《三国志》卷30《魏书·乌丸鲜卑传》，第834页。

② 《三国志》卷8《魏书·公孙瓒传》，第240页。

③ 《后汉书》卷90《乌桓鲜卑列传》，第2984页。

④ 《三国志》卷30《魏书·乌丸鲜卑传》，第831页。

⑤ 《三国志》卷30《魏书·乌丸鲜卑传》，第834页。

⑥ 《三国志》卷30《魏书·乌丸鲜卑传》，第834—835页。

北平乌桓率众王汗卢（乌延）。《三国志》又曰："后楼班大，峭王率其部众奉楼班为单于，蹋顿为王。"[①]但《后汉书》则记载为："绍矫制赐蹋顿、难楼、苏仆延、乌延等，皆以单于印绶。后难楼、苏仆延率其部众奉楼班为单于，蹋顿为王。"[②]难楼为上谷郡乌桓大人，据此乌桓联盟当为四郡，即辽西、上谷、辽东属国、右北平。上引《三国志》记载中"峭王"之前有一"难"字，是衍字？还是"难"后脱一"楼"字？若据《英雄记》当是衍字，据今人研究《英雄记》为东汉末作品，但部分内容很有可能在流传过程中出现讹误，或经过后人改写加工。[③]若据《后汉书》当是脱一"楼"字。《资治通鉴》亦取四郡说，云："从子蹋顿有武略，代立，总摄上谷大人难楼、辽东大人苏仆延、右北平大人乌延等。袁绍攻公孙瓒，蹋顿以乌桓助之。瓒灭，绍承制皆赐蹋顿、难楼、苏仆延、乌延等单于印绶。"[④]《三国志》仅记载了北方十郡中辽西、上谷、辽东属国、右北平四郡乌桓的邑落数，这可能是张纯为诸郡乌桓元帅时期，曾记下各郡乌桓大人报上的邑落数，故得以流传下来。马长寿认为上谷乌桓是在蹋顿为王时加入乌桓联合阵线。[⑤]显然，乌桓联盟极有可能是四郡，而且可能在丘力居时期就是四郡。后来曹操出兵征服的则却是三郡乌桓。[⑥]

北方兴起的各方势力中河北的袁绍与辽东的公孙康等都想将乌桓力量收为已用，《三国志・魏书・牵招传》记载了一段曹操

---

① 《三国志》卷30《魏书・乌丸鲜卑传》，第835页。

② 《后汉书》卷90《乌桓鲜卑列传》，第2984页。

③ 刘志伟：《中国历史上第一部"英雄"传记——试论王粲〈英雄记〉》，《兰州大学学报》2002年第3期。

④ 《资治通鉴》卷63，第2013页。

⑤ 马长寿：《乌桓与鲜卑》，第139页。

⑥ 程妮娜：《古代东北民族朝贡制度史》，北京：中华书局，2016年，第132页。

的使者与公孙康的使者在招抚东部乌桓大人时的争斗：

> 太祖将讨袁谭，而柳城乌丸欲出骑助谭。太祖以招尝领乌丸，遣诣柳城。到，值峭王严，以五千骑当遣诣谭。又辽东太守公孙康自称平州牧，遣使韩忠赍单于印绶往假峭王。峭王大会群长，忠亦在坐。峭王问招："昔袁公言受天子之命，假我为单于；今曹公复言当更白天子，假我真单于；辽东复持印绶来。如此，谁当为正？"招答曰："昔袁公承制，得有所拜假；中间违错，天子命曹公代之，言当白天子，更假真单于，是也。辽东下郡，何得擅称拜假也？"忠曰："我辽东在沧海之东，拥兵百万，又有扶余、濊貊之用；当今之势，强者为右，曹操独何得为是也？"①

从北方割据势力收买乌桓大人皆用册封其为单于的方法看，此时东部各郡乌桓已脱离护乌桓校尉和郡县政府的控制，具有很大的独立自主权。直到建安十二年（207年）曹操亲征袁绍残余势力与东部乌桓，"临陈斩蹋顿首，死者被野。速附丸、楼班、乌延等走辽东，辽东悉斩，传送其首。其余遗迸皆降。及幽州、并州柔所统乌丸万余落，悉徙其族居中国。"② 在曹操班师回朝的途中"至易水，代郡乌丸行单于普富卢、上郡乌丸行单于那楼将其名王来贺"③。马长寿认为此处"上郡"为"上谷郡"之误，"那

① 《三国志》卷26《魏书·牵招传》，第730—731页。

② 《三国志》卷30《魏书·乌丸鲜卑传》，第835页。

③ 《三国志》卷1《魏书·武帝纪》，第30页。

楼”即是“难楼”[①]。曹操所破为辽西、辽东属国、右北平三郡乌桓，上谷郡乌桓未参与此战。曹操将所俘获三郡乌桓人与阎柔所领幽、并乌桓人，共万余落迁居中原内地。应注意到阎柔所领幽、并乌桓人并不包括代郡乌丸行单于普富卢、上谷郡乌丸行单于那楼所领乌桓邑落。而且，公孙康虽将苏仆延、楼班、乌延斩首交付曹操，却将跟随三郡乌桓大人逃入辽东的乌桓邑落留下。直到魏明帝青龙年间（233—237年），魏出兵讨灭公孙氏政权前夕，这部分乌桓人才归附曹魏，《三国志·魏书·毌丘俭传》记载：

> 青龙中，帝图讨辽东，以俭有干策，徙为幽州刺史，加度辽将军，使持节，护乌丸校尉。率幽州诸军至襄平，屯辽隧。右北平乌丸单于寇娄敦、辽西乌丸都督率众王护留等，昔随袁尚奔辽东者，率众五千余人降。寇娄敦遣弟阿罗槃等诣阙朝贡，封其渠率二十余人为侯、王，赐舆马缯綵各有差。[②]

这部分乌桓人应与之前内迁的乌桓邑落一样，主要被安置在幽州辖区内。之前曹操命内迁的乌桓“帅从其侯王大人种众与征伐”[③]，此次右北平乌丸单于寇娄敦遣弟阿罗槃率使团诣阙朝贡，魏明帝封其渠帅二十余人为侯、王，“赐舆马缯綵各有差”，说明魏仍对内迁的乌桓邑落采取聚族而居、因俗而治的羁縻统辖方式，以乌桓大人统领本邑落，并具有较大自主权，由幽州等地方政府

① 马长寿：《乌桓与鲜卑》，第143页。

② 《三国志》卷28《魏书·毌丘俭传》，第762页。

③ 《三国志》卷30《魏书·乌丸鲜卑传》，第835页。

进行管理。据《毌丘俭记功碑》残石所存铭文记载,正始五年(244年)随从幽州刺史毌丘俭参加讨伐高句丽战争的将领中,有一位"讨寇将军魏乌丸单于"。王国维认为此人即右北平乌丸单于寇娄敦。[①]

1990年在河北滦县塔坨村发现一处墓地,发掘者认为是东汉末年的鲜卑墓地。[②]郑君雷通过对墓地随葬品的分析,认为塔坨墓地确有相当文化因素与早期鲜卑遗存相同,但是塔坨墓地出土的A型罐、B型罐上堆塑小耳,Ⅰ式、Ⅱ式把杯则不见于早期鲜卑墓地,又与早期鲜卑陶器存在一些差别,从墓地出土的一面"位至三公"的铜镜看,其年代在东汉末到西晋。他认为滦县一带约当辽西郡西部地,正在乌桓活动区域,这座墓可能是曹魏时期乌桓人的遗存。同时代的河北玉田县大李庄汉墓,[③]墓葬的结构布局和随葬品与汉墓无差别,但有两件陶壶是典型的东部鲜卑器物,而且墓地普遍出现铁兵器,埋葬方式草率。郑君雷认为曹操北征三郡乌桓后,将被掠去的汉人和乌桓迁入内地,大李庄墓的墓主或有可能属于这类居民。[④]

二、取道辽西走廊的路线

汉魏时期,辽西走廊作为中原地区往来北方、东北地区的必经之路,是经济、贸易、文化交流的重要地区。汉魏时期辽西走廊的主要交通要道共有三条:一是贯穿东北—西南的中部主干道:

---

① 王国维:《观堂集林》卷20《魏毌邱俭丸都山记功石刻跋》,石家庄:河北教育出版社,2003年,第486、487页。

② 唐山市文物管理处等:《滦县塔坨鲜卑墓群清理简报》,《文物春秋》1994年第3期。

③ 唐山市文物管理所等:《河北玉田县大李庄村汉墓清理简报》,《文物春秋》1991年第1期。发掘者认为是汉墓。

④ 郑君雷:《乌桓遗存的新线索》,《文物春秋》1999年第2期。

辽东—大凌河古道—卢龙塞；二是东北—西南向的傍海道：辽东—傍渤海而行—渝关；三是南北向的通道：古北口/卢龙塞—老哈河谷道—东蒙古草原。

汉建安十二年（207年）二月，曹操准备北征三郡乌桓，将领们认为“袁尚，亡虏耳，夷狄贪而无亲，岂能为尚用？今深入征之，刘备必说刘表以袭许。万一为变，事不可悔”[①]。五月，曹操亲率大军至无终（今天津蓟县）。七月，大水，傍海道不通。“田畴请为乡导，公（指曹操）从之。引军出卢龙塞，塞外道绝不通，乃堑山堙谷五百余里，经白檀，历平冈，涉鲜卑庭，东指柳城。未至二百里，虏乃知之。尚、熙与蹋顿、辽西单于楼班、右北平单于能臣抵之等将数万骑逆军。”[②]这次曹军出征的路线是北出西卢龙塞（河北喜峰口西5公里多的潘家口关），绕过白檀（河北宽城县药王庙古城）、平冈（辽西凌源市境），东指柳城（辽宁省朝阳市南袁台子古城）。[③]

曹操率军兵临柳城，“大破蹋顿于柳城，斩之，首虏二十余万人。袁尚与楼班、乌延等皆走辽东，辽东太守公孙康并斩送之。其余众万余落，悉徙居中国云”[④]。同年（207年）八月，“登白狼山，卒与虏遇，众甚盛。……九月，公引兵自柳城还”[⑤]。白狼山，今辽宁省葫芦岛市建昌县。曹操平定三郡乌桓后，班师回朝，沿途“东临碣石，以观沧海”[⑥]，碣石在今河北秦皇岛市昌黎县境内，

①　《三国志》卷1《魏书·武帝纪》，第29页。

②　《三国志》卷1《魏书·武帝纪》，第29页。

③　王绵厚、朴文英：《中国东北与东北亚古代交通史》，第109页。

④　《后汉书》卷90《乌桓鲜卑列传》，第2984页。

⑤　《三国志》卷1《魏书·武帝纪》，第29页。

⑥　余冠英：《三曹诗选》，北京：中华书局，2012年，第18页。

显然曹操大军是沿辽西走廊东部傍渤海西海岸西南行，过临渝县（今山海关附近），入燕山的“渝关”（今河北抚宁东榆关镇），回到中原。

辽西走廊的古道一直是东北与中原之间重要的交通要道，尤其是辽西走廊被纳入郡县区域后，更是中原王朝对东北边疆统治的政治、军事与经济交通命脉。

三、曹操征三郡乌桓留《步出夏门行》

曹操大破三郡乌桓，代郡乌桓单于普富卢与上郡乌桓单于那楼均来朝贺。征伐乌桓带来了北部边地的稳定，曹操在傍海道路过碣石，留下了名作《步出夏门行》[①]

“艳”

云行雨步，超越九江之皋。

临观异同，心意怀犹豫，不知当复何从。

经过至我碣石，心惆怅我东海。

《观沧海》

东临碣石，以观沧海。

水何澹澹，山岛竦峙。

树木藂生，百草丰茂。

秋风萧瑟，洪波涌起。

日月之行，若出其中；

① 余冠英：《三曹诗选》，第17—22页。

星汉灿烂，若出其里。
幸甚至哉，歌以咏志。

《冬十月》

孟冬十月，北风徘徊，
天气肃清，繁霜霏霏。
鹍鸡晨鸣，鸿雁南飞，
鸷鸟潜藏，熊罴窟栖。
钱镈停置，农收积场。
逆旅整设，以通贾商。
幸甚至哉，歌以咏志。

《土不同》

乡土不同，河朔隆冬。
流澌浮漂，舟船行难。
锥不入地，蘴藾深奥。
水竭不流，冰坚可蹈。
土隐者贫，勇侠轻非。
心常叹怨，戚戚多悲。
幸甚至哉，歌以咏志。

《龟虽寿》

神龟虽寿，犹有竟时。
腾蛇乘雾，终为土灰。

老骥伏枥，志在千里；
烈士暮年，壮心不已。
盈缩之期，不但在天；
养怡之福，可得永年。
幸甚至哉，歌以咏志。

在东汉末年边域诸侯迭起、部族纷争的形势下，曹操北征三郡乌桓的行动，是其统一北方诸侯纷争的一项重要的军事行动，客观上起到了稳定包括辽西走廊在内东北边郡政治秩序的作用。曹操征服三郡乌桓后，将降服的二十万乌桓民众迁往华北地区，大批鲜卑部落趁机南下，成为辽西走廊主要的族群之一。

第四节　鲜卑入辽西

鲜卑与乌桓同源,《后汉书》中记载:“鲜卑者,亦东胡之支也,别依鲜卑山，故因号焉。其言语习俗与乌桓同。”[①] 鲜卑山在今大兴安岭北段一带。西汉后期，随着乌桓人的南迁，一部分鲜卑人走出大兴安岭山脉，向东南进入西拉木伦河、老哈河流域。东汉末年，鲜卑取代乌桓成为辽西走廊人数较多的族群。

一、东汉时期鲜卑的发展

西汉时，鲜卑“未常通中国焉”。《后汉书》记载 :“汉初，亦为冒顿所破，远窜辽东塞外，与乌桓相接，未常通中国焉。光

① 《后汉书》卷 90《乌桓鲜卑列传》，第 2985 页。

武初，匈奴强盛，率鲜卑与乌桓寇抄北边，杀略吏人，无有宁岁。”[①] 东汉初，众多的鲜卑邑落进入东北塞外之地后，鲜卑人跟随匈奴寇抄边郡，始见于史籍的记载。

辽西走廊在右北平郡内迁后，原有地区主要分布着乌桓、鲜卑部落。鲜卑对东汉王朝时叛时附。在东汉初年匈奴强盛时期，鲜卑经常跟随匈奴寇掠北部边境，杀害、掳掠官吏百姓，使东汉北部边境的百姓不得安宁。建武二十一年（45 年），“鲜卑与匈奴入辽东，辽东太守祭彤击破之，斩获殆尽，事已具彤传，由是震怖。及南单于附汉，北虏孤弱，二十五年，鲜卑始通驿使。”[②] 鲜卑与匈奴进入辽东塞内，辽东太守祭彤率众击败了匈奴与鲜卑联军，斩杀与俘获甚众，从而震慑了鲜卑人，在南单于归附东汉王朝之后，北部的鲜卑孤立衰弱，鲜少侵扰边郡。

东汉光武帝时期对于前来归附、朝贡的鲜卑人实行恩威并行的政策，并利用鲜卑牵制匈奴。建武二十五年（49 年）鲜卑遣使于东汉王朝，鲜卑都护偏何诣辽东郡，辽东太守祭彤令其助东汉进击匈奴，斩首二千余级。随后，偏何连年出击北匈奴，凭借被斩杀的匈奴首级获得辽东太守的大量赏赐。建武三十年（54 年），鲜卑大人仇贲、满头等率部朝贡，光武帝封仇贲为王，封满头为后。东汉明帝永平元年（58 年），祭彤以财物诱使偏何出击寇掠上谷的歆志贲，偏何出兵将歆志贲斩杀。这年“偏何击破赤山（乌桓），斩其魁帅，持首诣彤，塞外震詟，彤之威声，畅于北方，西自武威，东尽玄菟及乐浪，胡夷皆来内附，野无风尘。乃悉罢缘边屯兵”[③]。东汉明帝永平十二年（69 年），祭彤卸任辽东太守，“征为

① 《后汉书》卷 90《乌桓鲜卑列传》，第 2985 页。

② 《后汉书》卷 90《乌桓鲜卑列传》，第 2985 页。

③ 《后汉书》卷 20《祭彤传》，第 745 页。

太仆”。在祭肜任辽东太守的28年中，成功地维系着东汉王朝与鲜卑的朝贡关系。鲜卑大人都归附东汉，到辽东郡接受赏赐，青州、徐州每年支付银钱二亿七千万。明帝、章帝二朝，鲜卑人为东汉王朝守护边塞。和帝永元年间，东汉击破匈奴，北匈奴单于迁徙。北匈奴离开后，十余万邑落留在故地的匈奴部众自号鲜卑，此后，鲜卑强盛起来。

鲜卑强盛之后，对待中原王朝的态度也随之发生了转变。永元九年（97年），辽东鲜卑进攻肥如（今河北卢龙）。永元十三年（101年）辽东鲜卑寇掠右北平（治土垠，今河北唐山），进入渔阳，被渔阳太守击破。延平元年（106年），鲜卑又入寇渔阳（治渔阳，今北京密云），渔阳太守张显率兵数百人出塞追击鲜卑。到安帝时期，鲜卑大人燕荔阳诣阙朝贺。其后，鲜卑仍然时叛时附。元初二年（115年），辽东鲜卑围困辽东郡的无虑县（今辽宁北镇），又攻辽西走廊地区的扶黎（属辽东属国，今辽宁义县）。鲜卑寇边不断，乌桓大人协助东汉边郡官员出击鲜卑。到东汉桓帝时，鲜卑大人檀石槐在弹汗山歠仇水边设立牙帐，建立了鲜卑部落联盟。

史书中记载了檀石槐传奇的身世。檀石槐的父亲投鹿侯，曾经被匈奴征发三年，妻子在家生下孩子。投鹿侯回家后想要杀掉孩子。妻子说，她在路上行走，突然雷声大作，她仰望天空，刚好冰雹落入口中，她吞下冰雹有了身孕，怀胎十月生下这个孩子，认为这个孩子一定有过人之处，应该将他养大。投鹿侯不听劝告，决定将孩子丢弃。妻子私下告诉娘家，拜托娘家收养这个孩子，取名檀石槐。檀石槐长到十四五岁的时候，智勇过人，在其他部落大人掠取他外祖父家牛羊的时候，檀石槐一个人骑马进行追击，不但追回了被掠夺的牛羊，还震慑了鲜卑各部落，后来被推举为部族首领。

东汉末年，檀石槐在距离高柳北边三百多里的弹汗山歠仇水建立了王庭。东部鲜卑和西部鲜卑大人都归顺了他，向南抄掠东汉边疆，向北抵御丁零，向东击退夫余，向西进攻乌孙，占领了匈奴故地，盛时所控区域东西一万四千多里、南北七千多里，统辖范围内有山川、水泽、盐池。东汉末年，在檀石槐统领鲜卑时期，鲜卑与中原王朝在冲突中交融，鲜卑与中原王朝时战时和，冲突中也伴随着和平的互市贸易，鲜卑越来越受到中原文化的影响。

檀石槐逐步统一鲜卑各部，势力扩展迅速，东汉政府对其又无力控制。延熹九年（166 年）夏，“朝廷积患之，而不能制，遂遣使持印绶封檀石槐为王，欲与和亲。檀石槐不肯受，而寇抄滋甚”①。无论是封赏还是和亲，都无法阻止檀石槐势力的扩张，此阶段檀石槐频繁寇边，边吏不能制，尽管东汉政府于公元 177 年派出夏育、田宴、臧旻出击鲜卑，但仍没有取得胜利，而东汉王朝却损失惨重。直至 181 年檀石槐故去，东部鲜卑的军事联盟才随之瓦解，诸部纷纷独立，东汉的边疆危机也自然随之缓解。

檀石槐死后，他的儿子和连继位，和连的才能不如檀石槐，鲜卑部落联盟亦随之瓦解。和连死后，儿子骞曼年龄尚小，侄子魁头继立，骞曼长大后曾与魁头争夺部落的控制权，未能成功。魁头死后，他的弟弟步度根继立。鲜卑诸部各自独立，新的统一联盟尚未建立。檀石槐军事联盟很大程度上是建立在檀石槐个人威望和人格魅力之上的，受到鲜卑部族松散的组织结构的制约，不久联盟瓦解。继檀石槐之后，东蒙古草原地区鲜卑人短期内没有形成强有力的军事联盟。汉献帝延康元年（220 年），鲜卑素利、弥加遣

① 《后汉书》卷 90《乌桓鲜卑列传》，第 2989 页。

使献马，封加为归义王。檀石槐死后不久，小种鲜卑首领轲比能后来成为鲜卑部落联盟首领，鲜卑进入了轲比能部落联盟时期。

二、檀石槐的中部大人“慕容”

《三国志·魏书·乌丸鲜卑传》裴松之注引王沈《魏书》，描述了檀石槐鲜卑联盟时期各部的地域分布，还将部分部落大人的名字保留了下来，即“乃分其地为中东西三部。从右北平以东至辽，（辽）接夫余、貊为东部，二十余邑，其大人曰弥加、阙机、素利、槐头。从右北平以西至上谷为中部，十余邑，其大人曰柯最、阙居、慕容等，为大帅。从上谷以西至敦煌，西接乌孙为西部，二十余邑，其大人曰置鞬落罗、日律推演、宴荔游等，皆为大帅，而制属檀石槐”[①]。檀石槐鲜卑联盟的东中西三部鲜卑大人有慕容、弥加、阙机、素利、槐头、柯最、阙居、置鞬落罗、日律推演、宴荔游等，这些大人都是檀石槐时期统领鲜卑各部的首领。其中“慕容”是关于在汉魏之际进入辽西走廊的慕容鲜卑部落首领最早的记载。

檀石槐鲜卑联盟的东部大人弥加、阙机、素利，是见于史籍记载向中原王朝进行朝贡最为频繁的鲜卑部落。从这几位鲜卑大人的卒年上看，厥机死于汉末建安中，即公元196—219年间，素利则是死于曹魏太和二年（228年）。鲜卑中部大人慕容与弥加、阙机、素利三位大人在生存年代上应较为接近。从东汉桓帝永寿二年（156年）檀石槐鲜卑联盟占有14 000余里势力范围，至曹魏太和二年（228年）素利的卒年，已有72年，素利的卒年距离曹魏明帝景初二年（238年）六月鲜卑大人莫护跋随司马懿征讨

① 《三国志》卷30《魏书·乌丸鲜卑传》，第837—838页。

公孙渊的时间仍有10年之久。檀石槐的寿命仅45岁，即便鲜卑中部大人“慕容”可能长寿，到景初二年（238年）也很难健在了。显然随司马懿征讨公孙渊的鲜卑大人莫护跋不是檀石槐鲜卑联盟的中部大人“慕容”。

公元1世纪中叶至4世纪后期，鲜卑人的分布状况随着时空变化而有所不同。从《晋书·慕容廆载记》的记载来看，“慕容廆字弈洛瓌，昌黎棘城鲜卑人也。……秦汉之际为匈奴所败，分保鲜卑山，因以为号”[①]。《魏书·序纪》中记有，“昔黄帝有子二十五人，或内列诸华，或外分荒服。昌意少子，受封北土，国有大鲜卑山，因以为号”[②]。既然慕容与拓跋均以“鲜卑山”为号，二者是同族不同部。鲜卑山位于大兴安岭北段。鲜卑人最初分布于大兴安岭北部地区。关于鲜卑慕容部的分布地域，马长寿先生认为“鲜卑自鲜卑山迁出后，分布到古饶乐水即今西拉木伦河流域。慕容部此时的分布当在西拉木伦河的上游，即今河北省平泉县西北至西拉木伦河西段地区”[③]。慕容部属于檀石槐鲜卑部落联盟三部中的中部，而檀石槐的中部在“右北平以西至上谷”各郡的塞外，曹魏初年慕容鲜卑东迁进入辽西走廊。西晋时期，在西拉木伦河、老哈河、大凌河一带分布着东部鲜卑三部：慕容部、宇文部、段部。[④]

---

① 《晋书》卷108《慕容廆载记》，第2803页。（北魏）崔鸿撰，（清）汤球辑补：《十六国春秋辑补》卷23《前燕录一》，北京：中华书局，2020年，第279页，该书载：“慕容廆字弈落瓌，昌黎棘城鲜卑人也。昔高辛氏游于海滨，留少子厌越以君北夷，邑于紫蒙之野，世居辽左，号曰东胡。其后雄昌，与匈奴争盛，控弦之士二十余万，风俗官号与匈奴略同。秦、西汉之际为匈奴所败，分保鲜卑山，因复以山为号也。”

② 《魏书》卷1《序纪》，第1页。

③ 马长寿：《乌桓与鲜卑》，第186页。

④ 程妮娜主编：《中国地方史纲》，长春：吉林大学出版社，2007年，第259页。

关于慕容鲜卑的先祖，有记载为慕容廆的“十一世祖乾归者（乾归，《述异记》作乾罗），见神着金银襦铠，乘白马，金银鞍勒，自天而坠。鲜卑神之，推为君长”[①]。慕容鲜卑中流传的先祖传说，反映了该族群由原始社会进入文明社会的进程中君权与神权分离、君权神授的社会现象，并不完全属于神话的范畴。在进入国家形态后，受儒家文化的影响，慕容鲜卑与拓跋鲜卑一样，也以祖先比附炎黄子孙，《晋书·慕容廆载记》称慕容廆“其先有熊氏之苗裔”[②]，认为慕容廆是“有熊氏”的后裔，即黄帝的后裔，是正宗的炎黄子孙。其他的记载与此略有差异，称慕容廆是高辛氏也就是五帝之一的“帝喾”的后裔，“慕容廆字弈落瓌，昌黎棘城鲜卑人也。昔高辛氏游于海滨，留少子厌越以君北夷”[③]，体现了边疆少数民族进入汉人地区建立政权后所表现出来的“华夷共祖”思想。

三、莫护跋、涉归时期的慕容鲜卑

鲜卑人与乌桓人同出于东胡，风俗习惯自应相似，从史书对乌桓人风俗的记载来看，“氏姓无常，以大人健者名字为姓”[④]。其部落名称或者从后代的意义上说姓氏，往往都出自其部落著名首领的名字。檀石槐鲜卑联盟的中部大人“慕容”的后人以慕容为姓氏，到莫护跋时期东迁进入辽西走廊。曹魏初年，莫护跋率其麾下诸部由原居住地向东南移动，“莫护跋，魏初率其诸部落大人入居辽西，从司马宣王讨公孙渊有功，拜率义王，始建国于棘

① （北魏）崔鸿：《十六国春秋》卷23《前燕录》，《景印文渊阁四库全书》，台北：台湾商务印书馆，2008年，第463—498页。

② 《晋书》卷108《慕容廆载记》，第2803页。

③ 《十六国春秋辑补》卷23《前燕录一》，第279页。

④ 《三国志》卷30《魏书·乌丸鲜卑传》，裴松之注引王沈《魏书》，第832页。

城之北。”[①] 入居辽西地区，始居于棘城之北，棘城在今辽宁锦州市附近，棘城之北当指西晋昌黎郡北徼之地，即今阜新市附近。[②] 景初二年（238年），莫护跋因协助司马懿平定公孙渊有功，被封为率义王，始称雄于棘城之北（今辽宁阜新附近）。

景初二年（238年）六月，司马懿征讨公孙渊的战斗是很艰苦的。公孙氏政权是灵帝中平六年（189年）公孙度由玄菟郡小吏逐渐升为辽东太守过程中建立的割据政权，他又自称辽东侯、平州牧，该政权在占有了辽东地区后开始逐渐强大。公孙度政权控制东北南部地区时期，公孙度出兵东伐高句丽，西击乌桓，周边诸族皆归服于公孙氏政权。在北方处于各割据势力角逐中原的战乱时期，使东北呈现出相对稳定的局面。历经公孙康、公孙恭至公孙渊治理辽东之地，公孙氏政权已雄锯东北半个世纪。曹魏为了统一北方，决心消灭公孙氏政权，于景初二年（238年）六月，派老将司马懿为主帅，毌丘俭为副帅，率领兵将四万余人再度征讨辽东。高句丽也曾协同司马懿、毌丘俭助讨过公孙渊，而慕容廆的曾祖莫护跋也参加了这次征讨公孙渊的军事活动，并因军功被魏明帝曹叡拜为“率义王”。

景初二年（238年），曹魏灭公孙氏政权。时隔四年，正始三年（242年），曹魏幽州刺史毌丘俭征讨高句丽，随同毌丘俭出征的慕容部首领是莫护跋之子木延。至于莫护跋死于何时、木延又是在什么背景下得以统领慕容部的，因为没有明确的史料记载，也就不得而知了。能够查找的线索是莫护跋因“从司马懿讨公孙渊，有功”才被拜为“率义王”的，随后“始建王国于棘城之北”。

---

① 《十六国春秋辑补》卷23《前燕录一》，第279页。

② 马长寿：《乌桓与鲜卑》，第186—187页。

参与曹魏灭公孙渊之战对鲜卑慕容部的影响是很大的。在正始三年（242 年），曹魏毌丘俭征讨高句丽时木延也已不在世了，或是在此之前就已经去世了。慕容廆的父亲涉归，以全柳城之功勋，魏齐王曹芳进拜“鲜卑单于”。

莫护跋率众自塞外入居辽西郡之前，慕容鲜卑一直居于塞外，过着逐水草而居的游牧生活。在莫护跋的统领下，慕容鲜卑部众进入辽西走廊，并且通过对中原王朝的依附，而定居“棘城之北”，在塞内有了属于自己的根据地。根据史籍记载慕容鲜卑的发展历史，考古学者认为“棘城之北”应为一个宽泛的地理位置名称，可能并不单指一点，应由几处乃至多处地点构成，金岭寺魏晋时期建筑群址，是慕容鲜卑王族活动的场所，应是“棘城之北”的核心建筑部分，或保守地说是其中一处重要建筑。[①] 慕容鲜卑时期古城遗址的发现，说明慕容鲜卑已经在辽西走廊建立了相对稳定的部族政治中心，固定的城址、定居的生活说明慕容鲜卑部开始了农业生产。这对于长期从事游牧生产的鲜卑人来说，他们的生产生活方式确实迎来了重大转变。

慕容廆的曾祖莫护跋在率部迁入辽西以后，见当时燕代地区的汉人多习惯戴步摇冠，“莫护跋见而好之，乃敛发袭冠，诸部因呼之为步摇，其后音讹，遂为慕容焉”[②]。今辽宁省朝阳市三燕时期的墓葬中常出金步摇，如北票房身晋墓、北燕冯素弗墓、朝

① 林林、冯雷、郭松雪：《慕容鲜卑早期落脚点“棘城之北”考》，《草原文物》2013 年第 2 期。

② 《晋书》卷 108《慕容廆载记》，第 2803 页。

阳下田草沟晋墓等。[①] 从辽宁省朝阳市出土的三燕遗物来看，当时作为汉文化因素的步摇冠确实流行于辽西地区。不论慕容的名称是否起源于步摇冠，但莫护跋率部在迁入辽西地区以后，经历了由“秃头宴饮”到“敛发袭冠”的变化，证明慕容鲜卑在与汉族杂居的过程中，开始逐渐接受汉文化，这既是慕容部在进入辽西地区以后得以迅速发展的重要原因，也是后来慕容鲜卑汉化历程的起点。

莫护跋之子木延，继承了其父部族酋长之位，后又将其位传子涉归。涉归在任期间，将慕容部的根据地从棘城之北(今辽宁省义县西)迁至辽东郡(今辽宁省辽阳市)之北，同时向中原政权示好，世代归附，并多次协助西晋出兵作战，因柳城之功受封“大单于”称号。这一期间，慕容鲜卑已从塞外逐步转移到辽西郡、辽东郡之内，但慕容部内仍保留着原有的生活方式和旧有习俗，军事制度上也沿用了以往的部族制度。

四、吐谷浑西迁

西晋时期东部鲜卑有慕容、宇文、段部三部。西晋武帝太康四年（283 年），涉归死后，慕容鲜卑内部一度发生权力之争。涉归之弟慕容耐自立为慕容部首领，随即着手追杀涉归之子慕容廆。慕容廆逃出慕容部避难，在他逃至辽东与慕容鲜卑贸易往来密切的汉人徐郁家时被追兵赶上，情急之下躲入屋内以席为障，逃过一劫。慕容鲜卑人更希望由涉归嫡子慕容廆即位为部落首领，于西晋太康五年 (284 年）杀掉慕容耐，迎回了慕容廆统领鲜卑

---

① 周亚利：《朝阳三燕、北魏遗存中反映出的汉文化因素》，《辽海文物学刊》1996 年第 1 期。宿白：《东北、内蒙古地区的鲜卑遗迹——鲜卑遗迹辑录之一》，《文物》1977 年第 5 期。

慕容部。

涉归在世的时候，分出一千七百户让吐谷浑另立门户。到慕容廆即位后，吐谷浑部与慕容廆部在放牧时，两个部落的马匹互相斗殴，导致了慕容廆部落的马匹受伤。慕容廆怒斥吐谷浑："先公分建有别，奈何不相远离，而令马斗！"[①] 慕容廆借着马匹斗殴受伤的事件发泄了对庶长兄吐谷浑的不满，想借此机会驱逐吐谷浑势力。兄弟二人之间产生分歧，吐谷浑十分清楚慕容廆的用意，反驳道："马为畜耳，斗其常性，何怒于人！乖别甚易，当去汝于万里之外矣。"[②] 此后吐谷浑率部西迁。

慕容廆见庶长兄吐谷浑率部远徙，十分后悔，派遣长史史那楼冯与涉归时期的耆旧一起去追赶吐谷浑并试图劝他回来。吐谷浑执意离开，"先公称卜筮之言，当有二子克昌，祚流后裔。我卑庶也，理无并大，今因马而别，殆天所启乎！诸君试驱马令东，马若还东，我当相随去矣。"[③] 因为鲜卑语称"兄长"为"阿干"，故而将慕容廆在追思吐谷浑的时候所作的歌曲称为《阿干之歌》，每次想起兄长吐谷浑，触景生情时都会演唱一番。

阿干西，我心悲，
阿干欲归马不归。
为我谓马何太苦？
我阿干为阿干西。

---

① 《晋书》卷 97《吐谷浑传》，第 2537 页。
② 《晋书》卷 97《吐谷浑传》，第 2537 页。
③ 《晋书》卷 97《吐谷浑传》，第 2537 页。

阿干身苦寒，
辞我土棘住白兰。
我见落日不见阿干，
嗟嗟！人生能有几阿干！[①]

吐谷浑曾说过："我兄弟俱当享国，庬及曾玄才百余年耳。我玄孙已后，庶其昌乎！"[②]吐谷浑率其隶属部族远走枹罕（今甘肃临夏）。永嘉之乱，"始度陇而西，其后子孙据有西零已西甘松之界，极乎白兰数千里"[③]。吐谷浑统治了今青海、甘南和四川西北地区的羌、氐部落。至其孙叶延，以祖名为族名、国号。

① 陈澄之：《伊犁烟云录》，上海：中华建国出版社，1948 年，第 23 页。
② 《晋书》卷 97《吐谷浑传》，第 2537 页。
③ 《晋书》卷 97《吐谷浑传》，第 2537 页。

第四章

三燕政权称雄辽西走廊

公元 284 年，慕容廆执掌慕容部，开启了对辽西走廊 49 年的经略。慕容廆仰慕华夏文化，奉晋正朔向晋遣使朝贡，任用汉族士人推行改革，设立侨置郡县安置流人，劝课农桑发展农业，兴办学校培养人才，使慕容鲜卑政权迅速进入早期国家形态。337 年，慕容皝在龙城（今辽宁朝阳）建立前燕政权，开启了“三燕”（前燕、后燕、北燕）政权称雄辽西走廊时代。以龙城为政治中心时期的辽西走廊成为鲜卑人、汉人、夫余人等多民族互动共生的居住地区，尽管政权更迭频繁，仍未能阻挡住各民族之间交往交流交融的脚步。

第一节　慕容廆政权崛起辽西

慕容廆是涉归的嫡长子，在公元 283 年涉归去世后，他没能接管慕容部，统治权被涉归的弟弟慕容耐篡夺。慕容耐不得民心，于太康五年(284年)被慕容部人杀害。随后,慕容部人迎回慕容廆,他开始了近半个世纪对慕容鲜卑的统辖，这一时期也是慕容鲜卑崛起并影响辽西局势的重要时期。

一、慕容廆政权与周邻关系

即位以后，慕容廆东征西讨，在辽西走廊与宇文鲜卑、段部鲜卑之间多次角逐。慕容廆进攻宇文鲜卑遭到西晋军队的回击，慕容鲜卑大败而归。进军辽西地区虽然受阻，但慕容廆并没有因此放弃对西晋边郡地区的侵扰。随后，他又将出兵的矛头指向了东北地区又一地方民族政权——夫余。直至永嘉五年（311年）迁都大棘城之前的这27年间，慕容鲜卑政权不断对外扩展势力范围，处于从游牧民族部落社会向半中原化政权的转变时期。

1. 蚕食边郡，征伐夫余

早在涉归期间，慕容部曾经与宇文鲜卑结怨。太康五年（284年）慕容廆成为慕容部统帅者之后，向晋武帝上表请求晋朝允许慕容鲜卑出兵宇文部，即“初，涉归有憾于宇文鲜卑，廆将修先君之怨，表请讨之，武帝弗许”①。在遭到了晋武帝拒绝之后，慕容廆非常恼怒，从此开始“入寇辽西，杀略甚众。帝遣幽州诸军讨廆，战于肥如（今河北卢龙），廆众大败。自后复掠昌黎（今辽宁朝阳），每岁不绝”②。慕容廆将进军的目标首先指向辽西郡，遭到幽州（今北京）驻军的回击，慕容廆军大败。虽然进军辽西郡受阻，但慕容廆并没有因此而放弃对辽西走廊的占有欲望，仍然每年进攻昌黎（今辽宁朝阳）。太康十年（289年），为便于进

① 《十六国春秋辑补》卷23《前燕录一》，第280页。

② 《晋书》卷108《慕容廆载记》，第2804页。

攻辽西,慕容廆率部将政治中心从“辽东之北”(今辽宁彰武以北)迁至“徒河之青山(今辽宁义县东北)”[①]。慕容鲜卑势力通过蚕食西晋边郡实现了在辽西走廊的发展。

进攻辽西受阻,慕容廆将目标指向夫余。夫余,也作“夫馀”“扶馀”,是汉晋时期东北地方民族及其建立的政权。太康六年(285年),慕容廆率众东伐夫余,“扶馀王依虑自杀,廆夷其国城,驱万余人而归”[②]。慕容廆毁夫余国都城,驱夫余一万多人而归,安置在辽西走廊。1989年,在北票发现的喇嘛洞墓地应与慕容廆时期劫掠的这批夫余人有关。1993—1998年共发掘清理了三燕文化墓葬420座。[③]位于辽西丘陵地区大凌河谷地附近的喇嘛洞墓地,是我国北方地区迄今所见最大的一处以三燕文化墓葬为主的大型墓地。出土陶、铁、铜、金银、骨器等共3670多件(副、套)。就喇嘛洞三燕文化墓葬所处地理位置和基本文化属性以及时代特征而言,它们仍主要属于辽西地区大凌河流域两晋时期慕容鲜卑文化的范畴。是汉化程度较深且可能吸收了夫余等族的某些文化因素的,以慕容鲜卑文化成分为主的前燕及前燕以前不久的墓葬。[④]田立坤先生认为喇嘛洞三燕文化墓地时代可定为三燕文化中期的棘城、龙城时期,即公元289年起到350年,应该是以夫余人为主体的遗存。[⑤]

慕容廆进军夫余,不仅重创了夫余国,更是对夫余造成毁灭

---

① 《晋书》卷108《慕容廆载记》,第2804页。

② 《晋书》卷108《慕容廆载记》,第2804页。

③ 田立坤:《关于北票喇嘛洞三燕文化墓地的几个问题》,载《辽宁考古文集》,沈阳:辽宁民族出版社,2003年。

④ 辽宁省文物考古研究所、朝阳市博物馆、北票市文物管理所:《辽宁北票喇嘛洞墓地1998年发掘报告》,《考古学报》2004年第2期。

⑤ 田立坤:《关于北票喇嘛洞三燕文化墓地的几个问题》,载《辽宁考古文集》。

性打击，致使夫余第一次灭国。西晋对此并没有置之不理。晋武帝司马炎下诏："'夫馀王世守忠孝，为恶虏所灭，甚愍念之，若其遗类足以复国者，当为之方计，使得存立。'有司奏护东夷校尉鲜于婴不救夫馀，失于机略。诏免婴，以何龛代之。"[①] 夫余也对此作出了积极的回应，晋武帝诏书颁布的第二年（287 年），夫余王子依罗请求复国。"夫馀后王依罗遣诣龛，求率见人还复旧国，仍请援。"[②] 东夷校尉何龛派遣贾沈准备迎立夫余王依虑的儿子依罗为新的夫余王，慕容廆遣将孙丁迎战，[③] 贾沈力战慕容鲜卑将士斩杀孙丁，夫余王子依罗在西晋王朝的帮助下得以第一次复国。慕容廆掠夺大量夫余人，将夫余人作为奴隶贩卖至中原，"尔后每为廆掠其种人，卖于中国。帝愍之，又发诏以官物赎还，下司、冀二州，禁市夫馀之口。"[④] 晋武帝司马炎再次下诏要求赎回已被卖到中原的夫余族人，下令禁止贩卖夫余人口。晋武帝的态度促使慕容廆反思。

2. 与鲜卑各部的和战

从东部鲜卑三部的位置关系来看，起初宇文鲜卑在北，即今老哈河、西拉木伦河流域；慕容部在段部之东，即今大小凌河流域。三部之间经常发生征战，初期慕容鲜卑最为弱小，遣往辽西之后，"以廆威德日广，惧有并吞之计。因为寇掠，往来不绝。廆卑辞厚币以抚之。"[⑤] 段部鲜卑单于段阶将女儿嫁给慕容廆，即段皇后，段皇后所生的三个嫡子分别是慕容皝、慕容仁、慕容昭。

---

① 《晋书》卷 97《夫馀传》，第 2533 页。

② 《晋书》卷 97《夫馀传》，第 2533 页。

③ 《晋书》卷 108《慕容廆载记》，第 2804 页。

④ 《晋书》卷 97《夫馀传》，第 2532—2533 页。

⑤ 《晋书》卷 108《慕容廆载记》，第 2804 页。

慕容廆迁都棘城之后仍然没能摆脱宇文鲜卑的袭扰。太安初，宇文鲜卑单于莫圭派遣他的弟弟屈云寇掠慕容鲜卑。屈云手下素延攻掠慕容鲜卑各部，慕容廆亲自率兵击败宇文鲜卑。素延大败后又率十万大军将慕容廆围困在棘城（今辽宁义县西北），慕容廆大败素延，追奔百里，俘斩万余人，此战成为慕容廆在辽西走廊势力扩展的转折点。随后，辽东人孟晖率其众数千余家脱离宇文部投奔慕容廆，壮大了慕容鲜卑的势力。

从周边情况看，慕容廆统治初期危机四伏。拓跋鲜卑在拓跋禄官时期与慕容鲜卑关系不睦，在拓跋鲜卑眼中，将慕容廆视为东部之患，拓跋禄官派遣其弟左贤王普根击走慕容廆，直到拓跋禄官去世，其弟穆帝猗卢总摄三部时期才与慕容廆通好。慕容廆以军事实力为基础，以尊晋勤王为旗帜，以辽西地区为基地，以汉族的先进文明为发展动力，使鲜卑慕容部迅速成长为左右东北政局的重要政治力量。促进了东部鲜卑的统一，推动了鲜卑人与汉人的融合，为稳定东北南部的社会秩序，开发和建设辽西地区的经济，作出了重大的历史贡献。

再看中原王朝，历时十六年的八王之乱结束后，并没有给中原之地带来安宁，晋怀帝司马炽统治期间爆发的“永嘉之乱”，使五胡得以乘机入主中原。永嘉初期，慕容廆自称鲜卑大单于。永嘉三年（309 年），西晋地方职官体制中管理东北一隅的辽东太守庞本为报私仇而杀害东夷校尉李臻，此事为鲜卑首领素连与木津叛乱提供了口实。素连与木津打着为李臻报仇的名义，连续攻陷各县，杀害掳掠辽东士庶。晋怀帝下诏任命封释为东夷校尉，封释上任后，虽然斩杀了庞本，仍然没能与素连、木津和解。直到永嘉五年（311 年），慕容廆出兵前素连与木津的叛乱仍未平定。

永嘉五年（311 年），慕容廆听从其庶长子鹰扬将军慕容翰的建议，率骑东击素连、木津，以慕容翰为前锋，“二部悉降，徙之棘城，立辽东郡而归。”[1] 公元 313 年，晋怀帝蒙尘于平阳，王浚承制以慕容廆为散骑常侍、冠军将军、前锋大都督、大单于。慕容廆因“非王命所授拒，而不受”。慕容廆又派遣慕容翰攻段疾陆眷，取徒河新城至阳乐。随着慕容廆实力的增长，引起平州刺史、护东夷校尉崔毖的不满。

太兴二年十二月（319 年），东晋平州刺史、东夷校尉崔毖镇守辽东。因见士民多归附慕容廆，心中不平，派使者联系高句丽、段氏、宇文氏一起攻灭慕容廆。三方合攻棘城（今辽宁义县西北），慕容廆以离间计瓦解了三方联盟。高句丽、段氏分别带兵撤退，宇文鲜卑数十万包围慕容廆。慕容翰据守徒河，与慕容廆内外支援。宇文悉独官先遣数千骑兵袭击慕容翰，却被慕容翰军诱伏，宇文鲜卑大败。我们将这场慕容廆使用离间计击退崔毖组织围攻棘城的战争称为“棘城保卫战”。

宇文鲜卑曾一度成为羯人石勒的马前卒，永昌元年（322 年）十二月，段末波掌管段部鲜卑，慕容廆遣世子慕容皝侵袭段部鲜卑，入令支，掠夺段部鲜卑人千余家及名马、宝物返回。太宁三年（325 年）十一月，段牙迁都。段疾陆眷之孙段辽准备夺得段部鲜卑的统治权，将徙都定为段牙的罪过。十二月，段辽率领国人攻击段牙，杀段牙自立。“段氏自务勿尘以来，日益强盛，其地西接渔阳、东界辽水，所统胡、晋三万余户，控弦四五万骑。”[2]

太宁三年（325 年）三月，石勒遣使与慕容鲜卑通和，遭到慕容廆拒绝后，慕容廆遣使于中原。为了表示出对东晋王朝的忠

① 《晋书》卷 108《慕容廆载记》，第 2805 页。

② 《资治通鉴》卷 93《晋纪十五》，第 2939 页。

诚，慕容廆将石勒派来的使者送到了建邺。[①]石勒大怒，加宇文乞得归官爵，借宇文鲜卑势力出击慕容廆。慕容廆派遣慕容皝迎战。宇文乞得归大败，被宇文部的东部大人宇文逸豆归杀害，宇文逸豆归自立为主。咸和三年（328年）十二月，后赵石勒杀赵主刘曜。咸和四年（329年）正月，后赵石虎取长安。

二、汉化改革

随着晋武帝的去世，西晋王朝也陷入到内忧外患之中。先是爆发了八王之乱（291—306年），西晋皇族之间的内讧使西晋的社会矛盾急剧激化。而这一时期的慕容鲜卑政权在慕容廆的统辖下安居乐业。元康四年（294年），慕容廆将前燕的政治中心迁到大棘城，“廆以大棘城即帝颛顼之墟也，元康四年乃移居之。教以农桑，法制同于上国。”[②]慕容鲜卑进入到迅速发展阶段。辽西走廊地区的慕容鲜卑部农业得到长足发展。到永宁时期，慕容廆开仓放粮赈济辽西走廊地区的百姓，惠帝闻听这一讯息，对慕容廆给予嘉奖。

> 时二京倾覆，幽冀沦陷，廆刑政修明，虚怀引纳，流亡士庶多襁负归之。廆乃立郡以统流人，冀州人为冀阳郡，豫州人为成周郡，青州人为营丘郡，并州人为唐国郡。[③]

吸引了大批中原士人流寓前燕，成为前燕棘城政权的“辅政

---

① 《十六国春秋辑补》卷23《前燕录一》，第284页。

② 《晋书》卷108《慕容廆载记》，第2804页。

③ 《晋书》卷108《慕容廆载记》，第2806页。

集团”，见于史书记载在前燕棘城政权中发挥重要作用的中原士人主要有：河东（今山西永济）人裴嶷、代郡（今河北蔚县）人鲁昌、北平（今内蒙古宁城）人阳耽、北海（今山东寿光）人逄羡、广平（今河北鸡泽）人游邃、北平人西方虔、渤海（今河北沧州）人封抽、西河（今山西汾阳）人宋奭、河东人裴开、渤海人封奕、平原（今山东平原）人宋该、安定（今甘肃平凉）人皇甫岌、兰陵（今山东枣庄）人缪恺、会稽（今浙江绍兴）人朱左车、鲁国（今山东曲阜）孔纂、平原人刘赞等。在这些汉族士人的帮助下，前燕政权迅速实现了从传统部落制向地方割据政权的转化，鲜卑慕容部的整体文化水平也得到迅速提高。

313 年，在朝鲜半岛占有乐浪、带方两郡的张统率其属下千余家也来投奔慕容部，“辽东张统据乐浪、带方二城……乐浪王遵说统帅其民千余家归廆，廆为之置乐浪郡，以统为太守，遵参军事。”[①] 于是又侨置了乐浪郡，命张统为乐浪太守。

建兴中，王浚为石勒所杀，幽州丧乱。会稽朱左车、鲁国孔纂、泰山胡毋翼，自蓟逃奔昌黎，悉来依廆。中原流民归慕容廆者数万家，设立郡县，安置了流民。慕容廆承制海东、备置僚属时期主要指太兴四年（321 年）至咸和八年（333 年）的 12 年间慕容廆政权通过任用汉人士大夫推行汉化改革，在政治、经济、文教等方面实行了一系列的治理措施，使鲜卑慕容部从游牧民族部落联盟进入到早期国家形态，辽西走廊成为游牧民族与农耕民族交往交流交融频繁的区域，也是多民族共生之地。

① 《资治通鉴》卷 88《晋纪十》，第 2799 页。

"太兴四年，晋遣谒者拜廆使持节、都督幽平东夷诸军事、车骑将军、平州牧，进封辽东郡公，邑一万户，常侍、单于并如故，丹书铁券，承制海东，命备官司，置平州守宰。"[①]

慕容廆"备置僚属"，以裴嶷、游邃为长史，裴开为司马，韩寿为别驾，阳耽为军谘祭酒，崔焘为主簿，黄泓、郑林参军事，立其子慕容皝为世子。以会稽朱左车、太山胡毋翼、鲁国孔纂为宾友，平原刘讚为东庠祭酒，"其世子皝率国胄束修受业焉。……廆览政之暇，亲临听之。于是路有颂声，礼让兴矣。"[②]慕容廆又命慕容翰镇守辽东，以慕容仁镇守平郭。

晋明帝太宁元年（323 年）二月，慕容廆以长史裴嶷为辽东相。太宁二年（324 年）七月，晋遣使者加廆邑五千户，重申前好。咸和元年（326 年）九月，晋成帝司马衍曾经"加廆侍中，位特进"[③]，慕容廆不愿意接受东晋的这次册封，才会在咸和二年（327 年）遣使谒建康。正因如此，才会在慕容鲜卑社会中产生了为慕容廆请封"燕王"的呼声。咸和五年（330 年），慕容廆指出："'狱者，人命之所悬也，不可以不慎。贤人君子，国家之基也，不可以不敬。稼穑者，国之本也，不可以不急。酒色便佞，乱德之甚也，不可以不戒。'乃著《家令》数千言以申其旨。"[④]创立了各种制度。

---

① 《十六国春秋辑补》卷 23《前燕录一》，第 284 页。

② 《十六国春秋辑补》卷 23《前燕录一》，第 283 页。

③ 《十六国春秋辑补》卷 23《前燕录一》，第 285 页。

④ 《晋书》卷 108《慕容廆载记》，第 2808 页。

三、遣使向晋朝贡

慕容廆确立了“勤王杖义”策略后，走上了朝贡西晋王朝的道路，这为慕容鲜卑赢得了相对稳定的发展空间。太康十年（289年）四月，慕容廆向西晋派遣使节，于同年五月到达西晋王朝，晋武帝“拜廆鲜卑都督”[①]。西晋正式承认了慕容廆对鲜卑慕容部的统辖权力。得到西晋的册封之后，慕容廆谒见东夷校尉何龛。慕容廆以中原之礼拜谒东夷校尉何龛，在没有受到何龛以相同礼节接待后，慕容廆当即改为穿着鲜卑服饰拜见何龛。慕容廆及其先祖对中原文化都采取了积极学习的态度，特别是在鲜卑慕容部东征西讨的军事行为受到西晋所阻而降服西晋王朝后，这也影响到其对周边民族的态度。

慕容鲜卑政权朝贡东晋始于东晋元帝建武元年（317年），这也是慕容廆上书东晋之始。慕容廆并没有接受王浚给予他的封号，也相继拒绝了晋愍帝与元帝对他的册封。慕容廆接连拒绝晋王朝册封的举动，促使征虏将军鲁昌劝说慕容廆。这与慕容翰主张的“勤王”政治的内涵是一脉相承的。慕容廆派遣长史王济从海路前往建康，借此机会上书东晋元帝劝其即皇帝位。诚然，表面是在劝进，实际是为了慕容廆政权能够受封于东晋，借尊晋以抬高自身在东北边疆民族中的政治地位。

东晋元帝建武元年（317年）曾先后两次对慕容廆进行册封，均遭到慕容廆的拒绝，而“鲜卑大都督慕容廆等一百八十人上书劝进”即发生于慕容廆两次拒绝东晋元帝册封之间。等到晋元帝“即尊位，遣谒者陶辽重申前命，授廆将军、单于”[②]。慕容廆虽然

① 《资治通鉴》卷82《晋纪四》，第2593页。

② 《晋书》卷108《慕容廆载记》，第2806页。

在朝臣的说服下承认了东晋为西晋的继承政权，也曾出使东晋，却没有把自己完全归入到东晋的册封体制之内。慕容廆以游邃为龙骧，长史刘翔为主簿，太兴三年（320 年）三月，解棘城之围后，“慕容廆奉送玉玺三纽”[①],将三枚玉玺送于东晋。此次遣使入晋的政治意义更加明显，燕晋之间臣属关系也是可以确定无疑的。既然是慕容鲜卑政权君主慕容廆将所得玉玺献于晋朝，应该说慕容鲜卑政权还是奉东晋为正统的，承认当时的正统王朝是东晋。

宋该建议应当向东晋王朝上表，“请大将军、燕王之号”[②]。只有参军韩恒一人提出异议。慕容鲜卑君臣关于是否应当向东晋王朝为慕容廆请封燕王的问题各抒己见，但是，从反对请封燕王的参军韩恒此后被贬为新昌令的结果来看，慕容廆对二派观点之争的倾向性还是很明显的。而紧随其后发生的慕容廆遣使东晋，并书于太尉陶侃一事更是慕容廆欲称燕王的有力佐证。但遗憾的是，此次慕容廆派遣的使者并没有实现其出使的目的，而是在去往东晋的途中“遭风没海”。

西晋愍帝建兴二年（314 年），幽州刺史王浚被石勒所杀，幽州丧乱，“流民归廆者数万家”，为笼络慕容廆，愍帝遣使拜慕容廆为镇军将军、昌黎辽东二郡公，这次册封具有承认慕容廆在辽东、昌黎二郡占有重要地位的意义，慕容廆欣然接受。在司马睿即帝位之前与其承制之后，都对慕容廆进行册封，慕容廆皆接受晋册封的官号，却“固辞公爵不受”。这是因为此前愍帝已册封慕容廆为“昌黎辽东二郡公”，元帝两次册封则仅为“昌黎公”，低于之前的公爵，慕容廆自然拒绝接受。太兴二年（319 年），慕

① 《晋书》卷 6《元帝纪》，第 153 页。

② 《十六国春秋辑补》卷 27《前燕录五》，第 339 页。

容廆派遣裴嶷将打败宇文悉独官时所获皇帝玉玺三纽献于江东晋室，这让东晋君臣对慕容廆刮目相看，太兴三年、四年连续两次遣使册封慕容廆，不仅封其为“持节都督幽平二州东夷诸军事”，而且委以“平州刺史、车骑将军，承制海东，命备官司，置平州守宰”，这应是慕容廆最满意的册封，于是慕容廆“备置僚属……立子皝为世子”[①]。后三次东晋的册封，慕容廆又有两次“固辞爵位”，此时的慕容廆已不满足“特进”“开府仪同三司”，他采取以退为进的策略，希望东晋册封他为“燕王”。

此时，慕容廆对晋朝不可谓不忠，太宁三年（325年），后赵石勒曾遣使与慕容廆通和，慕容廆拒之，并送其使于建康。咸和七年（332年），后赵石勒再遣使复修前好，慕容廆仍拒而不纳。然东晋亦恐慕容廆势力坐大不臣服天朝，搪塞推诿，没有如其所愿。

仅以慕容廆受东晋7次册封为例，据《十六国春秋·前燕录一》记载，梳理慕容廆受东晋元帝、明帝、成帝的多次册封情况来看，整理如下：

① 《资治通鉴》卷91《晋纪十三》，第2890—2891页。

表1　慕容廆受东晋册封情况一览表

序号	帝王	时间	公历	封号	备注
1	东晋元帝	建武元年	317	假节散骑常侍、都督辽左杂夷流民诸军事、龙骧将军、大单于、昌黎公	辞公爵不受
2	元帝	太兴元年	318	龙骧将军、大单于、昌黎公	辞公爵不受
3	元帝	太兴三年	320	监平州诸军事、安北将军、平州刺史，增邑一千户	
4	元帝	太兴四年	321	加使持节都督幽平二州东夷诸军事、车骑将军、平州牧，进封辽东郡公、邑一万户，侍中、单于并如故，授印绶、丹书、铁券，承制海东，命备官司，置平州守宰	
5	明帝	太宁二年	324	加邑五千户	
6	成帝	咸和元年	326	拜侍中、位特进，余悉如故	
	成帝	咸和二年	327	遣使诣建康固辞爵位，优诏不许	固辞爵位
7	成帝	咸和五年	330	加开府仪同三司	固辞不受

咸和八年（333年）五月，慕容廆卒于文德殿，葬于青山。时年65岁，执掌慕容鲜卑49年。成帝遣使者册赠车骑大将军开府仪同三司，谥襄公。慕容皝为燕王，追谥武宣王。慕容儁称帝时，追尊慕容廆为武宣皇帝，庙号高祖。357年，慕容儁以护军平熙领将作大匠监造慕容廆庙，即金岭寺建筑址。

金岭寺建筑址位于辽宁省北票市东南12公里处，大板镇金岭寺村西北。地处辽西丘陵山地，大凌河在此处由南向北，再由西向东流去，凉水河与大凌河交汇于此。遗址地势平坦，南临高山，西、北两面濒临大凌河，东侧为大凌河河谷开阔地，遗址的西部被大凌河冲毁。1992 年辽宁省文物考古研究所开展白石水库基本建设文物调查时发现，1996 年由辽宁省文物考古研究所对该遗址北部进行过局部试掘，发现五个大型夯土台基和大量的筒瓦、板瓦等建筑构件，初步认定遗址为一处较大规模的魏晋时期建筑遗址。2000 年 7 月至 2002 年 10 月，辽宁省文物考古研究所连续三年对遗址进行了大规模勘探和发掘，清理出了三组大型建筑址以及外围环壕，基本搞清了该建筑址的布局和结构，报告将遗址的年代定在前燕及前燕建国前不久，建筑址的性质为曹魏初年慕容部始定居于辽西大凌河流域的一处早期高等级建筑遗存。金岭寺建筑址的性质为“廆庙”，金岭寺建筑址的年代上限不早于公元 341 年，下限可到后燕。[①]

第二节　前燕政权的建立与发展

公元 337 年，慕容皝建立前燕政权。慕容皝是慕容廆第二子，咸和八年（333 年），慕容廆去世，他在临终前指定嫡长子慕容皝继承大位。咸和八年（333 年）六月，慕容皝“遣长史渤海王济等来告丧”[②]。由慕容廆传位于慕容皝的权力交接进行得并不顺利。

---

① 田立坤：《金岭寺建筑址为“廆庙”说》，载《庆祝张忠培先生八十岁论文集》，北京：科学出版社，2014 年。

② 《资治通鉴》卷 95《晋纪十七》，第 2987 页。

慕容皝嗣位之初“用法严峻”，引起前燕政权内部动乱，慕容皝的庶长兄慕容翰担心受到迫害而出逃，慕容皝的同母弟慕容仁占据平郭，起兵割据辽东半岛，与统治辽西的慕容皝分庭抗礼，慕容部分裂。

一、前燕政权的建立

咸康元年（335年）冬，乘气候严寒、渤海结冰之机，慕容皝率军踏冰过海袭击辽东半岛，一举击败慕容仁，重新统一了慕容部。咸和九年（334年）八月，慕容皝派往东晋的使节王济返回辽东，晋成帝派遣御史王齐祭奠慕容廆，并“遣谒者徐孟、闾丘幸等持节拜皝镇军大将军、平州刺史、大单于、辽东公，持节、都督、承制封拜，一如廆故事”[①]。均被割据辽东的慕容仁扣留。直至咸康元年（335年）冬十月，“慕容仁遣王齐等南还，齐等自海道趣棘城，齐遇风不至。十二月，徐孟等至棘城，慕容皝始受朝命”[②]。

从此，慕容皝开始正式接受东晋的册封。随着与东晋关系的不断加强，慕容皝加紧了前燕的政权建设，从而使慕容鲜卑得以迅速发展，开始走向强盛。随着国力的不断增强，前燕也加紧了对外扩张。慕容皝首先打击的是慕容部的老对手，同处于辽西、同为鲜卑部落的宇文部和段部。咸康二年（336年），慕容皝亲自率领5万精兵，在柳城附近打败段部与宇文部联军。此后，段部首领不得不南下投降后赵，段部在东北的势力完全瓦解。兼并宇文部，段部南缩，前燕在辽西走廊独大，占据了整个辽西走廊。

---

① 《十六国春秋辑补》卷24《前燕录二》，第296页。

② 《资治通鉴》卷95《晋纪十七》，第3003页。

从咸和八年至咸康二年（333—336 年），慕容皝时期遣使东晋，从遣使东晋均集中于东晋成帝时期来看，慕容皝向东晋王朝派遣使者的目的在于向东晋王朝谋求政治利益。咸康三年（337 年）十一月丁卯，“慕容皝自立为燕王”。咸康八年（342 年）慕容皝从棘城（今辽宁义县西北）迁都龙城（今辽宁朝阳）。慕容皝营建龙城与迁都龙城是在同一年，而这一年则应是《晋书・慕容皝载记》记载的东晋成帝咸康七年（341 年）。是年七月慕容皝开始兴建龙城，但到当年十月迁都之时，龙城的宫城营建得并不十分完善，因而才会有时隔两年后即建元元年（343 年）冬十月的“起龙城宫阙”[①]。

慕容皝统治时期大量任用汉族士人，积极纳谏，重视农业，发展生产，从而使慕容鲜卑从游牧社会迅速步入农耕社会，对所控制的地区建立健全行政组织。咸康三年（337 年），慕容皝在棘城（今辽宁省义县西北区）自称燕王。咸和八年（333 年）到咸康三年（337 年）期间，因内忧外患的政局，慕容皝与东晋之间维系着较为密切的朝贡册封关系。这一时期，慕容皝先后三次遣使朝贡东晋。此期间，慕容皝逐步消灭支持慕容仁的周边势力，至咸康元年（335 年）冬平定了慕容部内部分裂的事件，稳定了局势。咸康三年（337）冬，慕容皝接受了封奕建议称王建制，而后，慕容皝不仅平定内乱，而且清剿了周边环境，仅剩后赵是其进入中原的阻碍。咸康七年（341 年）正月，慕容皝命人在柳城和龙山之间建造“龙城”，十月，慕容皝正式迁都，此次迁都不仅是为了向西扩大领土，掌控辽西咽喉，以便挥师中原，而且

① 《十六国春秋辑补》卷 25《前燕录三》，第 307 页。

有意“筑龙城映射天子”[①]制造舆论基础。

慕容皝在出行上始用中原皇帝之制，“乘金根车，驾六马，出入称警跸”[②]，并立段氏为王后、慕容儁为太子。李海叶认为，慕容皝对中央职官制度做出改革，开始吸收历代中原王朝职官设置。“慕容皝的王国官制极其复杂，杂糅了周、汉、魏、晋多种制度”[③]。《晋书·慕容皝载记》记载慕容皝备置群司，“以封奕为国相，韩寿为司马，裴开、阳骛、王寓、李洪、杜群、宋该、刘瞻、石琮、皇甫真、阳协、宋晃、平熙、张泓等并为列卿将帅”[④]。在地方上慕容皝对慕容廆设置的郡县进行改革，效仿东晋“土断”的方式，将按州分治的流民调整为按郡重新安置，侨郡降级为侨县，分而治之，进一步优化了政权结构，大大削弱了汉人大族的威胁。[⑤]此外，慕容皝还罢苑囿，给贫困的流民以耕牛，减轻地租负担，兴建水利灌溉工程，发展教育，为国家培养有用人才，《晋书·慕容皝载记》:“罢成周、冀阳、营丘等郡。以渤海人为兴集县，河间人为宁集县，广平、魏郡人为兴平县，东莱、北海人为育黎县，吴人为吴县，悉隶燕国。”[⑥]这一切措施都为前燕在辽西走廊的发展壮大奠定了坚实的物质基础。

前燕实力增强的同时，慕容皝产生了要提高自身在东晋王朝的政治地位的愿望。前燕社会经济的转型和迅速发展，也带来了

① 张国庆：《慕容皝迁都龙城的前因及目的》，《辽宁大学学报》1988 年第 1 期。

② 《晋书》卷 109《慕容皝载记》，第 2818 页。

③ 李海叶：《慕容鲜卑的汉化与五燕政权——十六国少数民族发展史的个案研究》，北京：中国社会科学出版社，2015 年，第 45 页。

④ 《晋书》卷 109《慕容皝载记》，第 2817—2818 页。

⑤ ［韩］池培善：《就封裕上书论前燕慕容皝时期的经济政策》，《许昌师专学报》1999 年第 3 期。

⑥ 《晋书》卷 109《慕容皝载记》，第 2826 页。

前燕在东晋君臣心目中政治地位的提升。咸康六年（340年）秋八月，慕容皝自称为燕王，但是始终没有得到东晋的册封。[①]慕容皝在听闻东晋权臣庾亮死后由其弟庾冰、庾翼继为将相之事后，遂上表于晋成帝。慕容皝引经据典对历史上后党专权的实例予以解析，指出晋成帝时期庾亮擅权带来的负面影响，并表达了对其弟庾冰专权之忧，提出"臣常谓世主若欲崇显舅氏，何不封以藩国，丰其禄赐，限其势利，使上无偏优，下无私论"[②]，意欲说服晋成帝封其为燕王。与此同时，又致函于庾冰。

在慕容皝致庾冰的书信中，他肯定了庾氏兄弟在东晋的显赫地位，并以历代王朝中后族专权的负面效应，借以规劝庾冰谨守臣礼，更重要的则是慕容皝提出："吾尝忿历代之主，不尽防萌终宠之术，何不业以一土之封，令藩国相承，如周之齐陈？如此则永保南面之尊，复何黜辱之忧乎。"[③]强调了分封藩国对维护东晋统治的益处。前燕长史刘翔等携慕容皝之书到达建康已是咸康七年（341年）二月乙卯。此次刘翔等出使东晋，不辱使命，成功地完成了晋封慕容皝为燕王的使命，晋成帝终于承认了前燕政权的合法性。慕容皝也完成了其父的遗愿，东晋册封慕容皝为燕王。

晋穆帝永和元年（345年）冬十月，"皝以为古者诸侯即位，各称元年，于是始不用晋年号"[④]不再奉晋正朔。但是，前燕仍然与中原王朝之间维系着朝贡册封关系，用以提高前燕的政治地位。永和三年（慕容皝十四年，347年）五月戊申，东晋穆帝册封慕容皝为"安北大将军"，但不见有慕容皝遣使入晋的相关记事。

---

① 《十六国春秋辑补》卷24《前燕录二》，第298页。

② 《十六国春秋辑补》卷24《前燕录二》，第300—301页。

③ 《十六国春秋辑补》卷24《前燕录二》，第302页。

④ 《资治通鉴》卷97《晋纪十九》，第3068页。

在慕容皝在位的15年中，前燕东征西讨，开疆拓土，进一步确立了其在东北的优势地位，成为辽西走廊实力最强的割据政权。在慕容皝统治期间，东北地区已经不存在可以与慕容部相抗衡的势力了。但是，他没有来得及进军中原便谢世，时年52岁。

二、慕容儁时期自称“中国”

永和四年(348年),慕容儁即位。352年,慕容儁时期自称天子,前燕政治、经济、军事能力的空前强大，促使前燕在内政外交等重大国策上改变目标。慕容儁不再向东晋王朝履行藩属国的职责，断绝了与东晋之间的朝贡册封关系，也不再接受东晋的册封。与此同时，前燕的统治者越来越关注中原地区的事务。

349年，前燕兵分三路进攻后赵，夺取蓟城（今北京地区），并迁都于蓟，从此开始了前燕以辽西走廊为后方，逐鹿中原的征程。燕军向西进掠广宁（今河北涿鹿县）、上谷（今河北省张家口市怀来县）、代郡（今河北省蔚县代王城），徙广宁、上谷二郡民于徐无（今河北玉田东），徙代郡民于凡城（今辽宁朝阳县南二百里白狼山附近）。又向南掠冀州，攻下章武（辖境今河北省大城、文安、青县及沧县东部等地）、河间（治所在今河北省河间县）、乐陵（治所在今山东乐陵市东南二十五里刘武官乡西北城子后南）三郡。于永和七年（351年）攻下中山（今河北省定州市附近），中山丁零翟鼠率所部降燕。永和八年（352年），燕军分兵两路，进攻取代后赵政权的冉闵，并最终灭掉了冉魏政权（今河南安阳北至河北邯郸临漳南）。

东晋永和八年（352年），慕容儁建元元玺，定国号为大燕。此时东晋遣使者诣见慕容儁，慕容儁对东晋使臣说：“汝还白汝天子，我承人乏，为中国所推，已为帝矣。”[①]至此，前燕断绝了与东晋的朝贡关系。在慕容儁立都于邺时，仍以辽西为其发展的基地，慕容儁往来于邺城（今河北临漳县西、河南安阳市北郊一带）与龙城（辽宁省朝阳市）之间。在此期间，前燕大军北破蒙古高原上的丁零、敕勒，降匈奴单于贺赖头部，南败东晋，前燕政权达到极盛时期。

随着前燕社会的不断发展，中原文化的因子在前燕已经开始生根发芽。前燕用五德终始学说来诠释自己的德运当始自慕容儁朝。前燕的“运历传属，代金行之后”，则据五行相生原理，“金生水”，前燕代“金德”之后，当为“水德”，而五德又配之五色，尚“黑”者当为“水德”。从多方面的资料显示，慕容儁称帝之初认为前燕是承晋为“水德”。[②]

前燕所承德运应是“水德”还是“木德”曾有争议。也曾有改“水德”为“木德”之事，只是在前燕德运之争出现的时代问题上存在争议。慕容儁朝讨论前燕德运时，群臣多以前燕承晋正统而为“水德”。在此“水德”之运已经商定后，韩恒从龙城赶来，提出前燕应当承赵正统而为“木德”。提到前燕的符瑞为龙，在龙、凤、麒麟、虎、皮幔胡“五虫”中，龙为“木德”，也与承赵为“木德”相符。建熙七年秋九月，慕容暐听从镇律郎郭钦的奏议，承石虎的水德为“木德”，即“暐钟律郎郭钦奏议，以暐承石季龙水为木德，暐从之”[③]。尽管在前燕更改德运的时代和过程上有所差别，但可以确定的是，在前燕灭国前已将德运更改为“木德”。前燕的末代君主慕容暐统治时期主要致力于经营中原，重心已不在辽西走廊。

---

① 《晋书》卷 110《慕容儁载记》，第 2834 页。

② 《晋书》卷 110《慕容儁载记》，第 2834 页。

③ 《十六国春秋辑补》卷 28《前燕录六》，第 350 页。

第三节　后燕统辖辽西

384年，慕容垂自称大将军、大都督、燕王，建元燕元，定都中山（今河北定县），正式复国。因慕容垂建立的政权国号也是燕，史称其为“后燕”。后燕建立后逐渐铲除了敌对势力，成为北方地区的强国，与新兴的北魏政权并立。后燕自慕容垂立国，经慕容宝、慕容盛、慕容熙，至公元407年灭亡，共存续24年。

一、后燕政权的建立

后燕开国主慕容垂为慕容皝的第五子，在前燕慕容儁时被封为吴王。早在前燕慕容皝时代，慕容垂就已经以英勇善战而闻名，但真正令慕容垂名闻天下的是他击败东晋桓温之战。慕容垂率八千燕军大败桓温的北伐军，斩首三万余人。可是，这次胜利引来了前燕末代君主慕容暐的猜忌，担心他功高难制、图谋篡位。前燕虽然打了大胜仗，统帅慕容垂却被免职。慕容评企图杀害才能出众的慕容垂。在这种形势下，慕容垂不得不出逃前秦。苻坚非常信任慕容垂，封其为冠军将军。383年，前秦王苻坚在统一北方的基础上向南方的东晋政权发起进攻，史称“淝水之战”。在淝水之战中，前秦军队受到重创，只有慕容垂所率的三万人因奉命进攻东晋的郧城（今湖北沔阳县南），没有参加淝水之战，才得以全军而退。苻坚兵败后，慕容垂之子慕容宝劝他乘机起事，兴复燕国。于是，慕容垂借口扫墓前往邺城时，收罗慕容氏旧部，并招附河北的丁零、乌桓、屠各等部，意欲兴复燕国。

后燕主慕容垂决心恢复前燕的辉煌，一统北方中原地区。而此时北魏日渐强盛，从开始的军事防御逐渐转变为主动出击。385 年 6 月，高句丽故国壤王趁后燕立国未稳，派四万大军进攻后燕的辽东地区，镇守龙城（今辽宁朝阳）的王佐请求增援，高句丽军队打败了前来增援的军队,并且占领了辽东（今辽宁辽阳）、玄菟（辽宁沈阳）两地,掠夺了一万多人口而返。同年冬天 11 月，慕容垂遣弟慕容农带兵攻伐高句丽，“进击高句丽，复辽东、玄菟二郡”①，将高句丽占领的辽东、玄菟重新夺了回来。

400 年正月高句丽王遣使到后燕，但是后燕王慕容盛亲率精兵三万攻打高句丽,占领了新城（今辽宁抚顺）、南苏（今辽宁铁岭）二城，总共开拓领土七百余里并掠夺五千户人口而返，这使得双方短暂的和平局面被彻底打破。此战之后，高句丽好太王迅速反击,夺回后燕占据的大部分土地。402 年 5 月好太王再次攻打后燕，发兵攻打后燕的平州（治所今辽宁省盖州市），“燕平州刺史慕容归弃城走”②。这一举动助长了高句丽的进攻决心，于是 404 年 11 月高句丽再次进攻后燕，此战好太王占领了整个辽东半岛。405 年，慕容熙亲自率兵攻打高句丽，欲收复辽东，后燕军队作战勇猛，战事十分激烈，当辽东城即将被后燕军队攻陷时，慕容熙却命令将士缓攻，等待其与皇后到达，攻下城时帝后乘辇而入，这给了高句丽守军一个喘息的机会。等到慕容熙与皇后到达时，辽东城久攻未下，又恰逢大雪冻死者无数，为了减少损失，只能退军。后燕于第二年正月，“攻高句丽木底城，不克而还”③，再次进攻高句丽的木底城（今辽宁新宾满族自治县西北木奇镇），却又无功而

① 《资治通鉴》卷 106《晋纪二十八》，第 3356 页。

② 《资治通鉴》卷 112《晋纪三十四》，第 3543 页。

③ 《资治通鉴》卷 114《晋纪三十四》，第 3589 页。

返。此后再不见后燕军队收复辽东的事迹，表明辽东城已经处于高句丽的占领之下，后燕政权失去同高句丽争夺辽东地区的实力。

二、后燕的发展与兴盛

慕容垂的称王之路，是一波三折。由于之前慕容垂与前燕政权决裂，投奔前秦，在前秦灭前燕之后，苻坚抱有天下一家的雄心壮志，并没有杀掉前燕的贵戚大臣，甚至委任前燕主慕容暐集团的诸多官员要职。慕容垂建立后燕政权时，仍然继续任用前燕旧吏。对于官僚集团的成员来说，旧主代表的前燕政权和前秦政权，慕容垂先后背叛前燕和前秦，身份比较尴尬。慕容垂称燕王后，依然和前秦保持着使者来往，并且在往来文书中对苻坚以主上相称。面对大臣们的进劝登基，慕容垂选择了观望。一直到苻坚被后秦姚苌杀死，没有前燕和前秦前后两位君主正统地位的阻碍，慕容垂才终登王位。

后燕整体上继承了前燕的制度。采取鲜卑贵族和汉族士人合作的治政方针，后燕建立政权后，力图“修复故事”、振举“祖宗成式”。后燕政权初期在政治体制上，中央官制主要承袭前燕，以中原魏晋的政治制度为主，并夹杂鲜卑特色官职。中央设有丞相，丞相下设三省六部等，这一时期中央官吏的任用上，建兴三年（388 年），慕容垂“以宝录尚书政事”[①]，四月，又“以宝领侍中、大单于、骠骑大将军、幽州牧”[②]，这是慕容垂保障皇权的重要举措。除慕容宝以外，封“左长史库辱官伟、右长史段崇、龙骧张崇、中山尹封衡为吏部尚书”[③]，慕容垂吸取了前燕后期宗王势力

① 《晋书》卷 123《慕容垂载记》，第 3087 页。

② 《晋书》卷 123《慕容垂载记》，第 3087 页

③ 《晋书》卷 123《慕容垂载记》，第 3086—3087 页。

过大的教训，中央官吏中鲜卑族以外民族所占比例增多，慕容氏官员占26%，汉人占53%，其他鲜卑人占11%，其他少数民族占10%[①]，这也是慕容垂为了借助丁零、乌桓和其他集团力量复国导致的。汇聚多种集团势力后，这保证后燕恢复故土力量迅速壮大，建立集权的后燕政权。地方建置上，后燕也是基本沿袭前燕，设州、郡、县三级制，慕容鲜卑还是牢牢把握住了地方统治权。

太元十八年（393年），后燕慕容垂出兵讨伐西燕。后燕、西燕同是慕容鲜卑建立的政权，都自认为是前燕的继承者，都以“燕”为国号，在中原地区展开激战。慕容垂兵分两路，一路以中山步骑七万“遣其丹杨王慕容瓒、龙骧张崇攻永弟支于晋阳”[②]，晋阳在今山西省太原市晋源区的古城营村、东城角村、南城角村、南北瓦窑村、罗城村和附近区域一带；一路以驻邺大军攻击西燕驻沙亭（今河北涉县东南）的镇东将军段平。西燕慕容永遣刁云、慕容锺率兵五万守潞川（今山西东南部浊漳河）。394年，慕容垂进攻西燕都城长子（今山西省长子县），“晋、魏兵皆未至，大逸豆归部将伐勤等开门内燕兵，燕人执永，斩之，并斩其公卿大将刁云、大逸豆归等三十余人”[③]。西燕就此灭亡，其所统辖的八郡、七万余户均被后燕接管[④]。自慕容泓起兵讨伐苻坚算起，西燕仅存10年。

慕容垂在位期间，后燕也派兵北上恢复旧土。燕元二年（385年）闰五月，派带方王慕容佐镇龙城（今辽宁省朝阳市），并在同年十一月派慕容农率军击退高句丽的进攻，从高句丽政权手中

① 高然：《慕容鲜卑与五燕国史研究》，北京：北京大学出版社，2018年，第205页。

② 《晋书》卷123《慕容垂载记》，第3088页。

③ 《资治通鉴》卷108《晋纪三十》，第3416页。

④ 《资治通鉴》卷108《晋纪三十》，第3416—3417页。

夺回辽河以东的辽东、玄菟二郡，收复幽、冀、平三州之地。慕容垂任命慕容农都督幽、平二州、北狄诸军事、幽州牧，坐镇辽西走廊重镇——龙城。至此，慕容垂的后燕大体上恢复了前燕极盛时期的疆域，[①]开始进入鼎盛时期。

曾经统一中国北方的前秦政权此时已为羌人姚苌建立的后秦所灭，后秦的势力局促于关中，与前秦不可同日而语。正在慕容垂踌躇满志地谋求进一步开拓后燕疆土的时候，他遇到了一个新的强敌，这就是兴起于北方草原的拓跋鲜卑。

淝水之战后，拓跋珪重建代政权，后来改国号为魏，这就是南北朝时期的北魏。鲜卑拓跋部与慕容部不仅同是鲜卑族，而且其首领世代通婚，在拓跋珪复国之初，实力较弱，是依附于后燕的。390 年，在后燕赵王慕容麟的支持下，拓跋珪在意辛山（今内蒙古二连浩特西南）打败北方游牧部落贺兰、纥突邻及纥奚三部。第二年四月，后燕又派镇北将军兰汗率兵大败进攻拓跋部的贺染干与贺讷；六月，后燕派赵王慕容麟率兵生擒贺讷。在后燕的扶持下，拓跋部的势力发展迅速，已开始具有与后燕一决雌雄的野心。在 391 年 7 月，拓跋珪派他的弟弟拓跋觚出使后燕，慕容垂之子慕容宝扣留了拓跋觚，要求拓跋珪进献良马，拓跋珪因此与后燕绝交。

在灭亡西燕之后，慕容垂马上将矛头指向拓跋珪。395 年，以太子慕容宝为主帅，与辽西王慕容农、赵王慕容麟等统兵八万

① （清）洪亮吉：《十六国疆域志》卷 12，于后燕诸州中列有豫州，并以河南郡的洛阳县为所属的第一个县。有学者考证，洛阳一直属于东晋，后燕的疆域向南并未达到洛阳，后燕也未曾设过豫州。参见宓达：《十六国时期后燕未曾设过豫州》，《中国历史地理论丛》1991 年第 4 期；沧洲：《后燕慕容垂的疆土无洛阳》，《中国历史地理论丛》1992 年第 3 期。

讨伐北魏。另遣范阳王慕容德、陈留王慕容绍率兵一万八千人为后援。[①]从后燕出兵的规模及将帅的人选来看，慕容垂此战是势在必得，可是后燕的军事行动进展得却并不顺利。在参合陂（今内蒙古自治区凉城县东北岱海）之战中，后燕惨败，燕军生还者仅数千人。

为报参合陂之仇，396 年慕容垂亲征拓跋魏，克平城（今山西大同东北），虏获三万余人，但在归来途中，慕容垂病逝。慕容垂去世后，慕容宝继位。拓跋鲜卑以 40 万大军伐燕，进围中山，慕容宝北逃慕容鲜卑的勃兴地龙城。

397 年，北魏大军攻克中山，后燕的国土被北魏从中间分为两截。南部的慕容鲜卑部众由慕容德率领，于 398 年南迁滑台（今河南滑台）立国，史称南燕。后燕的国土从此只局限于以辽西走廊为主的东北地区，未能再进入中原。

慕容垂死后，慕容宝即皇帝位，改元永康，对职官进行了重大调整。除库辱官伟位列三公外，慕容麟封左仆射，慕容隆封右仆射，慕容盛为司隶校尉，中央重要官制皆由慕容垂子孙担任。[②]这实则可能是慕容垂临终前对“家族”所保障皇权的进一步构建，进一步集中权力于嫡系子孙。后燕永康二年（397 年），慕容宝在北魏的围攻下弃中山，北退龙城，后被兰汗诱杀。建平元年（398 年）七月，趁兰汗奖励兵士之际，慕容盛借机杀兰汗，恢复燕祚，政治制度变革出现了明显的鲜卑化倾向，建立汉式职官系统的同时，

① 《资治通鉴》卷 108《晋纪三十》，第 3421 页。

② 《资治通鉴》卷 108《晋纪三十》：“以范阳王德为都督冀、兖、青、徐、荆、豫六州诸军事、车骑大将军、冀州牧，镇邺；辽西王农为都督并、雍、益、梁、秦、凉六州诸军事、并州牧，镇晋阳。又以安定王库辱官伟为太师，夫余王蔚为太傅……长乐公盛为司隶校尉”，第 3427 页。

又设置了大单于台和左右辅等职官统治本族和其他杂夷，恢复了胡汉分治的二元体系。燕王慕容盛“立燕台”来“统诸部杂夷”[①]，至慕容熙“改北燕台为大单于台”[②]，又设置左右辅，地位仅次于尚书，史载，慕容熙“大赦殊死已下，改长乐三年为光始元年……三年正月，熙引见州郡及单于八部耆旧于东宫与言，问以民所疾苦，司隶部民刘瓒对问称旨，拜带方太守”[③]。即以汉人任汉地方官，可见后燕政权后期构建了胡汉分治的双轨行政管理系统，也反映出后燕此时统治的无能与倒退。据李海叶考证，后燕退居龙城后的政权融入大量的胡族势力，汉族官员所占比例甚微，鲜卑化的武人操纵政权，致使统治极其不稳定。[④]在外侵内乱的夹击下，后燕退出了历史舞台。

后燕从建立到攻灭翟魏政权，吞并西燕，基本恢复了前燕原有的统治区域。在后燕本应稳步发展时，但却出乎意料地转盛而衰，其原因分为内外两个部分，一方面是内部接班人的问题。随着参合陂之战的失利，为重振太子慕容宝的威名，慕容垂再次向北魏发动进攻，慕容垂亲征胜利，但返回途中经过参合陂时，面对将士们如山般的尸骨而急火攻心，终究离世。当国势大乱之时，慕容宝即位后，采取错误政策，一味地检查户口，将军营遣散，又执行严峻的政令，致使朝野人心各异，十之有九欲图反叛。后燕政权后期的统治者昏聩无能，不仅无法保持慕容垂时期的政权规模，在退居辽西走廊后，竟丧失了同高句丽政权争夺辽东地区

① 《资治通鉴》卷111《晋纪三十三》，第3516页。

② 《十六国春秋辑补》卷47《后燕录六》，第600页。

③ 《十六国春秋辑补》卷47《后燕录六》，第599—600页。

④ 李海叶：《后燕退据龙城后政治之“反动”》，《内蒙古大学学报》（哲学社会科学版）2011年第4期。

的实力；另一方面是外部来自于北魏的压力。北魏拓跋珪从最初为统一部落想以归附后燕为名，借用后燕的军事力量打败拓拔窟咄、刘显等人，到北魏逐渐强大不愿一直臣服，使得双方的摩擦日益增多。

慕容宝继位不久，北魏就出兵进攻后燕，进攻中山，但被慕容隆击退。北魏大人没根被拓跋珪厌恶而投降后燕，并请进攻北魏，虽有统军能力，奈何慕容对其有防备之心，未予其大军，进攻北魏虽胜，却又无法再次进攻。永康二年（397 年），拓跋珪担忧内乱主动向后燕求和，却被慕容宝拒绝。

三、后燕的衰落与灭亡

光始元年（401 年），慕容盛死，慕容熙即位，其内政暴虐，用兵轻率[①]，造成后燕社会“百姓不堪其害，思乱者十室九焉”[②]。最终在北魏的进攻和内部矛盾的激化下，后燕政权被推翻。

慕容熙为慕容垂七子，是慕容盛的叔父，曾与慕容盛的母亲丁氏私通，在慕容盛去世后，丁氏就以国内混乱应立长君为借口，废了太子慕容定，立慕容熙为燕王，改元元始。

“及盛死，其太后丁氏以国多难，宜立长君。群望皆在平原公元，而丁氏意在于熙，遂废太子定，迎熙入宫。群臣劝进，熙以让元，元固以让熙，熙遂僭即尊位。诛其大臣段玑、秦兴等，并夷三族。元以嫌疑赐死。元字道光，宝之第四子也。”[③]慕容熙借助丁太后上位，“初，熙烝于丁氏，故为所立。及宠幸苻贵人，丁氏怨恚呪诅，与兄子七兵尚书信谋废熙。熙闻之，大怒，逼丁

---

① 高然：《慕容鲜卑与五燕国史研究》，第 128 页。

② 《晋书》卷 124《慕容云载记》，第 3108 页。

③ 《晋书》卷 124《慕容熙载记》，第 3105 页。

氏令自杀，葬以后礼，诛丁信。”[①]却迎娶中山尹苻谟的两个女儿苻娀娥与苻训英，丁太后因此心生怨恨，与慕容熙反目，便与其兄长之子丁信商议废黜慕容熙，改立慕容渊为帝，但事情泄露，慕容熙将丁太后幽禁并逼其自杀。其后以皇后的礼节安葬，谥号为献幽皇后。不久，将慕容渊、丁信等参与谋反之人斩首，对慕容宝诸子斩尽杀绝。

光始三年（403 年），慕容熙立苻英训为其皇后，立苻娀娥为昭仪，次年苻娀娥抱病而终，诊病的太医皆遭车裂之刑，焚烧尸体，在国民中造成很坏的影响，甚至导致出现了一定的社会反抗情绪。

建始元年（407 年），“苻氏死，熙悲号躃踊，若丧考妣，拥其尸而抚之曰：‘体已就冷，命遂断矣！’于是僵仆气绝，久而乃苏。大敛既讫，复启其棺而与交接。服斩缞，食粥。制百僚于宫内哭临，令沙门素服。使有司案检哭者，有泪以为忠孝，无则罪之，于是群臣震惧，莫不含辛以为泪焉。慕容隆妻张氏，熙之嫂也，美姿容，有巧思。熙将以为苻氏之殉，欲以罪杀之，乃毁其襚靴，中有弊毡，遂赐死”[②]。慕容熙的皇后苻训英去世，其为苻皇后修建宏伟的庙宇并强行命其嫂子张氏为皇后陪葬，强迫文武百官为皇后哭丧，因灵车高于城门难以通过，慕容熙遂命人拆除城门，苻皇后入殓后又令人开棺，生死两隔之人欢好。其种种失礼之为导致众叛亲离。公元 407 年，冯跋等人借慕容熙出城为皇后送葬之机发动政变，拥立高云为燕王，改元正始。

---

① 《晋书》卷 124《慕容熙载记》，第 3105 页。

② 《晋书》卷 124《慕容熙载记》，第 3106—3107 页。

第四节　北燕经营辽西

义熙三年（407 年），高云被冯氏推举为王，定都龙城。关于北燕建国时间，大体分为两说，一说认为自冯跋称王起，一说认为自高云称王时起。

一、北燕政权的建立

北燕政权取代后燕并未引起东北地区的社会动荡。义熙三年（407 年），慕容宝养子慕容云（高云）、冯跋杀慕容熙，高云即位，“以跋为使持节、侍中、都督中外诸军事、征北大将军、开府仪同三司、录尚书事，封武邑公”[①]。太平元年（409 年），高云为幸臣离班、桃仁所杀。冯跋自称大燕天王。冯跋采取了一系列措施稳定北燕的统治。冯跋立长子冯永为太子，任命他的弟弟冯素弗与为侍中、车骑大将军、录尚书事；少弟冯弘为侍中、征东大将军、尚书右仆射、汲郡公；从兄冯万泥为骠骑大将军、幽平二州牧；务银提为上大将军、辽东太守；孙护为侍中、尚书令、阳平公；张兴为卫将军、尚书左仆射、永宁公；郭生为镇东大将军、领右卫将军、陈留公；从兄子冯乳陈为征西大将军、并青二州牧、上谷公；姚昭为镇南大将军、司隶校尉、上党公；马弗勤为吏部尚书、广宗公；王难为侍中、抚军将军、颍川公。[②]北燕统治阶层初步建立，上层官僚集团的构成得益于后燕，却成为之后冯万泥与冯乳陈发

① 《十六国春秋辑补》卷 98《北燕录一》，第 1088 页。

② 《十六国春秋辑补》卷 98《北燕录一》，第 1088—1089 页。

动叛乱的导火索。

太平二年（410年）二月，北燕爆发了冯万泥、冯乳陈之乱。冯万泥等“自以亲而有大功，谓当入为公辅，跋以二藩任重，因而弗征，并有憾焉。……万泥遂奔白狼，阻兵以叛”[①]。冯万泥是冯跋的近亲，不过比起冯素弗和冯弘自然要远一步，因此不得为公辅，冯跋仅授冯万泥为开府仪同三司，冯万泥认为从推翻后燕慕容熙到立高云为主，都与冯跋共进退，却未能入为公辅，起兵反叛，冯跋命冯弘率军讨之，俘斩无遗，遂平冯万泥叛乱。北燕最初的统治集团主要是冯跋根据各自的功劳进行的权益分配，这就很难达到各位功臣的期望值，因此产生矛盾是不可避免的，十一月，冯跋“以范阳公素弗为大司马，改封辽西公；弘为骠骑大将军，改封中山公”[②]，安抚冯素弗与冯弘二弟，将权力进一步集中到冯跋及其亲兄弟手中。太平七年（415年）冬十一月，冯跋的另一大功臣孙护的三个弟弟“昌黎尹孙伯仁、护弟叱支、叱支弟乙拔等俱有才力，以骁勇闻。跋之立也，并冀开府，而跋未之许，由是有怨言。每于朝飨之际，常拔剑击柱曰：‘兴建大业，有功力焉，而滞于散将，岂是汉祖河山之义乎！’跋怒，诛之。”[③]孙护的三个弟弟对自己所受到的待遇越来越不满，冯跋对他的功臣防范是非常残忍的，因此三人的过激行为立即遭到冯跋的诛杀。

二、北燕的发展与兴盛

北燕疆域包括今天的辽宁省、河北省一部分。冯跋执政时期，积极发展农业生产、轻徭薄赋、整顿吏治，得到了燕人的认可。

---

① 《十六国春秋辑补》卷98《北燕录二》，第1090页。

② 《资治通鉴》卷115《晋纪三十七》，第3641页。

③ 《晋书》卷125《冯跋载记》，第3132页。

冯跋积极笼络周边民族，待其即位后北魏已基本消灭北方各政权，并基本统一了北方中原地区。同时，对辽西走廊的北燕国虎视眈眈，北燕为了抵抗强大的北魏，冯跋考虑利用地缘制衡，采取灵活的实用主义外交策略，积极笼络周围政权，这一时期冯跋很大程度上视周边“非类”为可利用之资，而不是“臣属”。《魏书》载：“跋抚纳契丹等诸落，颇来附之。”[①]北燕无力对付北魏，想要谋求生存和发展，遂采取“地缘制衡”策略，积极安抚招纳契丹等其他民族。《晋书》亦载：“蝚蠕勇斛律遣使求跋女伪乐浪公主，献马三千匹，跋命其群下议之。素弗等议曰：‘前代旧事，皆以宗女妻六夷，宜许以妃嫔之女，乐浪公主不宜下降非类。’跋曰：‘女生从夫，千里岂远！朕方崇信殊俗，奈何欺之！’乃许焉。”[②]从地缘战略上，冯跋已经意识到北方的柔然牵制北魏对北燕防范北魏攻击的重要性，力排众议，用诚恳的态度与柔然和亲，积极笼络这个强大的游牧民族，与周围政权建立友好关系，牵制北魏的进攻。

那么，抚纳诸族的策略包不包含高句丽呢？早在冯跋推高云为王就有交好高句丽的因素，高句丽位于北燕后方，北燕出于制衡北魏防范后方的目的，不会放弃高句丽。《晋书》中记载：“跋弟丕，先是，因乱投于高句丽，跋迎致之，至龙城。”[③]冯跋把冯丕召回原因有二：一是冯丕是冯跋的亲弟弟，冯跋为了壮大家族势力，把散落在外地的冯氏家族成员逐渐汇聚到龙城。二是冯跋并不信任高句丽，怕以后高句丽会以冯丕为质，约束北燕。当冯丕被冯跋召回北燕时，长寿王未加阻拦，可以窥见冯跋积极笼络

① 《魏书》卷 97《海夷冯跋传》，第 2126 页。

② 《晋书》卷 125《冯跋载记》，第 3130 页。

③ 《晋书》卷 125《冯跋载记》，第 3132 页。

柔然、契丹等族的外交策略下，没有单独放弃高句丽，再从魏燕战争后，北燕灭国，冯弘逃奔往高句丽来看，如果当时与高句丽关系紧张，冯弘必定不会选择带民众逃往高句丽。

为了能够巩固政权，在政治制度建设上，冯跋提倡用儒家经典教化民众，采用文治经国的策略，史载冯跋“勤于政事，劝课农桑，省徭役，薄赋敛；每遣守宰，必亲引见，问为政之要，以观其能。燕人悦之”[①]。此外，北燕与北方诸政权统治者都因称王“正统性的缺失”，极度依赖于家族政治。[②]冯跋选拔贤才，如以郝越、张买成、周刁、温建德、何纂等人贤良，擢叙之。[③]

为达到国富民强的目的，在推进农业生产的同时，还提倡桑蚕养殖。冯跋颁布法令曰“疆宇无虞，百姓宁业，而田亩荒秽，有司不随时督察，欲令家给人足，不亦难乎！桑柘之益，有生之本。此土少桑，人未见其利，可令百姓人殖桑一百根，柘二十根”[④]，监督生产，发展经济作物。冯跋汲取后燕暴政的教训，鼓励推行儒家孝悌，“分遣使者巡行郡国，孤老久疾不能自存者，振谷帛有差，孝悌力田闺门和顺者，皆褒显之”[⑤]，深入各地郡县，救济百姓，鼓励农耕。经过冯跋推行的一系列治政措施，北燕出现经济发展，社会安定的局面。

辽西走廊地区陆续发掘了一些北燕时期的墓葬，出土的壁画与遗物真实地展现了北燕农业与手工业的发展状况。如北燕的

---

① 《资治通鉴》卷116《晋纪三十八》，第3647页。

② 朱子彦先生对汉唐之际王权正统性的探讨极具参考价值，参见朱子彦：《司马懿拒辟与狼顾相考辨——兼论司马篡魏观念的滥觞与形成》，《社会科学战线》2019年第2期。

③ 《晋书》卷125《冯跋载记》，第3130页。

④ 《晋书》卷125《冯跋载记》，第3131页。

⑤ 《晋书》卷125《冯跋载记》，第3130页。

农业发展，从相关的考古发现可以反映，铁制农具已基本普遍使用，出土的农业工具有铁铲、铁斧、铁铧、铁犁、铁镰等铁农具。[①]并且在北庙村M1号墓西壁壁画上犁后面有一人执铲破土，其所拿的曲柄锄仍然清晰可见。曲柄锄锄地深度更深，生产效率更快。从喇嘛洞Ⅰ出土的铁铧与喇嘛洞Ⅱ出土的M209号铁铧，可见铁铧明显经过改进中部突起，更有利于翻地。北燕的汲水灌溉技术也有了很大提升，北庙村1号墓东壁上有一幅妇女汲水图，图中可见井架上已装有滑轮，鲜卑族妇女在拽长绳汲水，反映出当时已具有较高的汲水灌溉水平，从侧面印证出北燕的农业发展水平。这一时期的牧业也很兴盛，朝阳八宝村M1号墓（北燕石室墓）出土有牛腿骨，[②]朝阳袁台子东晋墓西壁有一幅二牛三人协作牛耕图，辽宁朝阳北庙村1号墓中同样发现了牛耕图，此时就已经发展成为一牛一人耕地法[③]，表明牛耕技术在北燕时期已经取得了较大进步。北燕纺织手工业技术也有了较大发展，冯跋以法令的形式让百姓种桑柘，促进了辽西地区养蚕业和纺织业的发展，同时柘木还可以做武器装备，冯素弗1号墓人物头像残壁画已完全是汉式衣冠，冯素弗2号墓中壁画中侍女着彩条裙（红、黄、缥青、黑诸色相间）[④]，这是魏晋时期女服的常见颜色，还有墓地中出土的带钩，属于两汉时期比较常见的样式[⑤]，可隐窥北燕时期织染业和纺织业的发展水平和受中原影响的程度。北燕农牧文明的高度

---

① 辽宁省文物考古研究所编：《三燕文物精粹》，沈阳：辽宁人民出版社，2002年，第102—106页。

② 徐基、孙国平：《辽宁朝阳发现北燕、北魏墓》，《考古》1985年第10期。

③ 徐基、孙国平：《辽宁朝阳发现北燕、北魏墓》，《考古》1985年第10期。徐光翼：《中国出土壁画全集》，北京：科学出版社，2012年，第54页。

④ 黎瑶渤：《辽宁北票县西官营子北燕冯素弗墓》，《文物》1973年第3期。

⑤ 孙危：《鲜卑考古学文化研究》，北京：科学出版社，2007年，第136页。

融合，使游牧民族有了先进的生产工具，促进了生产力的发展，同时汉族的生产生活方式亦被游牧民族所影响。冯素弗作为北燕统治集团成员，其墓中出土的农具更能说明统治者对农业的重视。

430年冯跋去世，太子冯弘即位。431—436年冯弘统治时期，遭到南面北魏政权与东面高句丽政权双重军事压力，北燕的统治岌岌可危。北魏掠夺北燕百姓的事件频繁发生，如北燕拒绝向北魏派出质子，“师次和龙，冯文通致牛酒以犒军，献甲三千。垣责其不送侍子，数之以王命，遂掠男女六千口而还。”[①] 北燕人口减少，导致劳动力与兵源不足，国力衰减。

三、北燕的灭亡

在北魏进攻北燕期间，冯弘首先是向江南的刘宋政权求援，延和元年（432年）开始，北魏拓跋焘兵分两路讨伐北燕，对北燕发动多次进攻。“燕王遣脩之南归求救”[②]。太延二年（436年），“平东将军娥清、安西将军古弼，率精骑一万讨冯文通，平州刺史元婴又率辽西将军会之”[③]。“燕王遣右卫将军孙德来（刘宋）乞师”[④]。刘宋政权离北燕太远，鞭长莫及，没有回应。《魏书》记载“文通太常阳岷复劝文通请罪乞降，速令王仁入侍。文通曰：‘吾未忍为此，若事不幸，且欲东次高丽，以图后举。’岷曰：‘魏以天下之众击一隅之地，以臣愚见，势必土崩。且高丽夷狄，难以信期，始虽相亲，终恐为变。若不早裁，悔无极也。’文通不听，

① 《魏书》卷33《屈遵传》，第777页。

② 《资治通鉴》卷122《宋纪四》，第3840页。

③ 《魏书》卷4《世祖纪第四上》，第86页。

④ 《资治通鉴》卷122《宋纪四》，第3857页。

乃密求迎于高丽”[①]。冯弘，字文通。在北燕向刘宋求救无果的情况下，将要灭国之际，北燕大臣劝冯弘投降北魏。冯弘则为了日后复国，拒绝向北魏请罪乞降，而是遣密使向高句丽求援。高句丽对北燕王冯弘的求援作出了回应，436 年，“高丽使其大将葛蔓卢以步骑二万人迎文通”，[②]高句丽救援军队到达时，北燕龙城内“因民心之不欲，遂率众攻文通，开城门以引官军”[③]。北燕民众不愿接受高句丽人的救援，城内发生内乱，竟开城门迎接北魏军队。北燕灭亡。

北燕都城——龙城城破之时，高句丽大将葛卢、孟光所率领的军队，也进入龙城，趁战乱之中，高句丽将士进入北燕武器库，四处抢夺城中财物。冯弘趁乱，在高句丽军队的庇护下，“帅龙城见户东徙，焚宫殿，火一旬不灭；令妇人被甲居中，阳伊等勒精兵居外，葛卢孟光帅骑殿后，方轨而进，前后八十余里。”[④]燕王东徙的队伍八十余里，足见北燕东迁入高句丽的人口和财物之多。北魏得到的只是被焚烧的龙城（辽宁省朝阳市）。

冯弘率北燕遗民进入高句丽后，高句丽长寿王将冯弘一行安置在了辽东，长寿王没有亲自到辽东迎接，只派遣使臣慰问。《魏书》载：“文通至辽东，高丽遣使劳之曰：‘龙城王冯君爰适野次，士马劳乎？’文通惭怒，称制答让之。”[⑤]高句丽王长寿王称冯弘为“龙城冯君”，语气明显不敬，这让冯弘羞惭愤怒，仍然拿出当年宗主国帝王的架势斥责高句丽王。冯弘进入高句丽后，依仗

① 《魏书》卷 97《冯文通传》，第 2128 页。

② 《魏书》卷 4《世祖纪第四上》，第 87 页。

③ 《魏书》卷 28《古弼传》，第 690 页。

④ 《资治通鉴》卷 123《宋纪五》，第 3862 页。

⑤ 《魏书》卷 97《冯文通传》，第 2128 页。

自己带来的人口财物众多，“文通素侮高丽，政刑赏罚，犹如其国。高丽乃夺其侍人，质任王仁。”[①]然而亡国之君已经不再是昔日高高在上的帝王，高句丽王不能容忍冯弘飞扬跋扈，扣押了冯弘的侍从，“取其太子王仁为质”[②]。然而，高句丽长寿王拒绝将冯弘交给北魏，《魏书》载，北魏一再督促高句丽交出冯弘，高句丽长寿王“琏上书称当与文通俱奉王化，竟不送”[③]。尽管如此，冯弘东入高句丽时，欲借助高句丽复国之梦已彻底破碎。438 年，燕王秘密遣使到南朝，求助于刘宋。之前刘宋政权不愿因北燕与北魏对抗，此时却很看重侨居在高句丽的在辽西走廊和北燕遗民中有重要影响力的冯弘，欲接纳冯弘与自己形成南北之势，对抗共同的敌人北魏，于是积极作出回应，《宋书·高句丽传》记载：“元嘉十五年，弘败走，奔高句丽北丰城，表求迎接。太祖遣使王白驹、赵次兴迎之，并令高骊料理资遣。”高句丽长寿王同样不愿意将冯弘交给刘宋，认为现在将冯弘放走有百害而无一利，于是命令将领孙漱、高仇人等“杀弘于北丰（今辽宁瓦房店），并其子孙十余人”[④]。

北燕建国之初，东有高句丽，西有北魏、柔然，北有契丹等。面临强大的北魏，冯跋实行“抚纳诸落”策略，并不断发展生产，维持了偏安一隅的局面。北燕牵制北魏向东发展，成为高句丽与北魏之间的一道屏障。北魏大举进攻北燕，北燕不敌，对高句丽求援，龙城被北魏攻破之后，冯弘带领民众迁入高句丽辽

---

① 《魏书》卷 97《冯文通传》，第 2128 页。

② 《资治通鉴》卷 123《宋纪五》，第 3867 页。

③ 《魏书》卷 100《高句丽传》，第 2215 页。

④ ［高丽］金富轼著，杨军校勘：《三国史记·长寿王本纪》，长春：吉林大学出版社，2015 年，第 226 页。

东地区。尽管众多北燕遗民迁入辽东，给高句丽带去了先进的生产技术和生产工具，大大增强了高句丽的国力，但是北燕亡国之君冯弘与高句丽长寿王之间的关系与地位发生了颠覆性转变，双方矛盾逐渐尖锐，北燕灭亡，慕容鲜卑人的势力退出了辽西走廊的历史舞台。

第五章

营州时期辽西走廊多民族交融与发展

北魏灭亡北燕后，太平真君五年（444 年）在辽西走廊的中东部始置营州，治和龙城（今辽宁省朝阳市）。隋唐因之不变，只是行政级别和上一级行政机构有一定的变动。由于鲜卑人的南迁，辽西走廊的西部老哈河流域为新兴起的契丹人和奚人所占据，成为营州时期辽西走廊西部分布的主要民族。

第一节　北魏时期营州与辽西走廊民族的变迁

北魏时期，在辽西走廊的中东部设置了营州，与活跃在辽西走廊西部的库莫奚、契丹建立起经贸、政治联系。北魏与边地民族政权的博弈，也为库莫奚、契丹的发展提供了广阔的历史舞台。

一、北魏设置营州及辽西走廊的交通与贸易

北魏灭亡北燕后，太平真君五年（444年）始置营州，治和龙城（今辽宁省朝阳市），是当时东北地区唯一的州级建置。初州下似未设郡，三年后始陆续设郡。[①] 营州共领郡六县十四：

昌黎郡治和龙，辖今辽宁朝阳、喀左一带。领县三：龙城、广兴（今朝阳东百里）、定荒（今喀左东北、朝阳东南）；

建德郡治白狼，辖今辽宁大凌河上游一带。领县三：广都（今辽宁省朝阳市喀左县南公营子附近）、石城（今大凌河上游傲木伦河支流生机河上游北）、阳武（其地不详）；

辽东郡，[②] 治固都城（今辽宁省北镇市境内），辖今辽宁阜新、北宁附近。领县二：襄平（今辽宁义县北、阜新附近）、新昌（今辽宁阜新、北宁附近）；

乐浪郡治连城（今辽宁义县西北大凌河东岸），辖今辽宁义县北万佛堂以西、以东及东南地。领县二：永洛（今义县大凌河东岸）、带方（今义县万佛堂石窟以东）。

冀阳郡，[③] 辖今辽宁朝阳以南地区。领县二：平刚（今辽宁省凌源市西南）、柳城（今辽宁省凌源市凌源镇）；

营丘郡，[④] 辖今大凌河下游近海及其以东地区。领县二：富平、永安（两县均在辽宁省凌海市境内）。

正光五年（524年），营州人就德兴起义，陷营州。北魏失去对营州的控制，遂侨治营州于英雄城（今河北保定），称为南营州，

---

① 孙进己、冯永谦：《东北历史地理》（上），第396页。

② 设于北魏孝明帝正光三年（522年），罢于孝昌二年（526年）。

③ 与昌黎郡近，在昌黎南包括汉柳城旧地。太平真君八年（447年）并入昌黎郡，武定五年（547年）复置。

④ 正光末置。仅2年即废。

领五郡十一县，即昌黎、建德、辽东、乐浪、营丘五郡。至永熙二年（533年）始迁回辽西。

由于战争连年，加之北魏在对北燕的战争中，曾于永兴三年（411年）、泰常三年（418年）、延和元年（432年）、延和二年（433年）前后4次将共计4.5万余北燕人户迁往内地，北燕灭亡时冯弘逃往高句丽又带走很多人口，因而北魏初年的营州人口寥寥，当时仅有1021户，4664口。①

北魏分裂为东、西魏之后，营州属东魏。北齐代东魏，营州又入于北齐。北齐营州仅存建德郡和冀阳郡，废昌黎郡，存龙城县；废乐浪郡，存永乐、带方县；所存二郡的郡治、所辖县数及治址与北魏同。

为加强对东北地区的统治，北魏统治者将西北地区原大夏、北凉人口迁到营州，从事生产和戍守。当时营州境内生活着汉人、鲜卑人、匈奴人等，其四周东邻高句丽、北邻契丹、西北邻库莫奚，此外当时辽西走廊北面的东北地区还分布着勿吉、室韦、乌洛侯、地豆于等族群。北魏政府面临这样一种民族杂居、经济凋敝、百废待兴的局面，采取了稳定局势、发展生产的措施，"广修农殖，以饶军实"②；同时为了加强少数民族事务的管理，还置戍和龙，"诸夷震惧，各献方物"③。并且在营州开设互市，允许契丹、库莫奚等族群定期同内地边民交易，互通有无，促进民族间经济、文化的交流和往来。营州的经济得到恢复和发展。《崔敬邕墓志》载："永平初，圣主以辽海戎夷，宣化伫贤，肃慎、契丹，必也绥接，于是，除君持节营州刺史，将军如故。君轩鑣始迈，声猷以先，麾盖践

① 《魏书》卷106《地形志二上》，第2494页。

② 《魏书》卷17《乐平王传》，第414页。

③ 《魏书》卷100《库莫奚传》，第2223页。

疆，而温膏均被，于是殊俗知仁，荒嵎褒泽，惠液途于逋遐，德润潭于边服。”[1] 永平是北魏宣武帝的年号，使用时间从 508 年到 511 年。从墓志看，营州与“肃慎”“契丹”诸族之地邻近，崔敬邕担任营州刺史以后，很好地处理同周边少数民族的关系，使“殊俗知仁，荒嵎褒泽”，营州社会秩序得以安定。

北朝时期辽西走廊的陆路交通以营州为中心，可以分为南道、北道和东道三条。其中南道主要顺着大凌河谷道西南行经白狼城进入卢龙塞，是连接中原出塞的重要交通孔道之一。[2] 北齐文宣帝征伐契丹时就是选择南道行军，《资治通鉴》记载，天保三年（552 年）“冬，十月，丁酉，齐主至平州，从西道趣长堑，使司徒潘相乐帅精骑五千自东道趣青山。辛丑，至白狼城；壬寅，至昌黎城，使安德王韩轨帅精骑四千东断契丹走路；癸卯，至阳师水，倍道兼行，掩袭契丹。齐主露髻肉袒，昼夜不息，行千余里，逾越山岭，为士卒先，唯食肉饮水，壮气弥厉。甲辰，与契丹遇，奋击，大破之，虏获十余万口，杂畜数百万头。……丁未，齐主还至营州”[3]。平州，治所在肥如县，即今河北卢龙县西北。北齐文宣帝从平州直趋白狼城，白狼城在今辽宁省喀左县西南黄道营子附近。北齐军经过一天行军到达昌黎城，从时间看，昌黎城应在辽宁省喀左县东北马家营子附近。阳师水，即大凌河支流叶柏寿河，[4]《水经注》称为“高平川”。阳师镇在阳师之侧，位于今辽宁省喀左县前公营子前城子附近。在北齐文宣帝奏凯后，回到营州。

东道经大凌河下游，与汉魏时期平州东去辽西、辽东两郡之

① 孙启治等：《北魏墓志选粹》，武汉：湖北美术出版社，2001 年，第 252—254 页。

② 王绵厚、朴文英：《中国东北与东北亚古代交通史》，第 154 页。

③ 《资治通鉴》卷 165《梁纪二十一》，第 5105—5106 页。

④ 王绵厚、朴文英：《中国东北与东北亚古代交通史》，第 156 页。

间的交通路线相交叠。王绵厚指出，东道实际上是汉魏时期由柳城东南经昌黎、无虑通往辽东郡的故道。这条道路也与唐代营州通往辽东襄平的交通路线相重叠。汝罗城、营丘、襄平是东道上的几个重要交通节点。汝罗城，《水经注》记载："渝水又东南迳一故城东，俗曰女罗城。又南迳营丘城西"。①

北道是连接今大兴安岭、松嫩平原一带族群的交通孔道。《魏书·勿吉传》载："去延兴中，遣使乙力支朝献。太和初，又贡马五百匹。乙力支称：初发其国，乘船泝难河西上，至太沵河，沉船于水，南出陆行，渡洛孤水，从契丹西界达和龙。"② 难河即嫩江及东流松花江；太沵河即洮儿河；洛孤水，指西剌木伦河，袅罗个、如洛瑰、洛孤皆为饶乐的不同汉字音译。乙力支在洮儿河弃船南行，再渡西剌木伦河，由契丹西境到达和龙，从中可知，当时东道是联结东北少数民族与营州的重要交通线路。

二、库莫奚、契丹在辽西走廊的活动

库莫奚与契丹是东部宇文鲜卑的别种，"初为慕容元真所破，遗落者窜匿松漠之间。"③ 松漠是南北朝时期迄于金元时期，对于今天北抵兴安岭，东至哲里木盟开鲁县境，南迄今天老哈河流域的燕山东麓河北围场县境，西尽正蓝旗、多伦县境，即以今天赤峰市北部为中心的广阔松林草原地区的统称。④ 当时被前燕击溃的宇文鲜卑别部的残余力量"窜匿于松漠之间"，与当地一些弱

① （北魏）郦道元著，陈桥驿校证：《水经注校证》卷14《大辽水》，北京：中华书局，2007年，第351页。

② 《魏书》卷100《勿吉传》，第2220页。

③ 《魏书》卷100《库莫奚传》，第2222页。

④ 任爱君：《契丹史实揭要》，哈尔滨：哈尔滨出版社，2001年，第26页。

小的土著部落重组和融合，经过半个世纪的繁衍生息，形成了以库莫奚为中心的松散的部落共同体。登国三年（388 年），北魏的拓跋珪以“有犯王略”为名，对库莫奚实施重点打击，“至弱洛水南，大破之，获其四部落，马牛羊豕十余万。”[①] 所谓库莫奚“有犯王略”，进犯的恐怕是后燕的和龙、幽州。北魏初期曾经为后燕的附庸，这次很可能是北魏配合后燕为稳定辽西走廊一带形势的军事行动。[②] 无论如何，北魏的这次军事行动使库莫奚损失惨重，部落四分五裂，契丹脱离库莫奚共同体，“与库莫奚分背”。“分背”应该是各自东西、分道扬镳的意思，指从此以后，契丹这个氏族部落开始脱离了库莫奚，走上了独立发展的道路。[③] 有学者指出登国三年（388 年）契丹与库莫奚“分背”实际上指的是各有活动范围，当时是以松岭（古称松陉岭）为界，契丹居东，库莫奚居西，两族应该是以松岭、朝阳、大青山为东西分界线。[④]《旧五代史·契丹传》载“代居辽泽之中”[⑤]。说明契丹人早期的活动区域在西辽河、辽河下游流域。从现有的考古发现看，“松漠之间”并没有契丹人早期的遗迹、遗物，而在西辽河、辽河下游流域发现的舍根文化，被定性为契丹人的早期文化，与此相近的还有一些契丹人早期的墓葬，比如沈阳康平县马莲屯墓葬[⑥]，表明契丹人在形成的早期就已经到达这里。

经过十余年的发展，库莫奚渐渐恢复元气，契丹亦“稍滋蔓”，

① 《魏书》卷 100《库莫奚传》，第 2222 页。

② 任爱君：《契丹史实揭要》，第 30 页。

③ 任爱君：《契丹史实揭要》，第 3 页。

④ 陈永志：《契丹史若干问题研究》，北京：文物出版社，2011 年，第 12 页。

⑤ （宋）薛居正等：《旧五代史》卷 137《契丹传》，北京：中华书局，1976 年，第 1827 页。

⑥ 毕德广：《唐代两蕃的考古学文化研究》，《辽宁师范大学学报》2015 年第 4 期。

由原来的氏族集团发展成为部落组织。库莫奚、契丹势力的不断膨胀，使后燕感受到前所未有的威胁，后燕不但加强了燕山以南与辽西地区的军事部署，而且多次主动出击，打击契丹、库莫奚等松漠诸部的势力。但是到慕容熙时期，欲“袭契丹，惮其众盛，将还，苻氏弗听，遂弃辎重，轻袭高句骊”[①]。由此可见，契丹发展迅猛，就连后燕对其也有所忌惮。冯跋建立北燕后，对内劝耕农桑，发展农业生产，对外交好四夷，改善同周边各部族的关系。在这种背景下，“库莫奚虞出库真率三千余落请交市，献马千匹，许之，处之于营丘。”[②]营丘的治所在今天辽宁省锦县大凌河东。与此同时，契丹也居止“于和龙之北数百里”[③]。北燕国主冯跋对于契丹、库莫奚的内属，“署其大人为归善王”[④]。《魏书·冯跋载记》亦载：冯跋“抚纳契丹等诸落，颇来附之”[⑤]。

太武帝太延二年（436年）北魏灭掉北燕后，“开辽海，置戍和龙，诸夷震惧，各献方物”[⑥]。次年二月，“高丽、契丹国并遣使朝献”[⑦]。据此可知，契丹与北魏展开政治交往当在太延二年（436年），而并非《魏书·契丹传》所载“（太平）真君（440—451年）以来”。又《魏书·契丹传》载“显祖（献文帝）时，使莫弗纥何辰奉献，得班飨于诸国之末。归而相谓，言国家之美，心皆忻慕，于是东北群狄闻之，莫不思服。悉万丹部、何大何部、伏弗郁部、羽陵部、日连部、匹絜部、黎部、吐六于部等，各以其名马文皮

① 《晋书》卷124《慕容熙载记》，第3106页。

② 《晋书》卷125《冯跋载记》，第3130页。

③ 《魏书》卷100《契丹传》，第2223页。

④ 《晋书》卷125《冯跋载记》，第3131页。

⑤ 《魏书》卷97《冯跋传》，第2126页。

⑥ 《魏书》卷100《库莫奚传》，第2223页。

⑦ 《魏书》卷4《世祖太武帝纪上》，第87页。

入献天府，遂求为常”[①]。从这段史料可以看出，莫弗纥何辰朝献是在显祖（466—471 年）时期，莫弗纥何辰回去以后，又招徕“东北诸狄”共同到北魏朝献。查《魏书》《册府元龟》等文献，“东北诸狄”共同到北魏朝献是在皇兴二年（468 年），则莫弗纥何辰单独朝献当在皇兴二年（468 年）以前。而显祖时期、皇兴二年（468 年）以前并没有契丹朝献的记载。倒是在高宗（文成帝）兴安元年（452 年）十二月有“契丹、库莫奚、罽宾等十余国各遣使朝贡”的记载。由此可见，这很可能是《魏书·契丹传》所言“真君以来”有误。

太和三年（479 年），高句丽与柔然合谋瓜分契丹北部的地豆于，契丹为了摆脱高句丽和柔然的侵犯，被迫举部内附于北魏。关于这个事件，《魏书 · 契丹传》载 ：“太和三年，高句丽窃与蠕蠕谋，欲取地豆于以分之。契丹惧其侵轶，其莫弗贺勿于率其部落车三千乘、众万余口，驱徙杂畜，求入内附，止于白狼水（今大凌河）东。”[②]《辽史·营卫志》亦载：“元魏末，莫弗贺勿于畏高丽、蠕蠕侵逼，率车三千乘，众万口内附，乃去奇首可汗故壤，居白狼水东。”[③] 北魏宣武帝景明二年（501 年），柔然南下犯边，北魏政府派遣韩贞为慰谕契丹使，“检行要塞”“增城置戍”，同时安抚契丹诸部。从辽宁义县万佛堂题记看，契丹当时仍然活动于白狼水以东，相当于今天的北票、阜新及赤峰南部一带。[④]

然而，库莫奚与北魏之间经常有摩擦。如魏文成帝时期，“库莫奚侵扰，诏新成率众讨之。（济阴王）新成乃多为毒酒，贼既渐逼，

---

① 《魏书》卷 100《契丹传》，第 2223 页。

② 《魏书》卷 100《契丹传》，第 2223 页。

③ 《辽史》卷 32《营卫志中》，第 378 页。

④ 曹汛：《万佛堂石窟两方北魏题记中的若干问题》，《文物》1980 年第 6 期。

便弃营而去。贼至，喜而竞饮，聊无所备。遂简轻骑，因醉纵击，俘馘甚多”[①]。孝文帝初，“库莫奚寇边，以（拓跋）休为使持节、侍中、都督诸军事，征东大将军、领护东夷校尉、仪同三司、和龙镇将。休抚防有方，贼乃款附。”[②]太和四年，“辄入塞内，辞以畏地豆于钞掠，诏书切责之”[③]。十四年“五月己酉，库莫奚犯塞，安州都将楼龙儿击走之”[④]。二十二年，库莫奚“入寇安州，营燕幽三州兵数千人击走之”[⑤]。

北方六镇叛乱使北魏的北疆陷于混乱之中，正光五年（524年），“营州城人刘安定、就德兴据城反，执刺史李仲遵。城人王恶儿斩安定以降。德兴东走，自号燕王”[⑥]。契丹部落趁机越过七老图山脉，向西发展。有学者推测，当时契丹已经进至白狼水西，逼近平州（治肥如，即今河北省卢龙县西北）。[⑦]恐怕不止如此。

据《册府元龟·闰位部·勋业》载，北方六镇叛乱失败以后，“葛荣众流入并、肆者二十余万，为契胡陵暴，皆不聊生，大小二十六反，诛夷者半，犹草窃不止”[⑧]。北方六镇叛乱被镇压后，叛众被安置在今天山西省东部的并州、肆州，随着北魏末期群雄混战，很有可能契丹乘隙西进，出现六镇叛众“为契胡（丹）陵暴”的现象。无独有偶，北齐代魏之际，居于金山（今阿尔泰山）南麓的突厥逐渐兴起，天保三年（552年），突厥联合高车部

① 《魏书》卷19《济阴王小新成传》，第447页。
② 《魏书》卷19《安定王休传》，第517页。
③ 《魏书》卷100《库莫奚传》，第2223页。
④ 《魏书》卷7《高祖孝文帝纪下》，第166页。
⑤ 《魏书》卷100《库莫奚传》，第2223页。
⑥ 《魏书》卷9《肃宗孝明帝纪》，第237—238页。
⑦ 任爱君：《契丹史实揭要》，第10页。
⑧ 《册府元龟》卷186《闰位部·勋业第四》，第2249页。

落，向柔然发动进攻。“大破之于怀荒北”[①]。柔然阿那瑰可汗战败自杀，“其太子庵罗辰及瑰从弟登注俟利、登注子库提，并拥众奔齐。其余众立注次子铁伐为主”。次年二月，“齐文宣送登注及子库提还北。铁伐寻为契丹所杀，其国人仍立登注为主”[②]。怀荒镇，之前为北魏北方六镇之一，在今天河北省张北县境内。柔然阿瑰那可汗战败地点，以及柔然可汗铁伐部众随后复为突厥所败，而被北齐安置于马邑川（今山西朔州）一带，再结合契丹向西发展的情况不难推测，当时柔然铁伐可汗被契丹所杀地点应该在柔玄镇、御夷镇之间，即今天河北省尚义县、赤城县一带。

契丹逶迤于北齐营州、安州，并不断向肆州、并州内逼，招致北齐的强烈反击。天保三年（552 年）九月，“壬午，齐主北巡冀、定、幽、安，遂伐契丹”。“十月，丁酉，齐主至平州，从西道趣长堑，使司徒潘相乐帅精骑五千自东道趣青山。辛丑，至白狼城；壬寅，至昌黎城，使安德王韩轨帅精骑四千东断契丹走路；癸卯，至阳师水，倍道兼行，掩袭契丹……大破之，虏获十余万口，杂畜数百万头。潘相乐又于青山破契丹别部”[③]，青山，在今天辽宁省义县附近，阳师水，即今天大凌河上游的牤牛河，说明此时的契丹部落驻帐在阳师水流域。经过这次战役，北齐恢复了对营州地区的经营和控制。根据《李范墓志》的记载，北齐册封契丹首领大贺缬为“八部落大蕃长，并赐鼓纛，恩敕追入，加左屯卫大将军、金紫光禄大夫”[④]。进一步强化了与契丹的藩属关系。

①　（唐）李延寿：《北史》卷 99《突厥传》，北京：中华书局，1974 年，第 3287 页。

②　《北史》卷 98《蠕蠕传》，第 3266 页。

③　《资治通鉴》卷 165《梁纪二十一》，第 5105—5106 页。

④　陕西省考古研究院：《陕西省考古研究院新入藏墓志》十七《唐故左屯卫郎将李公墓志铭》，上海：上海古籍出版社，2019 年，第 19 页。

同时，北齐发动了两次大规模征伐库莫奚的战争。文宣帝天保三年（552年）“春正月丙申，帝亲讨库莫奚于代郡，大破之，获杂畜十余万，分赉将士各有差。以奚口付山东为民”[①]。孝昭帝皇建元年（560年）十一月，“帝亲戎北讨库莫奚，出长城，虏奔遁，分兵致讨，大获牛马，括总入晋阳宫。”[②]经过这两次军事打击，大量库莫奚人口、畜产被掳掠至中原内地，库莫奚不得不臣属北齐遣使朝贡。

第二节　隋朝边地重镇营州及辽西走廊民族交流与发展

隋消灭高保宁割据势力以后，多次对营州的建置加以调整，主要是为了安置内附的粟末靺鞨和发动对高句丽的战争。契丹、奚都摆脱了突厥的羁縻，降附于隋，开始向部落联盟社会迈进。

一、隋朝对辽西走廊的经略

北周灭北齐之际以及杨坚建隋之际都曾瞩目过在辽西走廊营州一带割据的高宝宁集团。能否妥善地解决高宝宁问题，攸关中原王朝对北方的统一与控制，与此同时，契丹、突厥与高宝宁又有着千丝万缕的联系。

高宝宁，又作高保宁，《北齐书·高保宁传》记为“代人也，不知其所从来”;《北史·阴寿传》《隋书·阴寿传》和《资治通鉴》

① （唐）李百药:《北齐书》卷4《文宣帝纪》，北京：中华书局，1972年，第56页。
② 《北齐书》卷6《孝昭帝纪》，第83页。

卷一七三“太建九年二月条”记为“齐之疏属”[①];《阴寿墓志》记为“齐之裔姓”[②]。北齐末年，高保宁“为营州刺史，镇黄龙，夷夏重其威信”[③]。黄龙，即今天辽宁省朝阳市。

建德六年（577 年）,北周攻北齐邺都（今河南省安阳市),“幽州行台潘子晃征黄龙兵”，保宁率骁锐并契丹、靺鞨万余骑将赴救。“至北平，知子晃已发蓟，又闻邺都不守，便归营。”[④]由此可见，高宝宁所统属的部队由三部分组成：“骁锐”、契丹兵、靺鞨兵，从行文分析，显然是以“骁锐”为主，以契丹兵、靺鞨兵为辅。而契丹兵源很可能来自杂居在营州的契丹编户。

北周灭北齐后，周武帝遣使招降高宝宁，高宝宁拒受敕书。[⑤]北齐范阳王高绍义逃到突厥，“高宝宁自黄龙上表劝进于高绍义，绍义遂称皇帝，改元武平，以宝宁为丞相”[⑥]。宣政元年（578 年）五月，周武帝病死，“幽州人卢昌期起兵据范阳，迎绍义，绍义引突厥兵赴之。”北周派上柱国、东平公宇文神举率军征讨，“克范阳，擒昌期，绍义闻之，素衣举哀，还入突厥。高宝宁帅夷、夏数万骑救范阳，至潞水，闻昌期死，还，据和龙。”[⑦]581 年，杨坚受周禅建立隋朝，“以中原多故，未遑进讨，以书喻之而不得”。

---

① 《北史》卷 73《阴寿传》，第 2534 页；《隋书》卷 39《阴寿传》所载为：“齐氏之疏属也”，第 1148 页。

② 韩昇:《从〈阴云墓志〉论周隋之际的政局》,《碑林集刊》(第十五辑),西安:三秦出版社,2009 年,第 50 页。《阴云墓志》的墓主虽然名为阴云,但核对《隋书·阴寿传》，可知阴云和阴寿为同一人。

③ 《北齐书》卷 41《高宝宁传》，第 547 页。

④ 《北齐书》卷 41《高保宁传》，第 547 页。

⑤ 《北齐书》卷 41《高保宁传》，第 547 页。

⑥ 《资治通鉴》卷 173《陈纪七》，第 5383—5384 页。

⑦ 《资治通鉴》卷 173《陈纪七》，第 5389 页。

可见，高宝宁同样对隋朝的招降置若罔闻，继续与隋为敌。次年五月，高宝宁与突厥联兵南下，进犯北平。

史称，高宝宁“为人桀黠，有筹算，在齐久镇黄龙”，谙熟东北的边情，“甚得华夷之心”。有鉴于此，隋文帝杨坚命长孙晟出黄龙道，厚赂契丹、奚、霫等，削弱和孤立高宝宁。开皇三年（583 年），隋文帝命阴寿“率步骑数万，出卢龙塞以讨之（高宝宁）。宝宁求救于突厥。时卫王爽等诸将数道北征，突厥不能援。宝宁弃城奔于碛北，黄龙诸县悉平”[①]。《阴云墓志》亦载，高宝宁“连结北狄，久据黄龙，缓颊莫来，长鞭不及，诏公率八总管讨而平之，宝宁单骑遁走，入于突厥”[②]。由于长孙晟的说辞和重赂，契丹在阴寿讨伐高宝宁的事件中，保持着隔岸观火的态度。因此高宝宁遭到隋将阴寿的讨伐时，并没有向契丹求救，失败以后，径直逃往突厥。尽管此后，高宝宁在突厥的支持下，“寻引契丹、靺鞨之众来攻”，但被幽州守将成道昂击退。这里的“契丹、靺鞨之众”即是上文提及高宝宁原来的私属部队，而不是契丹本土出兵助战。阴寿“设重赏以购宝宁，又遣人离其腹心”，高宝宁见大势已去，“奔契丹，为其麾下所杀”[③]。高宝宁在走投无路的情况下投奔契丹，同为突厥阵营的契丹显然没有理由拒绝，而高宝宁无端地被部下所杀，想必契丹方面也始料未及。文献并没有记载契丹就此事的反应，或许正是这种不持特别立场的立场，为随后重新开启的契丹与隋朝关系张本。

开皇三年（583 年），隋朝扫平北齐营州刺史高宝宁割据势力，以其地设置营州总管府，下辖建德郡和龙城县。不久，隋文帝鉴

① 《隋书》卷 39《阴寿传》，第 1148 页。

② 韩昇：《从〈阴云墓志〉论周隋之际的政局》，《碑林集刊》（第十五辑），第 50 页。

③ 《资治通鉴》卷 175《陈纪九》，第 5463 页。

于南北朝以来“地无百里，数县并置”[①]，郡县设置过多过滥的状况，诏令“罢天下诸郡，以州统县”[②]，对各地行政建置加以调整合并，改州、郡、县三级体制为州、县两级体制以后，废建德郡，改龙城县为龙山县。开皇十八年（598 年），又改为柳城县。

大业三年（607 年），隋炀帝改州为郡以后，废营州总管府，置辽西郡。[③] 大业八年（612 年），改辽西郡为柳城郡。同时为了安置前来归附的、由突地稽率领的粟末靺鞨诸部，另置辽西郡，“并辽西、泸河、怀远三县以统之”[④]。随突地稽迁入营州的靺鞨人主要生活在以锦州为中心的大凌河下游沿岸地区。[⑤]

柳城郡下辖柳城 1 县，辽西郡下辖辽西、泸河、怀远 3 县。

辽西县是辽西郡的依郭县，与郡同治。《太平寰宇记》记载，辽西县下辖四乡，“隋大业八年（612 年）置，属辽西郡，与郡同在汝罗故城之□，至十一年寄理柳城。唐武德元年（618 年），郡为燕州，属县不改；六年，燕州寄理幽州，县亦于今所理置”[⑥]。孙进己认为“汝罗故城之□”中的空字为“东”[⑦]。不过，以其他文献校对，恐怕并非如此。《新唐书・地理志》记载：“隋于营州之境汝罗故城置辽西郡，以处粟末靺鞨降人。”[⑧]《太平寰宇记》引

① 《隋书》卷 46《杨尚希传》，第 1253 页。

② （唐）杜佑撰，王文锦等点校：《通典》卷 33《职官十五》，北京：中华书局，1988 年，第 907 页。

③ 《隋书》卷 30《地理志中》，第 859 页。

④ （宋）乐史撰，王文楚等点校：《太平寰宇记》卷 71《河北道二十》，北京：中华书局，2007 年，第 1437 页。

⑤ 杨军：《2—7 世纪东北边疆人口与政局变迁》，《中国边疆史地研究》2023 年第 1 期。

⑥ 《太平寰宇记》卷 71《河北道二十》，第 1438 页。

⑦ 孙进己、冯永谦：《东北历史地理》（上），第 419 页。

⑧ 《新唐书》卷 39《地理志三》，第 1019 页。

《郡国县道记》记载："炀帝八年（612年）为置辽西郡，以突地稽为太守，理营州东二百里汝罗故城。"[①]由此可见，辽西郡、县无疑设在汝罗故城。如果所言不错，"汝罗故城之□"中的空字当为"间"[②]。关于汝罗故城的确切位置，《水经注》记载："渝水又东南迳一故城东，俗曰女（汝）罗城。"[③]孙进已认为汝罗故城在义县大凌河下游王民屯古城的西岸。[④]陈显昌认为在大凌河流域、义县南七里河附近。[⑤]王绵厚推定在大凌河下游、义县老君堡一带。[⑥]

泸河县，《隋书·杨雄传》记载：观德王杨雄参与"辽东之役，检校左翊卫大将军，出辽东道。次泸河镇，遘疾而薨"[⑦]。可见泸河镇位于隋征辽东的行军道上。《资治通鉴》记载，大业七年（611年），隋炀帝欲征伐高句丽，"诏山东置府，令养马以供军役。又发民夫运米，积于泸河、怀远二镇，车牛往者皆不返，士卒死亡过半"[⑧]。泸河、怀远二镇是隋炀帝征高句丽之际屯军聚粮的战略要地。《太平寰宇记》记载："炀帝大业八年（612年）为（归附的粟末靺鞨人）置辽西郡，并辽西、泸河、怀远三县以统之，取秦汉辽西郡为名也。"[⑨]从设置时间上看，泸河镇在设县之前，已

---

① 《太平寰宇记》卷69《河北道十八》，第1401页。

② 《太平寰宇记》校勘指出，文渊阁四库全书本作"间"，第1455页。

③ 《水经注校证》卷14《大辽水》，第351页。

④ 孙进已、冯永谦：《东北历史地理》（上），第468页。谭其骧：《〈中国历史地图集〉释文汇编·东北卷》，第62页。

⑤ 陈显昌：《唐代长安通往渤海的交通要道》，《学习与探索》1983年第2期。

⑥ 王绵厚、朴文英：《中国东北与东北亚古代交通史》，第232页。

⑦ 《隋书》卷43《杨雄传》，第1217页。

⑧ 《资治通鉴》卷181《隋纪五》，第5655—5656页。

⑨ 《太平寰宇记》卷71《河北道二十》，第1437页。

经成为辽西通往辽东的交通孔道，泸河县当因泸河镇、临近卢河水[①]而得名。唐高祖武德元年（618 年），废除泸河县，不过，泸河镇仍见于文献记载。唐高宗时期，王庆随从刺史邱孝忠征伐高句丽，因功授“营州都督府泸河镇将”[②]。武则天时期，命大将高质“充泸河道讨击大使”，前往围剿营州叛军。[③]严耕望考证，泸河镇在今锦州附近，处于征伐高句丽的军道上，为军粮囤聚之所；也处于临渝关外滨海运道上。[④]王钟翰认为泸河就是汉代的徒河，即今小凌河，泸河县在今锦州市境内。[⑤]张博泉认为泸河县位于牤牛河与大凌河合流处附近。[⑥]王绵厚认为泸河县在锦州市或锦州市凌海县境内。[⑦]

怀远县，怀远县是隋炀帝时期为安置归附的粟末靺鞨人而设置的。《太平寰宇记》记载：“炀帝大业八年（612 年）为置辽西郡，并辽西、泸河、怀远三县以统之。”[⑧]《太平寰宇记》记载：隋炀帝东征高句丽时，下令“其所役丁夫匠至涿郡者，给复（免役）

---

①　《太平寰宇记》记载：“彭卢水，一名卢河水，即唐龙水也。后魏《舆地图风俗记》云：‘水至徒河入海，与地平，故曰平卢。’今语讹为彭卢水。”《太平寰宇记》卷 71《河北道二十》，第 1434 页。

②　（清）陆心源：《唐文拾遗》卷 22《唐故朝议郎行登州司马上柱国王府君墓志铭并序》（文中简称《王庆墓志》），（清）董诰等：《全唐文》，北京：中华书局，1983 年，第 10614 页。

③　吴刚：《全唐文补遗》（千唐志斋新藏专辑）《大周故镇军大将军行左金吾卫大将军赠幽州都督上柱国柳城郡开国公高公墓志铭并序》，西安：三秦出版社，2006 年，第 79 页。

④　严耕望:《唐代交通图考》(第五卷 河东河北区)，上海: 上海古籍出版社，2007 年，第 1770 页。

⑤　谭其骧：《〈中国历史地图集〉释文汇编 · 东北卷》，第 62 页。

⑥　张博泉：《东北地方史稿》，长春：吉林大学出版社，1985 年，第 194 页。

⑦　王绵厚、朴文英：《中国东北与东北亚古代交通史》，第 236 页。

⑧　《太平寰宇记》卷 71《河北道二十》，第 1437 页。

二年……，至柳城以西者，复（免役）四年，至泸河怀远以西者复（免役）五年”[①]。《张秀墓志》记载,张秀的父亲张珍担任过隋朝“怀远县令”[②]，说明怀远县配置有相关的机构、职官，主持地方政务运行。金毓黻认为怀远县近于在辽、金之梁鱼务，在黑山县东姜家屯东北的古城子村；[③]王钟翰认为位于辽河东、烂蒲河西的辽中县境内；[④]严耕望、张博泉、孙进己等学者认为在北镇县境内；[⑤]吕书田认为在北镇县亮甲山或闾阳驿一带。[⑥]王绵厚认为在黑山县段家乡西南蛇山子古城。[⑦]该城址为南北长约200米、东西宽约150米的高台，地下有大量布纹瓦片，出土墓和瓮棺，汉唐至辽金遗物丰富。

从隋朝设置辽西、泸河、怀远三县的分布看，三地均作为辽西郡的属县，治所相距不会太远，且应在一条相邻的交通线上排定：泸河县应在今锦州、靠近小凌河一带，辽西县应在义县以南、大凌河下游一带，怀远县应在医巫闾山以东、辽泽以西地区。黑山县蛇山子古城规模过小，位置也过于偏东。隋炀帝君臣不会将管理民生事务的县治设在距离辽泽近到咫尺的、受到高句丽军事威胁和监视的地方。北镇县廖屯镇大亮甲村古城，遗址南北长

① 韩理洲：《全隋文补遗》，西安：三秦出版社，2004年，第8页。

② 王晶辰：《辽宁碑志》，沈阳：辽宁人民出版社，2002年，第99页。

③ 王树楠、吴廷燮、金毓黻等：《奉天通志》卷70《山川四·水系二》，东北文史丛书编辑委员会，1983年，第1558页。

④ 谭其骧：《〈中国历史地图集〉释文汇编·东北卷》，第63页。

⑤ 严耕望：《唐代交通图考》（第五卷 河东河北区），第1766页。张博泉、苏金源、董玉瑛：《东北历代疆域史》，第108页。孙进己、冯永谦：《东北历史地理》（上），第419页。

⑥ 吕书田：《锦州纪略》（补遗卷），锦州市图书馆藏铅印本，2000年。

⑦ 王绵厚、朴文英：《中国东北与东北亚古代交通史》，第235页。

700 米、东西宽 800 米，地表散布着丰富的遗存，早有汉代的绳纹砖、陶器残片，晚有辽金时期的砖瓦、陶瓷残片。笔者经过实地踏查认为大亮甲村古城应该是汉代无虑县、隋代怀远县的治所。

大业八年（612 年），隋炀帝为了东征高句丽，又增设燕郡、辽东郡、襄平郡，进一步加强对辽西走廊的经营。

燕郡，《隋书 · 柳謇之传》记载，大业八年（612 年），隋炀帝亲征高句丽，“召（黄门侍郎柳）謇之检校燕郡事。及帝班师，至燕郡，坐供顿不给，配戍岭南”[①]。由此可知，燕郡位于营州通往辽东的交通要道上。大业九年（613 年），隋炀帝再征高句丽，班师至柳城，以大将薛世雄“为东北道大使，行燕郡太守，镇怀远”[②]。可见怀远县又改属燕郡。肖忠纯认为，隋代燕郡为以前留在辽西地区的汉人所设。[③]《孙道墓志》记载：“属随（隋）历未昏，授公燕郡沙城县主簿，……以大业十三年遘疾，弥留卒于私第。”[④]志文既印证了隋朝设置燕郡的史事，又补充了沙城县为燕郡属县的历史信息。

唐代燕郡城与隋代燕郡同为一地。《新唐书·地理志》记载：“营州东百八十里至燕郡城。又经汝罗守捉，渡辽水至安东都护府五百里。府，故汉襄平城也。”[⑤]开元四年（716 年），唐朝命郑州刺史邵宏“充燕郡经略镇副使，仍兼知修筑使事”，协助营州都督宋庆礼修筑营州城。[⑥]吕书田认为，隋朝的辽西郡、燕郡在今

① 《隋书》卷 47《柳謇之传》，第 1276 页。

② 《隋书》卷 65《薛世雄传》，第 1534 页。

③ 崔向东：《义县通史》，哈尔滨：黑龙江人民出版社，2019 年，第 154 页。

④ 卢冶萍、柏艺萌：《辽宁朝阳出土唐代孙氏墓志汇考》，《中国国家博物馆馆刊》，2014 年第 12 期。

⑤ 《新唐书》卷 43《地理志七下》，第 1146 页。

⑥ 《册府元龟》卷 992《外臣部 · 备御五》，第 11651 页。

朝阳市，故唐武德元年（618 年）有改辽西郡、燕郡为燕州，突地稽为燕州总管之举。[①] 王绵厚根据出土文物和《新唐书·地理志》的方位、道里，则将燕郡城推定在义县七里河镇开州城村古城。[②] 本文倾向于王绵厚的观点。

辽东郡，《隋书 · 高句丽传》记载，大业八年（612 年），隋朝东征高句丽，损失惨重，"唯于辽水西拔贼武厉逻，置辽东郡及通定镇而还"[③]。可知辽东郡为隋朝东北边郡，通定镇为辽东郡东拒高句丽的重镇。《资治通鉴》记载："（大业九年）正月丁丑，（隋炀帝）诏集天兵集涿郡，修辽东古城，以贮军粮。"[④] "三月戊寅幸辽东"[⑤]。这里的"辽东"是指大业八年（612 年）后设在辽水以西的辽东郡。"辽东古城"当指南北朝时期侨治于辽西的辽东郡故城。金毓黻、王钟翰认为辽东郡与通定镇同设于一地，皆在今沈阳市新民县东北辽滨塔。[⑥] 孙进己、王绵厚、赵小刚认为辽东郡与通定镇设于两地。其中，孙进己认为辽东郡在今北镇县境内。[⑦] 王绵厚将辽东郡比定于新民县公主屯后山东遗址。[⑧] 赵小刚提出辽东郡位于义县以北到阜新一带，且距辽河不远。[⑨] 本文倾向于孙进己的观点。

---

① 吕书田：《锦州纪略》（补遗卷），锦州市图书馆藏铅印本，2000 年。

② 王绵厚、朴文英：《中国东北与东北亚古代交通史》，第 232 页。

③ 《隋书》卷 81《高丽传》，第 1817 页。

④ 《资治通鉴》卷 182《隋纪六》，第 5676 页。

⑤ 《资治通鉴》卷 182《隋纪六》，第 5676 页。

⑥ 金毓黻：《东北通史》（上册），第 216 页。谭其骧：《〈中国历史地图集〉释文汇编 · 东北卷》，第 83 页。

⑦ 孙进己、冯永谦：《东北历史地理》（上），第 421 页。

⑧ 王绵厚、李健才：《东北古代交通》，1990 年，第 150—151 页。

⑨ 赵小刚、沈彤林：《隋辽东郡及通定镇考略》，载《沈阳考古文集》第一集，北京：科学出版社，2007 年，第 203—205 页。

襄平郡，《旧唐书·罗艺传》记载，大业十二年（616年），虎贲郎将罗艺割据幽州，“威振燕地，柳城、怀远并归之。[罗]艺黜柳城太守杨林甫，改郡为营州，以襄平太守邓暠为总管”[①]。《资治通鉴》记载，武德元年十二月“丁酉，隋襄平太守邓暠以柳城、北平二郡来降，以暠为营州总管”[②]。金毓黻认为，隋朝没有设置过襄平郡，而是炀帝所设的辽东郡，在辽水西。[③]

《资治通鉴》胡注在论及隋炀帝第二次东征高句丽前，命人修复辽东古城时指出：“汉、晋以来，辽东郡皆治襄平，平慕容氏始镇平郭。前伐高丽，围辽东，言即汉襄平城，今言复修古城，盖城郭有迁徙也。”[④]由此可见，汉晋以来，侨置辽西的辽东郡治所并非一直在襄平县。同时，《邓宾墓志》的记载可与正史文献相印证：“高祖暠，隋开府仪同三司，华州刺史、燕郡、襄平二郡太守，御卫大将军。皇家受命，拜金紫光禄大夫、营州总管，累迁散骑常侍，冀、魏二州刺史，临川郡开国公。”[⑤]由此可见，隋炀帝时期确实设置过襄平郡。据李燕捷考证，襄平郡的设置时间可能与辽东郡同时，都在大业八年（612年）。[⑥]隋襄平郡的地望，与汉之襄平城（今辽宁省辽阳市）无关，不应“在辽西郡柳城县界”[⑦]，而在北燕以后侨治辽西的襄平城。《魏书·地形志》记载，

① 《资治通鉴》卷183《隋纪七》，第5717页。

② 《资治通鉴》卷186《唐纪二》，第5827页。

③ 王树楠、吴廷燮、金毓黻等：《奉天通志》卷3《大事三·隋》，第48页。

④ 《资治通鉴》卷182《隋纪七》，第5668页。

⑤ 吴钢：《全唐文补遗》（第六辑）《大唐故闽州司马邓府君志石铭并序》，西安：三秦出版社，1999年，第42页。

⑥ 李燕捷：《隋辽西郡建置考》，《河北师范学院学报》1983年第3期。

⑦ 《资治通鉴》卷186《唐纪二》，第5827页。

辽东郡襄平县，“二汉、晋属，后罢。正光中复，有青山”[①]。孙进己认为辽西襄平在今朝阳东北、义县青山附近。[②]

隋朝通过多次对辽西地区的行政建置调整，使辽西地区的郡县整体上呈现出增加的趋势，这些调整根据东北局势的变化，旨在强化对辽西走廊沿线的控制，促进契丹、奚与中原地区的政治、经济、文化交流。

二、营州境内羁縻统辖的内附部落

隋文帝开皇年间，居于扶余城（今吉林农安）西北的粟末靺鞨诸部为高句丽所侵逼而请求内附。《北蕃风俗记》记载：“开皇中，粟末靺鞨与高丽战不胜，有厥稽部渠长突地稽者，率忽使来部、窟突始部、悦稽蒙部、越羽部、步护赖部、破奚部、步步括利部，凡八部，胜兵数千人，自扶余城西北举部落向关内附，处之柳城。”[③]粟末靺鞨八部在厥稽部首领瞒咄与弟突地稽率领下内附后，被隋文帝安置在营州柳城附近，从此成为辽西地区一支重要的军事和政治力量。

瞒咄死后，隋文帝授予突地稽为右光禄大夫，统领其众。《隋书·靺鞨传》载：“与边人来往。悦中国风俗，请披冠带，帝嘉之，赐以锦绮而褒宠之。”开皇十八年（598年），高句丽国王高元率万余骑入寇辽西，突地稽率部协助营州总管韦冲隋军击退高句丽[④]。

隋炀帝在大业八年（612年）率领百万之众亲征高句丽。身

① 《魏书》卷106《地形志二上》，第2495页。

② 孙进己、冯永谦：《东北历史地理》（上），第421页。

③ 《太平寰宇记》卷71《河北道二十》，第1436—1437页。

④ 参考《隋书》卷81《靺鞨传》，第1822页；《通典》卷186《高句丽传》，5413—5414页。

在柳城的突地稽率领靺鞨部众积极配合隋军攻打高句丽。虽然隋军惨败而归，但是突地稽部众在这次战役中表现非常英勇，因此隋炀帝给予突地稽丰厚的赏赐，并加封其官职，《北蕃风俗记》记载："为置辽西郡，并辽西、怀远、泸河三县，以统之。"①又《册府元龟·外臣部·朝贡三》记载："突稽者，靺鞨之渠长也。隋大业中，……拜辽西太守，封扶余侯。"②可知隋炀帝在大业八年专门为突地稽设置了辽西郡（治今义县王民屯），拜他为辽西太守，统领三县之地。此后，突地稽率部东迁至今义县境内。

大业十一年（615年），隋炀帝率领文武百官及随从北巡塞北，在雁门郡（今山西代县）被突厥始毕可汗数十万大军所围。隋炀帝在紧急万分之时下诏天下兵马勤王，"于是守令各来赴难"③。突地稽身为辽西太守，当承此诏而来。其后，突厥虽解围而去，但是国内各路反王蜂起，估计突地稽不得遣归，乃扈从隋炀帝左右。

大业十三年（617年），突地稽"从帝幸江都"。大业十四年（618年），宇文化及在江都（今扬州）发动叛乱，杀死了隋炀帝。突地稽为了避免遭到迫害，率领靺鞨部众北返。在北返的过程中，突地稽遭到了以李密为首的瓦岗军阻击。经过十多次的奋战，突地稽成功突围，但兵力损失较大。"至高阳（今河北高阳东旧城），复没于王须拔。未几，遁归罗艺。"④当时的营州正是在罗艺的势力范围之内，因此突地稽在其帮助下重返故地。

唐朝建立后，突地稽派遣使者到唐都长安朝贡。唐高祖"以

---

① 《太平寰宇记》卷71《河北道二十》，第1437页。

② 《册府元龟》卷970《外臣部·朝贡三》，第11396页。

③ 《隋书》卷4《炀帝纪》，第89页。

④ 《隋书》卷81《靺鞨传》，第1882页。

其部落置燕州（即隋辽西郡故地，治今义县王民屯），仍以突地稽为总管”[①]。武德五年（622 年），刘黑闼在河北发动反唐叛乱，唐高祖命秦王李世民率军镇压叛乱。“突地稽率所部赴定州（今河北定县），遣使诣太宗请受节度。”[②] 在平定刘黑闼叛乱的过程中，突地稽因功受封蓍国公。此役之后，突地稽没有回到辽西故地，而是“徙其部落于幽州之昌平城（今北京昌平西南）”[③]。武德六年（623 年），唐朝叛将高开道借助东突厥的兵马进攻幽州（今北京），突地稽率领粟末靺鞨兵进行了强有力的回击，“大破之”。“贞观初（627 年），拜右卫将军，赐姓李氏，寻卒。”[④]

三、辽西走廊西部契丹、奚人部落

随着周边局势日益复杂，契丹部落不得不疲于奔迁，辗转于强邻之间。这就需要契丹各部落结成地域性军事联盟共同应对。在北朝末年到隋朝初年，契丹民族史上的第一个部落联盟——大贺氏部落联盟应运而生。

大贺氏部落联盟初期，契丹社会仍处于整合和汇聚之中，“其诸部相攻击，久不止”就是对这种不稳定状态的反映。与此同时，契丹部落组织的发展，面临着与周边部族生存资源的竞争。《周书·库莫奚传》亦载“数与契丹相攻。虏获财畜，因而行赏”[⑤]。《隋书·契丹传》载“又与突厥相侵，高祖使使责让之”[⑥]。开皇末年，

① 《旧唐书》卷 199《靺鞨传》，第 5359 页。
② 《旧唐书》卷 199《靺鞨传》，第 5359 页。
③ 《旧唐书》卷 199《靺鞨传》，第 5359 页。
④ 《旧唐书》卷 199《靺鞨传》，第 5359 页。
⑤ （唐）令狐德棻：《周书》卷 49《库莫奚传》，北京：中华书局，1971 年，第 899 页。
⑥ 《隋书》卷 84《契丹传》，第 1881 页。

以契丹本土部落和来自突厥、高句丽的别部重新聚合为契机，契丹各部再次实现了整合，结束之前那种混乱的秩序。

《隋书·契丹传》载：

“开皇末，……（契丹）部落渐众，遂北徙逐水草，当辽西正北二百里，依托纥臣水而居。东西亘五百里，南北三百里，分为十部。兵多者三千，少者千余，逐寒暑，随水草畜牧。有征伐，则酋帅相与议之，兴兵动众合符契。”①

《辽史·兵卫志》亦载：

“其在隋世，依纥臣水而居，分为十部。兵多者三千，少者千余。顺寒暑，逐水草畜牧。侵伐则十部相与议，兴兵致役，合契而后动；猎则部得自行。”②

从以上两段史料可以看出，契丹各部人数不等，彼此之间有强弱之分。从“兵多者三千，少者千余”看，估计契丹本土人口在10万人左右。契丹各部的游牧活动基本是以部落为单位开展的，游牧范围是在托纥臣水（今老哈河）流域。部落联盟存在的主要意义是对外作战，只有遇到对外作战的情况，十部的首领才一起商议，统一行动。

契丹部落联盟由十个部落组成，十个部落的具体名称，现在无从考证。孙进己认为，隋朝契丹十部是由曲据部、内稽部以及

① 《隋书》卷84《契丹传》，第1881—1882页。

② 《辽史》卷34《兵卫志上》，第395页。

后来的大贺氏八部组成。[①]日本学者松井等也认为隋朝契丹十部应该包括后来的大贺氏八部。[②]笔者对上述看法存在质疑，第一，曲据部不太可能是十部之一。第二，内稽部有可能是十部之一。孙敖曹是隋末唐初内稽部的首领。大业七年（611年），隋炀帝征高丽之际，契丹内稽部首领孙敖曹率其部落，请随军从征。隋炀帝以其忠节可嘉，授以金紫光禄大夫，将内稽部安置于柳城（今朝阳市）。孙敖曹率内稽部内附之前，很可能来自契丹本土。第三，出伏部有可能既是隋朝契丹十部之一，又是后来的大贺氏八部之一。[③]

据《隋书·奚传》记载，北朝时期，奚"初臣于突厥"，到了隋代，奚部落逐渐强盛，也进入到阿会氏部落联盟社会。"分为五部：一曰辱纥王，二曰莫贺弗，三曰契个，四曰木昆，五曰室得。"每部俟斤一人为其帅。"随逐水草，颇同突厥。有阿会氏，五部中为盛，诸部皆归之"。自从突厥向隋称臣之后，奚也遣使朝贡，史称其"或通或绝，最为无信"。[④]

隋朝在大败突厥以后，趁机使用离强合弱之计，使突厥内部陷于自相残杀的境地。开皇四年（584年），沙钵略可汗为内部攻伐所困，又畏惧契丹的威胁，遂率部属迁到漠南，寻求隋朝的庇护。在这种背景下，隋朝大发"行人"，招抚契丹本土。《韩暨墓志》载：开皇四年（584年），"君（韩暨）与北平总管府参军事

① 孙进己：《契丹部落组织发展变化初探》，《社会科学辑刊》1981年第4期。

② ［日］松井等著，刘凤翥译，邢复礼校：《契丹勃兴史》，载《民族史译文集》第十集，未刊印本，1981年，第6页。

③ 辛时代：《契丹建国前的几个问题研究》，吉林大学博士后出站报告，2016年，第32—33页。

④ 《隋书》卷84《奚传》，第1881页。

刘季略往契丹国，奖导诸部”[①]。隋朝与突厥势力的消长，以及隋朝在东北亚影响力的提升，使韩暨出使契丹，获得了很大成功。“五月癸酉，契丹主莫贺弗遣使请降，拜大将军”。契丹“悉其众款塞，高祖纳之，听居其故地”[②]。此次内附的契丹部落是来自契丹本土，脱离了突厥羁縻控制的契丹部落主体。

契丹本土的内附，在周边地区引发了连锁式反应。东边高句丽如临大敌，对境内的契丹别部严加管控，以杜绝类似事件发生。开皇十七年（597 年），隋文帝降书斥责高句丽王：“王既人臣，须同朕德，而乃驱逼靺鞨，固禁契丹。诸藩顿颡，为我臣妾，忿善人之慕义，何毒害之情深乎？”《隋书·契丹传》载：“其后契丹别部出伏等背高丽，率众内附。高祖纳之，安置于渴奚那颉之北。”[③]渴奚那颉，地点不详。任爱君推测其地位于辽西塞外。[④]这段史料中的“背”字说明契丹别部内附是在高句丽疏于防范或不知情的情况实现的。这一点，在高句丽随后的举动中也有所体现。开皇十八年（598 年），“（高句丽王）元率靺鞨之众万余骑寇辽西，营州总管韦冲击走之”[⑤]。高句丽进犯辽西，其目的很可能是追夺刚刚内附的出伏等部。此事导致隋朝与高句丽之间矛盾的进一步激化，隋朝与高句丽的战争由此拉开序幕。

开皇十九年（599 年）隋朝基本征服突厥，突利被册封为启民可汗，并在隋朝支持下控制了北方大漠。在这种情况下，原来羁属于突厥的契丹别部也有新的动向。

---

① 朱子方、孙国平：《隋〈韩暨墓志〉跋》，《北方文物》1986 年第 1 期。

② 《隋书》卷 84《契丹传》，第 1182 页。

③ 《隋书》卷 84《契丹传》，第 1182 页。

④ 任爱君：《契丹史实揭要》，第 73 页。

⑤ 《隋书》卷 81《高丽传》，第 1816 页。

《隋书·契丹传》载："开皇末，其别部四千余家背突厥来降。上方与突厥和好，重失远人之心，悉令给粮还本，敕突厥抚纳之。固辞不去。"[①]

《册府元龟·外臣部·降附》系年于开皇十九年（599）："（开皇）十九年四月，突厥利可汗内附。是时，契丹别部四千余家背突厥来降。帝方与突厥和好，重失远人之心，悉令给粮还本，敕突厥抚纳之。固辞不去。"[②]

有学者指出，隋代经营东北的特点是在诸族内附的前提下，仍然让突厥统领诸族，鲜有直接统治。比如沙钵略归隋以后，仍派潘垤统领契丹。隋朝则通过控制突厥来达到控制东北诸族的目的。[③]契丹别部也是在"背"突厥情况下，主动南下归附。隋文帝出于隋朝与突厥关系的考虑，劝其返回原地，接受突厥的羁縻。由于契丹别部"固辞不去"，隋朝只好默许现状。

有的学者认为，随着契丹别部从高句丽、突厥的归附，契丹部落在隋文帝时期实现了完聚。但这种说法似乎欠妥。[④]《隋书·契丹传》的记载："契丹别部出伏等背高丽，率众内附。"[⑤]由此可见，并非寄属于高句丽的契丹部落全部内附，内附的只是其中的出伏等部。从文献记载来看，此后仍有契丹人在高句丽的活动轨迹。高句丽执政者盖苏文死后，其子泉男生正式加号太大莫离支，总

① 《隋书》卷84《契丹传》，第1181—1182页。

② 《册府元龟》卷977《外臣部·降附》，第11479页。

③ 王义康：《唐代经营东北与突厥》，《陕西师范大学学报》（哲学社会科学版）2011年第6期。

④ 任爱君、孙进己认为，此次内附的是寄居高句丽的全体部落。恐不准确。参见任爱君：《契丹史实揭要》，第74—75页；孙进己：《契丹部落组织发展变化初探》，《社会科学辑刊》1981年第4期。

⑤ 《隋书》卷84《契丹传》，第1881页。

管高句丽军国事，“与弟男建、男产不睦，各树朋党”[①]。泉男建、男产趁泉男生离开平壤、巡按高句丽各部的机会，驱逐了泉男生的势力。泉男生被迫退守国内城（吉林省集安），依靠随行部队，又整合国内城及其周边的武装力量，同泉男产、泉男建对抗。《新唐书·泉男生传》载：泉男建、泉男产窃国以后，“男生惧，不敢入。男建杀其子献忠。男生走保国内城，率其众与契丹、靺鞨兵内附，遣子献诚诉诸朝”[②]。《三国史记·盖苏文传》亦载：“男生走保国内城，率其众，与契丹、靺鞨兵附唐，遣子献诚诉之。”[③]泉男生所率随行部队是与契丹、靺鞨截然分开的。这里的契丹是生活在国内城附近部族，是当初“万家寄高丽”契丹的后裔。虽然出伏部等契丹部落背高丽归附隋朝，但是仍然有不少的契丹部落滞留在高句丽境内。

乾封元年（666年）六月，唐高宗以契苾何国为辽东道安抚大使，率兵前往接应泉男生。泉男生“率国内等六城十余万户，书籍辕门”[④]。毋庸置疑，这十余万户当中，就有很多契丹旧户。就在泉男生降唐两年以后，唐朝灭掉高句丽以后，辽东地区纳入了唐朝的版图。高句丽地区的契丹人随之处于唐朝的统治之下，最终同周边民族逐渐融合。

---

① 《旧唐书》卷199《高丽传》，第5327页。

② 《新唐书》卷110《泉男生传》，第4123页。

③ ［高丽］金富轼著，孙文范等校勘：《三国史记》卷49《盖苏文传》，长春：吉林文史出版社，2003年，第550页。

④ 周绍良：《唐代墓志汇编》调露023《大唐故特进行右卫大将军兼检校右羽林军仗内供奉上柱国卞国公赠并州大都督泉君墓志铭并序》，上海：上海古籍出版社，1992年，第668页。

第三节　唐朝东北军政中心营州与辽西走廊的族群

唐承隋制，继续以营州来控制辽西走廊，借助契丹、奚的力量，来牵制周边的突厥、高句丽，并且在契丹地设置了松漠都督府，在奚地设置饶乐都督府。契丹、奚在北方游牧政权（突厥、回鹘）与唐之间周旋，叛服不定。回鹘汗国解体后，契丹重新归附唐朝，配合幽州节度使剿灭南下的回鹘乌介可汗。而奚、室韦因招降纳叛遭到唐朝的重创，契丹奉唐正朔，韬光养晦，利用唐末衰微乘势而起。

一、唐朝东北边地重镇营州

隋末天下大乱，群雄并起。大业十一年（615 年），由于突地稽率部扈从隋炀帝，滞留于江都，辽西郡防御力量薄弱，“后遭边寇侵掠”[①],不得不将治所移到营州城内。大业十二年（616），虎贲郎将罗艺割据幽州，“威动北边，柳城、怀远并归附，黜柳城太守杨林甫，改郡曰营州，以襄平太守邓暠为总管”[②]。

武德元年（618 年），李渊在长安称帝，建国号为唐。十二月，隋襄平太守邓暠、北平太守杨林甫来降，唐朝改营州总管府，以

① 《太平寰宇记》卷 69《河北道十八》，第 1401 页。

② 《新唐书》卷 92《罗艺传》，第 3806 页。

邓暠为营州总管。[①] 营州总管府“领辽、燕二州，领柳城一县”[②]。其中，燕州仍寄治于营州城内，领辽西、泸河、怀远三县。同年，废除泸河县。[③] 武德二年（619 年），突地稽遣使朝贡，请求归附。四年三月，唐朝“以其部落置燕州（总管府），仍以突地稽为总管”[④]。燕州总管府属于营州城傍羁縻州。六月，“营州人石世则执总管晋文衍，举州叛，奉靺鞨突地稽为主”[⑤]。武德六年（623 年），唐朝平息石世则叛乱后，将燕州治所从营州南迁到幽州城内。贞观元年（627 年），又废怀远县。[⑥]

燕州南迁以后，唐朝对辽西地区的建置重新调整，武德七年（624 年），改营州总管府为都督府，“督营、辽二州。贞观二年（628 年），又督昌州。三年，又督师、崇二州。六年，又督顺州。十年，又督慎州”[⑦]。辽州、昌州、师州、崇州、顺州、慎州，以及鲜州、瑞州、带州、玄州、夷宾州、信州，属于营州城傍羁縻州。[⑧] 万

① 有关文献记载比较零乱，《资治通鉴》卷 186 武德元年十二月丁酉“隋襄平太守邓暠以柳城、北平二郡来降，以暠为营州总管”。《全唐文》卷 267《潭州都督杨志本碑》记载“大父林甫，（隋）上郡、北平等五郡太守，皇朝营州总管、绛州刺史”。《新唐书・杨玚传》记载：杨林甫“为柳城太守，高祖军兴，遣其子琮招之，挈郡以来，授检校总管，足疾不能造朝。帝以绛州寒凉，拜刺史”。《大唐故闽州司马邓府君志石铭并序》记载“高祖暠，隋开府仪同三司，华州刺史、燕郡、襄平二郡太守，御卫大将军。皇家受命，拜金紫光禄大夫、营州总管，累迁散骑常侍”。根据有关文献整理，如正文所述。

② 《太平寰宇记》卷 71《河北道二十》，第 1431 页。

③ 《新唐书》卷 39《地理志三》，第 1020 页。

④ 《旧唐书》卷 199《靺鞨传》，第 5359 页。

⑤ 《资治通鉴》卷 189《唐纪六》，第 5920 页。

⑥ 《新唐书》卷 39《地理志三》，第 1020 页。

⑦ 《太平寰宇记》卷 71《河北道二十》，第 1431 页。

⑧ 《绥中县志》将瑞州及其属县来远县推定于绥中县境内。参见绥中县地方志编纂委员会：《绥中县志》，沈阳：辽宁人民出版社，1988 年，第 3 页。

岁通天元年（696 年），营州在契丹之乱中被攻陷。神龙元年（705 年），唐廷割幽州玉田、渔阳设置营州。开元四年（716 年），又将营州治所迁回柳城。开元七年（719 年）唐廷于营州置平卢节度使。开元八年（720 年），契丹可突于叛唐，唐廷又将营州的治所迁到渔阳。直到开元十一年（723 年），才将治所迁回柳城。天宝元年（742 年）改营州为柳城郡，平卢节度使已经逐渐取代营州都督府，统辖东北的军政事务。乾元元年（758 年），复为营州，取消都督府之号。

正史文献记载了唐前期对辽西地区的建置调整，主要集中在今朝阳地区，对于锦州地区的情况语焉不详。唐朝建立后，在锦州地区增置镇、戍和折冲府，完善了以镇、戍为主的防御体系。结合墓志记载可知，唐朝设置了五柳戍以及三合镇、泸河镇、怀远镇和平辽镇 4 个镇，控制着大凌河下游、小凌河下游、环渤海湾北部以及医巫闾山脉的要冲地带，向北可以监视契丹、奚，向东可以防御和牵制高句丽势力。同时还设置有带方府、昌利府、辽西府、怀远府和平辽府 5 个折冲府，不但防卫关镇津要之地，而且参与唐朝对周边地区的用兵，维护了东北边疆的稳定。

到唐玄宗时期，锦州地区逐渐形成了以军、守捉为主的具有较大规模的节镇体系。开元二年（714 年）十月，唐朝将安东都护府治所迁到平州；开元十一年（723 年）三月，又将安东都护府治所迁到燕郡城；天宝二年（743 年），又迁到辽西故城。[①] 其中，燕郡城、辽西故城都在今锦州地区。安东都护府境内设有燕郡守捉、汝罗守捉、怀远守捉、巫闾守捉、襄平守捉；下辖保定军与

① （宋）王溥：《唐会要》卷 73《营州都督府》，上海：上海古籍出版社，2006 年，第 1320 页。

怀远军，[①] 其中，保定军驻扎在辽西故城，由安东副大都护兼保定军使。《旧唐书》记载了安东都护府的军事部署：安东都护府“管兵八千五百人，马七百匹”[②]，与平卢军、卢龙军一道，构成平卢节度使在辽西的主要节镇体系。

另外，唐朝加强了锦州地区的驿道交通建设，使营州和安东都护府之间的联系更加紧密、高效。《武经总要》引《皇华四达记》记载了营州到安东都护府的道里情况：“营州东百八十里，凡九递至燕郡城，自燕郡东经汝罗守捉、渡辽州十七驿，至安东都护府，约五百里。今以契丹地图校，至东京五百二十里。”[③] 从营州治所柳城到燕郡共有 180 里、9 个递铺，平均每 20 里 1 个递铺。从燕郡到安东都护府治所襄平共有 520 里、17 个驿站，符合唐朝“凡三十里有驿，驿有长”的记载。这些驿站、递铺大多数分布于锦州境内，在连通营州与安东都护府两地的同时，也成为唐朝与东北诸蕃政治、经济、文化交流的桥梁。

安史之乱期间，由于孤军无援，补给艰难，加上奚的侵袭，平卢节度使侯希逸被迫“拔其军二万余人，且行且战，遂达于青州”[④]。平卢军南渡山东以后，“辽海侧近军郡守将皆弃走”[⑤]，唐朝失去了对辽西走廊的控制。安史之乱结束后，辽西走廊又被幽州藩镇所据，《新唐书·地理志》记载：“有平卢军，开元初置；东

---

① 《新唐书》卷 39《地理志三》，第 1023 页。

② 《旧唐书》卷 39《地理志二》，第 1526 页。

③ （宋）曾公亮等：《武经总要》前集卷 22《北蕃地理》，刘鲁民主编：《中国兵书集成》（第 4 册），沈阳：辽沈书社，北京：解放军出版社，1992 年，第 1103 页。

④ 《旧唐书》卷 124《侯希逸传》，第 3534 页。

⑤ 《全唐文》卷 654《唐故使持节万州诸军事万州刺史赐绯鱼袋刘君墓志铭》，第 6653 页。

有镇安军，本燕郡守捉城，贞元二年（786 年）为军城。”[①] 镇安军驻地在今义县七里河镇开州城村古城。唐朝后期，契丹、奚不断南迁，锦州地区成为契丹、奚的势力范围。[②]

营州都督府统辖有 1 个正州和若干羁縻州。

1. 正州正县

营州府级建置之下，仅设有 1 个正州——营州，下辖 1 个柳城县。唐代州级建置，分府、辅、雄、望、紧、上、中、下八个等级，前五个等级依各州军政地理位置的政治标准而分等，后三个等级则依人口多寡的经济标准而分等，经济标准各个时期不同，[③] 其中武德年间标准为 3 万户以上为上州；显庆元年（656 年）九月标准为 3 万户以上为上州，2 万户以上为中州；开元十八年（730 年）三月，因太平时久，户口日殷，改以 4 万户以上为上州，2.5 万户以上为中州，不满 2 万户为下州；缘边州 3 万户以上为上州，2 万户以上为中州。据《旧唐书》卷 39《地理志二》记载：营州“旧领县一，户一千三十一，口四千七百三十二。天宝，户九百九十七，口三千七百八十九”。岑仲勉考证，“旧领”即贞观十三年（639 年），[④] 则营州在贞观十三年为下州；翁俊雄考证“天宝领”即天宝十二年（753 年），[⑤] 则营州在天宝十二载亦为下州。

此外，营州也属于边州，《唐六典》卷 3《尚书户部》：“凡天下之州、府三百一十有五，而羁縻之州盖八百焉。……安东、平、

---

① 《新唐书》卷 39《地理志三》，第 1023 页。

② 崔向东：《义县通史》，第 160 页。

③ 《唐会要》卷 70《量户口定州县等第例》，第 1231 页。

④ 岑仲勉：《〈旧唐书·地理志〉“旧领县”之表解》，载《岑仲勉史学论文集》，北京：中华书局，1990 年，第 564 页。

⑤ 翁俊雄：《各地志所载唐开元、天宝户口数字的源流、系年和校勘》，《北京师院学报》（社会科学版）1987 年第 3 期。

营、檀、妫、蔚、朔、忻、安北、单于、代、岚……为边州。”[①]

还要说明的是，营州在两度侨治幽州渔阳时期，即神龙元年—开元四年（705—716 年）、开元八年—开元十年（720—722 年）曾领有玉田县（治今河北省玉田县）和渔阳县（治今天津市蓟县）。[②]

2. 羁縻州

营州除了设有正州——营州外，还存在很多以内附少数族设立的羁縻州，这些羁縻州是以离开原居地移徙于营州的少数族部落设立的，因其旧俗而治，以其首领为刺史，皆得世袭。“然声教所暨，皆边州都督、都护所领，着于令式”[③]。设在州县地区的羁縻州，称为城傍羁縻州。[④]

唐代营州城傍羁縻州有一个发展变化的过程。武德元年至武德六年营州先后设置 5 个城傍羁縻州：燕州、辽州、慎州、鲜州、崇州。武德七年营州总管府改为营州都督府，下辖 2、3 或 4 个城傍羁縻州。随着少数民族的陆续归附，营州城傍羁縻州数目逐渐增多，至万岁通天元年（696 年）五月契丹叛唐前夕达 17 个之多。其中，燕州在武德六年（623 年）迁至幽州；崇州在贞观三年（629 年）更名为北黎州，贞观八年（634 年）复称崇州；因而前述 5 个城傍羁縻州在此时期保留了 4 个：威州、慎州、崇州（北黎州）、鲜州。

---

① （唐）李林甫等撰，陈仲夫点校：《唐六典》卷 3《尚书户部》，北京：中华书局，1992 年，第 72—73 页。

② 《旧唐书》卷 39《地理志二》，第 1518 页载（渔阳县）“神龙元年，改属营州。开元四年，还属幽州。十八年于县置蓟州，乃隶之”。又，《唐会要》卷 73《营州都督府》，第 1320 页所载：“开元十一年（723 年）三月六日，营州玉田渔阳两县，却隶幽州。”即在开元四年之后的某个时间，渔阳又转隶营州，直至开元十一年三月六日。根据玉田县的隶属关系转变，可以推测渔阳县应该在开元八年再次转隶营州。

③ 《新唐书》卷 43《地理志七下》，第 1119 页。

④ 宋卿：《唐代营州研究》，吉林大学博士学位论文，2008 年，第 35 页。

此时期营州又先后设置 13 个城傍羁縻州：昌州、师州、顺州、瑞州、带州、玄州、归诚州、夷宾州、归义州、黎州、沃州、信州、顺化州。此时期营州共有城傍羁縻州 17 个。契丹叛唐导致了营州诸城傍羁縻州的陷落与内迁，营州都督府也侨迁幽州。唐中宗神龙初年，随着东北局势的逐渐稳定，内徙侨治的各少数民族羁縻州相继北还，但当时营州都督府尚侨治于幽州渔阳，因而回迁的羁縻州皆改隶幽州，留在今河北地区，没有回到东北。玄宗开元五年（717 年）复置营州于柳城，同时于营州置平卢军使，开元七年平卢军使升为平卢节度使。史料所见玄宗之世自幽州迁回营州的羁縻州有师州、燕州、辽州、顺化州等，此外还新设置了宁夷州等。

营州都督府境内的羁縻州遵循了唐朝在全国羁縻州县的任官和管理制度，即"以其首领为都督、刺史，皆得世袭。虽贡赋版籍，多不上户部，然声教所暨，皆边州都督、都护所领，著于令式"[①]。朝廷任命本族首领为州县之官，承认其继承权，按照各民族的习惯实行世袭制。为了加强对羁縻州县的管理，唐朝还任命汉官参治羁縻州，以协助和监督蕃官对羁縻州县的统辖。这些汉官应以汉官制度任职和升迁，不应是世袭制而是流官。[②]

二、唐代营州民族成份与人口

唐代营州，"境连边奥，地接戎藩"，居住的民族有汉人、高契丹、奚、靺鞨、室韦、突厥、新罗、粟特等。唐代诗人高适在《营州歌》中吟诵："营州少年厌原野，狐裘蒙茸猎城下。虏酒千钟

---

① 《旧唐书》卷 43《地理志七下》，第 1119 页。

② 程妮娜：《古代中国东北民族地区建置史》，第 180—181 页。

不醉人，胡儿十岁能骑马。”[①]唐代营州胡汉杂居的情形可见一斑。

1. 汉人

营州汉族人口数，据《旧唐书·地理志二》记载：营州“旧领县一，户一千三十一，口四千七百三十二。天宝，户九百九十七，口三千七百八十九”[②]。据岑仲勉考证，“旧领”即贞观十三年（639年），翁俊雄考证，“天宝领”即天宝十二年（753年）。[③]营州贞观十三年的户口数：户1031，口4732；天宝十二年的户口数：户997，口3789。

营州作为唐代北方边塞的军事重镇，唐王朝为了加强对此地的统治和防御周边少数民族的侵扰，派遣大批汉人将士驻扎营州边境，长期戍边。如刘全谅，“本怀州武涉人也。父客奴，以行戍留籍幽州，事平卢军”[④]。

唐玄宗开元五年（717年），营州置平卢军，管兵1.6万，[⑤]这些将士大部分是汉人。也有很多本地汉人从军，如李惠登，“营州柳城人，为平卢军裨将”[⑥]。李忠臣，“平卢人也，世家于幽州蓟县。……少从军……积劳至……平卢军先锋使”[⑦]。平卢节度使也多是汉人，如张敬忠、薛楚玉、张守珪等。军队将领、兵士及其家属构成营州汉人的主体，但他们并不在营州汉族人口的统计范

---

① （清）彭定求等：《全唐诗》卷214《营州歌》，北京：中华书局，1960年，第2242页。

② 《旧唐书》卷39《地理志二》，第1521页。

③ 翁俊雄：《各地志所载唐开元、天宝户口数字的源流、系年和校勘》，《北京师院学报》（社会科学版）1987年第3期。

④ 《新唐书》卷151《刘全谅传》，第4823页。

⑤ 《旧唐书》卷38《地理志一》，第1387页。

⑥ 《新唐书》卷197《李惠登传》，第5627页。

⑦ 《旧唐书》卷145《李忠臣传》，第3939页。

围之内。

1993年辽宁省文物考古研究所和朝阳博物馆在朝阳市黄河路发掘一座大型唐代墓葬，此墓虽被盗，随葬品多被扰乱，但仍可复原大量器物，其中有51件陶俑，有武士、文吏、侍从、侍女以及十二生肖，有站立、盘坐、跪伏，也有抚琴、骑马、骑骆驼，各种神态惟妙惟肖。发掘者认为墓主人是安史之乱以前一位五品以上的官员。[①]

2. 靺鞨

隋初以来内附的粟末靺鞨部集中分布在营州东南境，唐朝靺鞨诸部继续相继内附，唐廷于营州境置羁縻州以安置。武德初置慎州以处粟末靺鞨乌素固部落，乾封中（666—668年）置夷宾州以处愁思岭部落，载初元年（689年）置黎州以处浮渝靺鞨乌素固部落。总体来看，这些靺鞨人大体居于营州地区的西部边界。

唐高宗时，靺鞨诸部继续内迁营州。总章元年（668年）唐王朝出兵灭亡高丽政权后，唐朝又迁部分高丽人和依附高丽的粟末靺鞨、白山靺鞨人于营州一带。有学者认为，营州的粟末靺鞨人即便加上迁移后二三十年中的自然增长部分，至契丹叛唐时其总数也就是数千人左右。[②]此外，营州地区也有一定数量的白山靺鞨人。[③]即使保守估计，契丹叛唐前夕，营州靺鞨亦有数千人，或可达到万人以上。

朝阳大型唐墓在甬道壁龛内发现2件靺鞨人形象的石俑。男

---

① 辽宁省文物考古研究所、朝阳市博物馆：《辽宁朝阳市黄河路唐墓的清理》，《考古》2001年第8期。

② 魏国忠、郭素美：《论渤海主体民族的族属问题》,《社会科学战线》2001年第3期。

③ 李健才：《唐代渤海王国的创建者大祚荣是白山靺鞨人》，《民族研究》2000年第6期。

俑头发后梳至颈部扎结，然后两股头发梳成长辫下垂，身着圆领窄袍，束带穿靴，左手微抬架一鹰，右手下垂并提一铁挝。女俑头发向两旁梳起，在头顶两侧梳成两髻，然后又在颅后结成发辫下垂，身着交领一侧翻开，窄袖长袍，腰束蹀躞带，脚穿靴，双手置于胸前,左手握右手拇指作“叉手”状,身后别一把带鞘刀子。研究者认为两件石俑除发式尚保留民族习俗外，服饰已完全汉化，而且女着男装，这正是当时历史情况的真实反映。[①]

唐代营州靺鞨人势力很强,《资治通鉴》记载,武德四年（621年）,“营州人石世则执总管晋文衍,举州叛,奉靺鞨突地稽为主”[②]。石世则发动叛乱后，奉靺鞨人突地稽为主，一方面反映了突地稽在当地的影响很大，另一方面也折射出靺鞨人在营州的势力非同小可。高宗麟德中（664—665年），靺鞨人李谨行曾任营州都督，“谨行伟容貌，勇盖军中，累迁营州都督，家童至数千，以财自雄，夷人畏之”[③]。诸羁縻州的户口数,《旧唐书·地理志》记载：慎州，“天宝领县一，户二百五十，口九百八十四”。黎州，“天宝领县一，户五百六十九，口一千九百九十一”。夷宾州，“领县一，户一百三十，口六百四十八”。[④]

3. 契丹

武德元年唐王朝在营州置辽州（威州）处契丹内稽部落，此后契丹诸部陆续内迁至营州：贞观二年（628年）在今辽宁朝阳北奈曼旗境置昌州，处契丹松漠部落；三年（629年）置师州，处契丹、室韦部落；十九年（645年）在今辽宁葫芦岛

① 姜念思：《辽宁朝阳市黄河路唐墓出土靺鞨石俑考》，《考古》2005年第10期。

② 《资治通鉴》卷189《唐纪五》，第5920页。

③ 《新唐书》卷110《李谨行传》，第4123页。

④ 《旧唐书》卷39《地理志二》，第1522—1524页。

市西北孤竹营子村置带州，处契丹乙失革部落；二十年（646年）在今内蒙古自治区宁城县东南置玄州，处契丹辱纥主曲据部落；二十二年（648年）置归诚州；载初元年（689年）在今辽宁朝阳北奈曼旗境置沃州，处契丹松漠部落；万岁通天元年（696年）在今内蒙古宁城县西北置信州，处契丹失活部落。总体来看，内迁营州的契丹各部落大体居于营州的西北界。《旧唐书·地理志》记载：威州，“旧领县一，户七百二十九，口四千二百二十二。天宝，户六百一十一，口一千八百六十九。”昌州，“旧领县一，户一百三十二，口四百八十七。天宝，户二百八十一，口一千八十八。”师州，“旧领县一，户一百三十八，口五百六十八。天宝，户三百一十四，口三千二百一十五”。带州，“天宝领县一，户五百六十九，口一千九百九十”。玄州，“天宝领县一，户六百一十八，口一千三百三十三”。沃州，“天宝领县一，户一百五十九，口六百一十九”。信州，“天宝领县一，户四百一十四，口一千六百”。①

4. 奚

唐初开始于营州设置城傍羁縻州以安置内附奚人，武德五年（622年）置崇州（北黎州）、鲜州，其后还设置顺化州等。《旧唐书·地理志》记载：崇州，“旧领县一，户一百四十，口五百五十四。天宝，户二百，口七百一十六”。鲜州，“天宝领县一，户一百七，口三百六十七”。②

5. 高句丽

高丽政权灭亡后，唐朝为了加强对高丽遗裔的控制，迁部分

① 《旧唐书》卷39《地理志二》，第1522—1526页。

② 《旧唐书》卷39《地理志二》，第1522—1524页。

高丽人及依附高丽的粟末靺鞨、白山靺鞨人于营州。居住在营州的高丽人与汉人通婚，且由于姻亲关系而在仕途上互相扶助。《新唐书·李正己传》记载："李正己，高丽人。为营州副将，从侯希逸入青州，希逸母即其姑，故荐为折冲都尉。"[①] 侯希逸的母亲是高丽人李正己的姑姑，二者在仕途上互为依靠，侯希逸在李正己的帮助下登上平卢节度使之位，开有唐一代军士拥立节帅之先河。

6. 室韦

贞观三年（629年），唐廷在营州境内的北部边地置师州以处内迁的契丹、室韦部落。《旧唐书·地理志》记载：师州，"旧领县一，户一百三十八，口五百六十八。天宝，户三百一十四，口三千二百一十五"[②]。

7. 突厥

贞观六年（632年），唐廷将以突利部落设置的顺州寄治营州南五柳戍城；十年（636年）在营州界设瑞州（威州），处突厥乌突汗达干部落。总体来看，突厥部落大致居住在营州南界。《旧唐书·地理志二》记载：顺州，"旧领县一，户八十一，口二百一十九。天宝，户一千六十四，口五千一百五十七"。瑞州，"旧领县一，户六十，口三百六十五。天宝，户一百九十五，口六百二十四"。[③]

8. 粟特

唐代营州粟特胡的来源，可以追溯到太宗贞观四年（630年）统一东突厥汗国各部，于其各部置羁縻府州，其中顺州、瑞州即置于营州境内，突厥部落随之迁至营州，其中应伴随着粟特人。

① 《新唐书》卷213《李正已传》，第5985页。

② 《旧唐书》卷39《地理志二》，第1523页。

③ 《旧唐书》卷39《地理志二》，第1520、1525页。

万岁通天元年（696年）爆发契丹反唐战争，武则天“大发河东道及六胡州绥延丹隰等州稽胡精兵，悉赴营州”[①]。六胡州是初唐时为安置迁入黄河河套南的突厥降户而设置，是唐代政治生活中影响最大的昭武九姓移民聚落，其居民主要是突厥降户中的中亚胡人，这些人随着武则天的调兵而来到营州。

唐代营州是一个多民族杂居地区。在城傍羁縻州县之下，各少数民族保留原有的部落旧制。从《旧唐书·地理志》记载营州内诸城傍羁縻州的户口数看，羁縻州的户口是上报户部在籍的。唐朝根据各内附民族的经济形态不同，对其征收的赋税物品和额度也有所不同。这些城傍羁縻州县有守边、平叛、从征等多方面的义务。[②]

三、隋唐时期辽西走廊的交通

隋唐时期，营州到安东都护府的陆路交通，是横贯辽西、辽东腹地，辐射东北诸夷的“最主要干道”[③]。唐代地理学家贾耽《皇华四达记》中记载了当时“边州入四夷七道”，其中第一条道就是“营州入安东道”。金毓黻对隋唐东征高句丽军事地理的研究表明，由营州通往安东都护府的交通干道可以分为北道、中道和南道。[④]

一是北道的“通定—新城道”。这条路线的走向由营州治所柳城出发，经怀远镇东北行，到达通定镇，再从通定镇渡过辽水，直趋玄菟、新城。王绵厚指出从史籍中看，“通定—新城道”开

① 《全唐文》卷211《上军国机要事》，第2135页。

② 程妮娜：《古代中国东北民族地区建置史》，第182—183页。

③ 严耕望：《唐代交通图考》（第五卷 河东河北区），第1762页。

④ 金毓黻：《东北通史》（上册），第216—217页。

辟于长城戍边道，而继承于隋朝。[①]

关于通定镇的设置，学界常常引用《隋书·高句丽传》“(大业八年隋征高句丽)是行也，唯于辽水西拔贼武厉逻，置辽东郡及通定镇而还”[②]。实际上，这条设置通定镇的记载为事后补记。《隋书·炀帝纪》记载，大业八年(612年)四月甲子，隋炀帝“车驾渡辽”[③]，丙申，在行军中颁发赦诏。《册府元龟》中收录有赦诏的原文，赦诏期限为“四月十六日昧爽已前”，记载有“通定镇”，由此可知，通定镇设置于大业八年(612年)四月。[④]根据《隋书·李景传》记载：“攻高丽武厉城，破之。赐爵苑丘侯。”[⑤]这里的“武厉城”即“武厉逻”。学界普遍认为，武厉逻被隋攻取后，改名通定镇，通定镇与武厉逻同为一地。《资治通鉴》记载：“李世勣军发柳城，多张形势，若出怀远镇者，而潜师北趣甬道，……自通定济辽水，至玄菟。”[⑥]金毓黻、王钟翰认为通定镇在沈阳市新民县东北辽滨塔。[⑦]赵小刚认为，通定镇位于沈阳市新民县公主屯后山遗址。[⑧]冯永谦认为通定镇位于沈阳市新民县城郊乡巨流河山城为高句丽的武厉逻城。[⑨]王绵厚认为通定镇在新民县东蛇

① 王绵厚、朴文英：《中国东北与东北亚古代交通史》，第238页。

② 《隋书》卷81《高丽传》，第1817页。

③ 《隋书》卷4《炀帝纪下》，第82页。

④ 《资治通鉴》卷197《唐纪十三》贞观十九年四月戊戌条引胡三省注“通定镇在辽水西，隋大业八年伐辽所置”，第6218页。

⑤ 《隋书》卷65《李景传》，第1531页。

⑥ 《资治通鉴》卷197《唐纪十三》，第6218页。

⑦ 金毓黻：《东北通史》(上册)，第216页。谭其骧：《〈中国历史地图集〉释文汇编·东北卷》，第83页。

⑧ 赵小刚、沈彤林：《隋辽东郡及通定镇考略》，载《沈阳考古文集》第一集，第203—205页。

⑨ 冯永谦：《武厉逻新考(上)》，《东北史地》2012年第1期。

山子乡乌尔汉遗址。[①]

关于新城的位置,《旧唐书·高丽传》记载:“(乾封)二年二月,(李)勣度辽至新城,谓诸将曰:‘新城是高丽西境镇城,最为要害,若不先图,余城未易可下。’遂引兵于新城西南,据山筑栅,且攻且守。”[②]《旧唐书·程务挺传》载:永徽六年(655年),程务挺率兵“破高丽于贵端水,焚其新城,杀获甚众”[③]。《新唐书·地理志七》记载:“营州东百八十里至燕郡城。又经汝罗守捉,渡辽水至安东都护府五百里。府,故汉襄平城也。……自都护府东北经古盖牟、新城,又经渤海长岭府,千五百里至渤海王城。”[④]《资治通鉴》记载:贞观十九年(645年)四月,“戊戌朔,(李)世勣自通定济辽水,至玄菟。高丽大骇,城邑皆闭门自守。壬寅,辽东道副大总管江夏王道宗将兵数千至新城”[⑤]。这里的“玄菟”为东汉、三国以后玄菟郡第三迁旧址,在今沈阳市东陵区上伯官屯城。新城与玄菟隔贵端水相望,是以对应于玄菟旧城得名,其地理位置在今抚顺市北高尔山山城。[⑥]

二是中道的“怀远—襄平道”。这条路线的走向由柳城出发,经怀远镇向东,逾“辽泽”天险,再经马首山,抵达辽东城。中路是隋炀帝、唐太宗亲征高句丽经行的交通路线,除了上文已考证的燕郡、怀远镇,还有辽泽和马首山等交通要地。

关于隋唐时期辽泽的地理范围,《资治通鉴》叙述贞观十九

---

① 王绵厚:《关于辽沈历史上“北趋甬道”交通地理的考察》,《辽宁大学学报》2013年第2期。王绵厚、朴文英:《中国东北与东北亚古代交通史》,第240页。

② 《旧唐书》卷199《高丽传》,第5327页。

③ 《旧唐书》卷83《程务挺传》,第2784页。

④ 《新唐书》卷43《地理志七》,第1146—1147页。

⑤ 《资治通鉴》卷197《唐纪十三》,第6218—6219页。

⑥ 王绵厚、朴文英:《中国东北与东北亚古代交通史》,第241页。

年（645年）五月唐太宗东征高丽渡过“辽泽”之事：“庚午，车驾至辽泽，泥淖二百余里，人马不可通，将作大匠阎立德布土作桥，军不留行，壬申，渡泽东，丁丑，车驾渡辽水，撤桥以坚士卒之心，军于马首山。”[①] 九月，唐太宗攻安市城（今大石桥市周家乡海龙川山城）不克，下令撤军。“乙酉，至辽东，丙戌，渡辽水，辽泽泥淖，车马不可通，命长孙无忌将万人，剪草填道，水深处以车为梁，上自系薪于马鞘以助役。冬十月丙申朔，上至蒲沟驻马，督填道军渡渤错水。”[②] 唐代名臣褚遂良在《谏亲征高丽疏》云：“臣闻涉辽而左，或水潦，平地淖三尺，带方、玄菟，海壤荒漫，决非万乘六师所宜行。”[③] 清代曹廷杰《东北边防辑要》解释：“海城县西北有渤错水，唐贞观十九年，太宗亲征高丽。……蒲沟、渤错水皆在辽泽中也。”[④] 由此可见，“辽泽”在当时辽河以西地区。而且范围很大，泥淖二百余里（唐尺小于今尺，大致相当31.1厘米，约合0.93尺，则唐时200里相当今180余里），急行军三日才渡过这片沼泽地带。肖忠纯认为，唐太宗亲征两次渡过的辽泽大致在今北镇与辽中之间，其地属于下辽河（沈阳石佛寺以南的辽河河段）平原地区。[⑤] 王绵厚认为，隋唐时期的辽泽指辽河以西至西沙河下游约二百里的泥淖之地。[⑥]

马首山，又称首山、手山、驻跸山，位于辽阳老城西南7.5公里，唐太宗亲征高句丽，有著名的驻跸山之战。马首山孤峰耸峙，山

① 《资治通鉴》卷197《唐纪十三》，第6220页。

② 《资治通鉴》卷198《唐纪十四》，第6230页。

③ 《新唐书》卷105《褚遂良传》，第4027页。

④ （清）曹廷杰：《东北边防辑要》，《辽海丛书》第4册，第2294页。

⑤ 肖忠纯：《古代文献中的“辽泽”地理范围及下辽河平原辽泽的特点、成因分析》，《北方文物》2010年第3期。

⑥ 王绵厚、朴文英：《中国东北与东北亚古代交通史》，第236页。

势蜿蜒，是辽东城外的制高点，抢占马首山，是攻取辽东城的战略要领。

三是南路的“燕郡—辽队道”。历史文献对于这条路线的走向语焉不详。据王绵厚考证表明,“燕郡—辽队道”由柳城东南行，经大凌河下游的燕郡、汝罗守捉，绕行辽泽之南，再经古辽队县，到达安东都护府（辽东城）。[①]

这条路线需要渡过辽水,《新唐书》卷43《地理志》引贾耽《边州入四夷道里记》记载：“营州东百八十里至燕郡城。又经汝罗守捉,渡辽水至安东都护府五百里。府,故汉襄平城也。”[②]另据《武经总要》前集卷22宜州条:“按《皇华四达记》:营州东北八十里，凡九递至燕郡城，自燕郡东经汝罗守捉、渡辽州十七驿，至安东都护府,约五百里。”[③]这两条史料同出一源,前者为《皇华四达记》的节文，省去驿递数。[④]《武经总要》明刊本以及现代学者梳解整条史料的文意，将“渡辽州”视为“渡辽水”之误。[⑤]不过，在营州通往安东都护府的南道上，前有隋之渡辽镇，后有唐之渡辽州完全能够解释得通，并且从燕郡东经汝罗守捉、渡辽州两地17个驿站至安东都护府，表述语气更清晰通畅。

关于渡辽镇，隋炀帝大业八年（612年）四月赦诏中记载：

> 自大业八年四月十六日昧爽已前，大辟罪已下，已发觉未发觉、已结正未结正系囚见徒，罪无轻重，皆赦

① 王绵厚、朴文英：《中国东北与东北亚古代交通史》，第229页。
② 《新唐书》卷43《地理志七下》，第1146页。
③ 《武经总要》前集卷22《中京四面诸州》，第1103页。
④ 严耕望：《唐代交通图考》（第五卷 河东河北区），第1762页。
⑤ 严耕望：《唐代交通图考》（第五卷 河东河北区），第1763页。

> 除之。其常赦所不免谋反、大逆、妖言惑众语及国家，并不在赦例。其诸郡供军事者并给复一年；其所役丁夫匠至涿郡者复二年，至临榆关已西者复三年，至柳城已西者复五年，至通定镇已西者复七年，至渡辽镇者复十年，流配未达前所，亦宜放免除名，解官并听收。……辽左之民，新沾皇化，宜遣刑部尚书正议大夫卫文升、守尚书左丞刘士龙等巡抚存问，仍给复十年，即置郡县，以相统摄。[①]

渡辽镇是隋炀帝东征高句丽重要经行之地和屯驻之地，唐代在此设有渡辽州。关于渡辽镇的地理位置，学界至今没有提及，本文将其定于海城西上夹河卢屯古城，该城处于辽泽之南，西邻辽河，是太子河和新开河汇通的古辽队和辽口重地，[②]由于运输的里程越远，供军的难度越大，故在隋炀帝赦诏中“给复”时限相比其他地方更长。渡辽镇、渡辽州的设置，成为隋唐时期逾越辽泽天险的重要支点，使辽西、辽东的交通更加便捷、紧密。

另外，两晋以来，傍海道已经见于《晋书》《资治通鉴》《太平御览》等文献记载。[③]不过，傍海道长期以来利用率并不高，由于海侵和辽泽的影响，致使地表积水严重，难以通行。只有在冬季地冻时方可通行，但沿途人烟稀少，军旅颇为艰难。[④]到了隋唐以后，傍海道的交通状况逐渐好转。傍海道由临渝关出发，

---

① 《册府元龟》卷83《帝王部·赦宥第二》，第980—981页。

② 王绵厚、朴文英：《中国东北与东北亚古代交通史》，第59页。

③ 王绵厚、朴文英：《中国东北与东北亚古代交通史》，第151页。

④ 边昊、吴凤霞：《论辽金对辽西走廊交通的经营》，《北方文物》2019年第4期。

沿渤海西岸向东北抵达碣石，再东北行至锦州，再向东可以进入辽东。[①]辛德勇指出隋唐两朝出入傍海道，东征高句丽，原因之一就是出师规模过大，卢龙道难以承负，傍海道地势平坦，更为便捷，沿海地区积水状况有所改观，隋唐时期逐渐多利用此路。[②]隋炀帝东征高句丽时，杨玄感密谋起兵，谋主李密献计道："今天子远在辽左，去幽州尚千里。南限巨海，北阻强胡，号令所通，唯榆关一道乐。若鼓而入蓟，直扼其咽，高丽抗其前，我乘其后，不旬月资粮竭，举麾召之，众可尽取，然后传檄而南，天下定矣，上计也。"[③]这里的"南限巨海，北阻强胡"的"榆关一道"就是傍海道，至少是傍海道的西段的一部分。可见，"隋唐进兵伐辽东，渝关外滨海一道，亦为一辅线也"[④]。

隋唐时期，傍海道仍然保持着季节性通行，由于积水情况有所缓解，利用率进一步得到提高。诚如严耕望所指出，"中古时代临渝关外通辽东，固以营州柳城为主线，但缘海一线亦居于相当重要之地位也"[⑤]。反映了隋唐时期对辽西傍海道的开拓与利用，以及傍海道的地位逐渐上升。

四、辽西走廊西部松漠、饶乐羁縻都督府

隋朝末年，群雄并起，天下大乱，契丹不得不依附强势崛起的东突厥。东突厥"以突利可汗主契丹、靺鞨部，树牙南直幽州"。

---

① 崔向东:《论辽西走廊的历史地位与当代价值》,《渤海大学学报》2021年第5期。

② 辛德勇：《论宋金以前东北与中原之间的交通》，《陕西师范大学学报》1984年第2期。

③ 《新唐书》卷84《李密传》，第3678页。

④ 严耕望：《唐代交通图考》（第五卷 河东河北区），第1772页。

⑤ 严耕望：《唐代交通图考》（第五卷 河东河北区），第1770—1771页。

由于“突利敛取无法，下不附，故薛延陀、奚、霫等皆内属”[①]。契丹也遣使同刚刚建国的唐朝进行朝贡。

契丹内稽部率先内附唐朝，武德二年（619 年）二月，契丹内稽部遣使请求内附。两年后，契丹大酋孙敖曹率部内稽部来附，唐朝“诏令于营州城傍安置，授云麾将军”[②]。

武德六年（623 年），契丹联盟长咄罗遣使贡名马、丰貂。次年，契丹再次遣使朝贡。唐太宗贞观二年（628 年），契丹联盟长摩会率部归附唐朝。东突厥得知这个消息，大为惶恐，请求唐朝以依附于突厥的、隋末割据势力梁师都易契丹。唐太宗断然拒绝：“契丹、突厥不同类，今已降我，尚可索邪？师都，唐编户，盗我州部，突厥辄为助，我将禽之，谊不可易降者。”[③]次年，“摩会复入朝，（唐太宗）赐鼓纛，由是有常贡。”[④]唐朝与契丹的朝贡关系正式建立。

贞观四年（630 年）三月，唐朝出兵灭东突厥，擒颉利可汗。随着东突厥的灭亡，唐朝派契丹使者招谕原来东突厥控制下的北方、东北各少数民族。“营州都督薛万淑遣契丹酋长贪没折说谕东北诸夷，奚、霫、室韦等十余部皆内附。”[⑤]《孙则墓志》亦载：辽州总管府参军契丹人孙则“（贞观）四年奉敕使招慰延陀、拔曳（固）等诸国，君谕以威恩之义，示以祸福之规……（贞观）六年将诸藩长，并其地图入京奉见”[⑥]。

为了监视草原地带的东突厥的残余势力和辽河以东的高句

① 《新唐书》卷 215《突厥上》，第 6038 页。

② 《旧唐书》卷 199《契丹传》，第 5350 页。

③ 《新唐书》卷 219《契丹传》，第 6168 页。

④ 《新唐书》卷 219《契丹传》，第 6168 页。

⑤ 《资治通鉴》卷 193《唐纪九》，第 6082 页。

⑥ 辽宁省文物考古研究所、日本奈良文化财研究所：《朝阳隋唐墓葬发现与研究》，北京：科学出版社，2012 年，第 15 页。

丽，唐朝于贞观二十二年（648年）十一月在契丹本土设置松漠都督府,在奚本土设置饶乐都督府。关于松漠、饶乐都督府的设置,《唐会要》记载：

贞观二十二年十一月二十三日，契丹酋长窟哥、奚帅可度者并率其部内属。以契丹部为松漠都督府，拜窟哥为持节十州诸军事松漠都督府。又以其别帅达稽部置峭落州，纥便部置弹汗州，独活部置无逢州，芬问部置羽陵州，突便部置日莲州，芮奚部置徒河州，坠斤部置万丹州，出伏部置匹黎、赤山二州。各以其酋长辱纥主为刺史，俱隶松漠焉。以奚部置饶乐都督府，可度者为持节六州诸军事饶乐都督府。又以别帅阿会部置弱水州，处和部置祁黎州，奥失部置洛環州，度稽部置太鲁州，元俟析部置渴野州，亦各以其酋长辱纥主为刺史，俱隶于饶乐焉。二十三年，于营州兼置东夷都护，以统松漠饶乐之地。罢置护东夷校尉官。[①]

契丹大贺氏联盟长窟哥举部内属后，唐于其地置松漠都督府，“以窟哥为使持节十州诸军事、松漠都督，封无极男，赐氏李”[②]。以大贺氏部落联盟所统辖的八部分设九州：即以达稽部置峭落州，纥便部置弹汗州，独活部置无逢州，芬问部置羽陵州，突便部置日莲州，芮奚部置徒河州，坠斤部置万丹州，出伏部置匹黎、赤山二州。又以联盟长大贺氏部族为一州，合为十州。以各部辱纥

① 《唐会要》卷73《营州都督府》，第1319—1320页。

② 《新唐书》卷219《契丹传》，第6168页。

主为各州刺史，联盟长李窟哥亲领一州，并以松漠都督的身份持节掌管十州诸军事。契丹部落联盟长的另一个身份“松漠都督”即是唐朝羁縻府州的官员。

在李窟哥举部内属的当年，奚部落联盟长可突者亦“率其所部内属”，唐于其地置饶乐都督府，以可突者为“使持节六州诸军事、饶乐都督，封楼烦县公，赐李氏”[①]。饶乐都督府下辖六州，唐以奚部落联盟所属五部分设五州，即以阿会部置弱水州，处和部置祁黎州，奥失部置洛瓌州，度稽部置太鲁州，元俟析部置渴野州。与松漠都督府相似，另以联盟长可突者之部为一州，合为六州。原五部的部落长为五州刺史，联盟长亲领一州，并以饶乐都督的身份持节掌管六州诸军事。开元十四年（726 年），唐一度将饶乐都督府改名为奉诚都督府。天宝元年（742 年），再次将奉诚都督府恢复原名饶乐都督府。

关于松漠都督府的位置，《新唐书・地理志》“渔阳郡条”记载“自古卢龙北经九荆岭、受米城、张洪隘度石岭至奚王帐六百里。又东北行傍吐护真河五百里至奚、契丹衙帐”[②]。吐护真河，即今辽西老哈河。《旧唐书·契丹传》记载唐玄宗天宝十年（751 年）“安禄山诬其酋长欲叛，请举兵讨之。八月，以幽州、云中、平卢之众数万人，就潢水南契丹衙与之战，禄山大败而还”[③]。潢水，即今辽河上游的西拉木伦河。《太平寰宇记》记载：营州“东北至契丹界九十里，自界至契丹牙帐四百里”[④]。由此可见，松漠都督府的位置应在辽宁朝阳以北将近 250 公里、西拉木伦河以南、邻

① 《新唐书》卷 219《奚传》，第 6173 页。

② 《新唐书》卷 39《地理志三》，第 1022 页。

③ 《旧唐书》卷 199《契丹传》，第 5353 页。

④ 《太平寰宇记》卷 71《河北道二十》，第 1432 页。

近老哈河东岸之处。[①]1962年10月，考古工作者在内蒙古昭乌达盟阿鲁科尔沁旗白音花苏木乌半苏木生产队大型土台上发现一块刊刻有“大唐营州都督许公德政之”的碑额，[②]这个建碑的地方应该就是松漠都督府所在地。

饶乐都督府的位置当在奚王帐之处。上举《新唐书·地理志》中“东北行傍吐护真河五百里至奚、契丹衙帐”的“奚、契丹衙帐”当为“契丹衙帐”之误。由此可以推断，饶乐都督府的位置应在松漠都督府的西南250公里，老哈河上游之西。[③]

松漠、饶乐都督府是依照“全其部落，顺其土俗”的原则建立起来的，契丹、奚的军事部落联盟制度与社会组织、文化习俗被保留下来。唐朝因循契丹、奚社会产生氏族部落长的习惯法，不仅任命当选的或世袭的氏族部落长、联盟长为羁縻都督府的长官，而且还对都督和刺史加以册封，授以某些官称，如松漠都督李窟哥之孙“枯莫离，为左卫将军、弹汗州刺史，封归顺郡王”[④]。唐廷对于这两个都督府的内部事务，只要不涉及到反叛朝廷，一般不予过问，即便是有人通过武力强行篡夺联盟长的职位，也照样给予封立。如在大贺氏联盟的后期，在军事首长可突于的操纵下，频繁更换联盟长，唐朝都给予承认，任命为松漠都督。

为了进一步笼络契丹、奚，唐玄宗对两蕃实行和亲的政策。先后出嫁4位公主与契丹和亲。开元五年（717年），唐玄宗“以东平王外

---

① 冯永谦：《唐代契丹都督府地考》，载《辽金史论集》（第四辑），北京：书目文献出版社，1989年，第121页。冯永谦：《北方史地研究》，第195页。

② 苏赫：《内蒙古昭盟发现“大唐营州都督许公德政之碑”碑额》，《考古》1964年第2期。

③ 冯永谦、姜念思：《辽代饶州调查记》，载《东北考古与历史》（第一辑），北京：文物出版社，1982年。

④ 《新唐书》卷219《契丹传》，第6168页。

孙杨元嗣女为永乐公主”嫁契丹松漠郡王李失活。次年李失活病死后，其弟李娑固袭位，又尚永乐公主。由于娑固为衙官可突于所逐，娑固联合唐军、奚共攻可突于，复为可突于所败，死于阵中。可突于奉李娑固弟李郁于为契丹王，“郁于来朝，授率更令”，唐玄宗“以宗室所出女慕容为燕郡公主妻之”。李郁于病死，其弟李吐于袭立。李吐于也与可突于不和，开元十三年（725 年）携公主逃至长安，改封为辽阳郡王，留在长安宿卫。可突于于是扶立李邵固为契丹王，开元十五年（727 年），唐廷诏“拜左羽林卫大将军，徙王广化郡，以宗室出女陈为东华公主，妻邵固”[①]。开元十八年（730 年），可突于杀掉李邵固，挟制契丹、奚部降于后东突厥。东华公主投奔平卢军。天宝四年（745 年），“契丹大酋李怀秀降，拜松漠都督，封崇顺王，（唐玄宗）以宗室出女独孤为静乐公主妻之。是岁，杀公主叛去，范阳节度使安禄山讨破之”[②]。

与之同时出嫁三位公主与奚和亲。开元五年（717 年），唐玄宗以“宗室出女辛（氏）为固安公主，妻（奚王李）大酺”[③]。李大酺与可突于作战阵亡后，其弟李鲁苏“领其部，袭王”，又尚固安公主。“会与其母相告讦得罪，更以盛安公主女韦为东光公主妻之”。开元十八年（730 年），契丹可突于挟制奚降于后东突厥。李鲁苏不能制止，逃至渝关避难；东光公主则投奔平卢军。天宝四年（745 年），奚王李延宠降唐，唐玄宗“以宗室出女杨为宜芳公主妻之。延宠杀公主复叛”[④]。对于契丹、奚的统治者来说，通过和亲与唐朝建立联姻关系，在政治上可“自恃大国之婿”，号

---

① 《新唐书》卷 219《契丹传》，第 6168 页。

② 《新唐书》卷 219《契丹传》，第 6172 页。

③ 《新唐书》卷 219《奚传》，第 6174 页。

④ 《新唐书》卷 219《奚传》，第 6175 页。

令本族部众，造成所辖各部甘愿臣服的有利的政治形势。在经济上，能获得大量的财富，如燕郡公主与东光公主下嫁后，唐玄宗诏曰：“公主出降蕃王……奚有五部落，宜赐物三万段，先给征行游奕兵及百姓，余一万段，与东光公主、饶乐王、衙官、刺史、县令。契丹有八部落，宜赐物五万段。其中取四万段先给征行有游奕兵士及百姓，余一万段，与燕郡公主、松漠王、衙官、刺史、县令。其物杂以绢布，务令均平，给讫奏闻。”[①]正是这些利益促使契丹、奚上层不断请求与唐皇室和亲。但当其根本性利益受到侵害时，他们会置和亲于不顾，采用战争的方式进行反抗。[②]

随着松漠、饶乐都督府的设置，契丹与奚人地区成为唐朝东北边疆羁縻府州建置地区，纳入了唐朝东北边疆羁縻府州区划，契丹与奚亦成为唐朝的属民。在羁縻统治下，这些部分不编入唐朝的户籍，也无须向唐朝交纳定额赋税。但羁縻府州与中央王朝之间存在着朝贡关系，贡纳地方土特产，并从朝廷或地方政府得到丰厚的物质回报。唐朝地方政府负有统辖、管理松漠、饶乐都督府的职责。学者将其总结为四点：一是抚慰、安置羁縻府州的部落，并对部民实行赈贫救灾。二是统帅松漠、饶乐都督府的部落兵维持边疆稳定与安全。三是管理松漠、饶乐都督府对唐廷的朝贡事宜。四是管理羁縻府州与边地州县之间的经济活动。[③]

然而，唐朝对松漠、饶乐都督府的统治并不十分稳定，其原因既有唐朝推行某些错误的民族政策，也有契丹、奚内外矛盾所造成的反叛行为，还有西部草原游牧民族政权影响的因素等。松漠、饶乐都督府曾发生过几次较大的叛唐行为，契丹、奚转而依

---

① 《册府元龟》卷979《外臣部》，第11501页。

② 程妮娜：《古代中国东北民族地区建置史》，第161页。

③ 程妮娜：《古代中国东北民族地区建置史》，第153—156页。

附突厥、回纥等游牧民族政权。这不仅严重地影响了唐朝对松漠、饶乐都督府地区的统治，而且在唐朝后期国势逐渐衰落后，两都督府被废止。

五、安史之乱与唐对辽西走廊统治的衰微

唐玄宗时期对于边疆的经略开始转向军事防御，“置十节度经略使以备边”，其中：安西、北庭、河西，以备西边；朔方、河东、范阳，以备北边；平卢，以备东边；陇右、剑南，以备西边；岭南五府经略，以备南边。[①]节度使权力的恶性膨胀，逐渐集军、政、财大权于一身，形成了独霸一方的军阀。唐朝“内重外轻”的格局受到前所未有的挑战。

关于平卢节度使的设置时间，《新唐书·方镇表》记载，开元五年（717年），唐廷于“营州置平卢军使”，由营州都督兼任。开元七年（719年），“升平卢军使为平卢军节度，经略、河北支度、管内诸蕃及营田等使，兼领安东都护及营、辽、燕三州”[②]。张敬忠是第一任平卢节度使。

开元八年（720年），契丹内乱，“都督许钦澹令薛泰帅骁勇五百人，又征奚王李大辅者及娑固合众以讨可突于。官军不利，娑固、大辅临阵皆为可突于所杀，生拘薛泰。营府震恐，许钦澹移军西入渝关”[③]。营州城再次陷于契丹之手，营州都督府再次侨治幽州之渔阳。时隔不久，可突于遣使谢罪，归附唐朝。契丹的再次内附也带来了营州地区的再次平静，开元十一年（723年），

---

① （宋）王谠撰，周勋初校正：《唐语林校证》卷8《补遗》，北京：中华书局，1987年，第695页。

② 《新唐书》卷66《方镇表三》，第1833页。

③ 《旧唐书》卷199《契丹传》，第5352页。

营州都督府再次迁回柳城旧治。

在与两蕃关系缓和的情况下，同年三月，唐朝再度将安东都护府治所从平州迁往燕郡城。关于安东都护治所迁到燕郡城，《武经总要》记载："安东都护治所，古之燕郡城是也。在营州之东，本辽西之地。契丹置崇仪军节度。"[①] 又引《皇华四达记》云："营州东百八十里，凡九递至燕郡城。自燕郡东经汝罗守捉，渡辽水七十驿至安东都护府约五百里。今以契丹地图校正，至东京五百二十里。"[②] 自营州至燕郡城"凡九递"即有九个递铺。由此推定，燕郡城在今天的锦州义县境内。燕郡城较平州更加靠近平卢节度使的大本营——营州，唐朝将安东都护府移至燕郡城，既可以加强营州侧翼的安全，又可以控制幽州通往辽东的交通要道。

开元十八年（730年）五月，可突于再次叛唐，挟契丹、奚部众远投后突厥。此后，可突于与后突厥多次联军南下寇边。为了清除东北的边患，唐朝对东北地区行政建置作了进一步调整，平卢节度使的职权范围和安东都护府的领属相应地发生了变化："以幽州节度使兼河北采访处置使增领卫、相、洛、贝、冀、魏、深、赵、恒、定、邢、德、博、棣、营、鄚十六州及安东都护府。"[③] 在这次调整中，唐朝罢省平卢节度使，将平卢军、安东都护府纳入幽州节度使统辖。政治地理上的这一变化，反映出幽州在东北防御体系的中心地位得到确立。

开元二十九年（741年）七月，"幽州节度副使安禄山为营州刺史，充平卢军节度副使，押两番、渤海、黑水四府经略使"[④]。

---

① 《武经总要》前集卷22《中京四面诸州》，第1103页。

② 《武经总要》前集卷22《中京四面诸州》，第1103页。

③ 《资治通鉴》卷213《唐纪二十九》，第6799页。

④ 《旧唐书》卷9《玄宗纪下》，第213—214页。

营州都督府在东北地区的军、政重要地位逐渐被平卢节度使取代。

天宝元年（742年），唐廷“分平卢别为节度”，[①]与幽州节度使分离，安禄山被任命为平卢节度使，“兼柳城太守，押两蕃、渤海、黑水四府经略使”。天宝三年（744年），安禄山“代裴宽为范阳节度、河北采访使，仍领平卢军”。六年，加御史大夫，九年，“兼河北道采访处置使”，十年又充河东节度使。“既兼制三道，意益侈”。[②]

天宝十四年（755年）十一月，安禄山以奉密诏讨杨国忠为名，从范阳起兵叛乱，著名的“安史之乱”爆发。当时天下日久承平，百姓累世不识兵革，猝闻范阳兵起，远近震骇。叛军南下徇地，沿途地方官吏“皆弃城，或自杀，不则就擒”。天宝十五年（756年）正月，安禄山在洛阳僭号大燕皇帝。此时，安禄山叛乱的丑恶行径已经完全暴露，这在叛军内部引起了强烈的反响。安禄山派心腹韩朝阳来到范阳，劝降摇摆不定的平卢节度副使吕知诲。与此同时，唐廷意识到平卢的重要性，正式任命平卢节度副使吕知诲为平卢节度使。[③]目的在于争取吕知诲及平卢将士，动摇安史集团的根基。在这种情况下，尽管吕知诲潜结安禄山，但从长远打算，还是暂时中立为稳妥。随着叛军在战场上节节胜利，吕知诲最终接受安禄山平卢节度使的任命。军中素有威望的安东副大都护马灵詧坚决不与叛军妥协，成为安禄山的心头大患。《资治通鉴》至德元年（756年）四月庚子条下载：“安禄山使平卢节度使吕知诲诱安东副大都护马灵詧，杀之。”吕知诲杀害马灵詧的行径首先激起了平卢将士的不满。平卢游弈使刘客奴在平卢诸将的支持

① 《资治通鉴》卷215《唐纪三十一》，第6847页。

② 《新唐书》卷225《安禄山传》，第6412、6414、6415页。

③ 《旧唐书》卷145《刘全谅传》记载：“安禄山反，诏以安西节度封常清为范阳节度，以平卢节度副使吕知诲为平卢节度，以太原尹王承业为河东节度”，第3938页。

下，除掉了吕知诲。“遣与安东将王玄志遥相应援，驰以奏闻”[①]。

随后，刘客奴率平卢军南下略地，“攻长杨，战独山，袭榆关、北平，杀贼将申子贡、荣先钦，执周钊送京师”。长杨，平州十二戍之一。《新唐书·地理志》记载：平州境内有“温沟、白望、西狭石、东狭石、绿畴、米砖、长杨、黄花、紫蒙、白狼、昌黎、辽西等十二戍”[②]。北平，以文意和地望分析指平州，《旧唐书·地理志》记载：平州于“天宝元年（742年），改为北平郡”[③]。北平指平州。接着，平卢军西破渔阳（今天津蓟县），“逆将李归仁、李咸、白秀芝等来拒战，约数十合，并摧破之”。与此同时，刘客奴遣使经海道至平原，与河北义军盟主颜真卿建立了联系。颜真卿欲坚其意，“使判官贾载将男（颇）颇为质信。泛海以军粮及战士衣服遗之”[④]。

远在长安的唐玄宗从未忘记对东北形势的关注，安史之乱爆发不久，唐玄宗的使者马浩就踏上前往东北的征途，积极联络安东都护府与平卢军。据《马浩墓志》记载：马浩在安史之乱爆发前“任易州遂城尉，以禄山包危代兴灭之机，献策于金门之侧。帝其念之，恩降加劳，授左领军卫兵曹参军，衔命皇使。当寒溯之月，处彻冻之晨，跋涉海隅，蹂露霜霰，戍马四合，挺生一身，安东、平卢，几死而至，抚绥元士，归顺贰师，匡国宁人，以兹颇久”[⑤]。

① 《旧唐书》卷145《刘全谅传》，第3938页。

② 《新唐书》卷39《地理志三》，1021页。

③ 《旧唐书》卷39《地理志二》，1519页。

④ 《全唐文》卷514《颜鲁公行状》，第5228页。

⑤ 周绍良、赵超：《唐代墓志汇编续集》贞元045《大唐故金紫光禄大夫行潭州别驾上柱国扶风郡开国公马（浩）府君墓志铭》（文中简称《马浩墓志》），上海：上海古籍出版社，2001年，第765页。

天宝十五年（756年）四月，唐朝授刘客奴柳城郡太守、摄御史大夫、平卢节度支度营田陆运、押两蕃渤海黑水四府、经略及平卢军使，赐名正臣；授王玄志为安东副大都护、摄御史中丞、保定军及营田使。之后，平卢节度使刘正臣与河北义军颜真卿接洽更加密切。颜真卿多次遣使"将彩物绢帛，相继渡海，与刘正臣计会,共和两蕃"[①],约定袭取叛军基地范阳。在刘正臣的哄诱下，奚王阿笃孤欣然前来助战。在进军范阳途中，"缘刘正臣使杨神功将牒与臣，索兵马及盘瓶锦帐，令应接奚契丹等"[②]。孰料潼关失守，李光弼、郭子仪率军退入土门（山西省鹿泉市白鹿泉乡），河北诸郡相次陷落。被迫放弃平原郡南逃的颜真卿，不可能满足刘正臣和奚的要求。这时，奚的情绪开始出现了波动，奚王哄骗刘正臣说要共同收复范阳，当众军行至后城南，奚乘夜偷袭平卢军，平卢先锋使董秦追奔至温泉山，大破奚族，擒杀奚首领阿布离。[③]奚与平卢军开始交恶。

刘正臣孤军奔袭范阳，结果半途被史思明击败。他只好退保北平，妻子及军资二千乘尽陷没。不久，安东都护王玄志鸩杀刘正臣。安禄山又署其党徐归道为平卢节度使，王玄志复与安东将领侯希逸袭杀徐归道。[④]《续日本纪》淳仁天皇天平宝字二年（758年）十二月戊申条记载:"十二月丙午，徐归道果鸩杀正臣于北平，潜通禄山、幽州节度使史思明，谋击天子。安东都护王玄志仍知其谋，率精兵六千余人，打破柳城，斩徐归道，自称权知平卢节度，

① 《全唐文》卷336《让宪部尚书表》，第3402页。

② 《全唐文》卷336《让宪部尚书表》，第3402页。

③ 《旧唐书》卷145《李忠臣传》，第3940页。

④ 《新唐书》卷144《侯希逸传》，第4703页。

进镇北平。”[①] 到底是徐归道鸩杀刘正臣，还是王玄志鸩杀刘正臣？中国正史与《续日本纪》的记载并不一致。不管怎样，由于平卢节度使刘正臣的意外死亡，唐朝政府重新调整了平卢节度使的人事任命，乾元元年（758 年）二月，唐廷正式授安东都护王玄志为平卢节度使。[②] 王玄志成为唐朝东北平叛的主将。

王玄志上任以后，立即派将军王进义出使渤海，要求渤海出兵协助平叛。然而，渤海方面因唐朝国内形势难以预料，以及徐归道的前车之鉴，遂以“其事难信”为辞，[③] 扣留了王进义，最终没有出兵。与此同时，王玄志在柳城杀徐归道后，随即进驻北平郡。北平郡是当时平卢节度使控制的南部重镇。王玄志在这里扼守险要，整肃军队，并伺机偷袭叛军的后方。《新唐书·苏源明传》记载“御史大夫王玄志压巫闾，临幽都”[④]。幽都位于今天北京市怀柔县境内。可见，王玄志统帅的安东军、平卢军一度推进到幽州北境，严重地威胁着叛军的大后方。

同年，王玄志又派大将李忠臣“率兵三千自雍奴（今天津市武清区后巷乡）桴苇绝海，击贼将石帝廷、乌承洽，转战累日，拔鲁城、河间、景城，收粮赀以实军。又与田神功下平原、乐安，禽（擒）伪刺史以献”[⑤]。平卢军渡海作战，多次收复失地，打击了叛军的嚣张气焰。同时，“收粮赀以实军”改善了自身的生存状况。平卢军的南下经营，为平卢军后来南渡山东半岛打下伏笔。

---

① ［日本］菅野真道等：《續日本記》卷 21，淳仁天皇天平宝字二年十二月戊申，東京：經濟雜誌社，1914 年，第 381 页。

② 《资治通鉴》卷 220《唐纪三十六》，第 7052 页。

③ 《續日本記》卷 21，淳仁天皇天平宝字二年十二月戊申，第 381 页。

④ 《新唐书》卷 202《苏源明传》，第 5773 页。

⑤ 《新唐书》卷 224《李忠臣传》，第 6387—6388 页。

乾元元年（758年）冬，王玄志病死，军中共推立大将侯希逸为平卢节度使，唐廷下诏正式拜侯希逸为平卢节度使兼御史大夫。“既数为贼所迫，希逸率励将士，累破贼徒向润客、李怀仙等。既淹岁月，且无救援，又为奚虏所侵。”[①]侯希逸不得不率军二万余人，且行且战，浮海南渡至山东半岛，治所设于青州（今山东省青州市）。

宝应元年（762年），叛军乘虚占据营州。[②]此时，叛军已是强弩之末，叛将李怀仙杀死史朝义降唐，标志着历时8年之久的安史之乱结束。唐廷授李怀仙为幽州卢龙节度使，“领幽、蓟、营、涿、平、檀、妫、瀛、莫九州”[③]。说明平卢节度使南迁后，营州节度使一级的建置随之撤销，改隶幽州卢龙节度使，[④]由此导致了唐朝在东北边疆统治的衰微，削弱了对辽西走廊的控制。

839年，统治北方大漠的回鹘汗国瓦解，回鹘部众分崩离析，除了部分西迁以外，另有数十万沿参天可汗道南下，抵达唐朝天德军、振武军及长城沿线。大批回鹘帐落的骤然出现，使得唐朝北边的防务压力剧增，而回鹘南下势力与契丹、奚、黑车子室韦等声气相连，也使东北的局势变得更加复杂。会昌二年（842年），契丹王鹘戌遣使朝贡，唐武宗在回信中抚慰急于拉拢契丹，孤立和牵制回鹘南下势力的期许。契丹方面很快做出反应，杀掉回鹘监使，与回鹘余众划清界限，又主动接受唐朝册封、印信，重新归附唐朝。在唐朝派军征讨回鹘余众的过程中，契丹接受幽州节度使的调遣，全力配合唐军，消灭回鹘乌介可汗势力。

---

① 《旧唐书》卷124《侯希逸传》，第3534页。

② 《新唐书》卷6《肃宗纪》，第165页。

③ 吴廷燮：《唐方镇年表》卷4，北京：中华书局，1980年，第543页。

④ 宋卿：《唐代营州与东北边疆经略》，长春：吉林大学出版社，2019年，第213页。

回鹘汗国瓦解以后，北方草原再次出现了政治真空状态。契丹、奚和黑车子室韦等东北诸部族，面临着前所未有的历史机遇和挑战。虽然唐朝国势大不如前，但它在东北亚乃至东亚仍然有相当的影响，契丹、奚、室韦等东北诸族尚无与唐朝对抗的实力。奚、室韦等势力由于对回鹘余众招降纳叛，遭到唐朝的沉重打击。契丹实行韬光隐晦、奉唐正朔的政策，为契丹在政治上赢得了唐朝的支持，使其讨伐周围诸部、吞并异己取得了合法的地位。也就是从这个时期开始，契丹真正地踏上了崛起之路。史称，“唐咸通末,有习尔者为王,土宇始大”[①]。王绵厚认为,契丹雄张辽西、塞外之际，基本上控制了辽西走廊。不久，又控制了辽东南部通往山东半岛的海道,“筑长城于镇东海口”[②]。镇东海口的位置,一般认为是大连市金普新区大连湾街道的哈斯罕关附近。

唐朝后期，政治衰微，藩镇渐成割据势力，朝廷对边疆羁縻府州经营无力。“藩镇擅地务自安,障戍斥候益谨,不生事于边,奚、契丹亦鲜入寇。”[③]藩镇无心经营边地羁縻府州,但求无战事而已。然而，契丹、奚人社会在唐朝设置羁縻府州以来，加速了由原始社会向文明社会发展的进程，并在中原先进文化与制度的影响下，于10世纪初开始了从部落联盟阶段向文明社会的飞跃。

① （宋）叶隆礼撰，贾敬颜、林荣贵点校：《契丹国志》卷1《太祖大圣皇帝》，北京：中华书局，2014年，第1页。

② 《辽史》卷1《太祖纪》，第3页。

③ 《新唐书》卷219《契丹传》，第6172页。

第六章

医巫闾山契丹帝后家园

辽朝是游牧民族契丹族建立的北方王朝，与北宋、西夏鼎足而立。辽朝疆域辽阔、境内民族众多，统治者奉行因俗而治的国策，“以国制治契丹，以汉制待汉人”，[①] 开创南北面官制，分别对待契丹人和汉人，采取不同的统治手段。《辽史・太祖纪》载：太祖三年（909 年）正月，耶律阿保机“幸辽东”[②]。医巫闾山在辽河以西，是由辽西进入辽东的必经之地。即辽朝建立后，医巫闾山成为辽朝境内的山脉，又因辽朝初年的东丹国和辽代帝陵而闻名。

---

① 《辽史》卷 45《百官志》，第 773 页。

② 《辽史》卷 1《太祖纪上》，第 4 页。

第一节　东丹国与医巫闾山

926年辽太祖耶律阿保机灭渤海国[①]建东丹国，册封皇太子耶律倍为人皇王，主政东丹，赐天子冠服，建元甘露，以原渤海国上京龙泉府（今黑龙江宁安）为都城，改名天福城，“置左右大次四相及百官，一用汉法”[②]。东丹国是辽朝辖下一个相对特殊的区域，治所相对孤远。辽太祖病逝后，耶律德光即位，是为辽太宗。太宗天显三年（928年），耶律羽之上疏提议迁徙东丹国民，曰：“梁水之地乃其故乡，地衍土沃，有木铁盐鱼之利。乘其微弱，徙还其民，万世长策也。彼得故乡，又获木铁盐鱼之饶，必安居乐业。”[③]太宗采纳耶律羽之的建议，遣耶律羽之迁东丹国渤海民口以实东平郡，并将东平郡升为南京。938年，辽太宗将南京改为东京，府曰辽阳（今辽宁省辽阳市）。辽时医巫闾山所在之地属东京道，辽朝在这一地区设置有显州、乾州。

医巫闾山距离东丹国首府东京（原南京）并不甚远，东丹王耶律倍经常流连于医巫闾山的望海堂。耶律倍身为皇太子、人皇王，在太祖去世后未能继承大统，弟弟耶律德光受宠于母亲述律

① 渤海国是以肃慎系粟末靺鞨为主体建立的中国古代地方政权，唐朝武则天圣历元年（698年），在首领大祚荣率领下建国，至926年为辽朝所灭，历时229年。渤海国全盛时疆域辽阔，南与新罗相接，北抵三江平原一带、与黑水靺鞨相接，东临日本海，西至今吉林、内蒙古交界处与契丹为邻，设有五京十五府六十二州。渤海立国期间仿唐制，政治体系完备，社会经济文化较为发达，号称海东盛国。

② 《辽史》卷72《义宗倍传》，第1334页。

③ 《辽史》卷75《耶律羽之传》，第1366页。

后，被扶持继承皇位。辽太宗即位后一直忌惮耶律倍，将东丹国从渤海国故地（今黑龙江牡丹江流域）迁到辽东地区，目的就是为了加强对东丹王的控制，也有利于更好地统治渤海遗民。东丹国迁到辽东后，耶律倍为了向太宗表示自己安心居于东丹国，无心朝廷之事，“命王继远撰建南京碑，起书楼于西宫，作《乐田园诗》”[①]。但太宗仍不放心，始终置卫士阴伺东丹王的动静。东丹王耶律倍虽然是契丹人，却不喜射猎，“通阴阳，知音律，精医药、砭焫之术”，用契丹文和汉文做得一手好文章，曾译《阴符经》。[②]并善作画，尤擅长画本国人物，他的作品《射骑》《猎雪骑》《千鹿图》为宋人所收藏。东丹王尊崇孔子，喜好读汉籍，在医巫闾山绝顶上修筑望海堂，购书数万卷，时常在医巫闾山读书作画，想通过这样向太宗表示自己只是想做一个逍遥自在的东丹王，连东丹国的政事也无心打理，绝无觊觎皇位之心。但仍未打消辽太宗的疑心，这使东丹王每天生活在煎熬中，有婢妾犯小错便以刀割火烧，性急好杀。后唐明宗听闻之，遣人跨海持书密召耶律倍。耶律倍谓左右臣下说：“我以天下让主上，今反见疑；不如适他国，以成吴太伯之名。”于是立木于海上，刻诗曰：“小山压大山，大山全无力。羞见故乡人，从此投外国。”[③]耶律倍便携高美人载书浮海而投奔了后唐。耶律倍到后唐后，明宗赐他姓东丹，名曰慕华，此后又赐名李赞华。东丹慕华（耶律倍）人在后唐，但常思其在辽国的亲人，问安之使不绝，并向辽太宗通报后唐的信息，终在后唐被害，时年 38 岁。[④]

① 《辽史》卷 72《义宗倍传》，第 1334 页。

② 《辽史》卷 72《义宗倍传》，第 1335 页。

③ 《辽史》卷 72《义宗倍传》，第 1334 页。

④ 《辽史》卷 72《义宗倍传》，第 1335 页。

耶律倍离开辽国后，医巫闾山的书堂可能被作为学校保留了下来。辽兴宗时，乾州人耶律良就曾在医巫闾山读书，学识广博，后入仕为官，辽道宗时官至同知南院枢密使事，深知为臣之道贵在忠贞，在道宗平重元之乱事上功绩显著，死后被追封为辽西郡王。[①]东丹国东迁辽东以及东丹王耶律倍个人的喜好和选择，使得医巫闾山区域文化事业发展起来。

耶律倍死后，尸骨从后唐归葬于辽国的医巫闾山。辽太宗驾崩后，耶律倍之子耶律阮即位为帝，是为辽世宗。此后，除了太宗之子穆宗曾为皇帝外，辽朝帝位基本由耶律倍的子孙后代传承。耶律倍葬身之地——医巫闾山遂成为辽代皇族的陵寝地之一。

第二节　契丹帝后陵与医巫闾山

据《辽史》记载和考古发掘资料所证实，辽代太祖嫡长子耶律倍（追谥让国皇帝、义宗）、世宗耶律阮、景宗耶律贤、天祚帝耶律延禧等 4 位皇帝的陵寝在医巫闾山，还有多位皇后、妃嫔，辽圣宗皇弟耶律隆庆父子，以及辽权臣韩德让与出继他的皇族子孙后裔等陪葬此处。

东丹王耶律倍客死后唐，有一僧人为其收尸掩埋。后晋石敬瑭攻入洛阳后，以王礼收敛了东丹王的尸骨，并送归辽国。辽太宗赐耶律倍谥号文武元皇王，归葬于医巫闾山。耶律倍没有入葬契丹内地辽太祖之祖陵，这不仅与辽太宗忌惮耶律倍有关，也与应天太后不喜耶律倍有关。应天太后在辽太祖驾崩之后摄领国政

---

① 《辽史》卷 96《耶律良传》，第 1538—1539 页。

达一年之久，最终弃嫡长子、皇太子、人皇王耶律倍而立次子耶律德光为帝。之后，耶律倍弃国南奔的行为同样为应天太后所不容，不大可能将其附葬太祖陵。医巫闾山原属东丹国辖区，将耶律倍安葬在这里也符合契丹贵族死后归葬封地的习俗。太宗耶律德光驾崩后，耶律倍的长子世宗即位，追谥耶律倍为让国皇帝，称其陵为显陵。辽世宗遇弑身亡，辽太宗之子穆宗即位，帝位世系出现变动，穆宗将世宗附葬于其父耶律倍的显陵。穆宗之后，辽朝皇位重归耶律倍一系，辽世宗之子景宗即位。景宗在位期间，在祖父耶律倍、父亲世宗的显陵附近营建乾陵，去世后葬于乾陵。世宗与景宗朝的后妃子孙与权臣等陪葬显、乾二陵。金初女真反辽战争的目的是建立女真独立的国家，其时尚没有树立灭辽取而代之的宏大目标。金军占领显州、乾州等地时曾有一定的破坏，“围显州，攻其城西南，军士神笃逾城先入，烧其佛寺，烟焰扑人，守陴者不能立，诸军乘之，遂拔显州”，但这是战争过程中的火攻之略及其影响，战后金廷即以“辽诸陵多在此，禁无所犯”[①]，对辽显陵、乾陵采取了一定的保护措施。辽天祚帝被金军俘获病逝后，亦被归葬在乾陵。

一、辽代显陵、乾陵的布局与形制

医巫闾山“山形掩抱六重”而南面临海，风景号称奇丽，非常符合契丹帝王、贵族墓地的选择标准。1980—1983年间，锦州市文物普查队在医巫闾山东麓的二道沟、三道沟等处发现了一批辽代建筑遗址，其中最重要的是新立遗址和琉璃寺西山遗址，为学界探寻辽代显陵、乾陵提供了重要线索。21世纪以来辽宁省

①　《金史》卷71《斡鲁古勃堇传》，第1636页。

考古工作者对这医巫闾山地区辽代遗址进行考古发掘工作，逐渐揭露了显陵、乾陵的面貌。

医巫闾山中段东麓当地俗称“二道沟”最里端，辽宁省北镇市富屯街道龙岗子村西北约 3 公里处发现的琉璃寺遗址，周围是相对开阔的山谷，西南距医巫闾山的绝顶望海峰约 1.8 公里。1933 年著名东北史大家金毓黻先生曾调查过琉璃寺遗址，认为琉璃寺遗址是东丹王陵（显陵）。随着新立遗址被学界普遍认为是乾陵后，金先生当年的看法可能会被证实——琉璃寺遗址是辽代显陵。遗址三面环山，四周因山势用不规则毛石建筑有围墙，大致可分为四道石筑的护坡墙，整个遗址呈阶梯式五进院落的格局，第二、三级院落内都有大型建筑台基，因山势而建也使得整个遗址的造型并不规则，整体呈西北—东南方向，陵寝门在东南方位。[①] 陵园由内外陵区构成，内陵区地势高峻，是帝陵玄宫所在，外陵区地势平坦，是高级陪葬墓区。二道沟的内外陵区之间有一道人工修筑的分界墙。陵区中部发现的大型建筑台基，为高等级地上建筑群，推测可能与帝陵玄宫直接相关，为祭殿或享堂类建筑。[②]

医巫闾山中段中麓当地俗称为“三道沟”的北镇市富屯街道新立村樱桃沟西北的新立遗址，背倚骆驼山，东西两侧各有一条季节性河流，两条河流交汇于二级台地之下的南部附近，周围群山环抱。台地经过了全面考古勘探和局部发掘，发现北部为一组大型廊院建筑（一号基址），由北部正殿、南部殿门和四周廊庑

---

① 辽宁省文物考古研究院、锦州市文物考古研究所、北镇市文物管理处：《辽宁北镇市琉璃寺遗址 2016 ～ 2017 年发掘简报》，《考古》2019 年第 2 期。

② 辽宁省文物考古研究所：《辽宁北镇市辽代帝陵 2012~2013 年考古调查与试掘》，《考古》2016 年第 10 期 。

组成的一个封闭院落。西南侧勘探发现一座全长 83.7 米的巨型墓葬（M1），墓室规模很大，属于多室砖室墓，应为乾陵玄宫。北侧发现一座全长 44.1 米的大型墓葬（M2），属于多室砖室墓，从建制看，等级极高。两墓距一号基址极近，最近处均不足 5 米。遗址内出土遗物主要有琉璃筒瓦、板瓦、瓦当、檐头板瓦、兽头、脊筒子、凤鸟、鸱尾、通脊瓦，以及铺地花斑石等。屋顶瓦件绝大多数为绿色琉璃件，仅出土个别灰陶瓦件，表明该建筑为一座满铺绿琉璃瓦的高等级建筑。发掘者将一号基址与内蒙古巴林右旗辽庆陵三座陵前主要殿址进行比较，认为它们的平面形制、建筑结构、规模大小、整体朝向基本相同，出土的兽面纹瓦当、檐头板瓦、筒瓦、板瓦等绿琉璃瓦件高度相似，加上遗址体现出的高等级以及出土玉册、花斑石等现象，可证明新立遗址一号基址应是辽代帝陵玄宫前的享殿。并指出新立遗址一号基址应是辽代乾陵的陵前殿址。[①]

辽代帝陵中多有殿堂之类的建筑，《契丹国志》载：天祚皇帝天庆九年（1119 年）夏，“金人攻陷上京路，祖州则太祖之天膳堂，怀州则太宗德光之崇元殿，庆州则望仙、望圣、神仪三殿，并先破乾、显等州如凝神殿、安元圣母殿，木叶山之世祖殿、诸陵并皇妃子弟影堂，焚烧略尽，发掘金银珠玉”[②]。据之，显陵设有安元殿、安圣殿；乾陵设有凝神殿、宜福殿。《辽史·地理志》记载：显陵“山形掩抱六重，于其中作影殿，制度宏丽”[③]。在显陵的安元殿、安圣殿中供奉着帝后的遗像。据《辽史·圣宗纪》

① 辽宁省文物考古研究院、锦州市文物考古研究所、北镇市文物处：《辽宁北镇市新立遗址一号基址 2015 ～ 2018 年发掘简报》，《考古》2020 年第 11 期。

② 《契丹国志》卷 11《天祚皇帝中》，第 133 页。

③ 《辽史》卷 38《地理志二》，第 526 页。

记载，圣宗曾亲至乾陵凝神殿祭祀他的父亲景宗，如统和元年（983年）四月“壬寅，致享于凝神殿”[①]。统和三年（985年）八月“庚辰，至显州，谒凝神殿”[②]。契丹帝王还会遣使至各帝陵祭祀，如圣宗统和元年八月己亥“遣使荐熊肪、鹿脯于乾陵之凝神殿”，同年“十二月壬午朔，谒凝神殿，遣使分祭诸陵，赐守殿官属酒”[③]。医巫闾山的显陵葬有义宗耶律倍、世宗耶律阮两父子；乾陵葬有景宗及亡国皇帝天祚帝。在契丹内地有祖陵（内蒙古巴林左旗）葬太祖，怀陵（内蒙古巴林右旗）葬辽太宗、穆宗父子；庆陵（内蒙古巴林右旗）葬辽圣宗、兴宗、道宗祖孙三代。辽代帝陵分布状况与中原王朝不同，呈相对分散状态。有学者指出辽代帝陵与唐代东北渤海国王陵的分布风格有相似之处。[④]

二、医巫闾山辽代帝陵埋葬和陪葬的人物

1. 帝王与后妃

医巫闾山的辽代显陵和乾陵共葬有4位皇帝，依照辽代葬仪规制，4位帝王的皇后应分别葬入二陵。

义宗耶律倍及其皇后葬于显陵。《辽史》载：义宗耶律倍，“世宗即位，谥让国皇帝，陵曰显陵。统和中，更谥文献。重熙二十年，增谥文献钦义皇帝，庙号义宗，及谥二后曰端顺，曰柔贞”[⑤]。但未提及耶律倍二后是否葬入显陵。据《辽史·太宗纪》记载，

① 《辽史》卷10《圣宗纪一》，第118页。

② 《辽史》卷10《圣宗纪一》，第123页。

③ 《辽史》卷10《圣宗纪一》，第119、120页。

④ 葛华廷：《辽代帝陵布局新探》，载《辽金历史与考古》（第七辑），沈阳：辽宁教育出版社，2017年，第62—68页。

⑤ 《辽史》卷72《义宗倍传》，第1335页。

辽太宗会同三年（940年）七月“丙子，从皇太后视人皇王妃疾。戊寅，人皇王妃萧氏薨……丙戌，徙人皇王行宫于其妃薨所”[①]。萧氏（端顺皇后）薨逝后，太宗即下令将人皇王行宫徙至她薨逝之所，表明将二人归于一处之安排。辽世宗母亲为柔贞皇后萧氏，世宗大同元年（947年）“八月壬午朔，尊母萧氏为皇太后”[②]。根据《辽史·世宗纪》，柔贞皇后死于世宗遇弑之难，但未详其葬事。不过，翻检辽代帝陵归葬情况，帝、后皆同葬一陵，如太祖及其述律后（应天皇太后）同葬祖陵、世宗二后与世宗皆葬显陵，景宗及其皇后萧绰（承天太后）同葬乾陵，圣宗仁德皇后与钦哀皇后并祔庆陵等，可推测耶律倍的“二后”应同葬显陵之中。目前显陵和乾陵还没有进行考古发掘，具体的丧葬制度还不清楚，期待考古工作的进一步推进。

世宗及其皇后葬于显陵。据《辽史》记载，辽世宗耶律阮，“让国皇帝长子，母柔贞皇后萧氏”。大同元年（947年）四月，辽太宗驾崩，耶律倍之子耶律阮“即皇帝位于柩前”，至天禄五年（951年）九月遇弑身亡，“应历元年，葬于显州西山，陵曰显陵”[③]。应历为穆宗年号，元年亦为951年，辽世宗耶律阮遇弑身亡后，当年归葬于医巫闾山显陵。关于世宗皇后，直至世宗即位的第四年——天禄四年（950年）方册立辽景宗耶律贤之母萧氏为皇后即怀节皇后。同时，《辽史·后妃传》以“世宗妃甄氏”记述甄氏生平，甄氏是后唐宫人，姿色不俗，世宗在随太宗南征中获甄氏，极为宠爱，天禄元年（947年）四月世宗即位为帝，《后妃传》称世宗“即位，立为皇后”。可知在世宗早期的皇后是甄氏，但既

① 《辽史》卷4《太宗纪下》，第52页。

② 《辽史》卷5《世宗纪》，第72页。

③ 《辽史》卷5《世宗纪》，第63、66页。

然又以“妃甄氏”开始记述她的生平，疑在册怀节皇后的同时甄氏被降为妃。天禄五年（951 年）世宗遇弑，皇太后（耶律倍柔贞皇后）、世宗皇后萧氏及甄氏皆亡于是事。不过，辽世宗驾崩后辽朝帝位又回到太宗一系，辽朝皇权发生世系的更迭动荡，世宗夹在太宗和穆宗父子之间，葬事仓促，太后、皇后、妃嫔虽同时被杀，应该是没能及时入葬帝陵。按《辽史·后妃传》的记载：“景宗立，葬二后于医巫闾山，建庙陵寝侧。”[①]世宗的儿子景宗在保宁元年（969 年）即位，其后才将父亲世宗的“二后”归葬显陵，对甄氏仍尊称为“后”，与甄氏传记开篇的“妃甄氏”稍有矛盾，推测和薨逝后给予尊崇以及甄氏曾为皇后有一定关系。

景宗及睿智皇后（承天皇太后）葬于乾陵。《辽史·景宗纪》载：景宗乾亨二年（980 年）“五月，雷火乾陵松”[②]。表明景宗在位时已开始营建自己的陵寝——乾陵。至乾亨四年（982 年）九月驾崩，圣宗统和元年（983 年）二月“甲午，葬景宗皇帝于乾陵，以近幸朗、掌饮伶人挞鲁为殉。上与皇太后因为书附上大行。丙申，皇太后诣陵置奠，命绘近臣于御容殿，赐山陵工人物有差。庚子，以先帝遗物赐皇族及近臣……乙巳，以御容殿为玉殿，酒谷为圣谷”[③]。至于景宗皇后，保宁八年（976）二月，景宗曾“谕史馆学士，书皇后言亦称‘朕’暨‘予’，著为定式”[④]。从中可知景宗睿智皇后（圣宗朝承天皇太后）萧绰在景宗时积极参与朝政，有着相当高的地位。景宗因疾年仅三十五而驾崩，圣宗十二岁即位，承天皇太后在圣宗朝又摄理朝政二十七年之久，这是辽朝史上影响十

---

① 《辽史》卷 71《后妃传》，第 1322 页。

② 《辽史》卷 9《景宗纪下》，第 111 页。

③ 《辽史》卷 10《圣宗纪一》，第 117 页。

④ 《辽史》卷 8《景宗纪上》，第 103 页。

分深远的一位皇太后。统和二十七年（1009 年）十一月承天皇太后薨逝，次年正月“甲寅，如乾陵。癸酉，奉安大行皇太后梓宫于乾州菆涂殿……夏四月甲子，葬太后于乾陵”[①]。即景宗夫妻葬入医巫闾山乾陵之内，这在《辽史》中有着明确的记载。

天祚帝葬于乾陵。金太宗天会三年（1125 年）金朝大将完颜娄室俘获辽天祚帝耶律延禧，辽朝灭亡。同年八月，天祚帝被押解至金京师（今黑龙江省阿城）。金太宗并没有杀了天祚帝，而是将其降封为海滨王。金太宗天会六年（1128 年），耶律延禧“以疾终，年五十有四，在位二十四年。金皇统元年二月，改封豫王。五年（1145 年），葬于广宁府闾阳县乾陵傍”[②]。天祚皇帝以被俘之身、亡国之君入金，被降封王爵，以天祚皇帝当时的身份，虽然金朝皇帝允许他归葬辽帝陵，但不会以皇帝规格入葬。具体情况尚需考古发掘成果来揭示。

2. 陪葬医巫闾山辽代帝陵的人物

根据辽代史籍及出土墓志的记载，陪葬显陵、乾陵，以及附葬于医巫闾山的人物，主要是耶律倍、景宗的子孙，以及身份特殊的权臣，参见下表：

---

① 《辽史》卷 15《圣宗纪六》，第 183 页。

② 《辽史》卷 30《天祚皇帝纪四》，第 398 页。

表 2　陪葬显陵、乾陵与附葬医巫闾山的人物表[①]

人名	身份	山陵	史料来源
耶律隆先	耶律倍四子	医巫闾山道隐谷	《辽史》卷 72《耶律隆先传》
耶律隆庆	景宗次子	附葬乾陵	《耶律宗允墓志》，见《辽代石刻文编》
耶律宗政	隆庆长子	附葬乾陵	《耶律宗政墓志》，见《辽代石刻文编》
秦晋国妃	宗政名誉妻子	与宗政合祔	《秦晋国妃墓志》，见《辽代石刻文编》
耶律宗允	隆庆少子	陪葬乾陵	《耶律宗允墓志》，见《辽代石刻文编》
耶律宗教	隆庆胤子	附葬乾陵	《耶律宗教墓志》，见《辽代石刻文编》
耶律宗业	韩德让过继之子	葬乾陵侧	《契丹国志》卷 18
韩德让（耶律隆运）	枢密使、开府仪同三司、大丞相、兼政事令	建庙乾陵侧	《辽史》卷 82《耶律隆运传》
耶律弘仁	韩德让过继之子	陪葬乾陵	司伟伟：《辽代耶律弘仁墓志考释》
耶律弘礼	韩德让过继之子	陪葬乾陵	万雄飞、司伟伟：《辽代耶律弘礼墓志考释》
耶律弘义	圣宗侄孙	陪葬显陵	司伟伟：《辽耶律弘义墓志考释》
天祚帝	皇帝	陪葬乾陵	《辽史》卷 30《天祚皇帝纪》

据表 2 统计的内容，主要有四类人物。

其一，东丹王耶律倍之子耶律隆先。

耶律隆先，耶律倍第四子，母大氏，保宁元年（969 年）二

① 该表主要据《辽史》，见于《辽代石刻文编》等书及近年考古发掘所出相关人员墓志统计而成。

月景宗即位，同年四月大封宗室贵族为王，其中耶律倍之三子耶律稍为吴王、四子耶律隆先为平王、五子道隐为蜀王。耶律隆先在景宗时曾“兼政事令，留守东京”，从政能力颇佳，为政有声，号称“薄赋税，省刑狱，恤鳏寡”，而且能够为朝廷推举贤能之士，又有征战能力，曾“与统军耶律室鲁同讨高丽有功”，耶律隆先薨逝后，“葬医巫闾山之道隐谷”[①]。葬所在医巫闾山帝陵区内，加上其身为耶律倍的儿子身份，应是陪葬显陵。至于耶律倍的其余诸子，次子耶律娄国在穆宗朝谋逆被缢杀，穆宗“诏有司择绝后之地以葬”[②]，未能陪葬显陵。耶律稍、耶律道隐的埋葬地是否同在医巫闾山帝陵，史无明载。

其二，景宗次子、圣宗同母弟耶律隆庆及其诸子与儿媳等人。

耶律隆庆是景宗与睿智皇后（承天皇太后）的次子、辽圣宗同母弟，而且承天太后在圣宗朝长期摄政，耶律隆庆在这一时期极为受宠应有这一因素的影响。耶律隆庆的独特地位在以下三点体现得非常明显：第一，在圣宗开泰元年（1012 年）耶律隆庆被封为秦晋国王，是圣宗朝唯一获封两字国王者；第二，耶律隆庆薨逝后，圣宗追赠他为皇太弟，根据隆庆之子耶律宗政的墓志记载，耶律隆庆还曾获赠“孝贞皇太叔”之号，兴宗皇帝是圣宗之子、隆庆之侄，耶律隆庆皇太叔的称谓应源自辽兴宗；第三，辽朝有斡鲁朵制度，“辽国之法：天子践位，置宫卫，分州县，析部族，设官府，籍户口，备兵马”[③]。斡鲁朵独立于普通的州县、部族之外，本为皇帝独有，实际上，辽朝九位在位皇帝及应天皇太后（太祖淳钦皇后）、承天皇太后（景宗睿智皇后）和耶律隆庆分别设有

① 《辽史》卷 72《平王隆先传》，第 1335—1336 页。

② 《辽史》卷 112《耶律娄国传》，第 1651 页。

③ 《辽史》卷 31《营卫志上》，第 410 页。

一宫，景宗、圣宗朝重臣韩德让设一府，共十二宫一府。辽朝历史上皇弟、皇叔众多，得设有斡鲁朵者唯耶律隆庆一人。综合上述三点可知，耶律隆庆在圣宗时期地位尊崇至极，故死后得以陪葬帝陵，并且其诸子也多祔葬其陵，为帝陵陪葬。

耶律隆庆薨逝于圣宗开泰五年（1016年）十二月，开泰六年（1017年）“三月乙巳，如显州，葬秦晋国王隆庆”[①]。显州是显陵的奉陵州，在今天辽宁省北镇市。这一记载会让人有隆庆附葬显陵之推测。但乾州亦在今北镇市，两州比邻，而耶律隆庆又是景宗的嫡子，似应附葬乾陵。耶律隆庆附葬的到底是哪一帝陵，因其墓葬尚未见发掘，还需进一步分析。耶律隆庆诸子墓葬已有诸多发掘，我们先考察其诸子墓葬情况。

根据《辽史·皇子表》记载，耶律隆庆有子五人，分别是“查葛、遂哥、谢家奴、驴粪、苏撒”[②]。结合其诸子的墓志等可知，查葛即耶律宗政、遂哥即耶律宗德、谢家奴即耶律宗允、驴粪即耶律宗教。[③]1970年在辽宁省北镇市富屯街道龙岗村发现耶律宗政与秦晋国妃合葬墓、耶律宗允墓，出土三方墓志；1982年在北镇市鲍家乡高起村发现了耶律宗教墓，1991年发掘出土一方墓志，且志盖内阴刻有千余契丹小字的志文。耶律隆庆这三个儿子的墓葬皆在医巫闾山。

琉璃寺遗址为显陵所在地，新立遗址为乾陵所在地，耶律宗政、宗允的墓葬在龙岗子墓群处。琉璃寺遗址在耶律宗政墓西北约3公里处，耶律宗政墓与新立遗址之间的距离与其距琉璃寺遗

① 《辽史》卷15《圣宗纪六》，第195页。

② 《辽史》卷64《皇子表》，第1088—1089页。

③ 《耶律宗政墓志》《耶律宗允墓志》《耶律宗教墓志》，向南：《辽代石刻文编》，石家庄：河北教育出版社，1995年，第305—311、319—324、750—753页。

址的距离相差无几。而耶律宗教墓在鲍家乡，一定程度上可说孤悬在外，相距显陵、乾陵以及耶律宗政、宗允墓的位置较远。为何会这样呢？这要结合兄弟三人出身情况来进一步探讨。

据《耶律宗政墓志》载："齐国妃兰陵萧氏，故豳国夫人之女，皇妣也。王即孝贞皇太叔之元子。"《耶律宗允墓志》记："故尚书令、秦晋国王、赠孝贞皇太弟讳隆庆，故齐国妃萧氏，考妣也……兄二人：长曰宗政，守太傅，兼中书令，魏国王；次曰宗德，大内惕隐，同中书门下平章事，汧王。"[①] 按二人墓志所载内容，耶律宗政、耶律宗德与耶律宗允为同母兄弟，他们的母亲为豳国夫人[②]之女、受封齐国妃，在耶律隆庆诸妻中地位颇尊，故耶律宗政为耶律隆庆"元子"，即嫡子的身份。耶律宗政、耶律宗允二人之墓比邻，宗允墓在宗政墓西侧约 30 米处。[③]《耶律宗政墓志》记载：耶律宗政"归葬于乾陵，祔祖宗之寝庙，顺也"。明确说明耶律宗政附葬的是其祖父景宗的乾陵。《耶律宗允墓志》亦载：耶律宗允"陪葬于乾陵，祔孝贞皇太弟之茔，顺也"[④]。直接点明宗允之墓是以附葬其父耶律隆庆之墓的方式陪葬乾陵。结合上述记载，"孝贞皇太弟"耶律隆庆墓应在耶律宗政、宗允墓附近，也应是附葬乾陵。

耶律宗教之母萧氏是"渤海圣王孙女"，称迟女娘子，身份

---

① 《耶律宗政墓志》《耶律宗允墓志》，向南：《辽代石刻文编》，第 305—311、319—324 页。

② 疑为豳王萧排押之妻、景宗次女。《耶律宗政墓志》，向南：《辽代石刻文编》，第 305—311 页。

③ 王绵厚：《北镇龙岗耶律宗政墓北邻辽墓发现的考古学窥探》，载《辽金历史与考古》（第四辑），沈阳：辽宁教育出版社，2013 年，第 3—7 页。

④ 《耶律宗政墓志》《耶律宗允墓志》，向南：《辽代石刻文编》，第 305—311、319—324 页。

地位相对宗政、宗允之母齐国妃较低，故《耶律宗教墓志》言耶律宗教是“孝贞皇太叔之胤子”[1]。耶律宗教卒于兴宗重熙二十二年（1053 年），享年 62 岁，约出生于圣宗统和九年（991 年）；耶律宗政卒于道宗清宁八年（1062 年），享年 60 岁，约出生于圣宗统和二十年（1002 年）。从年岁上说，耶律宗教长于耶律宗政，是为长兄，但在《辽史・皇子表》中耶律宗教（旅坟）在兄弟中的排行是第四。这应该和耶律宗政、宗德、宗允兄弟的母亲地位高、耶律宗政被称为耶律隆庆的元子有关系。而且，耶律宗政最后封爵为魏国王，宗德为汧王，宗允为郑王，耶律宗教的爵位则是比之低一个大等级的广陵郡王，在四兄弟中居末。这些都表明耶律宗教因母亲出身较低而为庶子,地位低于耶律宗政兄弟三人。但《耶律宗教墓志》记载:耶律宗教“附葬于乾陵之西麓”[2],依然有着陪葬乾陵的待遇。只是可能因与耶律宗政兄弟不是同母、地位偏低，是故其墓葬位置稍远，未与耶律宗政、宗允墓在一处位置。耶律宗教墓是多室砖室墓，由斜坡式墓道、砖筑仿木结构的墓门、圆拱券顶的甬道、正方形的左右耳室和八边形的主室共同组成，墓门为东南朝向。该墓被盗严重,文物残存极少,且多为残破不全者。

综上所述，耶律宗政、耶律宗允和耶律宗教都陪葬乾陵，而宗政又被称为耶律隆庆的元子，其同母弟宗允又是“祔孝贞皇太弟之茔”，可推断耶律隆庆之墓更大可能应在宗政、宗允墓附近，陪葬乾陵。耶律宗政墓之北不足 300 米处有一等级明显高于宗政、宗允两墓的琉璃砖墓葬，有学者认为这一墓葬应是耶律隆庆之墓，并推测耶律隆庆次子耶律宗德之墓当在耶律宗政墓的东侧（耶律宗允墓

① 《耶律宗政墓志》，向南：《辽代石刻文编》，第 750—753 页。
② 《耶律宗政墓志》，向南：《辽代石刻文编》，第 750—753 页。

在耶律宗政墓西侧），[①]具体情况尚待考古工作的进一步推进来证实。

陪葬乾陵者还有与耶律宗政同葬一墓的秦晋国妃萧氏。秦晋国妃是景宗之女魏国公主长寿奴与北府宰相、枢密使、驸马都尉萧曷宁（萧排押）的女儿，圣宗与耶律隆庆兄弟的外甥女，其父系家族世为后族显贵。秦晋国妃出身高贵，博览经史，好歌诗作赋，作品多传诵于朝野，又兼具契丹女性之勇武善骑射之风，为人“轻财重义，延纳群彦”“学识该洽，襟量宏廓”，以致道宗皇帝都曾将其“诏赴行在，常备询问”[②]，是个不可多得的才女。然则，秦晋国妃婚姻颇为坎坷。她薨逝于道宗咸雍五年（1069 年），享年 69 岁。据之，秦晋国妃约出生于圣宗统和十八年（1000 年）。开泰五年（1016 年）嫁给亲舅舅秦晋国王耶律隆庆，同年十二月耶律隆庆薨逝，此时秦晋国妃年方 16 岁。辽圣宗下诏令耶律隆庆长子耶律宗政遵循契丹族传统的接续婚[③]习俗与秦晋国妃完婚，秦晋国妃年长耶律宗政 2 岁左右，二人算年岁相当，但耶律宗政“性介特，辞以违卜，不即奉诏”，也因之终身不娶、没有子嗣傍身。不过，辽圣宗对这个尚在花季的外甥女很是怜惜，于是又为秦晋国妃选择了守太尉、兼中书令、鲁国公刘二玄“亲奉左右”，成为实际夫妻。秦晋国妃在咸雍五年（1069 年）薨逝后，“有诏于显陵，开魏国王玄堂而合祔”[④]。魏国王即耶律宗政，秦晋国妃与耶律宗政同葬一墓。宗政陪葬于乾陵，《秦晋国妃墓志》却云“有

① 王绵厚：《北镇龙岗耶律宗政墓北邻辽墓发现的考古学窥探》，载《辽金历史与考古》（第四辑），第 3—7 页。

② 《秦晋国妃墓志》，向南：《辽代石刻文编》，第 341—342 页。

③ 接续婚，即“妻后母，报寡嫂”是一种古老的婚俗。

④ 《耶律宗政墓志》《秦晋国妃墓志》，向南：《辽代石刻文编》，第 305—311、340—343 页。

诏于显陵”，让人有所疑虑。有学者认为：这是因为秦晋国妃先后嫁于耶律隆庆、耶律宗政、刘二玄，于是在秦晋国妃去世后会面临与谁合葬的问题，道宗身为晚辈不好做主，方有以显陵有诏的方式“强调了秦晋国妃与耶律宗政合葬的理由”，“并没有否认龙岗墓群为乾陵陪葬墓的性质”[①]。

其三，权臣韩德让（耶律隆运）[②]及其后继者的墓葬。

韩德让是辽代历史上的一位传奇人物，以汉人之躯而位极人臣。韩德让是蓟州玉田（今河北省唐山市）人，其祖韩知古、父韩匡嗣在辽皆有较高的地位和影响。韩知古，《辽史》有传：“太祖平蓟时，知古六岁，为淳钦皇后兄欲稳所得。”[③]《辽史·太祖纪》载：唐天复三年（903年）“冬十月，引军略至蓟北，俘获以还”[④]，韩知古入契丹应是此年之事。韩知古后来得太祖赏识，曾出任左仆射、中书令，为辽初佐命功臣之一。韩德让之父韩匡嗣，按其墓志所载：“以乾亨五年，孝成皇帝登遐，公思凤翼之早依，痛龙髯之遽谢。因怀咏叹，旋遘沉疴，以当年十二月八日薨于神山之行帐，享年六十六。”[⑤]乾亨五年应为983年，结合其享年推算，其当生于辽太祖神册二年（917年）。《辽史》称“匡嗣以善医，直长乐宫，皇后视之犹子”[⑥]，以“善医”而值守也当在其成年之

① 万雄飞、陈慧：《〈秦晋国妃墓志〉》“有诏于显陵”解读——兼谈辽代寝殿学士制度》，载《边疆考古研究》（第19辑），北京：科学出版社，2016年，第257—261页。

② 韩德让在圣宗统和二十二年（1004年）赐姓耶律，“隶横帐季父房后”，至统和二十八年（1010年）又获赐隆运之名。见《辽史》卷82《耶律隆运传》，第1422—1423页；万雄飞、司伟伟：《辽代韩德让墓志考释》，《考古》2020年第5期。

③ 《辽史》卷74《韩知古传》，第1359页。

④ 《辽史》卷1《太祖纪上》，第2页。

⑤ 《韩匡嗣墓志》，向南：《辽代石刻文编》，第23—27页。

⑥ 《辽史》卷74《韩匡嗣传》，第1360页。

后，即可能在太宗（927 — 947 年）之时，景宗朝得以居高官封显爵，这可从其墓志署衔得以证实："推诚奉上宣力匡运协赞功臣、西南面招讨使、晋昌军节度使、开府仪同三司、检校太师、兼政事令、尚父、京兆尹、上柱国、秦王，食邑一万户，赠尚书令。"[①]韩德让主要活动于景宗、圣宗两朝，史称其"重厚有智略，明治体，喜建功立事"，在景宗朝曾代其父韩匡嗣留守上京，颇有治绩，后来再代父守南京，在与宋战争中立有显著功绩，得拜南院枢密使，深为景宗赏识。景宗病危托孤，以韩德让和耶律斜轸同为顾命大臣，辅佐圣宗。乾亨四年（982 年）九月，圣宗年少即位，"时诸王宗室二百余人拥兵握政，盈布朝廷。后当朝虽久，然少姻媛助，诸皇子幼稚，内外震恐"[②]。太后母族势力不强，于是母子二人对能战能守、位高权重的韩德让极为倚重，韩德让得"总宿卫事"，为圣宗初期的政局稳定起到一定作用。统和四年（986 年）韩德让从承天太后御宋，事后"加守司空，封楚国公"，与当时的北府宰相室昉共同辅治国政，其后更得以拜任辽朝历史上甚少见的"大丞相"之职。其爵位也一路晋升，从楚国公至楚王，再到齐王，最后得封晋国王。统和二十二年（1004 年），韩德让随承天太后南征并参与签订澶渊之盟，归国后被"赐姓，出宫籍，隶横帐季父房"[③]，不仅获赐耶律姓氏，而且获得皇族出身，"位亲王上"，荣宠至极。再者，如前所述，辽朝行斡鲁朵制度，辽朝历史上共有十二宫一府，九位皇帝、两位太后及圣宗同母弟耶律隆庆各一

① 本段未出注史料见《辽史》卷 74《韩知古传》、《韩匡嗣传》，第 1359 — 1361 页；《韩匡嗣墓志》，向南、张国庆、李宇峰：《辽代石刻文续编》，沈阳：辽宁人民出版社，2010 年，第 23 — 27 页。

② 《契丹国志》卷 18《耶律隆运传》，第 197 页。

③ 《辽史》卷 82《耶律隆运传》，第 1422 页。

宫，而韩德让则是仿此设立文忠王府。[①]诸多皇子皇孙中只有耶律隆庆有此殊荣，一位汉人臣子却越过皇亲国戚、各贵族重臣们而得以设斡鲁朵性质的文忠王府是罕见的。一方面，韩德让具有较高的政治才能，尤其是在圣宗朝地位超越，发挥了重要的治政作用；另一方面他与承天太后的关系比较特殊。宋人文献中有承天太后毒杀韩德让妻子、下嫁韩德让甚至为其生子的记载。[②]不过，在辽朝方面的史籍、相关墓志中并未见到能确证此事的记载。但《韩德让墓志》中无一字提及韩德让的妻子，如此讳莫如深，这一情况的确会让人有所猜疑。承天太后薨逝于统和二十七年(1009年）十二月，在此之后，辽圣宗以“虽天子必有长也，言有兄也”的理由赐韩德让名为隆运，与圣宗耶律隆绪及弟隆庆、隆裕同用“隆”字，即“连御讳”。[③]辽圣宗此举，是视韩德让为兄，应有洗清承天太后与韩德让亲密关系传闻的用意。但无论韩德让与承天太后是否有亲密关系，韩德让无疑都是辽代中期历史上首屈一指的重臣，也是目前所知唯一得以陪葬辽代医巫闾山帝陵的汉人。

《辽史·耶律隆运传》言：韩德让“无子。清宁三年，以魏王贴不子耶鲁为嗣。天祚立,以皇子敖卢斡继之”[④]。韩德让无子嗣，故辽帝多次将契丹皇族子弟过继到韩德让名下，且远不止本传所见这两人。韩德让薨逝之际，耶律宗业已入继其名下，《韩德让墓志》中有记：“有子一人曰宗业，华州观察使、金紫崇禄大夫、

① 《辽史》卷 31《营卫志上》，第 410 页。

② 路振《乘轺录》疏证稿，见贾敬颜：《五代宋金元人边疆行记十三种疏证稿》，北京：中华书局，2004 年，第 45—46 页。

③ 万雄飞、司伟伟：《辽代韩德让墓志考释》，《考古》2020 年第 5 期。

④ 《辽史》卷 82《耶律隆运传》，第 1423 页。

检校太保兼御史大夫、上柱国、漆水县开国子、食邑五百户。”[①] 耶律宗业是辽圣宗同母弟齐国王隆裕之长子，《辽史》有见其契丹名胡都古，后封广平郡王、周王。此外，洪家街 M2 墓（详见后文论述）出土有《耶律弘礼墓志》，耶律弘礼是齐国王隆裕第三子卫王贴不（宗濈）的第三子，该墓志有记："特命公伯父三韩王宗范为后，三韩王□薨，以公之长兄左威卫上将军弘仁暨其侄千牛卫将军捷不也嗣之，兄侄又亡，至是（道宗大康七年 1081 年）公主其籍。”有学者考证，耶律弘仁即《辽史》所见之耶鲁，捷不也应是耶律弘仁之子。[②] 此后，乾统元年（1101 年）二月，天祚皇帝即位，选择了自己的儿子出继韩德让之后。综上，出继韩德让的皇族子弟有：圣宗同母弟齐王耶律隆裕的长子周王耶律宗业（胡都古），次子韩王耶律宗范（合禄），三子魏王宗濈（贴不）的长子耶律弘仁（耶鲁）、三子耶律弘礼及耶律弘仁之子耶律捷不也，天祚帝之子耶律敖卢斡等。其实，韩氏家族经韩知古、韩匡嗣以至韩德让三代人的发展，实力非常雄厚，根据《契丹国志》的记载，韩德让"兄弟九人，缘翼戴恩，超授官爵，皆封王。诸侄三十余人，封王者五人，余皆任节度使、部署等官"[③]。《韩椅墓志》对此亦有记曰："戚属族人，拜使相者七，任宣猷者九，持节旄，绾符印，宿卫交戟，入侍纳陛者，实倍百人。"[④] 韩氏家族如此多的子侄，韩德让的后嗣却以皇族子弟为继，应和辽圣宗将韩德让"隶横帐季父房"、韩德让属于皇室身份有关。故《契丹国志》赞曰：

① 万雄飞、司伟伟：《辽代韩德让墓志考释》，《考古》2020 年第 5 期。

② 万雄飞、司伟伟：《辽代耶律弘礼墓志考释》，《考古》2018 年第 6 期。

③ 《契丹国志》卷 18《耶律隆运传》，第 198—199 页。

④ 《韩椅墓志》，向南：《辽代石刻文编》，第 203—210 页。

“释肺腑之戚，玉谱联名；席茅土之封，金枝入继。”[①]

韩德让与后继者的墓葬位于今辽宁北镇市富屯街道的洪家街西北方向的山坡上，距北镇市区大约5公里，目前已发掘4座墓葬，命名为洪家街M1、M2、M3、M4墓，其中后三者出土有墓志，依据墓志可确定为耶律弘礼、耶律弘仁、韩德让墓。圣宗统和二十九年（1011年）三月己卯，韩德让薨逝，其墓志称“权殡于显州之右”，占卜墓址，以亲王之礼治丧，“陪葬于乾陵之乙地”[②]。暂安置在显州之右而最终附葬乾陵之侧，这与圣宗开泰六年（1017年）圣宗入显州营办耶律隆庆葬事而将其陪葬乾陵相似，表明显陵的奉陵州——显州与乾陵的位置很接近。《韩德让墓志》志文结尾提及“陪葬于乾陵之乙地”，用天干地支表方位时“乙”为东方，由此可推知乾陵玄宫应在韩德让墓的西部。[③] 新立遗址（乾陵所在地）确在洪家街韩德让墓北偏西的位置。

韩德让墓墓圹平面近“甲”字形，口大底小，墓室由条形砖垒砌而成，墓圹与砖壁之间用沙、残砖、砂土填充并逐层夯打紧实，整座墓葬长32米，由墓道、天井、墓门、前后甬道、前室、主室及两个耳室共同组成，前室平面呈方形，两耳室及主室平面呈圆形，从主室建造看，有专门放置石棺的位置。而且该墓多处有壁画，建造讲究。比如墓道东壁绘有一辆无篷车和一契丹人，车饰华丽且装饰有龙首，壁画中也有汉人形象，与韩德让的出身及其政治地位相合。韩德让墓被盗严重，人骨散落在墓葬诸处，发掘者清理出三个人骨个体，分别为一个老年男人和两个中年女性。

---

① 《契丹国志》卷18《耶律隆运传》，第199页。

② 万雄飞、司伟伟：《辽代韩德让墓志考释》，《考古》2020年第5期。

③ 辽宁省文物考古研究院、锦州市博物馆、北镇市文物处：《辽宁北镇市辽代韩德让墓的发掘》，《考古》2020年第4期。

但《韩德让墓志》中未提及其妻妾情况，两位中年女性身份存疑。即便是曾被严重盗扰，该墓仍出土有陶、瓷、银、铜、铁、玉、石、水晶、玛瑙、玻璃等类器具约 110 件（套），[①] 陪葬品丰厚，表明韩德让的丧葬规格很高。

洪家街 M2 墓为耶律弘礼之墓，《耶律弘礼墓志》记载明确，耶律弘礼病卒于道宗寿昌二年（1096 年），归葬于“医巫闾山之阳，以附丞相茔”[②]。即耶律弘礼虽为圣宗同母弟齐国王耶律隆裕之孙、卫王宗溯（贴不）之子，但因其出继韩德让（耶律隆运），故附葬于洪家街韩德让墓，随之陪葬乾陵。耶律弘礼墓是一座大型的单室砖室墓，墓圹主体呈不规则的圆角三角形，有朝向东南的墓道。《新五代史》曰：“契丹好鬼而贵日，每月朔日，东向而拜日。其大会聚、视国事，皆以东向为尊，四楼门屋皆东向。”[③] 契丹这一拜日、东向之俗对契丹墓葬有很大的影响。沈括《梦溪笔谈》记：“契丹坟墓皆在山之东南麓。”[④] 医巫闾山显陵、乾陵陵寝门址也是东南向，[⑤] 皆是这一风俗的体现。耶律弘礼墓天井呈口大底小的斗状，墓门是砖雕仿木结构，墓室平面为圆形，墓室内有平面为八角形的木椁，木椁内有木棺，因被盗扰的原因，人骨散落，残存人骨为一具成年女性遗骨。耶律弘礼墓虽然曾被盗扰，仍出土有

① 辽宁省文物考古研究院、锦州市博物馆、北镇市文物处：《辽宁北镇市辽代韩德让墓的发掘》，《考古》2020 年第 4 期。

② 万雄飞、司伟伟：《辽代耶律弘礼墓志考释》，《考古》2018 年第 6 期。

③ （宋）欧阳修：《新五代史》卷 72《四夷附录第一》，北京：中华书局，1974 年，第 888 页。

④ （宋）沈括：《梦溪笔谈》卷 24，北京：中华书局，2016 年，第 520 页。

⑤ 辽宁省文物考古研究院、锦州市文物考古研究所、北镇市文物管理处：《辽宁北镇市琉璃寺遗址 2016 ~ 2017 年发掘简报》，《考古》2019 年第 2 期。

各类遗物 227 件之多，体现出辽代厚葬之风。[①]

洪家街 M3 墓为耶律弘仁之墓，位于耶律弘礼墓东北约 50 米处。

从耶律弘仁、弘礼兄弟随葬韩德让（耶律隆运）的情况看，随韩德让陪葬乾陵者，是过继到他名下的出自契丹皇族的后继者，或周围还有其余出继其名下的皇族子弟的墓葬，如最早出继韩德让的耶律宗业亦陪葬乾陵，按《契丹国志》记载："宗业薨，葬乾陵侧。"[②]目前未见有耶律宗业墓志出土，有待考古工作的进一步推进。

其四，耶律隆裕之孙、卫王宗濡（贴不）之子耶律弘义。

辽代医巫闾山显陵、乾陵陪葬墓葬墓群应不止上述人员，比如辽宁省北镇市富屯街道小河北村的墓地，小河北墓地在洪家街韩德让等人墓地西南约 700 米处。2017—2018 年曾对这一墓葬群进行发掘，目前 M3 号墓出土有墓志一合，墓主人为圣宗同母弟齐国王耶律隆裕之孙、卫王宗濡（贴不）次子耶律弘义。耶律弘义墓由甬道、东西耳室和主室组成，墓室是由青砖砌筑的，主室砖墙呈现为"八边形"，这种墓葬形式多见于辽代中晚期。发掘者认为，虽然在发掘的 5 座墓葬中仅仅 M3 出土有耶律弘义的墓志，"但是根据墓葬位置排列、形制大小等推测，该墓地为辽景宗第三子耶律隆裕的家族墓地"[③]。《耶律弘义墓志》中有"归葬显陵，礼也"的记载，以之为据，有学者认为小河北耶律隆裕家族墓是显陵陪葬墓。[④]但耶律弘义的祖父耶律隆裕身为景宗嫡三子，

① 辽宁省文物考古研究所、锦州市文物考古研究所、北镇市文物处：《辽宁北镇市辽代耶律弘礼墓发掘简报》，《考古》2018 年第 4 期。

② 《契丹国志》卷 18《耶律隆运传》，第 199 页。

③ 辽宁省文物考古研究院、锦州市博物馆、北镇市文物处：《辽宁北镇辽代耶律弘义墓发掘简报》，《文物》2021 年第 11 期。

④ 司伟伟：《辽耶律弘义墓志考释》，《文物》2021 年第 11 期。

与陪葬乾陵的耶律隆庆为同母兄弟；耶律弘义墓所在墓葬群与陪葬景宗乾陵的韩德让及其后继者的墓葬位置相邻，仅700米左右的距离，让人有些疑惑其陪葬的到底是显陵还是乾陵，暂存疑，有待新资料的出土。

此外，可能还有一些皇亲显贵得以葬入医巫闾山。如萧阿剌，“北院枢密使孝穆之子也”，萧孝穆是圣宗钦哀皇后的兄长、兴宗仁懿皇后的父亲，出自显赫的外戚之家。萧阿剌“性忠果，晓世务，有经济才”，道宗时与其同掌国政的萧革“谄谀不法”，萧阿剌为萧革所排挤而外放为东京留守，此后萧革“以事中伤，帝怒，缢杀之”，皇太后（萧阿剌的姐妹）营救不及，悲痛不已，问道宗“阿剌何罪而遽见杀？”道宗于是“乃优加赙赠，葬乾陵之赤山”①。虽说是“葬乾陵之赤山”，但具体位置不详，也未明确说以其陵墓陪葬乾陵，故存疑。

综上所述，辽代医巫闾山帝陵埋葬了辽代世宗、景宗、天祚皇帝等3位皇帝和1位追尊的皇帝（义宗耶律倍）及其皇后、妃子们，分为显陵和乾陵两处陵区。各陵区又拥有诸多陪葬墓群，如耶律倍之子耶律隆先、景宗之子耶律隆庆及其诸子以及贵族重臣等。辽世宗以太祖耶律倍长子的身份继承皇位，此后太宗之子辽穆宗继立，穆宗之后一直到辽灭亡辽朝帝位回归到耶律倍一系。显陵、乾陵作为耶律倍、世宗、景宗的陵寝所在地（天祚帝是投降金朝后入葬乾陵），为以后诸帝重视，谒拜不断。

---

①　《辽史》卷90《萧阿剌传》，第1493—1494页。

第三节　守陵斡鲁朵与医巫闾山谒陵祭祀

医巫闾山是中国古代沿袭已久的北方镇山，以其扼辽西走廊交通要道及山水奇秀著称。辽朝作为游牧民族建立的北方政权，虽然医巫闾山在其境内，但却未见有其他王朝频繁进行的镇山祭祀，而是有着独特的因帝陵所在地而得以形成并沿袭的守陵祭祀和谒陵祭祀。

一、守陵斡鲁朵

斡鲁朵制度是辽代一种特殊的制度，起源于辽太祖耶律阿保机时组建的腹心部，逐步发展演变而成。《辽史·营卫志》载："辽国之法：天子践位置宫卫，分州县，析部族，设官府，籍户口，备兵马。"[①]"入则居守，出则扈从，葬则因以守陵。"[②]综合上述记载，辽朝斡鲁朵有"宫卫"之意，是一种特殊的行政建制，斡鲁朵民户要向皇帝缴纳赋税，承受赋役，担任亲信侍卫，皇帝去世后斡鲁朵户负有守卫祭祀帝陵之庙的职责。辽朝有专门的斡鲁朵管理机构，契丹诸宫都部署、汉儿诸宫都部署等官职屡见于辽代史籍。

有辽一代共有十二宫一府，九位正式登基的皇帝、两位临朝摄政的太后——应天皇太后与承天皇太后、皇太弟耶律隆庆共十二宫，汉族重臣韩德让（耶律隆运）建一府。有学者认为，"在皇帝去世后，斡鲁朵的重要任务之一是守卫祭祀诸帝之庙。这些

---

① 《辽史》卷31《营卫志上》，第410页。

② 《辽史》卷35《兵卫志》，第458页。

由诸斡鲁朵亲信侍卫守护的庙宇，因而也被视为诸斡鲁朵的组成部分，被称为某某宫”[①]。斡鲁朵既然具有守陵职责，那么辽代诸帝陵及其庙宇处有着各自的斡鲁朵。拥有斡鲁朵并归葬在辽代医巫闾山帝陵及其陪葬墓中共有世宗、景宗、承天皇太后、天祚皇帝、耶律隆庆和韩德让（耶律隆运）6人，他们的斡鲁朵分别为“世宗曰积庆宫……景宗曰彰愍宫，承天太后曰崇德宫……天祚曰永昌宫。又孝文皇太弟有敦睦宫，丞相耶律隆运有文忠王府。”[②]

辽世宗的斡鲁朵称积庆宫，《辽史·营卫志》曰：“以文献皇帝卫从及太祖俘户，及云州提辖司，并高、宜等州户置。其斡鲁朵在土河东，陵寝在长宁宫北。”[③]显州是世宗时为奉显陵设置，穆宗应历元年（951年）“葬世宗于显陵西山，仍禁樵采。有十三山，有沙河。隶长宁、积庆二宫，兵事属东京都部署司”。显州下有山东县，“穆宗割渤海永丰县民为陵户，隶积庆宫”；“康州……初隶长宁宫，后属积庆宫。”[④]世宗入葬显陵，在显州及其下属州县中有属其斡鲁朵——积庆宫者，亦有隶属应天皇太后长宁宫者。《营卫志》记载“陵寝在长宁宫北”，显州之地积庆宫民户应为世宗的守陵斡鲁朵。此外，如中京道兴中府曾属积庆宫，后归圣宗兴圣宫，[⑤]表明某斡鲁朵并非都在一处，此非本书讨论范围，不再赘述。辽景宗的斡鲁朵称彰愍宫，《辽史·营卫志》载：彰愍宫“以章肃皇帝侍卫及武安州户置。其斡鲁朵在合鲁河，陵寝在祖

① 杨军：《辽代斡鲁朵研究》，《学习与探索》2015年第5期。

② 《辽史》卷31《营卫志》，第410页。

③ 《辽史》卷31《营卫志》，第412页。

④ 《辽史》卷38《地理志二》，第526页。

⑤ 《辽史》卷39《地理志三》，第550页。

州南……州四：永、龙化、降圣、同”[①]。祖州（今内蒙古巴林左旗林东镇）距离景宗乾陵及奉陵邑乾州（今辽宁省北镇市）遥远，存疑。但景宗皇后（承天皇太后）的斡鲁朵为崇德宫，乾州“圣宗统和三年置，以奉景宗乾陵。有凝神殿。隶崇德宫”[②]，乾州下属贵德州隶属崇德宫，而承天太后“以乾、显、双三州户置。其斡鲁朵在土河东，陵祔景宗皇帝”[③]，故乾州及贵德州应为承天太后及景宗乾陵的守陵斡鲁朵所在地。

医巫闾山帝陵的奉陵邑显州、乾州及其下属州县，有隶属于归葬此处的诸帝后的斡鲁朵，应为守陵斡鲁朵。

二、医巫闾山谒陵祭祀

契丹作为北方游牧民族有着悠久的祭山信仰习俗，木叶山、黑山对契丹族意义非凡。黑山（今内蒙古巴林右旗罕山）[④]被契丹人视作魂归之处，《辽史》曰：“冬至日。国俗，屠白羊、白马、白雁，各取血和酒，天子望拜黑山。黑山在境北，俗谓国人魂魄，其神司之，犹中国之岱宗云。每岁是日，五京进纸造人马万余事，祭山而焚之。俗甚严畏，非祭不敢近山。”[⑤]黑山祭祀可以说是以祭祀的方式表达对死后魂归天国的期盼。关于木叶山（今阿鲁科尔沁旗南面的天山）[⑥]，《辽史》曰：“（永州）有木叶山，上建契丹

① 《辽史》卷 31《营卫志》，第 414 页。

② 《辽史》卷 38《地理志二》，第 527 页。

③ 《辽史》卷 31《营卫志》，第 415 页。

④ 内蒙古自治区文物工作队、巴林右旗文物馆：《内蒙古巴林右旗罕山辽代祭祀遗址发掘报告》，《考古》1988 年第 11 期。

⑤ 《辽史》卷 53《礼志六》，第 975 页。

⑥ 张柏忠：《辽代的西辽河水道与木叶山、永、龙化、降圣州考》，载《历史地理》第 12 辑，上海：上海人民出版社，1995 年。

始祖庙，奇首可汗在南庙，可敦在北庙，绘塑二圣并八子神像。相传有神人乘白马，自马盂山浮土河而东，有天女驾青牛车由平地松林泛潢河而下。至木叶山，二水合流，相遇为配偶，生八子。其后族属渐盛，分为八部。每行军及春秋时祭，必用白马青牛，示不忘本云。”[①]可见，木叶山与奇首可汗、与契丹族青牛白马的始祖传说联系在一起，可以说是契丹族发源之地。辽朝对木叶山的致祭行为频见于史籍中。如保宁元年（969年）二月景宗即位，同年“十一月甲辰朔，行柴册礼，祠木叶山”，保宁三年（971年）四月“己卯，祠木叶山，行再生礼”。此后，保宁七年（975年）正月“壬寅，望祠木叶山”。同年四月“己酉，祠木叶山”。保宁九年（977年）十一月“癸卯，祠木叶山”。[②]不过九年时间，凡5次“祠木叶山”，而且对皇帝非常重要的柴册礼、再生礼皆和“祠木叶山”的行为相连，突出了木叶山祭祀的重要性。契丹族作为游牧民族，对山川河流依赖甚深，故亦重山川祭祀。医巫闾山作为辽代义宗耶律倍、世宗耶律阮的显陵和景宗耶律贤乾陵的所在地，辽廷对它的祭祀主要表现为谒陵祭祀。

《耶律宗允墓志》曰：“眷闾山作翰之区，实圣祖栖神之地，首公之外，时祀赖焉。”[③]闾山是医巫闾山的简称。辽太祖谥号是“大圣大明神烈天皇帝”，辽人尊其为圣祖，如东丹国中台省右次相耶律羽之曾上表赞辽太宗“混一天下，成圣祖未集之功，贻后世无疆之福”[④]。南院枢密使兼政事令郭袭以景宗“数游猎”，曾上表：“伏念圣祖创业艰难，修德布政，宵旰不懈。穆宗逞无厌之欲，不恤

① 《辽史》卷37《地理志一》，第504页。

② 《辽史》卷8《景宗纪上》、卷9《景宗纪下》，第98、99、102、108页。

③ 《耶律宗允墓志》，向南：《辽代石刻文编》，第319—324页。

④ 《辽史》卷75《耶律羽之传》，第1366页。

国事，天下愁怨。”[①] 从行文中看，辽人所称圣祖是指辽太祖耶律阿保机。太祖归葬祖州（今内蒙古巴林左旗西南），绝非医巫闾山，《耶律宗允墓志》中称医巫闾山乃“圣祖栖神之地”，有附会之嫌。但医巫闾山辽帝陵中归葬的义宗耶律倍是耶律宗允高祖，世宗耶律阮是其曾祖，景宗是其祖父，至耶律宗允已是第五代。耶律倍是这一支脉的始祖，而且此后辽朝帝位一直把持在耶律倍一系手中，其后裔子孙将其安葬之地作祖先信仰之所在，四时祭祀，直至辽末。

辽代自世宗以后的诸代帝后屡屡到医巫闾山进行巡守、祭拜帝陵等，详情列表如下。

表 3　辽代诸帝谒显、乾二陵情况表[②]

序号	谒陵者	行为	时间	文献来源
1	景宗	致奠于让国皇帝及世宗庙	保宁二年夏四月	《辽史》卷 8《景宗纪上》
2	景宗	祭显陵	保宁十年三月庚寅	《辽史》卷 9《景宗纪下》
3	圣宗	葬景宗皇帝于乾陵	统和元年二月甲午	《辽史》卷 10《圣宗纪一》
4	圣宗	谒乾陵	统和元年四月癸卯	《辽史》卷 10《圣宗纪一》
5	使臣	遣使荐熊肪、鹿脯于乾陵之凝神殿	统和元年八月己亥	《辽史》卷 10《圣宗纪一》
6	圣宗	祭乾陵	统和元年十一月庚辰	《辽史》卷 10《圣宗纪一》
7	圣宗	谒凝神殿，遣使分祭诸陵，赐守殿官属酒	统和元年十二月壬午朔	《辽史》卷 10《圣宗纪一》
8	圣宗	至显州，谒凝神殿	统和三年八月庚辰	《辽史》卷 10《圣宗纪一》
9	圣宗	谒乾陵	统和三年八月癸未	《辽史》卷 10《圣宗纪一》

① 《辽史》卷 79《郭袭传》，第 1404 页。

② 本表主要据《辽史》等辽代史籍所见辽代诸帝拜谒显、乾二陵情况统计而成。

续表

10	皇太后	皇太后谒显陵	统和三年八月癸巳	《辽史》卷10《圣宗纪一》
11	皇太后	谒乾陵	统和三年八月庚子	《辽史》卷10《圣宗纪一》
12	圣宗	谒显陵	统和十五年十一月戊子	《辽史》卷13《圣宗纪四》
13	圣宗	谒乾陵	统和十五年十一月庚寅	《辽史》卷13《圣宗纪四》
14	圣宗	谒显陵	统和二十年九月癸巳朔	《辽史》卷14《圣宗纪五》
15	圣宗	如乾陵	统和二十八年正月甲寅	《辽史》卷15《圣宗纪六》
16	圣宗	葬太后于乾陵	统和二十八年四月甲子	《辽史》卷15《圣宗纪六》
17	圣宗	谒显、乾二陵	统和二十八年秋八月丙寅	《辽史》卷15《圣宗纪六》
18	圣宗	谒乾、显二陵	统和二十九年二月己酉	《辽史》卷15《圣宗纪六》
19	圣宗	如显州，葬秦晋国王隆庆。有事于显、乾二陵	开泰六年三月乙巳	《辽史》卷15《圣宗纪六》
20	圣宗	如显陵	太平九年十一月乙卯朔	《辽史》卷17《圣宗纪八》
21	圣宗	如乾陵	太平十年夏四月	《辽史》卷17《圣宗纪八》
22	兴宗	迎皇太后至显州，谒园陵	重熙八年七月丁巳	《辽史》卷18《兴宗纪一》
23	兴宗	谒乾陵	重熙二十一年十月辛丑	《辽史》卷20《兴宗纪三》
24	道宗	有事于太祖、景宗、兴宗庙	清宁元年十一月戊寅	《辽史》卷21《道宗纪一》
25	道宗	谒让国皇帝及世宗庙	清宁三年十月庚申	《辽史》卷21《道宗纪一》
26	道宗	谒乾陵	咸雍七年十月戊辰	《辽史》卷22《道宗纪二》
27	道宗	谒乾陵	咸雍八年十月丙子	《辽史》卷24《道宗纪四》
28	道宗	谒乾陵	寿隆五年五月癸亥	《辽史》卷26《道宗纪六》
29	天祚帝	谒乾陵	乾统元年十月壬辰	《辽史》卷27《天祚皇帝纪一》

续表

30	天祚帝	谒乾陵	乾统五年九月乙卯	《辽史》卷27《天祚皇帝纪一》
31	天祚帝	谒乾陵、猎医巫闾山	乾统七年十月	《辽史》卷27《天祚皇帝纪一》

表4　辽代诸帝入显、乾二州及医巫闾山情况表[①]

序号	行为人	行为	时间	史料出处
1	圣宗	如显州	乾亨四年十月乙丑	《辽史》卷10《圣宗纪一》
2	不详	奉安景宗及太后石像于乾州	统和十四年十一月乙酉	《辽史》卷13《圣宗纪四》
3	圣宗	幸显州	统和二十九年十一月庚午朔	《辽史》卷15《圣宗纪六》
4	圣宗	幸显州	开泰四年十二月	《辽史》卷15《圣宗纪六》
5	兴宗	幸显、懿二州	重熙二十一年冬十月戊子	《辽史》卷20《兴宗纪三》
6	道宗	幸医巫闾山，皇太后射获虎，大宴群臣，令各赋诗	咸雍元年冬十月丁亥朔、己亥	《辽史》卷22《道宗纪二》
7	不详	修乾陵庙	大康三年九月壬申	《辽史》卷23《道宗纪三》

据表5.1统计，辽代史籍所见皇帝及太后祭拜显、乾二陵有30次之多，自世宗到天祚帝诸帝亲自进行的谒陵祭祀28次，其中景宗2次，圣宗16次，兴宗2次，道宗5次，天祚皇帝3次；有2次是承天皇太后先后谒拜二陵；另有1次是“遣使荐熊肪、鹿脯于乾陵之凝神殿”。此外，尚有多位帝王或亲自或派人前往显州、乾州、医巫闾山至少7次，至奉陵邑或陵区所在地，推测可能会有相关祭祀活动，但并未明载，故将这类情形单独统计如表4。

① 本表主要据《辽史》等史籍所见诸帝入显、乾二州及修乾陵庙等情况统计而成。因未明确记有拜谒显、乾二陵，故与上表分开统计。

从上述表格的内容看，诸帝前去拜谒乾、显二陵的时间规律性不强，以圣宗为例。统和元年（983 年）凡 5 至，此年四月景宗被归葬乾陵，此后在这一年内，圣宗 3 次到乾陵祭拜，另外派遣使臣前去奉贡品 1 次。但此后至统和三年（985 年）八月才有圣宗和皇太后分别拜谒二陵的行为，景宗驾崩于乾亨四年（982 年）九月，此时接近三年，疑有一定的关联。不过，在此之后，直到统和十四年（996 年）十一月“乙酉，奉安景宗及太后石像于乾州”[①]，从行文中看，圣宗皇帝与承天太后可能并没有亲自前来。翌年，即统和十五年（997 年）十一月“丙戌，幸显州。戊子，谒显陵。庚寅，谒乾陵”[②]。与上次皇帝、太后拜谒二陵已间隔十二年之久。至统和二十年（1002 年）九月再谒祭显陵，“告南伐捷”。与上次祭拜时间间隔近五年。七年之后，统和二十七年（1009 年）十二月承天皇太后驾崩，于是统和二十八年（1010 年）正月“甲寅，如乾陵。癸酉，奉安大行皇太后梓宫于乾州菆涂殿”[③]。同年四月再次前往乾陵安葬承天太后，此后至二十九年（1011 年）二月，凡 2 次祭拜帝陵，皆为同时谒祭乾、显二陵。这一频率和皇太后新丧有较为密切的关系。开泰四年（1015 年）十二月，圣宗“南巡海徼。还，幸显州”[④]。此次未明确记载有无谒拜二陵，且存疑。至开泰六年（1017 年）三月圣宗才因安葬同母弟耶律隆庆而再至显州，史籍称“有事于显、乾二陵”[⑤]，应有谒陵行为。距上次祭拜已六年之久。此后，直至圣宗太平九年（1029 年）、十年（1030 年）

① 《辽史》卷 13《圣宗纪四》，第 160 页。

② 《辽史》卷 13《圣宗纪四》，第 162 页。

③ 《辽史》卷 15《圣宗纪六》，第 183 页。

④ 《辽史》卷 15《圣宗纪六》，第 194 页。

⑤ 《辽史》卷 15《圣宗纪六》，第 195 页。

方有 2 次前往显陵、乾陵的行程。综合之，在景宗、皇太后下葬初期，圣宗皇帝前往祭拜帝陵的次数较为频繁，此后的皇帝亲自谒拜二陵的频率则大幅降低。圣宗驾崩后安葬庆陵（今内蒙古赤峰市巴林右旗），辽朝帝陵已分居多处，比如兴宗时频繁致祭的帝陵已是庆陵，于是自兴宗即位（1031 年）直至辽亡，诸皇帝祭拜显、乾二陵的次数共 10 次。除此之外，如道宗咸雍元年(1065 年）十月，曾“幸医巫闾山。己亥，皇太后射获虎，大宴群臣，令各赋诗”[①]。皇帝、太后率群众巡行医巫闾山，面对先祖陵寝，想必也会有些祭拜安排。直到辽朝后期，先祖陵寝的守护仍非常重要，所以在道宗大康三年（1077 年）有“修乾陵庙”的安排，体现出在世帝王对医巫闾山帝陵的关注和重视。

医巫闾山自隋朝升为国家山川祭祀中的五镇之一的北镇，各朝皆定时祭祀。唐代曾册封北镇医巫闾山神为“广宁公”，宋徽宗政和年间封医巫闾山为广宁王。[②]辽代是否吸收了中原王朝的岳镇海渎祭礼，目前还不清楚，但《辽史·地理志》记载：“医巫闾，幽州镇山。”[③]表明辽朝对医巫闾山的镇山地位还是有所了解的，但限于目前资料，并未能理出医巫闾山作为镇山在辽朝国家祭祀中的地位。然而，辽代因显陵、乾陵在医巫闾山，从而诸位皇帝、太后、臣僚前往此处的频率比之其他朝代帝王巡幸山川的频率要高得多，来自朝廷的重视自然会带动这一区域的整体发展。

---

① 《辽史》卷 22《道宗纪二》，第 301 页。

② （元）脱脱等：《宋史》卷 162《职官二》，北京：中华书局，1985 年，第 2488 页。

③ 《辽史》卷 38《地理志二》，第 526 页。

第七章

辽金元时期辽西走廊多民族社会发展与交融

辽金时期，起源于东北地区的契丹、女真人在建立政权后，通过辽西走廊由东北进入中原，成为与两宋南北对峙的北方王朝。此后，蒙古汗国由北方草原地带南下，占据辽西走廊，阻碍女真内地与金朝廷的联系，加速了金王朝的灭亡。随着辽金元统治民族的变化，辽西走廊作为东北通往中原咽喉之地，人口迁移活动相当频繁，民族成份也有一定的变化。与之相适应的是辽西走廊的道路交通进入一个新的发展期，奠定了近世辽西走廊交通道路的主要路线。这一时期，也是辽西走廊经济、文化全面发展时期。频繁的人口流动、繁荣的商贸活动，使当地的经济文化呈现出互相推进、融会贯通的特色。

第一节　辽西走廊的人口流动与分布

辽金元时期辽西走廊人口流动十分频繁，三朝统治者出于各自的目的，辽朝出于发展契丹内地（西拉木伦河流域与辽西走廊的西部）的需要；金朝出于发展女真内地（松花江、黑龙江流域）的需要；元朝出于加强对东北边地统治的需要，既有将东北民族南徙，也有将中原汉人北迁，迁徙形式与规模各有特点。

一、辽代辽西走廊人口流动与分布

唐朝末年，契丹日益崛起，耶律阿保机应势而出，成为契丹各部的可汗，916 年建立辽朝（国号在契丹、辽之间屡次变更）。辽代移民高潮大致可分为三次，第一次是辽太祖时期，一方面南向掳掠大批汉人向契丹内地迁徙，一方面在灭渤海后也曾将渤海人迁至上京等地；第二次是太宗时期，以将东丹国整体迁徙至辽阳等地为代表；第三次是圣宗时，平定渤海大延琳叛乱后分徙渤海人是主要表现。除此之外，散见的人口流动亦频频见诸史籍，契丹奉行“以武力镇压为主、安抚为辅的政策”，军事征伐较多，为弱化当地的反抗力量，往往将俘获人口迁往契丹内地安置。[①]如太宗天显三年（928 年），耶律突吕不“讨乌古部，俘获甚众”[②]，圣宗统和四年（986 年）正月，“枢密使耶律斜轸、林牙勤德等上讨女直所获生口十余万、马二十余万及诸物”[③]。从中可知，人口迁徙政策是辽朝较常见的政治手段。

辽朝实行五京制度，辽都城上京临潢府，位于西拉木伦河流域，在今内蒙古巴林左旗，其地紧邻辽西走廊的西北部。中京大定府，位于老哈河流域，在今内蒙古宁城，地处辽西走廊的西部。东京辽阳府，位于辽河以东，在今辽宁辽阳；南京析津府在今北京；

① 程妮娜：《古代中国东北民族地区建置史》，第 269 页。

② 《辽史》卷 75《耶律突吕不传》，第 1369 页。

③ 《辽史》卷 11《圣宗纪二》，第 127 页。

西京大同府在今山西大同。辽西走廊东连东京，南接南京，西通西京，北邻上京，中京则在辽西走廊之内，上京和中京是契丹内地，也是辽朝重点发展的地区，为了快速发展契丹内地，辽朝统治者实行大规模的移民政策，辽西走廊呈现出频繁的人口流动，“奚、契丹、汉人、渤海杂处之”[①]。

1. 汉人涌入辽西走廊

辽代辽西走廊地区的汉人大致可分为三类：一即原唐代州县汉民；二为辽太祖自河东、河北俘虏迁徙而来的汉人；三为避战乱自中原自动迁来的汉人。[②]

唐朝在辽西走廊设置营州总管府，后设都督府，万岁通天元年（696 年）营州为契丹所占。唐末义武军节度使王处直之子王郁降辽，“太祖以为养子”[③]，王郁子孙任官宜州者较多，其孙王裕仕至崇义军节度使、宜州刺史，王裕诸子也多在崇义军任职。王郁家族遂以此地为家乡，家族墓地也在今喀左县境。唐卢龙节度使燕王刘仁恭之孙刘承嗣家族墓地在朝阳西大营乡西涝村附近，刘承嗣及其子孙都曾出任辽朝重要官职。据墓志记载，刘承嗣仕至左骁卫大将军、金紫崇禄大夫、检校太保，其子刘宇杰仕至检校工部尚书、左千牛卫将军，其孙刘日泳仕至银青崇禄大夫、检校司空、宿州刺史。可见在辽代的辽西地区，有不少汉人家族聚居，他们都属于原唐王朝州县汉人。

辽朝初年，耶律阿保机在南下掳掠中原河北、山西一带地区的过程中，曾将掳掠的大批汉人经过辽西走廊迁徙至东北。如神

① 《契丹国志》卷 22《州县载记》，第 241 页。

② 都兴智：《略论辽朝统治时期辽宁境内的民族》，《辽宁工程技术大学学报》（社会科学版）2006 年第 6 期。

③ 《辽史》卷 75《王郁传》，第 1241 页。

策六年（921 年）“十一月癸卯，下古北口。丁未，分兵略檀、顺、安远、三河、良乡、望都、潞、满城、遂城等十余城，俘其民徙内地”[①]。古北口（今北京密云县东北 60 公里）是辽西走廊古北口—平刚—柳城道的起点，在辽西走廊交通道上的地位非常重要。天赞二年（923 年）“秋七月，前北府宰相萧阿古只及王郁徇地燕、赵……三年春正月，遣兵略地燕南……（五月）徙蓟州民实辽州地”[②]。辽太祖之后，辽前期几位契丹帝王在扩大疆土的过程中南下掳掠人口财物，有大批汉人北迁入辽朝统辖区内。据学者估算，辽朝各时期迁入的汉人数量可能达到三四十万。[③]

被契丹军队强行北迁的汉人中，应有相当一部分被安置在辽西走廊地区。辽代辽西走廊属于中京道辖区，据《辽史·地理志》记载，中京道大定府、兴中府和宜州、惠州、榆州、泽州、武安州、北安州、锦州等州县都是因汉人的迁入而设置。详见下表：

表 5　辽代辽西走廊地区新置州县表[④]

新置府州	所统州县	时间	今地
大定府	十州、九县	统和二十五年（1007 年），城之，实以汉民	内蒙古宁城县西
兴中府	二州、四县	太祖时安置奚人、燕俘所建，初称霸州。重熙十年（1041 年），升为兴中府	辽宁朝阳市
宜州	二县：弘政、闻义	兴宗时以定州俘户建州	辽宁义县
惠州	一县：惠和	太祖俘汉民数百户建	辽宁建平县

① 《辽史》卷 2《太祖纪下》，第 19 页。

② 《辽史》卷 2《太祖纪下》，第 21 页。

③ 邹逸麟：《辽代西辽河流域的农业开发》，载《辽金史论文集》第二辑，北京：书目文献出版社，1987 年，第 74 页。

④ 据《辽史》卷 39《地理志三》统计，今地参见谭其骧编《中国历史地图集》。

续表

榆州	二县：和众、永和	太宗以所俘镇州民置	辽宁凌源市西
泽州	二县：神山、泺河	太祖俘蔚州民立寨居之，开泰中置泽州	河北平泉市南
武安州	一县：沃野	太祖俘汉民建城，后以辽西户益之，名新州。统和八年（990年）改称武安州	内蒙古赤峰市敖汉旗
北安州	一县：兴化	圣宗以汉户置	河北丰宁县东
锦州	一州：岩州；二县：永乐、安昌	太祖以汉俘建州	辽宁锦州市

这批汉人大多是在契丹人南下攻伐战争中强行掠夺而来，从新设府州县的数量来看，迁入辽西走廊地区的汉人数量应不少，这些汉人民户无疑起到了充实、开发辽西地区的作用。

还有一些北迁的汉人经过辽西走廊迁往东北其他地区。如辽太祖神策四年（919年）“二月丙寅，修辽阳故城，以汉民、渤海户实之，改为东平郡，置防御使”[①]。东平郡（今辽宁省辽阳市）“贵德州，宁远军，下，节度。本汉襄平县地，汉公孙度所据。太宗时察割以所俘汉民置”。“海北州，广化军，中，刺史。世宗以所俘汉户置。”[②]辽初还有大批被俘汉人被迁到上京道西拉木伦河附近地区，如神册六年(921年)，“十一月癸卯，下古北口。丁未，分兵略檀、顺、安远、三河、良乡、望都、潞、满城、遂城等十余城，俘其民徙内地”[③]，这里的“内地”，就是契丹人长期生活的潢水(即西拉木伦河)及其附近。

此外，在辽朝初年，还有一些汉人为避北方战乱，自行迁往辽西走廊。唐末五代，刘仁恭、刘守光等统治残酷，《新五代史·四

① 《辽史》卷2《太祖纪下》，第17页。

② 《辽史》卷38《地理志二》，第527—528页。

③ 《辽史》卷2《太祖纪下》，第19页。

夷附录》称“刘守光暴虐，幽、涿之人多亡入契丹”，为耶律阿保机收容，耶律阿保机“依唐州县置城以居之”[①]。《契丹国志》亦有记载“唐末藩镇骄横，互相并吞邻藩，燕人军士多亡归契丹”。[②]

蓟州玉田（今河北唐山市玉田县）韩氏子孙也有以辽西为籍贯者，如《韩椅墓志》载：“葬公于柳城之朝阳，以先夫人萧氏合葬，从祖考之宅兆，礼也。”[③]韩椅是辽中书令韩知古曾孙，或因韩知古奉命修葺柳城（今辽宁朝阳）设立霸州彰武军而安家于此地，这一支以朝阳为祖宅和家族墓地。

辽朝对其统治区域内的各民族实行因俗而治的政策，契丹统治者实行南北分治的制度，“以国制治契丹，以汉制待汉人”，以应对境内游牧民族和农耕民族兼有的情形。南面官制中的南枢密院掌汉人州县、租赋、军马之事，州县制主要施行于辽西辽东和燕云地区。辽朝中央和地方州县中有大批汉人受到重用，著名者如韩德让及其家族。辽朝汉族高官中也有出自辽西走廊地区的汉人，据《梁援墓志铭》记载：梁援是辽朝中京道人，辽道宗清宁五年（1059年）科举中第，初命儒林郎守右拾遗。之后，历任卫尉卿、右谏议大夫、翰林学士、天成军节度使、诸行宫都部署、监上京留守、知宣徽南院使事。寿隆六年（1100年）夏，拜枢密副使、韩国公。十月，正授兼中书侍郎、同中书门下平章事，兼修国史、知枢密院事、进封赵国公。天祚帝乾统元年（1101年）在任上去世，十月葬于先祖墓地。[④]梁援墓位于辽宁省义县大榆树乡四道岔子村，地处医

① 《新五代史》卷72《四夷附录第一・契丹上》，第886页。

② 《契丹国志》卷1《太祖大圣皇帝》，第2页。

③ 《韩椅墓志》，向南：《辽代石刻文编》，第203—210页。

④ 薛景平、冯永谦：《辽代梁援墓志考》文后附录《梁援墓志铭》，《北方文物》1986年第2期。

巫闾山中一条由东南向西北的山谷之间。可知出身辽西宜州（今义县）的梁援已在辽代晚期的政坛中占据重要地位。

辽代辽西走廊地区无论是原唐代州县汉民，还是被动或主动迁徙而来的汉人，其作用首先是提升了该地区的人口密度，尤其是在适宜农耕的平原地区。其次，为满足增加人口的需要，大片荒地被开发，较为先进的农业技术的应用，提升了辽西地区整体的经济发展水平。

2. 渤海人进入辽西走廊

唐朝末年，地处东北东部、以牡丹江流域为中心的渤海政权，已经失去昔日的辉煌，日渐衰落。分布在东北西部的契丹人却蓬勃兴起，两雄并立，互相争长，冲突频发。辽朝建立后，辽太祖在基本完成对西部、南部的征讨后，于926年亲率大军以摧枯拉朽之势灭亡了渤海国。

辽灭渤海后，为了防范渤海王室贵族有复国之举，辽太祖耶律阿保机将渤海国王公大臣、世家大族，以及大批战俘迁往契丹内地，分别安置在辽上京临潢府周围，以及中京道——辽西走廊地区，严加控制。如招延州，贾敬颜考证曰："辽灭渤海，迁其人于上京、中京之地，若中京道招延州，即以招延渤海而得名。"[①]黔州（今辽宁省北票市），"太祖平渤海，以所俘户居之，隶黑水河提辖司"[②]。盛吉县（今辽宁省北票市东南）"太祖平渤海，俘兴州盛吉县民来居，因置县"[③]。这是第一批迁入辽西走廊的渤海人。

辽太宗天显三年（928年），将东丹国的渤海人举族迁往辽东

① 沈括《熙宁使契丹图抄》疏证稿，见贾敬颜：《五代宋金元人边疆行记十三种疏证稿》，第129页。

② 《辽史》卷39《地理志三》，第551页。

③ 《辽史》卷39《地理志三》，第551页。

时，亦有一部分渤海人被安置在辽西走廊。如湖州居民主要被迁居到今天辽宁省义县附近居住，再如迁徙原渤海国灵峰县民到后来的乾州（今辽宁北镇观音阁）附近，建立灵山县。[①] 世宗以后的诸位帝王，为进一步分化渤海人，仍在不断推行人口迁徙政策。比如世宗设显州（今辽宁北镇西南）以奉义宗耶律倍的显陵，"迁东京三百余户以实之"，穆宗时"割渤海永丰县民为陵户"，此应是为世宗葬显陵而设。[②] 圣宗时期尤为突出，《辽史·圣宗纪》载：太平十年（1030 年）十一月，"诏渤海旧族有勋劳材力者叙用，余分居来、隰、迁、润等州"[③]。这显然是平定渤海人大延琳叛乱后，圣宗将参与大延琳叛乱的渤海人迁徙到辽西走廊的来州（治今辽宁绥中西南）、隰州（治今辽宁兴城）、迁州（治今河北山海关）、润州（治今河北秦皇岛市海阳镇）等州居住，以加强对渤海人的分化治理。辽开泰元年（1012 年），北宋王曾出使辽朝至柳河馆（柳河即今伊逊河）附近，看到"西北有铁冶，多渤海人所居，就河漉沙石，炼得铁"[④]。富谷馆，"居民多造车者，云渤海人"[⑤]。

辽朝将渤海人逐步迁徙至包括辽西走廊的各地，分散安置，使他们与契丹、奚、汉等民族混居。因辽代渤海人汉化程度较高，社会经济文化与汉人相近，便将渤海移民置于南面官体系之下，依照汉制统辖渤海人。迁入辽西走廊的渤海人对促进辽西走廊经济文化发展发挥了一定作用。

---

① 《辽史》卷 38《地理志二》，第 527 页。

② 《辽史》卷 38《地理志二》，第 526 页。

③ 《辽史》卷 17《圣宗纪八》，第 232 页。

④ 王曾《上契丹事》疏证稿，见贾敬颜：《五代宋金元人边疆行记十三种疏证稿》，第 97 页。

⑤ 《契丹国志》卷 24《王沂公行程录》，第 258 页。

3. 女真、高丽等族人进入辽西走廊

唐代的黑水靺鞨到五代时期被称为女真，在辽代，女真人分布区域非常广泛。辽太宗将东丹国迁往辽东后，北面的女真人大批南下，分布在东流松花江与黑龙江流域、长白山、朝鲜半岛东北部等地不系辽籍的女真人，被称为生女真，迁往辽东地区和辽朝州县地区系辽籍的女真人，被称为熟女真。辽代进入辽西走廊的女真人似乎并不多，《辽史》中唯见“来州，归德军，下，节度。圣宗以女直五部岁饥来归，置州居之”[①]。这也是辽代辽西走廊域内首次见到女真人的身影。

此外，圣宗开泰年间征伐高丽，将俘户于中京地区置高州（治今赤峰市东北）安置，辽西走廊域内应也有少量高丽人户。但这些族群在辽代辽西走廊民众中不占多数。

4. 契丹、奚人在辽西走廊的分布

西拉木伦河和老哈河流域是契丹人和奚人的起源地，自北魏以来，契丹人和奚人世代居住在这一地区，辽朝建立后，这里被视为契丹王朝的内地。辽朝在辽西走廊地区设置的行政建置主要归中京道管辖，还有小部分州县归东京道管辖。府州县用以统辖汉人、渤海人；部族制度用以统辖契丹人、奚人等北方民族。此外，辽朝还在辽西走廊设置了一些斡鲁朵（详见前文）和头下军州。

头下军州，是以辽国王公、大臣、公主、外戚征伐所俘掠来的人口或受赏赐的人口建立的“私城”，头下军州的建立需要朝廷批准，由朝廷赐给州军额，头下建制分为州、军、县、城、堡五种，根据人口数量的多少，不能州者谓之军，不能县者谓之城，不能城者谓之堡。辽中期以后，战事渐稀，俘掠人口的机会也随之减少。

① 《辽史》卷39《地理志三》，第553页。

统治者对贵族将领在战争中私自掠夺人口的权力也加以限制，规定在战争中军事将领即使俘获了人口，也不得据为己有，而要听候朝廷的处置。辽后期新设置的头下军州不再是以私俘而立，而是由朝廷赐给贵族人户以设立。头下军州有别于一般国家统辖的州县，是辽代一种特殊的地方建制。就“州、军”而言，领主主要是皇族和后族的显贵人物，此外还有个别高官宠臣。头下军州与地方府州之间没有隶属关系，直接受朝廷统辖，具有一定的独立性。头下主对军州土地只有占有权，并无所有权，朝廷有权随时撤废头下军州。在军政管辖方面，头下军州的官员，节度使由朝廷任命，刺史以下官员由头下主以本主部曲充任，但还需要朝廷批准任命。在经济上，凡市井之赋，各归头下，唯酒税交纳国家。田税是半输官，半输主，即领主和朝廷各取其半。在军事上，头下军州有“私甲”，大者千余骑，小者数百人，但掌管军权的节度使是由朝廷任命，国家有战事要听从朝廷调遣。头下军州是受头下主和国家双重统辖的地方建制。《辽史》记载了16个头下军州，其中豪、遂、成、渭、徽、顺、懿、闾等8州设在辽西走廊的北部，今辽宁阜新市境内。辽代后族中忽里没、萧思温家族“分地”大致在今阜新西北部和内蒙古奈曼旗南部一带；萧和、萧孝穆家族的分地大致在今阜新中东部、彰武西南部以及内蒙古库伦部分地区。在萧和、萧孝穆家族分地的南部是皇族耶律倍家族分地。[①]在阜新一带发现诸多契丹贵族和契丹平民的墓葬。阜新地处农耕区与畜牧区的接合部，既有适合契丹贵族拥有的以俘获的汉人、渤海人从事耕作的农田，也拥有适合契丹部民从事游牧业的草原。

奚人世代居住在辽西走廊的老哈河中上游地区，契丹崛起后

① 向南：《辽代萧氏后族及其居地考》，《社会科学辑刊》2003年第2期。

南征北掠，辽朝建立前已开始征伐奚人，撒剌的担任夷离堇时期“俘奚七千户，徙饶乐之清河(今老哈河上游一带)”，唐天复元年(901年)耶律阿保机出任迭剌部夷离堇，“专征讨，连破室韦、于厥及奚帅辖剌哥，俘获甚众”，连年征讨之下，到太祖五年(911年)征服了东、西两部奚，“于是尽有奚、霫之地。东际海(今辽东湾)，南暨白檀(今北京密云区)，西逾松漠(今西拉木伦河上源平地松林)，北抵潢水(今西拉木伦河)，凡五部，咸入版籍”[①]。辽西走廊内原奚聚居区及契丹聚居区以至辽东区域皆已入辽之境内。至燕云十六州入辽，投附中原政权的奚人也归属契丹。

辽代奚人主要聚居地，北宋路振《乘轺录》曰“下虎北口山，即入奚界”，邻近中京的通天馆附近，“奚、汉民杂居益众”[②]。虎北口山即古北口，是由中原进入辽西走廊的重要关口（今北京市密云古北口）。出古北口，就进入奚人的分布区。辽中京大定府（内蒙古宁城）一带是奚人的聚居区。《辽史·地理志》记载，榆州，“唐载初二年，析慎州置黎州，处靺鞨部落，后为奚人所据”[③]。太宗时置州，治所在今凌源市八里堡古城。兴中府，“后为奚人所据”[④]。兴中府治所在今朝阳市。这两地都云“后为奚人所据”，所谓后当指契丹兴起前后，奚人的分布逐渐由辽西走廊的西部向东部扩展。

总体而言，辽西走廊是东北与中原交往的咽喉要道，不仅辽西走廊域内是安置各族移民之处，也是各族民众南北迁徙所要经由的交通要道。通过辽西走廊，中原汉族在不断被动或主动流入

① 《辽史》卷1《太祖纪》，第2、5页。

② 路振《乘轺录》疏证稿，见贾敬颜：《五代宋金元人边疆行记十三种疏证稿》，第55、59页。

③ 《辽史》卷39《地理志三》，第548页。

④ 《辽史》卷39《地理志三》，第550页。

东北包括辽西地区，以致“辽海编户数十万，耕垦千余里”[①]。同时，也曾将东北地区的契丹人、奚人、渤海人等土著民迁入中原，以加强对中原地区的统治。辽西走廊的居民以契丹人、奚人为多，其次是汉人、渤海人，女真人、高丽人很少。诸族既有相对聚居地，又杂居相处，彼此之间经济、文化相互交流，部分契丹人和奚人的经济生活开始向农耕经济转化，进入金朝后辽西走廊的文化面貌呈现出新的特点，也存在不同程度的汉化。

二、金代辽西走廊人口流动与分布

世代居住在东北白山黑水之间的女真人，于1115年建立金朝，仅用10年时间就灭亡了强大的辽朝。当年起兵对宋开战，1127年又灭亡了北宋，迅速占领了黄河流域，与南宋划淮水为界，南北对峙。在对辽宋战争中，女真军队将大批中原汉人迁往东北。在占领辽、宋朝州县地区后，女真统治者又将大批女真猛安谋克迁往州县地区。辽西走廊是金朝前期南北民族大规模迁徙的必经通道，在迁徙过程中，不论是中原的汉人，还是女真猛安谋克户，各族都有一定数量人口落户辽西走廊。世代居住在辽西走廊的契丹、奚人，自金初以来，不同时期也有一定数量的人口迁出辽西走廊。辽西走廊各地诸民族杂居的现象更为普遍。

1. 各族人口北移

金朝初年，以生女真勃兴之地为京师，称为“御寨”。金熙宗时建京号，为上京会宁府（今黑龙江省哈尔滨市阿城区）。《金史》称“太祖每收城邑，往往徙其民以实京师”[②]，将在灭辽过程中俘

① 《宋史》卷264《宋琪传》，第9125页。

② 《金史》卷133《张觉传》，第3002页。

获的大量中原地区各族人口迁往东北，充实女真内地。按《金史·太祖纪》：天辅元年（1117 年）“十二月甲子，斡鲁古等败耶律捏里兵于蒺藜山，拔显州，乾、懿、豪、徽、成、川、惠等州皆降”[①]。又，辽保大三年（1123 年）“二月乙酉朔，兴中府降金。来州归德军节度使田颢、权隰州刺史杜师回、权迁州刺史高永昌、权润州刺史张成，皆籍所管户降金”[②]。太祖天辅六年（1122 年），“既定山西诸州，以上京为内地，则移其民实之”[③]。同年十二月，金太祖亲征辽南京（今北京），守城辽枢密院官员不战而降，依宋金海上之盟的约定，金太祖将燕京六州归还宋。七年（1123 年）四月，金军北撤时，“将燕城职官、民户、技术、嫔嫱、娼优、黄冠、瞿昙、金帛、子女等席卷而东”[④]，并且“尽括六州之地上户几二三万起发，由松亭关去，燕中合境为之大扰”[⑤]。松亭关，在今河北宽平西南，数万燕京六州居民多为汉人，经由松亭关，进入辽西走廊，除了部分被安置在辽西走廊的州县地区外，大部分继续北迁，被安置在东北各地。太祖令女真官员着力安抚新迁入金朝各地的人口，诏曰：“前后起迁户民，去乡未久，岂无怀土之心？可令所在有司，深加存恤，毋辄有骚动。”[⑥]以稳固金朝对安置新迁入人口地区的统治。

金太宗天会五年（1127 年，北宋靖康二年），金攻下北宋都城开封，北宋灭亡。徽、钦二帝及皇室宗族、眷属、宫女等被俘

① 《金史》卷 2《太祖纪》，第 32 页。

② 《辽史》卷 29《天祚皇帝纪三》，第 388 页。

③ 《金史》卷 46《食货志一》，第 1106 页。

④ 顾宏义：《宋代笔记录考》，北京：中华书局，2021 年，第 486 页。

⑤ （宋）徐梦莘：《三朝北盟会编》卷 16《政宣上帙十六》，上海：上海古籍出版社，2008 年，第 114 页。

⑥ 《金史》卷 2《太祖纪》，第 42 页。

北迁，宋人书籍称此事件为徽、钦二帝的“北狩”。北宋宗室被群体性北迁，人口数量庞大，并且金人大索宫廷人员和各种技艺工人。据《南征录汇笺证》记载，金军攻破开封后，“押工役三千家”[①]北归。北宋宗室移民到达燕山后，鉴于人数众多不便管理，也为防止聚众反抗或与南宋政权联系，金政权对宋宗室采取了分散安置的政策。徽宗、钦宗和部分妃嫔、子女相继迁往通塞州、中京、上京等地，后长期居住在五国城（今黑龙江依兰）。其他宗室成员在燕山、辽东等地，后又被安置在韩州、上京等地。

金初，在女真军队攻打辽朝辽西走廊的州县时，有一些原辽朝官员和当地豪酋率众投附新生的女真王朝。金太祖天辅元年（1117 年），“拔显州，乾、懿、豪、徽、成、川、惠等州皆降”[②]。显州、乾州位于今辽宁北镇附近，懿州城位于今辽宁阜新塔子城，豪州在今辽宁阜新东北，徽州、成州均在今辽宁阜新西北，川州治今辽宁北票西南，惠州在今辽宁建平北部，女真军队首次攻进辽西走廊。第二年，太行山以东、燕山以南诸路大饥，“乾、显、宜、锦、兴中等路，斗粟直数缣，民削榆皮食之，既而人相食”，“宁昌军节度使刘宏以懿州户三千降金”[③]。此时，辽西走廊处于战乱之中，金朝军队并没有占领这一地区，投奔金朝的原辽官员有契丹人、奚人，也有汉人，他们为在金朝谋求新官职，各族百姓则是为避战乱，迁离了辽西走廊。对于前来归附的各族人口，金太祖一般采取“分置诸部，择膏腴之地处之”，“衣食不足者，官

---

① （宋）确庵、耐庵编，崔文印笺证：《靖康稗史笺证》之四《南征录汇笺证》，北京：中华书局，2010 年，第 174 页。

② 《金史》卷 2《太祖纪》，第 32 页。

③ 《辽史》卷 28《天祚皇帝纪二》，第 378 页。

赈贷之”[①]的办法，以安抚新归附的人口为其所用，这部分迁出辽西走廊的人口主要被安置在东北的其他地区。

金初，金军攻打辽朝在辽西走廊的州县时，遭到当地契丹、奚人的激烈抵抗，如盘踞在建州的契丹外戚昭古牙部族，经过斜也、挞懒的多次征讨才迫使昭古牙部投降。直到金太宗初年，金朝对辽西走廊地区的统治仍不甚稳固，太宗天会元年(1123 年)十一月，“徙迁、润、来、隰四州之民于沈州”[②]。迁州位于今山海关附近，润州治今秦皇岛市海阳镇，来州在今河北省绥中县北，隰州治今辽宁兴城市西南。金朝将四州部分民众强制从辽西走廊迁到东北的沈州（今辽宁沈阳），以分化原来的人户来稳定金朝在当地的统治。接着在翌年三月，女真大将宗望奏请金太宗“选良吏招抚迁、润、来、隰之民保山砦者”[③]。金朝招安据守山寨抵抗金朝军队的居民的办法是“选良吏”，其中透露了金朝占领辽西走廊地区后推行残暴统治，遭到当地居民的强烈反抗，于是女真统治者不得不改变统治策略，才稳固了金朝在辽西走廊的统治。《故奉政大夫辽阳行省郎中黄公神道碑铭》记载：“公字允艺，其先齐人，金初迁利州。州南满井黄家寨，先墓在焉。大安末，又迁锦州。”[④]这是一个汉人自中原迁至辽西走廊境内的个案，黄允艺，先人世代居齐地（山东或金初齐政权辖区），金前期迁到利州（今辽宁朝阳市喀左县），金朝末年卫绍王大安末年（1211 年）迁到辽西走廊的锦州(今辽宁锦州)。这或可说明在金朝各个时期，

---

① 《金史》卷 2《太祖纪》，第 33、42 页。

② 《金史》卷 3《太宗纪》，第 54 页。

③ 《金史》卷 3《太宗纪》，第 56 页。

④ （元）苏天爵：《滋溪文稿》卷 15《故奉政大夫辽阳行省郎中黄公神道碑铭》，北京：中华书局，1997 年，第 243 页。

辽西走廊一直存在着人口流动的现象。

金太宗时就曾改变金太祖迁徙西北部民众往女真内地的做法，而是使他们留居本地，以部族制统治他们，以图用之守边。据《金史·兵志》，“奚军者，奚人遥辇昭古牙九猛安之兵也。奚军初徙于山西，后分迁河东”[①]。冯继钦认为“山西”大概是指今松岭之西，“河东”大概是指今老哈河以东。[②] 显然这部分奚人为金廷驻守边疆，防范北方部族的侵扰。奚人在辽朝主要活动于辽中京大定府一带，到世宗大定二十一年（1181 年）时，“奚人六猛安，已徙居咸平、临潢、泰州，其地肥沃，且精勤农务，各安其居”[③]。金世宗时则将部分奚人分别迁至咸平、临潢、泰州等地，以使他们能够发挥已经比较精熟的农耕技术，安居乐业。

金朝中期，海陵王末年为对南宋开战，在全国范围内大规模征兵，征发猛安谋克军，包括女真、契丹、奚等族。正隆五年（1160 年），海陵强征西北契丹诸部伐宋，引起西北路契丹人聚居地爆发更大规模的反金战争，随即迅速扩展到金朝北方各地。如咸平府谋克契丹人括里起兵响应，“招诱富家奴隶，数日得众二千”[④]，连续攻陷了韩州（今吉林梨树县北）、柳河县（今辽宁昌图八面城古城）等地，直取咸平（辽宁开原东北）。大定二年（1162 年），平定契丹撒八、窝斡叛乱后，世宗下诏“罢契丹猛安谋克，其元管户口，及从窝斡作乱来降者，皆隶女直猛安谋克，遣兀不喝于猛安谋克人户少处分置。未经罢去猛安谋克合承袭者，仍许承

① 《金史》卷 44《兵志》，第 1067 页。

② 冯继钦：《金代奚族初探》，《求是学刊》1986 年第 2 期。

③ 《金史》卷 47《食货志二》，第 1123 页。

④ 《金史》卷 133《移剌窝斡传》，第 3008 页。

袭。”[①]“遣使徙之，俾与女直人杂居，男婚女聘，渐化成俗，长久之策也。”[②]后来又把西北路契丹人迁到“上京（今黑龙江阿城南白城子）、济（今吉林农安）、利（今辽宁喀左）等路安置”[③]。

2. 猛安谋克南下进入辽西走廊

金朝初年，金军攻占辽西走廊时期，开始有女真猛安谋克进入辽西走廊。金太祖天辅六年（1122 年）正月，金军攻占辽中京大定府后，在中京路置都统司，以完颜斡论为都统。根据《金史·太祖纪》的记载，天辅七年正月太祖对中京路都统斡论的政绩“甚嘉之”。随完颜斡论驻守中京大定府的应有一定数量的女真猛安谋克。天辅六年金军占领了中京之后，继续经略辽西走廊的中部和东部，在平定了当地奚人的叛乱后，九月，设置奚路，置军帅司，以完颜挞懒任奚路军帅。天辅七年正月，挞懒平定了奚王回离保的叛乱后，奚路军帅司很快就升为都统司。五月“奚路都统挞懒攻速古、啜里、铁尼所部十三岩，皆平之”[④]。金朝从天辅六年初攻占辽西走廊，直到天辅七年五月，才基本稳定了对辽西走廊的统治，这期间奚人、契丹叛附无常，随完颜挞懒驻守辽西走廊中部和东部的女真猛安谋克的数量应超过东京地区。天辅七年（1123 年），阇母讨伐张觉时，“使仆虺、蒙刮两猛安屯润州，制未降州县，不得与觉交通”[⑤]，润州治所在今河北省秦皇岛市海阳镇。从中可知，女真统治集团在战争期间，为了维护在辽西走廊的统治，驻守有一定数量的猛安谋克。随着对辽宋战争的推进，辽西走廊

① 《金史》卷 90《完颜兀不喝传》，第 2121 页。

② 《金史》卷 88《唐括安礼传》，第 2086—2087 页。

③ 《金史》卷 88《唐括安礼传》，第 2087 页。

④ 《金史》卷 2《太祖纪》，第 44 页。

⑤ 《金史》卷 71《完颜阇母传》，第 1744 页。

的女真猛安谋克有一部分迁往其他地区，但为了稳固金朝对这一地区的统治，当有一定数量的女真猛安谋克留在辽西走廊，成为当地的居民。

金太宗天会年间，先后灭亡辽、北宋之后，女真统治者对新占领的燕云地区和黄河流域非女真族的各族官民具有较强的防范心理，唯恐“中州怀二三之意”，宋人傅雱在《建炎通问录》中记述，金人得河北，“欲就国中差拨金人十万人前来守河，亦不用燕人及契丹，其欲保守河北，防患之心如此！”金朝驻守中原军事要地的军队，只用女真军队，不用燕人、契丹组成军队，是担心“他日契丹在腹心中，安保其不生变也”。在这一忧患意识之下，为稳固女真人在中原地区的统治，自太宗末年开始将大批猛安谋克人口从东北迁入中原之地，“自燕山之南，淮、陇之北，皆有之，多至六万人，皆筑垒于村落间”[①]。熙宗天会十五年（1137年），“废刘豫后，虑中州怀二三之意，始置屯田军，非止女真、契丹，奚家亦有之。自本部族徙居中土，与百姓杂处，计其户口给以官田，使自播种，以充口食。春秋量给衣服，若遇出军之际，始给钱米，米不过十斗，钱不过数千，老幼在家依旧耕耨，亦无不足之叹。今屯田出处，大名府、山东、河北、关西诸路皆有之”[②]。海陵王贞元元年（1153年），金朝将都城从上京会宁府迁到燕京，王朝的政治中心南移，随之迁徙的还有大量女其人，史载：“贞元迁都，遂徙上京路太祖、辽王宗幹、秦王宗翰之猛安，并为合扎猛安，及右谏议乌里补猛安，太师勗、宗正宗敏之族，处之中都。斡论、

① （南宋）傅雱：《建炎通问录》，见赵永春：《奉使辽金行程录》，北京：商务印书馆，2017年，第287—288页。

② （宋）宇文懋昭撰、崔文印校正：《大金国志校正》卷36《屯田》，北京：中华书局，1986年，第520页。

和尚、胡剌三国公，太保昂，詹事乌里野，辅国勃鲁骨，定远许烈，故杲国公勃迭八猛安处之山东。阿鲁之族处之北京。按达族属处之河间。”[①]金廷将女真猛安谋克分期分批沿辽西走廊南迁至各个区域。金朝几次大规模迁徙女真猛安谋克起自东北腹地，经由辽西走廊，进入中原，分布在河北、山东、山西等地的女真猛安谋克与汉人杂居共处。张博泉先生考证指出金代女真猛安谋克人口有一半以上居于中原，人数大约有 390 万。[②]

金朝前期出现的大规模人口流动，呈现出一种南北民族对流现象，从南向北迁徙的诸族人口是伴随着军事征伐进行的，目的是发展女真内地、分化各族势力与就近监控诸族；由北向南迁徙女真猛安谋克则是女真统治者为了稳固金朝在中原地区的统治，以及迁都燕京，加强中央集权和君主专制的需要。在南北人口迁徙的过程中，辽西走廊不仅是最为重要的通道，而且也是南北民族迁徙中的一个重要地域。

三、蒙元时期辽西走廊人口流动

元朝统一南北，重建大一统王朝，疆域规模更为广阔，“汉梗于北狄，隋不能服东夷，唐患在西戎，宋患常在西北。若元，则起朔漠，并西域，平西夏，灭女真，臣高丽，定南诏，遂下江南，而天下为一”[③]。在“向外发展”的治边理国策略下，元朝比前朝更为重视对边远区域的直接统治，“盖岭北、辽阳与甘肃、四川、云南、湖广之边，唐所谓羁縻之州，往往在是，今皆赋役之，比于内地”[④]。

---

① 《金史》卷 44《兵志》，第 1063 页。

② 张博泉等：《金史论稿》，长春：吉林文史出版社，1986 年，第 349 页。

③ 《元史》卷 58《地理志一》，第 1345 页。

④ 《元史》卷 58《地理志一》，第 1346 页。

辽西走廊作为沟通东北与中原地区的交通廊道颇受重视，人口流动与民族变迁主要表现为蒙古人的迁入和北方诸族的融合。

1. 蒙古人进入辽西走廊

成吉思汗建立蒙古汗国后推行千户制度，对为国效力者委以千户、百户、十户之官。在千户制度下，成吉思汗兼用分封制，将众多千户分封给自己的母亲、兄弟、子侄及皇亲贵戚、功臣等，分为东道诸王（左手万户）、西道诸王（右手万户）。其中东道诸王主要是成吉思汗兄弟家族、与蒙元皇室保持世代通婚关系的特薛禅家族及重要功臣木华黎家族，他们的封地东到大兴安岭区域，包括部分辽西走廊。如成吉思汗五弟别勒古台，“赐以蒙古百姓三千户，及广宁路（原今广宁府，治所在今辽宁北镇市）、恩州（今河北清河县、山东武城县一带）二城户一万一千六百三，以为分地”[①]。“太祖末年，收辽王耶律薛阇土地，以别勒古台镇广宁（今辽宁北镇市），辖辽西；而东京、临潢二道地在辽东，移斡赤斤镇之。”[②] 广宁路等地皆在辽西走廊之内。

总之，元代东道诸王封地主要集中在东北西部地区，程妮娜据《中国东北史》（第三卷）的相关统计认为这一区域有约三万户蒙古族人口。[③] 可见，辽西走廊域内的蒙古族人口数量也相当可观。“辽阳行省设立后，朝廷建立了对东北地区的直接管理体系，对东北各地的统辖明显加强。但东北西部东道诸王封地王府则仍然保留其原有的特权，使之成为具有相对独立性的蒙古族特殊行政区。东道诸王封地与辽阳行省之间没有行政隶属关系，二者分

---

① 《元史》卷 117《别里古台传》，第 2905 页。

② 柯劭忞：《新元史》卷 105《帖木哥斡赤斤传》，上海：上海古籍出版社、上海书店，1989 年，第 490 页。

③ 程妮娜：《古代中国东北民族地区建置史》，第 364 页。

别直属中央。”[①] 即自元朝开始，到明清两代辽西走廊从西部到中部主要是蒙古族的聚居地，并且有逐渐向东部扩大的趋势。

2. 北方诸族的融合

辽金时期辽西走廊一直是汉、契丹、奚、渤海等诸族杂居之地，由于各民族长期杂居相处，生活在州县地区的契丹人、奚人的经济生活由畜牧业转向农业，渤海人和女真的汉化水平不断提高。进入元代，辽西走廊农耕区的各族居民的经济生活、文化习俗大致相同。蒙古统治者还从内地向东北区域迁移人口屯田耕种，尤其是处于辽河平原腹地辽阳路北部及沈阳路地区，是辽阳行省农业比较发达的地区。这里既有军屯，又有民屯，而以军屯较多。至元二十年（1283 年），以原驻大名、真定、北京、卫辉四路新附军屯田于辽阳。延祐三年（1316 年），复征部分高丽、女直、汉军屯田于辽河等处。民屯始见于至元二十七年（1290 年），招集斡者所属亦乞烈部 621 人，与高丽百姓共同屯田，其地亦当在辽阳、沈阳等地附近。[②] 大量军民农业人口的迁入，使得辽西走廊农耕区的汉文化占主导地位。元世祖至元二十一年（1284 年）八月，“定拟军官格例，以河西、回回、畏吾儿等依各官品充万户府达鲁花赤，同蒙古人；女直、契丹，同汉人。若女直、契丹生西北不通汉语者，同蒙古人；女直生长汉地，同汉人”[③]。按照朝廷的这个规定，汉化的契丹、奚、渤海、女真等族人至此被称为汉人，即北方汉人，加快了诸族的汉化；游牧区未被汉化的契

① 程尼娜：《元代对蒙古东道诸王统辖研究》，《辽宁师范大学学报》（社会科学版）2004 年第 5 期。

② 佟冬主编，丛佩远分册主编：《中国东北史》（第三卷），长春：吉林文史出版社，2006 年，第 303—304 页。

③ 《元史》卷 13《世祖纪十》，第 268 页。

丹等北方民族则被视为蒙古人，逐渐蒙古化。可以说，元代后期辽西走廊的民族主要为汉人和蒙古人。

第二节　辽西走廊交通道的发展

汉魏以来，辽西走廊形成东、中、西三条南北向主要的交通道，三条主干道之间，又有相互连接的道路，在辽西走廊内部形成一个四通八达的交通网。辽朝以前，以中部大凌河古道和西部老哈河谷道为主。辽金元时期，东部傍海道充分发展起来，逐渐成为辽西走廊内往来最为频繁的交通干道。

一、辽朝辽西走廊的交通道

辽太宗助后晋石敬瑭灭后唐，借机获取燕云十六州之地，辽朝疆域大增，东起日本海，西至今阿尔泰山，北达蒙古高原北部和外兴安岭地区，南拥华北平原的京津地区。在相对辽阔的疆域内，辽朝逐渐形成了五京制度。五京在辽境内呈现分散分布之态势，分别位居中原、辽东和契丹兴起地，“实质上是为了加强对不同地区、不同民族进行有效统治。”[①] 中京大定府（今内蒙古宁城）是辽朝设在辽西走廊的政治中心，位于辽西走廊西部老哈河谷道的中心地段。上京临潢府（今内蒙古巴林左旗）是辽朝的京师，位于由中京向北而去的老哈河谷道的延长线上。南京析津府（今北京）与东京辽阳府（今辽宁辽阳），分别位于辽西走廊两端，是辽朝在幽燕地区与辽东地区的统治中心。

① 王旭东：《辽代五京留守研究》，吉林大学博士学位论文，2014 年，第 19 页。

辽西走廊交通线是沟通辽朝辖境内东北等地方与中央各种政务往来、军队调动、经济活动与文化往来的动脉。辽代诸京之间，尤其是南京、东京与中京、上京间的交通，东京与南京间的交通，都需经过辽西走廊。辽西走廊东北端的医巫闾山是辽显陵、乾陵的所在地，辽朝诸帝经常谒陵祭祀。《武经总要》记载了辽代驿站，有学者曾统计从东京到中京经过的 14 处驿站中，有 8 处归属于医巫闾地区的范围之内。[①] 辽代辽西走廊内部交通道的重要性显而易见。

在辽朝与中原政权、王朝发生战争期间，辽西走廊通道便是集结军队和出兵南下、撤军北返的主要路线。《资治通鉴》记载：辽太祖神策二年、后梁贞明三年 (917 年)，契丹军队出兵围幽州，“李嗣源、阎宝、李存审步骑七万会于易州”增援，彼此相战，“契丹大败，席卷其众自北山去”，胡三省注曰:“取古北口路而去。”[②] 辽圣宗统和四年（986 年）宋朝进攻辽涿州（今河北省涿州市），圣宗“诏林牙勤德以兵守平州（今河北卢龙）之海岸以备宋。仍报平州节度使迪里姑，若勤德未至，遣人趣行；马乏则括民马；铠甲阙则取于显州之甲坊”，显州有“甲坊”，乾州有“武库”[③]，从卢龙到显州、乾州等地交通在当时较为便利，即辽西走廊傍海道路线。综上，辽西走廊是连通诸统治中心——五京的重要通道，是辽朝统治得以稳定的重要保证。

二、傍海道的稳固

自西汉以后辽西走廊东部沿渤海湾的傍海道为海水侵逼，大

---

① 武文君：《辽代医巫闾地区交通路线》，《渤海大学学报》（哲学社会科学版）2016 年第 4 期。

② 《资治通鉴》卷 270《后梁纪五》，第 8817—8818 页。

③ 《辽史》卷 11《圣宗纪二》，卷 27《天祚皇帝纪一》，第 128、357 页。

量陆地和城邑被海水淹没，大抵从河北昌黎至辽宁锦州一段基本不得通行，辽西走廊的东北端又有着面积颇为庞大的辽泽，是故这一通道一直未能得到很好地开发，基本无法使用。到了辽朝，自然条件有所改变，水势后退，为加强对渤海人等的控制和经略辽西腹地，统治者施行设州县、徙民众的措施，傍海道得到开发和利用，开始成为与中部大凌河古道、西部老哈河谷道同等地位的交通道。

辽初，傍海道的建设有限，交通还不十分畅通。大同元年（947年），辽太宗灭晋，俘获晋出帝，降封为负义侯，将其及亲眷迁至黄龙府（今吉林省农安县）安置。有记载曰："晋侯自幽州行十余日，过平州，沿途无供给，饥不得食，遣宫女、从官采木实、野蔬而食。又行七、八日，至锦州。"[①] 从这一记载看，辽太宗末年从幽州经平州（今卢龙）至锦州这一路人烟稀少，驿路缺失，以致一行队伍只能"采木实、野蔬而食"。《旧五代史》记载的晋出帝北迁行程略为详细："自范阳行数十程，过蓟州、平州，至榆关沙塞之地，略无供给，每至宿顿，无非路次，一行乏食，宫女、从官但采木实野蔬，以救饥弊。又行七八日至锦州……"[②]《新五代史》又曰："过平州，出榆关，行砂碛中，饥不得食。"[③] 从新旧《五代史》所记可证实，押送晋出帝一行的队伍所走的路线是出榆关（今秦皇岛市抚宁区榆关镇），走辽西走廊的傍海道，一路驿站缺失，一行人饥不择食，靠自己采集野果以解饥弊。从"沙塞""砂碛"等字样看，当时的傍海道发展有限，并且与该条道路临海的自然环境有很大关系。

随着自然环境有所改善，辽代在沿渤海地区设置了诸多州城。

---

① 《晋出帝北迁记》疏证稿，见贾敬颜：《五代宋金元人边疆行记十三种疏证稿》，第4页。

② 《旧五代史》卷85《晋书十一》，第1127页。

③ 《新五代史》卷17《晋家人传五》，第178页。

《辽史》记载：锦州是太祖时以掳掠的大批汉族人户而建；严州（亦作岩州，今辽宁省兴城市）为锦州下属州及其下属兴城县，太祖时迁汉户杂居兴州境，至圣宗时在此建岩（严）州；来州（今辽宁绥中县西南）及其下属来宾县，"圣宗以女直五部岁饥来归，置州居之"；隰州（今辽宁兴城市西南）及其下属海滨县，"圣宗括帐户迁信州，大雪不能进，建城于此，置焉"；[①] 迁州（今山海关）及其下属迁民县，圣宗时平定渤海人大延琳叛乱后，迁其民置迁州与润州（治所在今河北秦皇岛市抚宁县海阳镇），以及润州下属海阳县等，共有6州7县。

辽朝州县城的规模与中原州县相比较小。北宋许亢宗有载："出榆关以东，山川风物，与中原殊异。所为州者，当契丹全盛时，但土城数十里，民居百家及官舍三数椽，不及中朝一小镇，强名为州，经兵火之后，愈更萧然。自兹以东，类皆如此。"[②] 其实数十里之说依然是有夸大之嫌，从现今城址考古来看，除了锦州城周长近8里以外，一般城址周长仅4里左右，规模较小。宋人王曾出使辽朝，见到中京大定府，"城垣卑小，方圆才四里许"[③]。中京大定府为五京之一，虽是建在契丹内地，但行政规格高于州县，其城规模尚且如此，辽西走廊滨渤海湾的州县城市规模反映了辽朝当时的城市水平。不过辽朝在滨海地区设置州县后，迁入一定数量的人口，促进了当地土地开发、商业贸易活动的开展，大大改善了傍海道的交通环境。

金朝初年，太宗天会三年（1125年），金宋开战之前，北宋人许亢宗出使金朝走的即是傍海道，他所见到的情景虽然是刚刚

---

① 《辽史》卷39《地理志三》，第553页。

② 《许亢宗行程录》疏证稿，见贾敬颜：《五代宋金元人边疆行记十三种疏证稿》，第235页。

③ 《辽史》卷39《地理志三》，第549页。

经过金灭辽的战火，城镇萧条，但与辽朝初年晋出帝北迁走傍海道所经历的行砂碛中，沿途无供给，饥不得食，甚至以野果充饥的情形有明显的变化，许亢宗一行之所以选择走傍海道：一是因为这条交通道是由中原到东北最方便的道路，二是金初傍海道已经逐渐成为能给行人提供食宿，且设备较为完善的道路。

金与辽一样，都比较关注辽西走廊交通道路问题。金朝前期都城在上京会宁府（今黑龙江哈尔滨阿城），辽西走廊通道是金廷控制中原地区的重要通道，因此非常注重对辽西走廊通道的经营和管理，“太祖定燕京，始用汉官宰相赏左企弓等，置中书省、枢密院于广宁府，而朝廷宰相自用女直官号”[①]。广宁府(今辽宁北镇)在医巫闾山之东，是辽西走廊东北部的政治军事重镇，也是金初女真人经略原辽朝统治区的中心。辽西走廊南端出榆关（今秦皇岛市抚宁区榆关镇）便是平州（今河北卢龙），天会二年（1124年），金军沿辽西走廊南下攻占平州，汉人枢密院随之迁往平州。金初，在平州辖境内驻军镇守，宋人许亢宗出使行至平州，见到“（滦）州处平地，负麓面冈。东行三里许，乱山重叠，形势险峻，河经其间，河面阔三百步，亦控扼之所也。水极清深，临河有大亭，名曰‘濯清’，为塞北之绝。郡守将迎于此……”[②]金人将平州视为辽西走廊西端之重要关口，设有“控扼之所”。《金虏节要》记载：“燕山之地，易州西北乃紫金关，昌平之西乃居庸关，顺州之北乃古北口，景州东北乃松亭关，平州之东乃榆关，榆关之东乃金人之来路。”在金得以顺利短期灭宋的战争中，辽西走廊与平州起到了主要运输路线和重要军事枢纽的作用。

---

① 《金史》卷78《韩企先传》，第1889页。

② 《许亢宗行程录》疏证稿，见贾敬颜：《五代宋金元人边疆行记十三种疏证稿》，第231页。

辽末金初辽西走廊东部自中原入东北的傍海道已形成固定路线，经过金朝的经营，傍海道逐渐成为辽西走廊最繁荣的交通线，地位超过了中部的大凌河古道和西部的老哈河谷道，并为元明清所继承，直到现代未曾改变。

元朝为统治统一的庞大帝国，十分重视境内交通道的建设和维护。元代各地驿站星罗棋布，驿路交通非常发达。辽西走廊是沟通中央（元大都，今北京）与东北区域的陆路咽喉要道，驿站建设十分完善。

从元大都（今北京）向东北出发通向辽西辽东的主干道是从元大都通往大宁的道路。大宁元初称北京，即辽、金之中京，是元代北京路总管府的所在地。元世祖至元七年 (1270 年) 改为大宁路，即今内蒙古赤峰市宁城西 20 公里老哈河左岸大明城。从大都到大宁有两条道路，从大都东行，经通州 (今北京市通州区) 到蓟州 (原河北省蓟县，今属天津市)，由此可分两路通往大宁路。一条路线是辽金以来从今北京出发，经通县、蓟县到遵化，由遵化东北行过滦河、喜峰口，然后沿瀑河 (即辽代的陷河，在今宽城、平泉两县境内) 北行。经宽城、平泉，到老哈河与黑河汇合处的富峪 (新城)，然后沿老哈河北行到宁城县大明城 (大宁)。另一条路线从今北京出发，东北到蓟县，然后从蓟县东南行，经玉田、丰润过滦河，沿青龙河北上，经凌源、建平 (叶柏寿) 到宁城县大明城。而从大宁东行，经建平，沿大凌河东北行，经今朝阳、北票，可以到达成州驿安站（今辽宁阜新红帽子古城）。驿安是辽西驿站的枢纽，东北行连接原辽金黄龙府故道，东南行可达沈州、辽阳。[①]

① 王绵厚、朴文英：《中国东北与东北亚古代交通史》，第 404—409 页。

三、辽宋、金宋使者之驿路

辽金时期，南北王朝之间既有发生战争、兵戎相见的一面，也有经济文化友好交流的一面。辽宋、金宋政权之间交往频繁，聘使往来络绎不绝，辽西走廊也成为这些使者们的必经之路。

1. 辽宋使者之路

960年北宋建国后，为全力统一南方政权，对辽朝采取了和平友好的外交政策。979年北宋统一南方后，开始北上攻打臣属于辽朝的北汉政权，平定北汉后又欲乘胜收复燕云地区，宋辽之间开始了二十余年的战争。1004年，辽宋双方在澶州（今河南濮阳）议和，“澶渊之盟”后，南北双方进入一百余年的和平时期。宋朝建国初期以及澶渊之盟后，辽宋之间长期保持和平关系，南北之间贺正旦、皇帝生辰、太后生辰等节日以及就国家重要问题进行聘问等各类使者往来络绎不绝，从1004年到1121年间，双方互相遣使达682次。①

辽前期的国都在上京临潢府(治今内蒙古巴林左旗林东)，辽中后期的统治中心在中京大宁府（今内蒙古宁城），上京在辽西走廊老哈河谷道的向北延长线上，中京则在老哈河谷道的中心地段，老哈河谷道南端可出古北口、卢龙塞（喜峰口），东南通往幽州——南京（今北京），西南通往云州——西京（今山西大同）。宋辽之间的交往主要以古北口—老哈河谷道—东蒙古草原这条路线为主。辽朝因之在沿途设有道路相望的驿馆，保障往来行旅。这条交通路线上辽宋使者、往来商旅络绎不绝，成为辽西走廊内最繁忙的通道。

---

① 聂崇岐：《宋辽交聘考》，载《宋史丛考》（下册），北京：中华书局，1980年，第334—375页。

古北口道路险狭崎岖且山路漫长，在一些北宋使者的诗词、笔记中描述了自古北口进入辽西走廊后沿途的山川风光。王珪作诗云：古北口“来无方马去无轮，天险分明限一津”，会同馆“大漠夜犹白，寒山春不青。峰多常蔽日，地绝欲回星”[①]。刘敞笔下的古北口，“束马悬车北度燕，乱山重复水潺湲”，摸斗岭“盘峰回栈几千层，径欲凌云揽玉绳”，过铁浆馆后，作诗云“逼仄单车度，盘桓壮士悲”[②]。沈括记述：“自古北至新馆，山川之气险丽雄峭，路由峡间，诡屈降涉，而潮里之水贯泄清冽。”[③]苏辙作诗云：“乱山环合疑无路，小径萦回长傍溪。仿佛梦中寻蜀道，兴州东谷凤州西。”[④]从宋使的诗文描述中可以看出辽西走廊古北口道所经区域多山峰险峻、重山叠嶂、道路狭窄、常傍水而行，沿途鲜少人家，到了中京附近人户才多了起来。

为保证两国使者路途中所需用的马匹、车辆和饮食供应，辽朝非常重视驿馆建设和管理，驿馆间距大约为50—90里。[⑤]北宋大中祥符元年（1008年），路振使辽，归国献《乘轺录》，其中记录了自古北口至辽中京大定府之间所经过的主要驿馆：古北口—新馆（今滦平县西南）—卧如馆（兴州东南营房村，兴州在今滦平县西）—柳河馆（柳河即今伊逊河，发源于河北围场县哈里哈乡，流经隆化和滦平两县境，至承德市滦河镇汇入滦河）—部落馆（约在今河北承德头沟川西某地）—牛山馆（约在今河北承德

① （北宋）王珪：《奉使契丹诗》，见赵永春：《奉使辽金行程录》，第39、41页。

② （北宋）刘敞：《刘敞使北诗》，见赵永春：《奉使辽金行程录》，第46—48页。

③ 沈括《熙宁使虏图抄》疏证稿，见贾敬颜：《五代宋金元人边疆行记十三种疏证稿》，第142页。

④ （北宋）苏辙：《奉使契丹二十八首》，见赵永春：《奉使辽金行程录》，第126页。

⑤ 吴凤霞：《辽代移民辽西及其影响探析》，《北方文物》2015年第2期。

大、小榆树沟间）—鹿儿馆（今河北承德杨树沟东北）—铁浆馆（今河北平泉县北沙陀子）—富谷馆（今河北平泉槐鹿沟一带）—通天馆（今内蒙古宁城八里罕甸子）—契丹国中京。[①] 辽宋澶渊之盟之后，两国进入和平阶段，宋使赴辽中京所经路线大都如此。熙宁八年(1075 年)，沈括出使辽朝，与路振所经驿馆相同，但在驿馆之间又增设中间停顿进餐休息之处，称为“中顿”，如过古北馆后“通三十五里至中顿”，过新馆几经辗转“复东北二十余里至中顿”，卧如馆“西行八九里，逾雹水，入山间，东北逾小岭，二十余里至中顿”等，[②] 说明辽朝后期在辽宋使节往返之路上又进一步完善了交通馆舍的设置。

还有一些宋朝使者曾赴上京或捺钵去朝见契丹皇帝，如沈括出使时曾至永安山觐见辽帝，他记述了由中京去永安山一路的主要驿馆：临都馆（今内蒙古宁城坤兑河北之西桥）—崇信馆（今内蒙古赤峰西北四道沟梁附近）—松山馆（今内蒙古赤峰西北）—麃驼帐—广宁馆（今内蒙古翁牛特旗乌丹城附近）—会星馆（今内蒙古翁牛特旗西北）—咸熙帐—保和馆（今内蒙古巴林右旗大板镇东南）—牛山帐—锅窑帐—大和帐—牛心山帐—新添帐—顿程帐。[③] 沈括云“是时，契丹以永安山为庭，自塞至其庭，三十有六日。日有舍，中舍有亭，亭有饔秫”[④]。饔秫，是一种做熟的食物。从中京通往捺钵地的驿馆有不少是毡帐形制，具有鲜明的

① （北宋）路振：《乘轺录》，见赵永春：《奉使辽金行程录》，第 17—18 页。

② 沈括《熙宁使契丹图抄》疏证稿，见贾敬颜：《五代宋金元人边疆行记十三种疏证稿》，第 142—145 页。

③ 沈括《熙宁使虏图抄》疏证稿，见贾敬颜：《五代宋金元人边疆行记十三种疏证稿》，第 155—167 页。

④ 沈括《熙宁使契丹图抄》疏证稿，见贾敬颜：《五代宋金元人边疆行记十三种疏证稿》，第 123 页。

游牧民族色彩。

辽朝在主要交通道路上修建的驿馆亭舍，路振的《乘轺录》对辽朝在辽宋使者之路上驿馆亭舍建筑、供给、器具、民众守备等都有较为详细的记录，宋大中祥符元年(1008年)十二月，进入辽界至涿州，“涿州城南有亭，曰修睦。是夕，宿于永宁馆。城北有亭，曰望云”。又北行，“至幽州城南亭……时燕京留守、兵马大元帅、秦王（耶律）隆庆。遣副留守秘书大监张肃迎国信。置宴于亭中，供帐甚备。大阉具馔，盏斝皆颇璃。黄金扣器”，路振曰:“自白沟至契丹国，凡二十驿，近岁以来，中路又添顿馆。供帐鲜洁，器用完备，烛台、炭炉悉铸以铜铁。奚民守馆者，皆给土田，以营养焉。国信所至，则蕃官具刍秣，汉官排顿置，大阉执杯案，舍利劝酒食;与汉使言，率以子孙为契，观其畏威怀德，必能久守欢约矣”[①]。自古北口进入老哈河谷道后，主要在奚人地区穿行，辽廷以当地奚民守驿馆，分给土田以供养之。接待宋使的辽官吏中，既有蕃官，也有汉官，各司其职。

虽然从古北口进入辽西走廊，走老哈河谷道去往中京、上京路途较近。但辽人有时也会引宋使从松亭关进入辽西走廊，转道赴中京。沈括有记 :“自幽州由歧路出松亭关，走中京五百里。循路稍有聚落，乃狄人常由之道，今驿回屈几千里，不欲使人出夷路，又以示疆域之险远。”[②]这条路绕远，应是特殊时期唯恐宋使了解辽境山川地势对辽国不利，以道路之艰险以示宋使。这也从另一方面证明辽西走廊内部各条主要交通干道是互通的，但有

① 路振《乘轺录》疏证稿，见贾敬颜：《五代宋金元人边疆行记十三种疏证稿》，第40、43、76—77页。

② 沈括《熙宁使契丹图抄》疏证稿，见贾敬颜：《五代宋金元人边疆行记十三种疏证稿》，第152页。

些路段的路况并不甚好。

2. 金宋使者之路

金宋关系从联合灭辽的友好联盟开始,金太祖天辅元年(1117年),宋徽宗采纳赵良嗣(辽人马植,曾名李良嗣)所献“联金复燕之策”,遣使以买马为名赴金。天辅二年(1118年)宋使马政等到达女真内地见到金太祖完颜阿骨打,表明宋朝与金合作灭辽之意愿。双方商议过程虽有波折,到天辅四年(1120年)金太祖打下辽上京后,金宋最终订立了联合灭辽的盟约。直到金太宗天会三年(1125年)十月,金对宋开战之前,金宋之间和平交往互派使者。之后金宋交恶,天会五年(1127年),金灭北宋。金熙宗皇统元年(宋高宗绍兴十一年,1141年)金宋签订“皇统和议”,又称“绍兴和议”,双方进入和平时期。其后,金宋之间虽出现几次战争,但很快就恢复和平,双方之间使者不断。

金朝前期京师上京会宁府(金初称御寨,在今黑龙江哈尔滨阿城)在女真内地,至海陵王贞元元年(1153年)迁都燕京,从1118年到1152年,宋朝使者赴上京觐见女真皇帝。金代辽西走廊东部的傍海道取代老哈河谷道成为主要交通干线,金朝前期宋金使者多走傍海道,过医巫闾山,经辽东往上京。

《金史·太宗纪》记载,太宗天会二年(1124年)正月丁丑,“始自京师至南京每五十里置驿”[①]。此时南京设在平州,在今河北卢龙。即从今黑龙江哈尔滨到河北卢龙每五十里置一驿站,这条驿路应包括辽西走廊傍海道路段。金太宗天会三年(宋徽宗宣和七年1125年),宋使许亢宗时出使金国,走的即是辽西走廊傍海道,他所经城镇及里程:出渝关(今河北抚宁县东榆关镇)四十里到

① 《金史》卷3《太宗纪》,第55页。

润州（今河北秦皇岛），八十里到迁州（今河北山海关），九十里到习州(即隰州，今辽宁兴城西南)，九十里至来州（今辽宁绥中西南），八十里至海云寺（今地不详），一百里至红花务(今辽宁兴城境内，设盐场，去海一里许)，九十里至锦州，八十里至刘家庄(今辽宁凌海境内)，一百里至显州(今辽宁北镇)。[①]这里刚刚经过战火不久，一片萧条，州与州之间驿站有所阙略，如自润州至迁州八十里，“路绝人烟，不排中顿，行人饥渴甚”[②]。在当时交通条件下，八十里路要走一整天，中间无处饮食，饥渴难耐。由此看来，到天会三年初，辽西走廊傍海道路段的驿站还未全建立起来。

1127年，金灭北宋，金军北撤时将宋徽宗、钦宗及北宋皇室、宗亲、官僚等从汴京（今河南开封）迁往东北女真内地，徽宗、钦宗被安置在五国城（今黑龙江依兰）。金人王成棣《青宫译语》记载了徽钦二帝北迁的路线：天会五年（1127年）四月“二十七日，抵榆关。二十八日出长城，至迁州界。沙漠万里，路绝人烟。二十九日，至来州。自燕山登程后，日驰百五十里，成棣亦疲于奔命，其他可知。三十日，抵海云寺……（五月）初三早行，抵盐场。初四日，至锦州。初五日，抵刘家寨子，又行三四十里。初六日，过显州”[③]。徽钦二帝北迁走的是辽西走廊的傍海道，出长城后，至迁州（今河北山海关）“沙漠万里，路绝人烟”，这里并不是沙漠地带，应是一种夸张的描述，可能是海水浸满留下的

① 《许亢宗行程录》疏证稿，见贾敬颜：《五代宋金元人边疆行记十三种疏证稿》，第232—239页。

② 《许亢宗行程录》疏证稿，见贾敬颜：《五代宋金元人边疆行记十三种疏证稿》，第235页。

③ 《靖康稗史笺证》之五《青宫译语节本笺证》，第182—184页。

沙滩，土地不能耕种，故无人居住。从王成棣等人日驰一百五十里的速度看，这里的道路大部分是适合马车行驶的，沿途驿站可能基本完善。

综上所述，辽金元时期，由于北方政权的叠次兴起，辽西走廊作为沟通南北的重要通道，其地位更加凸显。辽西走廊地区各族人口迅速增加，极大地促进了区域经济开发，成为民族交往交流交融的重要舞台。傍海道的逐步稳定和进一步开发，提升了辽西走廊的交通便利性。南北使者通过辽西走廊沟通、传递信息，商品贸易也通过走廊进行运输，进一步推动了南北民族经济文化的融合。

第三节　辽西走廊的经济发展

辽西走廊地处农业区与牧业区的接合部，总体看以游牧经济为主的民族主要分布在西部，如辽金的契丹人与元代的蒙古人等；以农业经济为主的民族主要分布在东部、中部，如汉人、渤海人等。然而，辽西走廊的西部并不是典型的草原地区，生产方式具有农牧业交错并存的特色。而且，随着民族迁徙、人口流动，人们的居住地变动后，受自然环境的制约，契丹、奚人中既有从事牧业生产的人户，也有从事农业生产的人户，辽西走廊各地都呈现相对的民族聚居与多民族杂居并存的状态。辽金元时期辽西走廊地区的人口较隋唐时期明显增多，如辽宁省葫芦岛地区，在第三次全国文物普查时，发现辽代聚落址达到400余处。这一时期辽西走廊农业、牧业、手工业、商业都呈现出新的不断发展的态势。

一、农业经济

辽西走廊中部大凌河流域到东部沿海地区，是汉人世代居住地，以农业经济为主。老哈河流域在唐以前主要是契丹、奚人等游牧狩猎族群的分布地。唐末辽初，契丹、奚人开始发展农业经济，《辽史·食货志》记载："初，皇祖匀德实为大迭烈府夷离堇，喜稼穑，善畜牧，相地利以教民耕。仲父述澜为于越，饬国人树桑麻，习组织。太祖平诸弟之乱，弭兵轻赋，专意于农。尝以户口滋繁，糺辖疏远，分北大浓兀为二部，程以树艺，诸部效之。"[①] 契丹建国之前，在契丹酋长的倡导下，已有部分契丹人开始接触农业耕种。辽朝建立前后，契丹帝王为开拓疆土，壮大国力，四处征战和掳掠人口，并将众多从事农业生产的汉人、渤海人迁于契丹内地。《续资治通鉴长编》记载："自阿保机时，至于近日（辽太宗时），河朔户口，虏略极多，并在锦帐。平卢亦迩柳城，辽海编户数十万，耕垦千余里，既殄群丑，悉为王民。"[②] 大批汉人、渤海人进入契丹内地，垦田种地，在草原与农田接合部地区，出现星星点点插花式农田。中京大定府周围农业经济也逐渐发展起来了。

辽朝中后期，宋朝使者在老哈河谷道沿途见到越来越多的奚人、契丹人开始从事农业生产。刘敞的《古北口诗叙》中曰："自古北口，即奚疆也。皆山居谷汲，耕牧其中，而无城郭。"[③] 王曾记曰："自过古北口即蕃境，居人草庵板屋，亦务耕种，但无桑柘，所种

---

① 《辽史》卷59《食货志上》，第1026页。

② （宋）李焘：《续资治通鉴长编》卷27《太宗》，北京：中华书局，2004年，第604—605页。

③ 王曾《上契丹事》疏证稿，见贾敬颜：《五代宋金元人边疆行记十三种疏证稿》，第103页。

皆从垄上，盖虞吹沙所壅。”[①]由畜牧业转向农业生产的奚人农耕生产技术和水平显然不如汉人，农耕方式较为粗犷，生产结构不甚完善。但在使用汉人从事农业生产的奚田则曾呈现出另一番景象，苏颂赋诗曰：“农夫耕凿遍奚疆，部落连山复枕冈。种粟一收饶地力，开门东向杂夷方。”[②]该诗注曰：“耕种甚广，牛羊遍谷，问之，皆汉人佃奚土，甚苦输役之重。”[③]苏辙的诗中也有记：汉人“力耕分获世为客，赋役稀少聊偷安。汉奚单弱契丹横，目视汉使心凄然”[④]。受奚人、契丹贵族奴役的汉族农夫承受着赋役之苦，在自然环境远不如中原的土地上耕作。欧阳修描述使辽行程所见：“旷野多黄沙，当午白日昏”[⑤]；王曾云“所种皆从垄上，盖虞吹沙所壅”；苏颂亦曰“田塍开垦随高下，樵路攀缘极险深”，[⑥]而且，气候条件也较为寒冷，所谓“地寒不可种，春深始耕，秋熟即止”[⑦]。虽然辽西走廊这一区域的农业经济发展受自然条件所限，但在各族农夫的辛勤耕耘下，当地农业经济得到一定的发展，到辽朝后期，辽西走廊中京（今内蒙古宁城）一带耕种甚广，耕凿遍奚疆。

金辽更替之际，宋使许亢宗使金，过榆关（今秦皇岛市抚宁区榆关镇）至润州（今河北秦皇岛市海阳镇）时有感而发，称“山

---

① 王曾《上契丹事》疏证稿，见贾敬颜：《五代宋金元人边疆行记十三种疏证稿》，第103页。

② （宋）苏颂：《苏魏公文集》，北京：中华书局，1988年，第170页。

③ 沈括《熙宁使契丹图抄》疏证稿，见贾敬颜：《五代宋金元人边疆行记十三种疏证稿》，第148页。

④ （宋）苏辙：《苏辙集》卷16《诗一百二十首》，北京：中华书局，1990年，第320页。

⑤ （宋）欧阳修：《欧阳修全集》卷6《居士集卷六》，北京：中华书局，2001年，第92页。

⑥ 《苏魏公文集》卷13《前使辽诗》，第167页。

⑦ 《苏魏公文集》卷13《后使辽诗》，第176页。

之南，地则五谷百果、良材美木无所不有。出关来才数十里，则山童水浊，皆瘠卤。弥望黄云白草，莫知亘极，盖天设此限华夷也”，“出榆关以东行，南濒海，而北限大山，尽皆粗恶不毛。至此，山忽峭拔摩空，苍翠万仞，全类江左，乃医巫闾山也”[①]。在许亢宗看来，山南之地气候适宜，经济发展、物产丰富，而山海关外至医巫闾山的辽西走廊傍海道沿途地区居于山与海之间，土地贫瘠，农业生产发展极为受限。尽管辽西走廊这一区域的气候条件与地理环境，远不及华北平原，但在辽金时期农业经济仍有一定的发展。在辽西走廊多地辽金考古遗址都出土有相应的农业生产工具，如兴城市孤家子遗址、红崖子乡古城子村遗址、沈家遗址以及绥中县黑水遗址、下沟遗址等之中出土了铁锄、铁犁、铁铧、铡刀等，以及石磨、石臼等粮食加工工具。丰富的农业生产工具侧面印证了辽西走廊区域农业生产的发展。

劝课农桑是辽金元州县官员重要的职掌之一。辽赵匡禹任知临海军（今辽宁锦州）节度使事期间，“去烦苛，劝农桑，缮庐舍。考未三载，治洽一同”[②]。刘承嗣“奉宣宜（今辽宁省义县）、霸州城（今辽宁省朝阳市），通检户口桑柘。不茹不吐，廉善廉能”[③]。即辽西走廊域内的州县职官都在尽心尽职发展当地农业经济，毕竟只有仓廪有余，才能家给人足，上下相安，统治稳固。宋人曾感慨：“臣尝痛燕蓟之地，陷入契丹几百年，而民忘南顾心者，大率契丹之法简易，盐麴俱贱，科役不烦故也。”[④]这里虽然是记述辽朝燕云地区的现象，然辽国赋税制度通行全国，辽西走廊亦

① 《靖康稗史笺证》之一《宣和乙巳奉使金国行程录笺证》，第 17、21 页。

② 《赵匡禹墓志》，向南：《辽代石刻文编》，第 299—302 页。

③ 《刘承嗣墓志》，向南：《辽代石刻文编》，第 48 页。

④ 《宋史》卷 181《食货志下三》，第 4428 页。

在其中。苛捐杂税相对轻便，使得各族人等投入其中，推动辽代辽西走廊农业经济的发展。

金朝是以农业为本的王朝，汉人、渤海人、女真人都是农耕民族，对契丹、奚人从事农业生产的农户，实行女真猛安谋克制度进行管理。金朝规定：县令“掌养百姓、按察所部、宣导风化、劝课农桑、平理狱讼、捕除盗贼、禁止游惰，兼管常平仓及通检推排簿籍”[①]。猛安“掌修理军务，训练武艺，劝课农桑”[②]。金代辽西走廊皆在北京路府州县与猛安谋克的辖区内，从金朝地方机构设置的特点看，金代辽西走廊已经发展为以农业为主的经济区。

元朝建立后，元世祖忽必烈多次下令各级官员“劝诱百姓，开垦田土，种植桑枣，不得擅兴不急之役，妨夺农时”[③]。锦州知府胡秉彝曾于“城东筑济民园，手种桑百余畦，听民移植，虽蔬食瓜果，植栽有方，小民效法，衣食饶足”[④]。但由于辽西走廊西部部分土地划为蒙古王公贵族的封地，前代开发的农田有的转为牧地，元代辽西走廊的农业经济发展不及金代。

二、牧业经济

辽西走廊西部以及医巫闾山以北今辽宁阜新一带区域，大片草原和山谷草地比较适合牧业经济的发展。辽代，这一地区生活着诸多契丹、奚人的部族，分布着若干契丹贵族的头下军州(封地)。辽朝中后期，辽圣宗开泰元年(北宋大中祥符五年，1012年)宋人王曾使辽，记述过古北口后沿途所见：“山中长松郁然，深

---

① 《金史》卷57《百官志三》，第1401页。

② 《金史》卷57《百官志三》，第1416页。

③ 《元史》卷5《世祖纪二》，第84页。

④ 《锦州府志》卷8，《辽海丛书》第2册，第848页。

谷中多烧炭为业。时见畜牧，牛马橐驰，尤多青羊黄豕。亦有挈车帐逐水草，射猎。食止糜粥粆糒。”[①] 老哈河流域牧场的牲畜主要有马、牛、羊、橐驼、豕，其中以羊和猪为多，猪不适应长距离的迁徙游牧，从事畜牧业生产的契丹、奚人可能是在一定范围内，因四时季节，短距离地逐水草迁徙放牧、射猎。他们平时居穹庐，迁徙时以橐驼拉车帐，在出土的契丹墓葬的壁画中，时常看到以橐驼拉车的景象。

辽道宗咸雍四年（北宋熙宁元年，1068 年）十月至翌年正月，宋人苏颂使辽，他描述所见到的奚人部落：“千里封疆蓟、霫间，时平忘战马牛闲。居人处处营耕牧，尽室穹车往复还。”[②] 奚人地区的农业在此时已有一定发展，过着亦农亦牧的经济生活，处处兼营耕作与畜牧。他在鹿儿馆见到诸多契丹车帐，作诗云：“行营到处即为家，一卓穹庐数乘车。千里山川无土著，四时畋猎是生涯。酪浆膻肉夸希品，貂锦羊裘擅物华。”[③] 契丹人聚居区则是畜牧业较为兴盛，人们过着游牧生活，游牧所到之地扎营为家，一座穹庐与数乘车便是一户人家。大安五年（北宋元祐四年，1089 年）宋人苏辙使辽时作诗云：“奚人自作草屋住，契丹骈车依水泉。橐驼羊马散川谷，草枯水尽时一迁。”[④] 可见，到了辽朝末年，奚人大部分过上了定居的农耕生活，普通平民建草屋居住。契丹人仍以畜牧业为主，橐驼羊马放牧于川谷之间。吕颐浩言契丹人的畜牧生产，“每于逐年四月，尽括官私战马，逐水草牧放，

① 王曾《上契丹事》疏证稿，见贾敬颜：《五代宋金元人边疆行记十三种疏证稿》，第 103 页。

② 《苏魏公文集》卷 13《前使辽诗》，第 163 页。

③ 《苏魏公文集》卷 13《后使辽诗》，第 171 页。

④ 《苏辙集》卷 16《诗一百二十首》，第 320 页。

号曰入淀（淀，乃不耕之地，美水草之处，其地虚旷宜马）。入淀之后，禁人乘骑。八月末，各令取马出淀，饲以粟豆，准备战斗。”[①]这是官营牧场的牧养方式，民间普通牧民则是实行散养方式，如苏颂《北人牧羊》诗注所云：“羊以千百为群，纵其自就水草，无复栏栅，而生息极繁。”[②]

辽西走廊的山谷草地丛林间有丰富的动物资源，牧民们在从事畜牧生产的同时，还从事渔猎生产。张舜民曾记述：“北人打围，一岁间各有所处，正月钓鱼海上，于水底钓大鱼；二月、三月放鹘，号海东青，打雁；四月、五月打麋鹿；六月、七月于凉淀处坐；八月、九月打虎豹之类。自此直至岁终，如南人趁时耕种也。”[③]渔猎在契丹人经济生活中起着补充、襄助之用。辽朝建国后，一些渔猎活动成为契丹帝王与贵族乐此不疲的娱乐活动，朝廷实行四时捺钵制度，四时转徙于不同的捺钵地，在春捺钵放鹰捕天鹅，凿冰洞钓鱼；在秋捺钵“入山射鹿及虎”[④]。不仅青壮年男子善弓马，妇女儿童也能骑马弯弓。欧阳修曾有诗云：辽朝“地里山川隔，天文日月同。儿童能走马，妇女亦腰弓”[⑤]。辽道宗咸雍元年（1065年）“十月丁亥朔，幸医巫闾山。己亥，皇太后射获虎”[⑥]。以皇太后之尊尚能射虎，足可证时人射猎能力的高超。渔猎在辽西走廊也是一个不可忽视的经济组成部分。

金朝是女真人建立的政权，早在建国前女真完颜部始祖函普

---

① （宋）徐梦莘：《三朝北盟会编》卷176《炎兴下帙七十六》《吕丞相颐浩奏对十论劄子》，第498页。

② 《苏魏公文集》卷13《后使辽诗》，第173页。

③ （北宋）张舜民：《张舜民使辽录》，见赵永春：《奉使辽金行程录》，第149页。

④ 《辽史》卷32《营卫志中》，第423—425页。

⑤ （宋）欧阳修：《欧阳修集编年笺注》，成都：巴蜀书社，2007年，第487页。

⑥ 《辽史》卷22《道宗纪二》，第301页。

"教人举债生息，勤于耕种者遂致巨富"[①]。到献祖绥可时，女真人逐渐转向定居生活，完颜部定居于按出虎水畔（今黑龙江省哈尔滨境内阿什河），"耕垦树艺"[②]，"种植五谷，建造屋宇"[③]。到女真人建国前夕，已经形成了以原始农业为主的经济生活。金朝建立后，大力推行发展农业的政策。辽西走廊西部大部分奚人完成了由亦农亦牧向农耕经济的转型，契丹人中也有大批牧民向农民转型，畜牧经济成为农业经济的附属。

蒙元兴起后，将辽西走廊西部一部分区域划为蒙古东道诸王的封地，《新元史·贴木哥斡赤斤传》记载："以别勒古台镇广宁（今辽宁省北镇市），辖辽西；而东京、临潢二道地在辽东，移斡赤斤镇之。"[④]随着大批蒙古人进入辽西走廊，部分农田退耕为草地，东道诸王、各投下在这里有大片牧场。元朝在东北设置辽阳行省后，辽西走廊的中东部地区被纳入辽阳行省的辖区，其下有多处官马牧场，私人养马亦有一定规模。行省对畜牧产业多有扶持政策，遇自然灾害会及时赈济，推行一定的禁杀措施等。蒙元时期，辽西走廊西部地区是以畜牧为主的经济区，游牧经济有明显的发展。

三、手工业生产

与农业经济、畜牧狩猎经济相伴而生的手工业生产，以及因地理环境和物产而发展的手工业，随着辽金元不同时期契丹、奚人、汉人、渤海人等族群在辽西走廊相互交流，各种手工业生产技术

---

① （宋）徐梦莘：《三朝北盟会编》卷18《政宣上帙一八》引《神麓记》，宣和五年六月，第127页。

② 《金史》卷1《世纪》，第3页。

③ （宋）徐梦莘：《三朝北盟会编》卷18《政宣上帙一八》，宣和五年六月九日，第127页。

④ 《新元史》卷105《贴木哥斡赤斤传》，第490页。

不断丰富和提高，辽西走廊手工业生产进入一个新的发展时期。

纺织业　辽代辽西走廊东部的纺织业较为发达。宜州（今辽宁省义县）弘政县，“世宗以定州俘户置。民工织纴，多技巧”[①]。白川州（今辽宁省朝阳市）“地宜桑柘，民知织纫之利。岁奉中国币帛”[②]。宋人路振在辽圣宗统和二十六年（北宋大中祥符元年，1008年）出使辽朝时曾记录：“沿灵河有灵、锦、显、霸四州，地生桑、麻、贝、锦。州民无田租，但供蚕织，名曰太后蚕丝户。”[③]辽代灵州位于今天辽宁省大凌河岸，锦州即今辽宁省锦州市，显州在今辽宁省北镇市，霸州在今辽宁省朝阳市，辽朝在这一区域分布有专职的蚕丝户，养蚕、丝织的发展应历时已久。早在圣宗统和元年（983年）十二月就曾“以显州岁贡绫锦分赐左右”[④]。赵匡禹在圣宗开泰六年（1017）左右任知临海军节度使事（治锦州），“覃信惠，去烦苛，劝农桑，缮庐舍”[⑤]。诸项记载表明，这一区域桑蚕丝织业应有一定的发展水平。金朝锦州一带仍是纺织业较为发达的地区，金太宗天会三年(1125年)七月，“南京帅以锦州野蚕成茧，奉其丝绵来献”[⑥]。出现野蚕成茧，并能以野蚕制成丝绵进贡，表明当地蚕桑业发展的基础良好。辽西走廊西部契丹等族分布区，早在辽太祖神册二年（917年）卢文进投附契丹后，就将汉人的纺织业技术传入契丹地区，“教契丹以中国织纴工作无不备”[⑦]。辽西走廊的纺织业持续发展。

---

① 《辽史》卷39《地理志三》，第551页。

② 《武经总要》前集卷22《中京四面诸州》，第1103页。

③ （北宋）路振：《乘轺录》，见赵永春：《奉使辽金行程录》，第20页。

④ 《辽史》卷10《圣宗纪一》，第120页。

⑤ 《赵匡禹墓志》，向南：《辽代石刻文编》，第300页。

⑥ 《金史》卷3《太宗纪》，第58—59页。

⑦ 《契丹国志》卷18《卢文进传》，第196页。

盐业　辽西走廊东部濒临渤海湾，靠山吃山靠水吃水，史称“辽、金故地滨海多产盐”[①]，东部滨海地区盐业是重要的手工业之一。辽金时期辽西走廊比较著名的产盐地，辽代有隰州（今辽宁兴城市西南）海滨县（原作海阳县），“濒海，地多碱卤，置盐场于此”[②]。金初，北宋使者许亢宗走傍海道时记述：“红花务（约在今辽宁省葫芦岛市南票区）乃金人煎盐所，去海一里许。”[③]《金史·食货志》亦有载：“北京宗、锦之末盐，行本路及临潢府、肇州、泰州之境，与接壤者亦预焉。”[④]金代时期辽西走廊滨海地区的锦州产盐，红花务是其中一煎盐所，所产盐行销甚广。

制陶业　辽金时期辽西走廊制陶业也有一定的发展，今葫芦岛兴城市华山街道绿化村发现两座残存的辽代陶瓷窑址，东窑直径 2.3 米，残高 0.7 米；西窑直径 1.7 米，残高 0.5 米，出土物中有灰陶罐、黑釉瓷碗、粗瓷碗、缸胎青釉瓷盘等，所生产的陶瓷制品主要供当地居民日常所用。[⑤]位于医巫闾山地区的辽显陵、乾陵及众多贵族陪葬墓出土大量建筑构件，如琉璃寺显陵遗址中出土的建筑构件以陶质、琉璃质为主，有板瓦、筒瓦、方砖、条砖、瓦当、压当条、滴水等，其中兽面纹、龙纹瓦当都很多，形制较为独特，如兽面纹的“兽面头顶双角舒展，两耳斜竖，浓眉卷曲，怒目圆睁，蒜头鼻，两颊圆鼓，小嘴，獠牙外露，胡须及鬃毛浓密，

① 《金史》卷 49《食货志四》，第 1171 页。

② 《辽史》卷 39《地理志三》，第 553 页。

③ 《靖康稗史笺证》之一《宣和乙巳奉使金国行程录笺证》，第 20 页。

④ 《金史》卷 49《食货志四》，第 1173 页。

⑤ 国家文物局主编：《中国文物地图集·辽宁分册》（下），西安：西安地图出版社，2009 年，第 585 页。

局部卷曲”[①]。器具造型很有特点。新立乾陵遗址中出土的建筑构件有琉璃筒瓦、板瓦、瓦当、凤鸟、鸱尾、通脊瓦、铺地花斑石等多种，其中出土的屋顶瓦件绝大多数是绿色琉璃件，仅出土个别灰陶瓦件。[②]建筑构件在帝王陵寝中使用量非常大，很可能是在当地生产，反映出辽西走廊制陶业的发展成就。

造车业　辽代主要分布在老哈河流域的奚人在造车方面有一定造诣，北宋沈括曾记："奚人业伐山，陆种斲车。契丹之车，皆资于奚。"[③]奚人所造之车不仅自给自足，而且可出售给契丹人。奚人善造车，造车技术为辽西走廊各族工匠所学习和吸收，如在辽宋使者经常路过的富谷馆（距中京大定府一百里），"居民多造车者，云渤海人"[④]。从车的结构上看，奚人"辎车之制如中国，后广前杀而无般，材俭易败，不能任重而利于行山"[⑤]。医巫闾山乾陵陪葬墓——韩德让墓中壁画绘制有一造型简单的车辆，长辕、高轮，车厢较为低矮，无篷，但装饰比较华丽，车厢前端有龙首装饰，边框有花卉纹，车轮、车辕用卷云纹装饰。[⑥]从车辕车轮等结构上看与前者所描述的奚车相近，比较利于山地使用。可推

---

①　辽宁省文物考古研究院、锦州市文物考古研究所、北镇市文物管理处：《辽宁北镇市琉璃寺遗址 2016 ~ 2017 年发掘简报》，《考古》2019 年第 2 期。

②　辽宁省文物考古研究院、锦州市文物考古研究所、北镇市文物处：《辽宁北镇市新立遗址一号基址 2015~2018 年发掘简报》，《考古》2020 年第 11 期。

③　沈括《熙宁使虏图抄》疏证稿，见贾敬颜：《五代宋金元人边疆行记十三种疏证稿》，第 130 页。

④　王曾《上契丹事》疏证稿，见贾敬颜：《五代宋金元人边疆行记十三种疏证稿》，第 100 页。

⑤　沈括《熙宁使虏图抄》疏证稿，见贾敬颜：《五代宋金元人边疆行记十三种疏证稿》，第 131 页。

⑥　辽宁省文物考古研究院、锦州市博物馆、北镇市文物处：《辽宁北镇市辽代韩德让墓的发掘》，《考古》2020 年第 4 期。

测，因生活环境所限，辽西走廊契丹、渤海等所造之车和奚车都有一定的相似性。

金属冶炼业　契丹建国前金属冶炼业已有一定发展，“玄祖生撒剌的，仁民爱物，始置铁冶，教民鼓铸，是为德祖，即太祖之父也”。至太祖五年（911年）“冬十月戊午，置铁冶”[①]。《辽史·地理志》载：“泽州（今河北省平泉市）……太祖俘蔚州民，立寨居之，采炼陷河银冶。”[②]太祖征伐蔚州（今河北省蔚县）的时间，根据《旧五代史》记载：天祐十三年（916年）八月，“契丹入蔚州。振武节度使李嗣本陷于契丹”。同年九月，“时契丹犯塞，帝（后唐庄宗）领亲军北征，至代州北，闻蔚州陷，乃班师”[③]。《辽史》将此事记在神册元年（916年）十一月，“攻蔚、新、武、妫、儒五州，斩首万四千七百余级。自代北至河曲逾阴山，尽有其地。”[④]可知在蔚州安置俘虏之民从事银冶是在公元916年。《辽史·地理志》载辽代饶州（今内蒙古赤峰市林西县）“长乐县，本辽城县名。太祖伐渤海，迁其民，建县居之。户四千，内一千户纳铁”[⑤]。可见辽西走廊的金属冶炼业是随着契丹人俘虏和安置各族人户的历程不断发展起来的。与金属冶炼业相关的金属制造业在辽西也有一定的发展，《辽史》曾称：“铠甲阙，则取于显州之甲坊。”[⑥]表明辽代显州（今辽宁省北镇市）有专门制造铠甲的甲坊。

元朝初以北京盐课提举司兼管东北铁冶事宜，至延祐三年

---

① 《辽史》卷2《太祖纪下》，卷1《太祖纪上》，第26、5页。

② 《辽史》卷39《地理志三》，第548页。

③ 《旧五代史》卷28《唐书四》，第388—389页。

④ 《辽史》卷1《太祖纪上》，第11页。

⑤ 《辽史》卷37《地理志一》，第506页。

⑥ 《辽史》卷11《圣宗纪二》，第128页。

（1316 年）设置辽阳等处金银铁冶都提举司专管，其金属开采、冶炼主要集中在辽阳路、大宁路等地，如元世祖“至元十五年，拨采木夫一千户，于锦、瑞州鸡山、巴山等处采之（铜）”[①]。专门拨人开采铜矿，表明这一时期锦州、瑞州（今辽宁省绥中县）等地冶炼业有一定的发展规模。

四、商业繁荣

辽金元时期，辽西走廊商业贸易的兴盛与其位于东北、东蒙古草原与中原的交通要道有着密切的关系。这里是契丹内地（西辽河、老哈河）、女真内地（东流松花江流域）、东蒙古草原与中原之间最为繁忙的贸易通道，在进出辽西走廊的关口及走廊内主要城镇都存在交易不绝的商业贸易。

辽金王朝与中原政权、王朝之间存在着互市、榷场贸易关系，辽西走廊是主要的贸易通道。五代时期，辽与后唐、南唐等政权存在贸易往来，契丹曾至后唐新州（今河北省涿鹿县）请求互市。[②]南唐升元二年（辽太宗会同元年 938 年），“契丹主耶律德光及其弟（兄）东丹王各遣使以羊马入贡。别持羊三万口、马二百匹来鬻，以其价市罗纨茶药”。南唐保大二年（辽会同七年 944 年）契丹曾向南唐献马三百匹、羊三万五千口。[③]宋朝建立后，辽宋之间尤其是双方缔结澶渊之盟（1004 年）以后，长期保持和平关系、使节不绝于路，设立榷场进行经贸活动，宋朝太平兴国二年（977 年），“始令镇（今河北正定）、易（今河北易县）、雄（今河北雄

① 《元史》卷 94《食货志二》，第 2380 页。

② 《册府元龟》卷 999《互市》，第 11728 页。

③ （宋）陆游：《南唐书》卷 18《契丹传》、卷 1《烈祖纪》，见《丛书集成初编》，上海：商务印书馆，1935 年，第 405、21 页。

县)、霸(今河北霸州)、沧州(今河北沧州)各置榷务，辇香药、犀象及茶与交易”。榷场贸易之外，双方还存在民间贸易往来，“北界商旅辄入内地贩易”[①]，走私贸易也是颇为频繁的。无论官方贸易还是民间贸易，各种商队频繁往来于辽西走廊，各种商品流通于南北各地，丰富了辽西走廊居民的生活。如辽宁义县辽墓出土的青白瓷莲花注壶和莲花式大碗，是出自景德镇同窑烧出的一套酒具。[②]契丹贵族饮酒时常用一种带温酒钵的注壶，是宋朝输入品。东北各地与东蒙古草原各族人饮用的茶叶则主要来自与宋朝的官、私贸易。金章宗泰和五年(1205年)，“尚书省奏：‘茶，饮食之余，非必用之物。比岁上下竞啜，农民尤甚，市井茶肆相属。商旅多以丝绢易茶，岁费不下百万，是以有用之物而易无用之物也。若不禁，恐耗财弥甚’”[③]。金代尚书省主张禁茶交易，侧面反映出茶交易额之巨大。

辽朝占领燕云十六州后，南部以白沟(为拒马河下游的称谓，过霸州、天津，注入渤海)与北宋为界，金朝占领了黄河流域，以淮水、大散关一线与南宋为界，元朝则统一南北，重建规模空前的大一统王朝。东北地区包括辽西走廊由隋唐王朝的边疆，转变成为辽金王朝的内地，经贸活动空前发展。以辽朝为例，据《辽史》载:“太宗得燕，置南京，城北有市，百物山偫，命有司治其征;余四京及它州县货产懋迁之地,置亦如之。”[④]中京道潭州“松山县。本汉文成县地。边松漠，商贾会冲”[⑤]。潭州在今辽宁省喀左县西

① 《宋史》卷186《食货志下八》，第4562页。

② 李文信：《义县清河门辽墓发掘报告》，《考古学报》1954年第8册。

③ 《金史》卷49《食货志四》，第1186—1187页。

④ 《辽史》卷60《食货志下》，第1031页。

⑤ 《辽史》卷39《地理志三》，第549页。

南八里喀喇城。辽景宗保宁元年(969年)，张彦英“曾任榆(今辽宁省凌源西十八里堡)、惠二州刺史、知榷场事”[①]。辽西走廊作为辽金元疆域内连接各区域的通道，在经贸活动中的地位越来越重要。辽朝在古北口(今北京市密云县东北120里)、松亭关(今喜峰口)、榆关(今河北省秦皇岛市抚宁区榆关镇)等辽西走廊重要关口设有榷场或置官征税。辽圣宗统和四年(986年)“以古北、松亭、榆关征税不法,致阻商旅,遣使鞫之”[②]。统和二十六年(1008年)，宋人路振使辽，也曾记载:“虏置榷场于虎北口(即古北口)而收地征。”[③]设在交通关口的榷场、市集是南来北往的契丹、汉、奚、渤海等诸族民众进行贸易的场所。

通过辽西走廊的各类商品，主要是南北各地的各种物产。契丹、女真、蒙古京师皇室的日常衣食用度需要通过辽西走廊南北调度，如中京与燕蓟之地之间，北宋沈括曰:“(辽)中京始有果蓏而所植不蕃。契丹之粟果瓠，皆资于燕。粟车转，果瓠以马，送之虏庭。”[④]契丹内地出产果蔬较少，粟、瓜果多自燕地经辽西走廊运送至契丹朝廷。元代辽阳行省盛产大豆,《元史》记载:大宁地区(今内蒙古赤峰、辽宁朝阳、锦州的大部分地区)“岁办油十万斤,以供内庖”[⑤],元朝京师皇室所食用的豆油主要产自辽西走廊地区。中原与东北诸族之间的民间物资贸易多经由辽西走廊流转各地,《辽史·食货志》载:辽朝时在“雄州、高昌、

① 《张建立墓志》，向南:《辽代石刻文编》，第43页。

② 《辽史》卷11《圣宗纪二》，第133页。

③ 路振《乘轺录》疏证稿，见贾敬颜:《五代宋金元人边疆行记十三种疏证稿》，第55页。

④ 沈括《熙宁使虏图抄》疏证稿，见贾敬颜:《五代宋金元人边疆行记十三种疏证稿》，第132页。

⑤ 《元史》卷87《百官志三》，第2189页。

渤海亦立互市，以通南宋、西北诸部、高丽之货，故女直以金、帛、布、蜜蜡、诸药材及铁离、靺鞨、于厥等部以蛤珠、青鼠、貂鼠、胶鱼之皮、牛羊驼马、毳罽等物，来易于辽者，道路繦属”[①]。辽西走廊可谓是辽金王朝中央（金朝迁都燕京以前）与地方、辽金元中原与东北各族之间重要的贸易通道。

南来北往的物品通过物资流通和商贸交易丰富了各地人们的生活，加强了各地的经济文化联系，作为沟通东北与中原的主要交通廊道的辽西走廊，在商业贸易、物资流动方面起了无可替代的重要作用。

第四节　辽西走廊的文化交融

辽金元王朝是以北方民族为统治者的多民族王朝，辽西走廊内部也是多民族杂居区，北宋的宋绶出使辽朝时记下所见曰：“由古北口北至中京北，皆奚境。奚本与契丹等。后为契丹所并。所在分奚、契丹、汉人、渤海杂处之。”[②]金元时期，在辽朝民族成份的基础上，进入辽西走廊人数较多的民族又增加了女真人、蒙古人。各民族杂居共处，相互婚姻，思想文化、宗教信仰乃至风俗习惯处在相互影响、日渐交融的形态中。辽西走廊诸族之间文化上的互相影响和彼此交融共同进步的发展趋势，体现了中华民族多元一体发展过程中的重要特征。

中原传统汉文化对契丹、奚、渤海、女真乃至蒙古等少数民

① 《辽史》卷 60《食货志下》，第 1031 页。

② 宋绶《契丹风俗》疏证稿，见贾敬颜：《五代宋金元人边疆行纪十三种疏证稿》，第 112 页。

族的文化产生了深远的影响，生产方式、政策制度、思想文化、宗教信仰乃至婚丧嫁娶及各种其他风俗习惯等都体现出这种影响，契丹、奚、女真乃至蒙古人都有程度不一的汉化，以至奚人、契丹人、渤海人、女真人等部分融入汉人之中。

但文化的影响不是单方面的，契丹、女真、蒙古等族文化对汉人也产生了深远的影响。辽代，北方燕云地区乃至辽西地区的汉人在居住、饮食、婚丧嫁娶等方面都呈现出契丹化风格。北宋苏辙曾感叹“哀哉汉唐余，左衽今已半”[①]。庄绰《鸡肋编》曰：燕地“良家士族女子皆髡首，许嫁，方留发”[②]；当地汉人“鞍辔器械，并取契丹样装饰，以为美好”[③]。金朝时女真文化对杂居相处的汉人也产生了较大影响，宋人描述金地风俗云“民亦久习胡俗，态度嗜好与之俱化……最甚者，衣装之类，其制尽为胡矣”[④]。蒙元时期，辽西走廊部分地区属于蒙古东道诸王的封地，大量蒙古人进入辽西地区，与汉、契丹、渤海、女真等族杂居。于是各族间的交往日渐繁复，辽西走廊一些区域的居民不同程度的蒙古化，一些契丹人逐渐融入蒙古族之中，部分女真人也逐步与蒙古族相融合。

一、制度、思想层面的汉化倾向

辽朝采用因俗而治的治国策略，“以国制治契丹，以汉制待汉人”，设南北面官制以理国政，“北面治宫帐、部族、属国之政，

---

① 《苏辙集》卷16《诗一百二十首》，第319页。

② （宋）庄绰：《鸡肋编》，北京：中华书局，1983年，第15页。

③ 《册府元龟》卷160《帝王部下》，第1936页。

④ （宋）范成大：《揽辔录》，见《范成大笔记六种》，北京：中华书局，2002年，第12页。

南面治汉人州县、租赋、军马之事……宰相、枢密、宣徽、林牙，下至郎君、护卫，皆分北、南，其实所治皆北面之事”[①]。“既得燕、代十有六州，乃用唐制，复设南面三省、六部、台、院、寺、监、诸卫、东宫之官。”[②]辽西走廊区域在辽代主要隶属中京道辖区，小部分区域隶属南京道和东京道，道下设有府、州、县，同时分布有一定数量的契丹、奚等族人。如中京道辖下有大定府（今内蒙古宁城）、兴中府（今辽宁省朝阳市），大定府下统十州九县；东京道治辽阳府（今辽宁省辽阳市），下设显州、乾州、懿州、遂州等多州，州下多统有县。[③]在今辽西地区医巫闾山之北及辽宁阜新一带尚有许多头下军州的设置，辽朝初年设立头下军州，以辽国王公大臣、公主、外戚等征伐俘掠来的人口，或受赏赐的人口，建立的“私城”。“横帐诸王、国舅、公主许创立州城，自余不得建城郭，朝廷赐州县额。其节度使朝廷命之，刺史以下皆以本主部曲充焉。”[④]诸如“成州，长庆军，节度。圣宗女晋国长公主以上赐媵臣户置。在宜州北一百六十里，因建州城”“懿州，广顺军，节度。圣宗女燕国长公主以上赐媵臣户置。在显州东北二百里，因建州城”“渭州，高阳军，节度。驸马都尉萧昌裔建。尚秦国王隆庆女韩国长公主，以所赐媵臣建州城。显州东北二百五十里”[⑤]。上述诸州大致在医巫闾山显州（今辽宁北镇）左近，皆是契丹贵族所属的头下军州。辽朝对汉人和与汉人社会发展水平相近的渤海人采用府州县统辖，对契丹、奚等北方民族实行部

① 《辽史》卷45《百官志一》，第773—774页。

② 《辽史》卷47《百官志三》，第864页。

③ 《辽史》卷38《地理志二》、卷39《地理志三》，第517—554页。

④ 《辽史》卷37《地理志一》，第506—507页。

⑤ 《辽史》卷37《地理志一》，第507页。

族制进行统辖。

金朝初建时在中央实行国论勃极烈制度，金熙宗改革时废止之，推行中原王朝的三省六部制度，海陵王时期进一步改革为以尚书省为主的一省六部制度。金代辽西走廊主要为北京路管辖，路下设置4府：大定府（今内蒙古宁城）、兴中府（今辽宁省朝阳市）、广宁府（今辽宁省北镇市）以及临潢府（今内蒙古自治区赤峰市巴林左旗），十州四十二县。对女真人和契丹、奚等从事农业生产的北方民族设置军政合一的猛安谋克制度，将其纳入路、府、节度州之下。[①]

元代辽西走廊东部隶属辽阳行省大宁路管辖，西部属中书省直辖区。元代大宁路“领兴中府及义、瑞、兴、高、锦、利、惠、川、建、和十州”[②]，辖区范围大致包括今内蒙古赤峰、辽宁朝阳、锦州的大部分地区，辖辽西走廊东部与中部地区。辽西走廊西部为蒙古诸王的封地，成吉思汗分封东道诸王时，部分家族的封地在辽西走廊区域，如特薛禅家族火忽的封地大致在今内蒙古巴林左旗、翁牛特旗区域。木华黎家族后来迁入辽西走廊。元朝建立后对蒙古诸王的权力有一定的限制，但东道诸王地位尊贵，仍享有较大的自治权，享有诸种政治、经济特权，并且还拥有军事力量，与辽阳行省并无行政隶属关系，而是直属中央政府，是比较特殊的存在。[③]总体而言，辽金元时期，辽西走廊区域是以州县建置为主体管理体制，以汉制治理方式为主，一定程度上保留有各统治民族的特殊建置。

① 程妮娜：《金代政治制度研究》，长春：吉林大学出版社，1999年，第98—126、63页。

② 《元史》卷59《地理志二》，第1397页。

③ 程妮娜：《古代中国东北民族地区建置史》，第364—377页。

思想文化上，契丹、女真、蒙古统治者为了保证本民族的统治地位，他们并不排斥汉文化，一方面尊孔、崇儒、推行礼制；另一方面吸收汉族文化的精华发展本民族文化。契丹、女真人、蒙古人都创造了本族的文字，翻译儒家经典，令本族人学习，建立起具有儒家特征的道德规范、伦理纲常的社会文化体系，以实现“富国强民”的目的。辽金元各朝皆提倡尊孔崇儒，东丹王耶律倍认为“孔子大圣，万世所尊”，辽太祖立庙祭祀孔子。[①]元武宗认为儒家《孝经》“乃孔子之微言，自王公达于庶民，皆当由是而行”[②]。然而，在他们积极倡导“儒化”的同时，却力图阻止本族的“汉化”。比如辽太祖曾对后唐使者姚坤说：“吾能汉语，然绝口不道于部人，惧其效汉而怯弱也。”[③]金世宗儒化很深，被史家称为“小尧舜”，关于儒家文化与女真文化的关系，他说：“女直旧风最为纯直，虽不知书，然其祭天地，敬亲戚，尊耆老，接宾客，信朋友，礼意款曲，皆出自然，其善与古书所载无异。”他认为女真族传统文化的精髓与儒学所倡导的伦理纲常是相通的，令女真子弟“习学之，旧风不可忘也”[④]。元朝虽然推行中原汉仪，但“大飨宗亲、锡宴大臣，犹用本俗之礼为多”[⑤]。契丹、女真、蒙古统治集团并没有因为本民族与汉族的文化习俗不同而有自卑感，他们没有主动放弃本族文化，而是努力吸收汉文化弘扬本族文化。[⑥]使北方各民族文化在儒家文化层面上，与汉文化

① 《辽史》卷72《义宗倍传》，第1333页。
② 《元史》卷22《武宗纪一》，第507页。
③ 《新五代史》卷72《四夷附录第一》，第890页。
④ 《金史》卷7《世宗纪中》，第164页。
⑤ 《元史》卷67《礼乐志一》，第1664页。
⑥ 程妮娜：《辽金王朝与中华多元一体的关系》，《史学集刊》2006年第1期。

得到统一，从而使不同的民族在一定的文化领域内能够彼此认同，客观上促进了中华民族共同意识的形成。

二、宗教的发展

宗教作为一种特殊的社会意识形态，在民族交往交流交融中起着沟通协调的作用，一定程度上有着扩大各族间共性的功能。古代统治者乐于将宗教运用到统治手段之中，利用和平衡宗教力量有利于统治的稳定。辽金元时期佛教在辽西走廊诸族间有很大的发展，道教、基督教、伊斯兰教等也有各自的发展。此外，北方各族中广泛存在萨满教信仰。

辽朝境内佛教盛行，辽太祖曾问臣僚："受命之君，当事天敬神。有大功德者，朕欲祀之，何先？"众臣"皆以佛对"。[①]尽管先崇佛的提议被太祖否决，但从众臣比较一致的"皆以佛对"，反映出辽太祖之时佛教在契丹境内已广为流传，崇奉者中有相当数量的高位者。辽朝中期以后，契丹人信奉佛教者日众，皇亲国戚、贵族官僚、普通民众多信奉佛教，以致北宋苏颂使辽时感叹：辽"俗礼多依佛，居人亦贵僧"[②]。辽代宜州（今辽宁省义县）是佛教胜地，《宜州大奉国寺续装两洞贤圣题名记》云："自燕而东，列郡以数十，东营为大，其地左巫闾，右白霫，襟带辽海，控引幽蓟，人物繁夥，风俗淳古。其民不为淫祀，率喜奉佛。为佛塔庙于其城中，棋布星罗，比屋相望，而奉国寺为甲。"[③]宜州奉国寺是皇家寺院。现存的辽代佛教遗迹，有义县（辽宜州）

① 《辽史》卷72《义宗倍传》，第1333页。

② 《苏魏公文集》卷13《前使辽诗》，第166页。

③ 《宜州大奉国寺续装两洞贤圣题名记碑》，见《锦州市文物志》，北京：学苑出版社，2005年，第90—91页。

奉国寺、广胜寺、八塔子塔；锦州（辽锦州）广济寺、广济寺塔；葫芦岛（辽锦州辖内）大悲阁、朝阳寺；北镇（辽显州）太和古塔、北镇崇兴寺双塔，以及著名的海云寺等。辽道宗大安三年（1087年）正月大雪伤民，贫民生活难以为继，同年五月，“海云寺进济民钱千万”[①]。海云寺能捐出大笔济民钱，可见这是一处规模庞大的寺院。金章宗明昌元年（1190年），王寂提点辽东路刑狱，出巡辽东，曾到觉华岛（今辽宁兴城县东南海中）龙宫寺，作诗赞美曰：“平生点检江山好，只有龙宫觉华岛……悬崖架壑置佛屋，突兀殿阁凌烟霞。”[②]描绘了龙宫寺非凡的建筑规模和特色。据《元史》记载，元代龙宫寺仍然颇具规模，金紫光禄大夫、上柱国、赠太保、云国公忽兰“性纯笃，然酷好佛，尝施千金修龙宫寺，建金轮大会，供僧万人”[③]。

辽代辽西走廊作为佛教胜地曾出有著名的僧人，《辽史·道宗纪》记载，寿昌三年（1097年）十一月“戊午，以安车召医巫闾山僧志达”，寿昌六年（1100年）十一月“丙子，召医巫闾山僧志达设坛于内殿”[④]。道宗皇帝连续传召僧志达，设坛于内殿讲经，可见他在辽朝境内是著名的僧人。金人王寂《辽东行部志》记：辽朝时，“觉华岛海云寺海山大师俗姓朗，名思孝。行业超绝，名动天下。当兴宗时，尊崇佛教，自国主以下，亲王贵主，皆师事之。尝赐号曰崇禄大夫守司空辅国大师。凡上章表，名而不臣”[⑤]。海山

① 《辽史》卷25《道宗纪五》，第333页。

② （金）王寂：《拙轩集》卷1，文渊阁《四库全书》第1190册，台北：台湾商务印书馆，1986年，第8页。

③ 《元史》卷124《速哥传》，第3053页。

④ 《辽史》卷26《道宗纪六》，第348、352页。

⑤ 陈述、朱子方：《辽会要》，上海：上海古籍出版社，2009年，第371页。

大师朗思孝的上述待遇，表明辽朝君臣贵族崇佛之盛。郎思孝出自辽西走廊，辽朝时期辽西走廊地区佛教文化的兴盛可见一斑。

元代的《大元国大宁路义州重修大奉国寺碑并序》中记载了佛教在辽西走廊的流传过程："夫佛法之入中国，历魏晋齐梁，代代张皇其教，降而至于辽，割据东北，都临潢，最为事佛，辽江之西有山曰医巫闾，广袤数百里，凡峰开地衍，林茂泉清，无不建立精舍以极工巧，去医巫闾一驿许有郡曰宜州，古之东营，今之义州也。州之东北维寺曰咸熙，后更奉国。盖其始也，开泰九年处士焦希赟创其基其中也。特进守太傅通敏清慧大师捷公述其事终也。"[①] 从这一碑记我们可以得知，辽代广为流传的佛教来自于中原，流入契丹境界后为契丹人所崇信，医巫闾山广袤数百里，佛寺林立，义县奉国寺成为当地的佛教胜地。由金入元，大奉国寺一直是当时著名的佛寺，辽西走廊民众中始终不乏虔诚的佛教徒。

金朝王喆始创道教全真教派，主张儒释道合一，劝人清心净欲，实践真功真行，寻求"本来真性"[②]。成吉思汗西征时曾宣召全真七子之一丘处机前去讲道，给予较高的待遇。金朝后期到元代，全真教在北方十分盛行，在辽西走廊也有较大的影响。如利州（今辽宁喀左境内）康泰真曾"与祖师重阳公（即王喆）甘河饮水"，后来康泰真皈依道教，跟随他的教众不下数千人，当地一些地方官吏也相当推崇全真教。[③]

① 《宜州大奉国寺续装两洞贤圣题名记碑》，见《锦州市文物志》，第 92 页。

② ［日］蜂屋邦夫著，钦伟刚译：《金代道教研究：王重阳与马丹阳》，北京：中国社会科学出版社，2007 年，第 191—195 页。

③ 《云峰真人康公墓志》，（清）哈达清格：《塔子沟纪略》，《中国地方志集成·辽宁府县志辑㉓》，南京：凤凰出版社，2006 年，第 652—653 页。

萨满教是流行于契丹、女真、蒙古等北方族群的原始信仰，他们认为天地山川万物皆有灵。北宋使者刘敞到辽西走廊西部鹿儿峡（今河北省承德县东山嘴）北的山上作《神山》诗曰："林立众峰俱到天，传闻此地有神仙。"[①]北宋使者路过这里所听闻的当地民间关于山神的传说，表现了奚人、契丹人的山川自然崇拜。萨满教信仰仪式有占卜、祭祀、跳神等，对普通民众生活有很大影响。不仅北方诸族信仰它，进入东北区域的汉族人也受其影响，在日常生活中逐渐有了萨满教的影子。

自唐宋以来，基督教、伊斯兰教等外来宗教开始在中国境内传播，金朝时虽有个别基督教徒开始出现在东北地区，但人数甚少。蒙古兴起时，基督教在蒙古诸部中逐渐传播开来，东道诸王发生乃颜叛乱时，贴木哥斡赤斤领地内大多部民信仰基督教。随着蒙古人的迁徙，辽西走廊地区的基督教徒也增加甚多。蒙元时期色目人大都信仰伊斯兰教，色目人多以经商为业，辽西走廊地处南北交通要道，往来商队频繁，伊斯兰教也随之有了较大的发展。

宗教信仰是统治者乐于使用的一种统治手段，有利于牵制和平衡各种力量，支持和推广不同宗教使诸方势力相互竞争、均衡发展而不能一方独大。宗教信仰还有利于安抚普通民众。辽金元时期多元宗教和信仰在辽西走廊地区接触、碰撞、调适、交融，不同宗教的信徒突破族群、农牧文化的界限，整合了异质性的文化体系和族群。[②]

---

① 沈括《熙宁使契丹图抄》疏证稿，见贾敬颜：《五代宋金元人边疆行记十三种疏证稿》，第150页。

② 王剑利：《"多廊联动"与多元一体的中国——从辽西走廊的宗教实践切入》，《读书》2021年第9期。

三、生活习俗的交融

辽金元时期辽西走廊始终是多民族聚居区，诸族杂居相处，相互通婚，生活习俗彼此影响、相互交融。

1. 服饰、发式

契丹早期，因“大漠之间，多寒多风，畜牧畋渔以食，皮毛以衣”[①]。辽朝建立后，随着国家礼仪文化的确立和社会经济的发展，其服饰等也有了新的变化。北宋使者宋绶曾记录契丹皇亲贵族服饰：“蕃官戴毡冠，上以金华为饰，或加珠玉翠毛，盖汉、魏时辽人步摇冠之遗象也。”[②]在他看来辽代契丹官服上有汉魏辽西慕容鲜卑步摇冠之遗风。在北方民族王朝统治下，辽西走廊的汉人服饰、发式也发生一定的胡化。辽道宗咸雍四年（北宋熙宁元年，1068 年）宋人苏颂出使辽朝夜宿柳河馆，有感于途中见闻，作诗云“服章几类南冠系，星土难分列宿缠。安得华风变殊俗，免教辛有叹伊川”，并在诗句下注曰：“敌中多掠燕、蓟之人，杂居番界，皆削顶垂发，以从其俗，惟巾衫稍异，以别番、汉耳。”[③]此时据辽朝建国已有 150 年，苏颂见辽西走廊境内的汉人多髡发，从契丹发式，但巾衫服饰还保持汉风。到辽朝末年，辽道宗大安五年（北宋元祐四年，1089 年）宋使苏辙在辽西走廊看到“汉人何年被流徙，衣服渐变存语言”[④]。汉人服饰也普遍契丹化，基本

① 《辽史》卷 32《营卫志中》，第 423 页。

② 宋绶《契丹风俗》疏证稿，见贾敬颜：《五代宋金元人边疆行记十三种疏证稿》，第 119 页。

③ 沈括《熙宁使契丹图抄》疏证稿，见贾敬颜：《五代宋金元人边疆行记十三种疏证稿》，第 127 页。

④ 《苏辙集》卷 16《诗一百二十首》，第 320 页。

与之一样，“以圆领、紧身、窄袖、长袍为主要特征”[①]，但语言仍操汉语。汉人服饰多胡化，主要是胡服更适合辽西走廊地区的气候和地理环境，人们身着胡服方便于生产劳作。

金朝辖区内，汉人服饰胡化的现象也比较普遍，但服饰胡化的具体形式与辽朝不同，辽朝胡服主要具有契丹服饰的特点，金朝胡服则具有女真服饰的特点。金朝初年，女真统治集团还一度在汉人地区强行推行剃发易服的政策，金熙宗实行国家制度汉制改革后，废止了对汉人剃发易服的政策。然而，随着民族交流渐深，作为统治民族女真人的风俗对汉人服饰的影响越来越明显，南宋人周辉出使金朝时，记述金境内中原汉人的服饰：“男子衣皆小窄，妇女衣皆极宽大，有位者便服立止用皂纻丝，或番罗，系版绦，与皂隶无区别。绦反插，垂头于腰，谓之有礼。无贵贱，皆着尖头靴。所顶巾，谓之‘蹋鸱’。”[②]中原汉人的服饰已经具有浓郁的胡风，辽西走廊位于中原之北，更接近女真内地，胡风更盛。

蒙古汗国时期，宋人彭大雅出使蒙古国，将所见所闻写成《黑鞑事略》，其中记载：蒙古人的服饰，“右衽而方领，旧以毡毳革，新以纻丝金线，色以红紫绀绿，纹以日月龙凤，无贵贱等差。”[③]有学者指出，纻丝金线这种材料不是蒙古人自己出产而应该是与其他族人交换而来的。[④]在内蒙古赤峰地区元宝山元墓壁画中，“（男主人）头戴圆顶帽，帽缕垂肩，耳后宽扁带上有缀饰。身穿

---

① 宋德金、张希清：《中华文明史》（第6卷），石家庄：河北教育出版社，1994年，第110页。

② 沈括《熙宁使契丹图抄》疏证稿，见贾敬颜：《五代宋金元人边疆行记十三种疏证稿》，第133页。

③ （宋）彭大雅：《黑鞑事略》，《丛书集成初编》，上海：商务印书馆，1937年，第4页。

④ 孙进己：《东北各民族文化交流史》，沈阳：春风文艺出版社，1992年，第230页。

右衽窄袖蓝长袍，腰围玉带，脚穿高靴……女主人盘髻插替，耳垂翠环。身穿左衽紫色长袍，外罩深蓝色开襟短衫，腰间系带垂至膝下，脚穿靴”[①]。在辽宁凌源市元代墓墓室东壁右侧壁画中有人物形象，“第一人头戴圆顶红缨帽，额前垂发，长圆脸，白净无须，身穿方领长袍，胸前钉方巾，腰系带，左手曲肘向前。右第一二人穿黑色高筒靴，手持三弦琴，上部已残”，左侧壁画中有墓主人形象，戴白沿绿色圆顶红缨帽，颈后垂有发辫，穿灰色长袍，披绿色云肩，胸前有白色方巾，腰间系带，着灰色高筒皮靴。[②]蒙古男人服饰特点基本为右衽、窄袖长袍，腰束带，头戴帽，足蹬靴，与辽金时期也有一定的相似之处。

辽金元时期辽西走廊各族风俗文化的变迁，既有北方民族对汉族的影响，也有汉族对北方民族的影响，服饰的变化一定程度上受审美观念变化的影响，作为普通民众更多的是从自然环境和气候特点出发，选择更适合日常生活和生产需要的服饰，从而形成了具有地方特色的服饰。

2. 饮食习俗的相互影响

辽金元时期，辽西走廊居住的居民主要有汉人、契丹人、奚人、渤海人、女真人、蒙古人，“恩州以东为渤海，中京以南为东奚。其王衙西京数十里。其西南山间奚西奚，有故霫之区。其西治牛山谷。奚、渤海之俗类燕，而渤海为夷语。其民皆屋居，无瓦者墁上，或苫以桦木之皮”[③]。各民族的饮食习俗各有特色，经济生活相近民族的饮食习俗又有相似之处。

---

① 项春松：《内蒙古赤峰市元宝山元代壁画墓》，《文物》1983 年第 4 期。

② 冯永谦、韩宝兴：《凌源富家屯元墓》，《文物》1985 年第 6 期。

③ 沈括《熙宁使契丹图抄》疏证稿，见贾敬颜：《五代宋金元人边疆行记十三种疏证稿》，第 129—130 页。

游牧民族的饮食习俗以契丹人为例，辽初，契丹人的主食以肉、奶为主、粮食为辅；中期以后，粮食在主食中的比重增大，但仍嗜肉乳。肉食做法，除煮新鲜肉外，还做成濡肉、腊肉、肉脯（肉干）、肉糜（肉羹）、醢（肉酱）等食品，品种多样，便于储存，以备随时食用。宋人王曾使辽，见契丹人“挈车帐，逐水草射猎。食止糜粥、粆糒”[①]。契丹人喜欢吃的乳粥在朱彧《可谈》中有记载：“至北方日，供乳粥一椀，甚珍，但沃以生油，不可入口。谕之使去油，不听，因绐令以他器贮油，使自酌用之，乃许，自后遂得淡粥。”[②]所谓“沃以生油”，当为掺以奶酪、奶油之类的食品。宋人苏颂面对契丹风味的饮食，感叹道“契丹饮食风物皆异中华，行人颇以为苦。”[③]因南北各族经济生产和社会生活的不同，口味各异，契丹以为之珍品，宋使则有腥膻难以入口之感。

女真人是以农业经济为主，金初由于农业生产水平低下，又以狩猎经济为辅，饮食习俗中具有特色鲜明的狩猎经济特色。金太祖天辅四年（宋宣和二年，1120 年）宋人马扩出使金朝，在金太祖完颜阿骨打的御宴上，见到“以木楪盛猪、羊、鸡、鹿、兔、狼、獐、麂、狐狸、牛、驴、犬、马、鹅、雁、鱼、鸭、虾蟆等肉，或燔、或烹、或生脔，多芥蒜汁渍沃，陆续供列”[④]。许亢宗出使金朝见到“地少羊，惟猪、鹿、兔、雁”[⑤]。从女真人的肉食看，比较突出的是猪、鸡，而少羊，猪肉是女真人最爱吃的肉食。金

① 《契丹国志》卷 24《王沂公行程录》，第 259 页。

② （元）陶宗仪：《说郛》卷 35 下《朱彧：可谈》，文渊阁《四库全书》第 877 册，第 835 页。

③ 《苏魏公文集》卷 13《后使辽诗》，第 177 页。

④ （宋）徐梦莘：《三朝北盟会编》卷 4《政宣上帙四》引《茅斋自叙》，宣和二年十一月二十九日丙寅，第 30 页。

⑤ 《靖康稗史笺证》之一《宣和乙巳奉使金国行程录笺证》，第 27 页。

太宗天会三年（1125年）宋人许亢宗使金，记录了女真人的饮食方式："酒五行，进饭，用粟，钞以匕；别置粥一盂，钞一小杓，与饭同下。好研芥子，和醋伴肉食，心血脏瀹羹，芼以韭菜，秽污不可向口，虏人嗜之。器无陶埴，惟以木刓为盂碟，髹以漆，以贮食物。"[①]用木器盛食物，有粟米饭和米粥，以芥、蒜、醋汁等伴肉食，用动物血做羹，以韭菜为佐料。在汉人许亢宗看来"秽污不可向口"，女真人则以为是美食用来招待宋朝使者。

胡汉饮食共处一地，形成一道彼此间互相影响的风景线。苏颂作诗曰："拥传经过白霫东，依稀村落见南风。食饴宛类吹箫市，逆旅时逢炀灶翁。渐使边氓归畎亩，方知厚泽遍华戎"，"行尽奚山路更赊，路旁时见百余家。风烟不改卢龙俗，尘土犹兼瀚海沙。朱板刻旗村肆食，青毡通幰贵人车。皇恩百岁如荒憬，物俗依稀欲慕华。"[②]汉俗、北风互相影响、逐渐融合，呈现出南风依稀、食饴相类之象。

3. 丧葬习俗

丧葬仪式是人生礼仪的最后一个阶段，在辽西走廊多民族杂居的社会环境下，各民族既保持了本民族丧葬习俗的主体模式的持久性和稳定性，又出现了不同民族之间一定程度的丧葬习俗的互借与共享，呈现出具有时代性和地方性的丧葬习俗。

（1）辽西走廊汉人的丧葬习俗

辽金元时期生活在辽西走廊的居民中以汉人群体为多数，目前辽西走廊地区先后发掘的这一时期汉人墓葬，为我们考察不同社会层次汉人的丧葬习俗提供了重要的考古学资料。

---

① 《靖康稗史笺证》之一《宣和乙巳奉使金国行程录笺证》，第13页。

② 《苏魏公文集》卷13《后使辽诗》，第170—171页。

汉族人历来重视选择墓地，早在汉代就有风水师。辽金时期汉人同样有请风水师选择墓地的风俗。在出土的汉人“墓志铭”中经常看到“卜窀穸，凿高岗”[①]“凿龙耳之高岗”[②]之类的记载，人们相信墓地的风水直接影响家族的兴衰。这个时期汉人的墓地一般选择在向阳的山坡上，背靠山，面临水，墓地多为南向或东南向。

辽西走廊目前出土的汉族高官显贵墓葬较少，可以辽代梁援之墓为代表。梁援是辽朝中京道人，辽道宗时官至知枢密院事。天祚帝乾统元年（1101 年）在任上去世，十月葬于先祖墓地。[③]梁援墓位于辽宁省义县大榆树乡四道岔子村，地处医巫闾山中一条由东南向西北的山谷之间，墓葬坐落在北山南坡，前面是一条南流的小溪。梁援墓的后面有山，前面有水，正南北向，地表无封土痕迹。墓室营建在岩石墓圹内，有墓道、墓门、甬道、左右耳室及主室组成，是一座大型的仿木结构建筑的砖室墓。[④]梁援墓的形制和规模与辽朝末年契丹大贵族的墓葬大致相同。从出土墓志中可以得知这是梁援夫妻合葬墓。汉族传统葬俗是人去世后入棺殓葬，但梁援墓则是在墓室的北壁修造了置放尸体的尸床，长 2.55 米、宽 1.5 米、高 0.25 米。梁援夫妇的尸体是直接置放在尸床之上，采用了契丹人典型的“葬不用棺”的葬俗。

汉族中小官僚、士大夫、商人、富豪等这一阶层的墓葬发现

---

① 陈述辑校：《全辽文》卷 5《王说墓志铭》，北京：中华书局，1982 年，第 112 页。

② 陈述辑校：《全辽文》卷 6《韩椅墓志铭》，第 120—123 页。

③ 薛景平、冯永谦：《辽代梁援墓志考》文后附录《梁援墓志铭》，《北方文物》1986 年第 2 期。

④ 薛景平、宝兴：《义县四道岔子辽梁援墓》，《辽金契丹女真史研究动态》1984 年第 2 期。本书引用梁援墓的考古发掘资料均参见该文。

的较多，按照辽金王朝的丧葬制度，这个阶层各族人的墓葬规模、形制大体相同。墓葬的基本形制是中小型单室墓，由墓室、甬道、墓门组成。辽宁省朝阳市出土的辽代左千牛卫将军刘宇杰墓（辽圣宗统和十八年，1000 年）是其中规模较大、比较有代表性的墓葬，为竖穴砖室墓，由墓门、甬道、主室共同组成，墓门为仿木结构，券门，券门之外先用砖砌封门洞，又用大块毛石堆堵。墓门接 1.7 米甬道，圆券顶，甬道中部东、西各有一耳室，耳室平面也是圆形，穹隆顶；甬道连接主室，平面圆形平面，推测为穹隆形券顶。主室有砖砌棺床，上置一副石棺。[①] 汉人中小官僚地主墓葬中经常可以看到壁画、浮雕，其内容多是描绘墓主人的生活场景和使用的物品。以辽中京（今内蒙古宁城）西城外 4 号辽墓为例，为单室砖墓，墓室平面为圆形，直径 2.45 米，墓壁有彩色壁画，全室共分为五幅，正中一幅似为衣裙、高靴及帷幕等物。其左右两幅各绘石、竹、梅，巨石立于正中。再往南靠门内两幅，保存较差，东壁镶有砖雕桌椅各一具，桌上壁绘有两只黑色高足盘，盘内盛放水果食物，其余部分可辨识的只有梅花；西壁镶有砖雕灯台，左右绘有花草。[②]

金代汉族中小官僚地主的墓葬普遍比辽代同一阶层的墓葬规模小，构造简单，这大约与金代提倡薄葬风俗有关。辽宁省朝阳市出土的金代马令夫妇墓（金世宗大定二十四年，1184 年）是一座方形单室砖墓，墓门拱洞式，南向，用青方砖和长方砖封堵。墓室南北长 1.99 米、东西宽 2 米，为叠涩券顶，顶口覆盖圆形石板。墓壁抹白灰，上绘彩画，四壁绘壁画六幅，西壁为备膳图；东壁

---

① 王成生：《辽宁朝阳市刘承嗣族墓》，《考古》1987 年第 2 期。

② 内蒙古自治区文物工作队：《辽中京西城外的古墓葬》，《文物》1961 年第 9 期。

为准备出行图，画分左、右两部分，右侧（北部）为室内4人互揖告别图，左侧（南部）为室外备马图；南壁为人物图，分画墓门左、右，人物的背后书写墓主人的姓名、族望、下葬日期与地点，左为墓主马令，右为马令之妻；北壁为侍女图。壁画用墨线勾勒轮廓，用红、绿、灰三色渲染，线条优美，人物生动逼真。[①]

辽西走廊东部汉人墓葬与西部地区有所不同，主要是用石板、石柱建造的石室墓。如锦西大卧铺1号辽墓，是以石板石柱建构的八角形单室墓，墓顶以宽石条抹角迭压券起，墓室进深2.74米、宽2.8米、高2.1米。墓室北面用两块石板拼成尸床，板面浮雕云纹和走兽，据当地农民介绍，尸床上葬二人，墓室的八方壁上，一方为门，其余七方为浮雕的人物故事画像。北面正壁为主人宴饮图，其余六面主要是孝子、友悌、孝妇的故事，每个故事旁原有墨书题记，可惜字迹基本都脱落了，只存个别字痕迹。从人物故事的内容看，主要是“董永卖身葬父”“郭巨为母埋儿”“王祥卧冰求鲤”“茅蓉杀鸡奉母”“孟宗哭竹”等二十四孝的故事，[②]表现了汉人的伦理观念和传统文化意识。然而，雕刻的人物形象，无论是墓主人夫妇，还是故事中的人物，都是身着契丹人服饰。

汉族普通民众在北方民族王朝的统治下，地位低下，生活贫困，墓葬也非常简陋，主要有土坑墓、小型砖室墓、石棺墓、瓮棺墓几种。他们的葬俗中普遍存在着浓厚的佛教色彩，表现了希望来世能摆脱贫困的期盼。目前在汉族庶民墓中没有发现典型的北方民族的葬俗，但在女性墓葬中有随葬铁刀的现象，这或可说明在汉人日常的衣食生活中在某些方面接受了北方民族的习俗。

---

① 辽宁省博物馆：《辽宁朝阳金代壁画墓》，《考古》1962年第4期。

② 雁羽：《锦西大卧铺辽金时代画像石墓》，《考古》1960年第2期。

汉人传统讲究“身体发肤，受之父母，不敢毁伤”[①]，实行的是尸骨土葬。辽代前期，包括庶民在内的汉人多为土葬。辽中后期佛教盛行，越来越多的人实行火葬。到了金代汉人的墓葬已经是以火葬为主了，而且社会阶层越低越盛行火葬。这一方面是宗教信仰的表现，另一方面也是汉族底层民众在辽金王朝地位低下，生活贫困，他们将希望寄托于来世的表现。有趣的是，有的夫妇虽然埋葬在同一座墓中，却根据自己的信仰采用不同的葬式。例如，内蒙古宁城县山头村 2 号辽墓，在墓内尸床上，后部置有一女性的人骨架，头西足东，为仰身直肢葬。在她的南侧有一堆火葬的骨灰，用一个陶器盖覆盖着。两者之间的关系可能是夫妻。[②]

辽金时期辽西走廊汉人坚守本民族传统丧葬习俗的观念相对淡薄，在一定程度上采用了统治民族的风俗，但仍有保持一定的本民族传统习俗。由于信仰佛教，汉人的生死观发生了一定的变化，汉族传统的丧葬习俗随之发生了变化，塑造了辽西走廊汉人与当地其他民族葬俗既有差异，又有共同处的地方特色，在没有文字出土的情况下，一些墓葬很难区分清楚是汉人墓葬还是少数民族墓葬。[③]

（2）契丹人的丧葬习俗

辽西走廊地区出土的墓葬，除了汉人墓葬之外，目前能够明确墓主人族属的主要是辽代契丹人的墓葬，前面考察了契丹帝陵（参见第六章）及其陪葬墓，这里主要介绍一般契丹人的丧葬习俗。

契丹人墓葬同样重视风水堪舆，契丹贵族的墓地一般选择在大山的东南麓、背靠山顶的缓坡或平岗上，左右有山丘护卫，形

---

① 《孝经》，《续修四库全书》第 151 册，上海：上海古籍出版社，2002 年，第 7 页。

② 内蒙古自治区文物工作队：《辽中京西城外的古墓葬》，《文物》1961 年第 9 期。

③ 程妮娜：《破雪集 · 辽金史考论》，沈阳：辽宁人民出版社，2023 年，第 325、338 页。

同椅座，墓前有溪涧横向流过，远眺前山之尖顶，附近草木密茂，风景尚佳。契丹人有“东向拜日”习俗，墓葬多为东南向。也有部分契丹人墓葬有受汉族传统影响，出现南向现象，但基本不是正南正北，而是稍微有些偏东或西。

契丹人的墓葬以砖室墓为主，石砌墓、砖石混砌墓次之，土洞墓比较少见。契丹大贵族墓，一般均为由两正室和两侧室组成，以后室为主室。墓室平面辽代早期多为方形和圆形，中期后半段开始出现八角形，晚期以八角形和六角形为主。墓室一般为穹庐式顶。契丹大贵族墓葬如内蒙古敖汉旗出土的北宰相、同中书门下平章事萧袍鲁的墓葬，主室平面为八角形，东、西侧室为方形，前室则缩窄为长方形甬道形状；“故耶律氏”墓的主室平面也为八角形，东、西侧室则为六角形，前室也是长方形甬道状。[①]一般贵族墓，基本都是单室墓，目前所见砖室墓有带小耳室或小龛的，有的砖石混砌墓带有回廊，石砌木撑墓则未见有回廊、耳室者，墓制造型与大贵族墓流行倾向基本一致。地位低下的平民、奴仆等底层庶民葬制相对简单，墓葬多单纯竖穴土坑墓，有砖砌、石砌和土坑等类型，墓室平面有方形、长方形或圆形几种。[②]

契丹官僚贵族墓葬的建造比较讲究，墓葬内部的建造，自辽穆宗、景宗时起，砖室墓开始出现有仿木结构的门楼。如辽代早期的内蒙古敖汉旗沙子沟墓、中期的北镇秦晋国大长公主墓和出土于辽宁朝阳县西五家子乡柏树沟村的羽厥里节度使、同政事门下平章事耶律延宁墓等，都有仿木结构的门楼，并以

---

① 敖汉旗文物管理所：《内蒙古昭乌达盟敖汉旗北三家辽墓》，《考古》1984 年第 11 期。

② 李逸友:《辽代契丹人墓葬制度概说》，载《内蒙古东部区考古学文化研究文集》，北京：海洋出版社，1991 年，第 130—146 页。

雕砖刻砌各种斗拱图案。墓门、甬道、天井、墓室、尸床等处多绘有彩色壁画，有建筑装饰类彩绘，也有契丹人物、游牧生活、四季风光、车马禽兽等图像，具其浓郁的民族特色，也可以看到明显的汉文化影响。[①]

辽朝前期，契丹人以土葬为主，中后期契丹人中佛教信仰盛行，火葬也开始流行。在丧葬方式上，契丹人在墓室的后部往往设置有尸床，尸床布置得如同人生前睡觉的地方，将穿着丧服的尸体直接放置在尸床上。火葬墓则是将骨灰直接放在尸床或墓室地上。“葬不用棺”是契丹人最为典型的葬俗之一，对辽西走廊其他民族的葬俗具有明显的影响。契丹人殡葬服饰中有带面具、穿丝络的习俗，宋人文惟简《虏廷事实》记载："用金银为面具，铜丝络其手足。”阜新朝阳沟 3 号墓出土了一个银面具，1 号墓与 4 号墓出土了铜丝网络。[②] 面具与网络可以分别使用，也可同时使用。除了手足上的铜丝络，也有全身的银或铜丝络。如在内蒙古通辽市奈曼旗发掘的辽陈国公主与驸马合葬墓，公主与驸马全身穿有银丝网衣，头前端各置一鎏金银冠，面覆金面具，脚穿金花银靴，腰系有蹀躞带。[③]

契丹盛行厚葬，契丹贵族墓葬的随葬品质地精美，数量十分可观。辽宁省阜新市彰武县苇子沟乡朝阳沟村墓地，发掘 5 座墓，共出土文物 729 余件，尤其是 2 号墓虽被盗多次，仍出土随葬品

① 李逸友:《辽代契丹人墓葬制度概说》，载《内蒙古东部区考古学文化研究文集》，第 130—146 页。李清泉：《宣化辽墓：墓葬艺术与辽代社会》，北京：文物出版社，2008 年，第 22 页。

② 李宇峰、韩宝兴、郭添刚、张春宇、王庆宇：《彰武朝阳沟辽代墓地》，载《辽宁考古文集》，北京：科学出版社，2010 年，第 83—110 页。本书所引阜新朝阳沟墓葬资料皆出自该文，下面不再出注。

③ 孙建华、张郁：《辽陈国公主驸马合葬墓发掘简报》，《文物》1987 年第 11 期。

655件之多，有金器、银器、鎏金银器、铜器、铁器、陶瓷器、玉器、骨器、玛瑙器等，其中随葬了三套马具，分别是鎏金银马具、鎏金铜马具、银马具各一套；鎏金银带具51件；一件绿釉带盖折肩带把银杯，有学者认为是突厥银器。[①] 另外，2号墓的甬道内发现殉葬的全羊骨架，4号墓的墓道里发现殉葬的羊头骨1个。契丹人有用羊殉葬的习俗，在辽宁建平县大西沟1号辽墓的墓道内也发现殉葬全羊的做法。

辽西走廊各民族在长期杂居相处的过程中，文化风俗互染，不仅其他民族在一定程度上采用统治民族契丹人的葬俗，契丹人也一定程度上采用其他民族的葬俗。如受汉人丧葬风俗影响，越来越多的契丹人采用棺木。阜新朝阳沟墓葬发掘者认为可能是契丹后族萧氏家族的墓地，2号墓为夫妻合葬墓，尸床上东西向并列放置两口涂朱描金木棺；男性右下肢附近出土唐“顺天元宝”铜钱和“参公玖卿伍男贰女”花钱各1枚，采用了汉人丧葬用棺、手握铜钱的葬俗。

由于资料的限制，我们还无法具体考察辽金元时期辽西走廊其他民族（渤海人、女真人、蒙古人）具体的丧葬习俗，但从汉人和契丹人的丧葬习俗中可明显看出，他们在保持本族传统习俗的同时，还融入了部分他族的习俗，这应是辽西走廊各民族文化风俗发展变迁的总体趋势。

辽金元时期是辽西走廊发展的重要时期，契丹人、女真人、蒙古人由表及里逐步深入接触和吸收汉文化，在制度建设、思想意识形态等方面，纳入中国传统王朝的行列。同时北族统治者又有强烈的保持本族文化的自觉性。辽西走廊地处东北与中原连接

---

① 孙机：《论近年内蒙古出土的突厥与突厥式金银器》，《文物》1993年第8期。

的重要通道上，辽金元时期双重政治制度并行的时代特色尤为显著。各民族文化风俗互染，逐步交融于汉文化之中，以致入元后，汉化的渤海、契丹、女真等族被蒙元王朝归入汉人之中。可以说，辽西走廊是考察中华民族凝聚发展的一个典型区域。

第八章

明清时期辽西走廊的治理与开发

1368年，明朝取代元朝君临天下，中国再次回到以汉人为统治者的王朝时期。面对蒙古草原、东北地区等边疆问题，明朝采取了防守策略，东北除了南部辽河地区外，大部分地区从元代直接统辖的行政区转变为羁縻卫所辖区，实行朝贡制度，开放马市贸易。明代修筑边墙堡垒贯穿辽西走廊地区，东部在边墙之内，设置边城卫所，开展屯田，以军士镇之。西部在边墙之外，为兀良哈蒙古分布地区。明代是辽西走廊民族分布格局与地方统辖制度变化的重要时期。边地马市贸易对辽西走廊经济文化的发展具有重要的推动作用。

清朝入主中原后，一度鼓励移民东北、开垦边塞，到乾隆初年时一改清初做法，以东北为龙兴之地，采取封禁政策，禁止汉人自由迁入。到了晚清，面对沙俄的侵略，移民实边的呼声日益高涨。咸丰十年（1860年），清廷开山海关，允许移民东北垦荒。于是，成千上万的汉人通过辽西走廊来到了东北地区，形成了中国历史上规模最大的人口迁徙浪潮——“闯关东”[①]。大量汉人的涌入，极大地促进了东北地区的农业发展，辽西走廊地区也得到了大开发。经过几十年经济社会的发展，多民族文化的融合使得关东文化发生了嬗变，形成了独具特色的辽西文化。

第一节　都司卫所治边城

明朝建立之后，元顺帝“北出渔阳，旋舆大漠，整复故都，不失旧物，元亡而实未始亡耳”[②]，“元主虽奔，遗孽数出没”[③]，东北及东蒙古区域有蒙古东道诸王等故元遗老势力盘踞，蒙古的力量和影响仍很强大。明朝建立后，经过二十年的征讨，洪武二十年（1387年），活动在东北地区、实力最雄厚的故元势力——纳哈出投降，明朝得其“所部二十余万人，牛羊马驼辎重亘百余里。还至亦迷河，复收其残卒二万余、车马五万”[④]。翌年，明朝名将蓝玉出击北元，俘获甚众，元帝脱古思帖木儿西逃途中被杀，此后蒙古虽仍有汗位传承，但更替频繁，诸部分裂割据，实力大减。在征讨北元势力的过程中，明朝积极推行招抚政策，颇有成效。居住在东北西部草原地区的兀良哈蒙古投降明朝。至此，明朝基

① “闯关东”一词有广义与狭义两种含义。广义概念是指有史以来山海关以内地区的民众出关谋生，皆可谓之“闯关东”。狭义概念的“闯关东”仅是指从清朝咸丰末年到中华民国这个历史时期内，关内百姓去关东谋生的历史。这里所说的“闯关东”是狭义概念。

② （清）谷应泰：《明史纪事本末》卷10《故元遗兵》，北京：中华书局，2015年，第149页。

③ （明）严从简：《殊域周咨录》卷17《北狄》，北京，中华书局，1993年，第510页。

④ 《明史》卷129《冯国用传》，第3798页。

本稳固了对北方和东北的统治。在这一过程中，明代北境边防事宜极受重视，得到较好的建设。

一、固守边疆的北境边防措施

明太祖认为："御边之道，固当示以威武，尤必守以持重，来则御之，去则勿追，斯为上策。若专务穷兵，朕所不取，卿等慎之。"[①] 明成祖曾着力打击蒙古，但随着时间的推移和战争的成效，他意识到："古王者制夷狄之患，驱之而已，不穷追也。且今孳虏所有无几，茫茫广漠之地，譬如求一粟于沧海，可必得耶？"[②] 至仁宗、宣宗时，"来则御之，去则勿追"的保境安民防御策略已基本延续下来。即针对诸少数民族，明廷基本是以防守为主，不主张穷兵打击。于是，自洪武初年，在大规模修筑边墙、关隘的情况下，派驻武将备边，加强北境防守。

洪武后期，太祖诸子长成，于是明太祖"大封诸子，连亘边陲。北平天险，为元故都，以王燕；东历渔阳、卢龙，出喜峰，包大宁，控葆塞山戎，以王宁；东度渝关，跨辽东，西并海，被朝鲜、联开原，交市东北诸夷，以王辽；西按古北口，濒于雍河，中更上谷、云中，巩居庸，蔽雁门，以王谷；若代雁门之南，太原其都会也，表里河山，以王晋"[③]。明太祖将诸子建藩于北方边境，从辽东到甘肃，横跨东西，涉及辽西走廊区域者有燕王朱棣、辽王朱植、宁王朱权，分别临治北平、广宁、大宁，另外韩王、沈王藩属分别在东北的开原和沈阳，与辽西走廊关系紧密。太祖诸子建藩北

① 《明太祖实录》卷 78，洪武六年正月壬子条，第 1424—1425 页。

② 《明太宗实录》卷 272，永乐二十二年六月甲子条，第 2464 页。

③ （明）何乔远撰，张德信、商传、王熹点校：《名山藏》卷 36《分藩记一》，北京：北京大学出版社，1993 年，第 1966—1967 页。

境者“皆塞王也，莫不傅险陋，控要害。佐以元侯宿将，权崇制命，势匹抚军。肃清沙漠，垒帐相望”[①]。明太祖的这一安排基本形成“诸王守边”之形势。其他由明廷下派巡边、备边的相关将领，由诸藩王节制。藩王治地皆是都司卫所的治所所在地，因此，洪武时边防基本体制为都司卫所而并非边镇。[②]以分封诸子之策行防守边境之责，是明太祖边疆治理思想的体现和落实。诸王守边早期确实履行了一定的防备蒙古势力的职责，其后因建文帝削藩而有燕王朱棣夺取帝位之事，表明藩王势力与中央政权具有相抗衡的力量，对中央集权形成较大的威胁。

明成祖永乐年间对国家北境边防进行相关调整，继续推行削藩策略，并积极营建北平，改称北京，以之为都，明朝政治中心北移。时人丘濬对迁都一事曾有如是评价：“仰惟我高皇帝定鼎金陵，天下万世之大利也；文皇帝迁都金台，天下万世之大势也。盖天下财赋出于东南而金陵为其会，戎马盛于西北而金台为其枢，并建两京所以宅中图治，足食足兵，据形势之要而为四方之极者也。用东南之财赋，统西北之戎马，无敌于天下矣。”[③]他指出，明成祖以北京为政治中心有利于防控北境、安稳统治，以南京为陪都、利于国家财赋事宜，政治、经济皆得以安稳，国家方能长治久安。明人朱健亦说：“我朝定鼎燕京，东北去辽阳尚可数日，去渔阳百里耳。西北去云中尚可数日，去上谷亦仅倍渔阳耳。近敌甚，则常时封殖者尤勤。常时封殖，则一日规画措置也尤亟。

① 《名山藏》卷36《分藩记一》，第1967页。

② 韦占彬：《明代“九边”设置时间辨析》，《石家庄师范专科学校学报》2002年第3期。

③ （明）丘濬著，林冠群、周济夫校点：《大学衍义补》卷85《都邑之建上》，《中国经学史基本丛书》第四册，上海：上海书店出版社，2012年，第40页。

是故去虏之近，制虏之便，莫有如今日者也。"[①]立都北京，近北境，表明朝廷对北境的重视。北京去东北辽东都司（治所在今辽宁辽阳）、大宁都司（治所在今内蒙古宁城西）边防重地距离较近，辽西走廊是必经之路，辽阳都司主要统辖的是北部女真人，大宁都司主要统辖西部的兀良哈蒙古人。永乐初年大宁都司内迁后，兀良哈蒙古羁縻卫所改由辽东都司统辖。

明朝代元以后，退入草原的蒙古势力依然很大，"终明之世，边防甚重。东起鸭绿，西抵嘉峪，绵亘万里，分地守御"[②]，明朝非常重视北境防务，北境防务的具体落实，不仅仅是诸王建藩北境、迁都北京即可完成，还不断修建边墙、关隘，加强具体防守安排。

1. 修筑边墙

明太祖时期，依据其固守边疆的思想方针，洪武年间开始在北方边境修筑边墙，[③]沿边设置诸多关口，在长城沿线基本形成横跨东西的一条坚固防线。不过明初洪武、永乐年间，长城（边墙）一线军事体系并非边界，到仁宗、宣宗以后，明代边墙慢慢成为明蒙边界，长城一线渐成北部边疆。[④]明代边墙大致可分为宁夏

---

① （明）朱健：《古今治平略》卷 24《古今都会》，《续修四库全书》第 757 册，上海：上海古籍出版社，2002 年，第 198 页。

② 《明史》卷 91《兵志三》，第 2235 页。

③ 明朝对北境防御工程的称谓是"长城"与"边墙"并用，之前学界有观点认为明代讳称"长城"，马维仁《明代"长城"与"边墙"称谓考辩》认为，"严峻的边防形势是明长城被称为'边墙'的最根本原因"，"边"的概念深入明人思维，边防尤其是北境边防问题为明人十分关注之事，才有"边墙"这一概念的出现和频繁使用（《中国边疆史地研究》2022 年第 4 期）。

④ 赵现海：《长城与边界：明朝北疆边界意识及其前近代特征》，《求是学刊》2014 年第 4 期。

甘肃、三边、蓟宣大山西以及辽东边墙四段。辽东边墙是分时期修建而成的，明成祖永乐至明英宗正统年间修筑了从辽宁北镇到开原的辽河流域边墙；正统七年（1442 年）开始修筑从山海关到北镇的辽西边墙；随着建州女真势力的壮大，对辽东边地产生威胁，明宪宗成化四年（1468 年）开始修筑从开原至鸭绿江的辽东东部边墙；为增强防御实力，明万历初年至四年在辽河东边墙外移筑宽奠六堡。[①] 其中正统七年（1442 年）修筑的山海关至北镇的西段边墙贯穿辽西走廊，与永乐年间修筑的辽河流域边墙共同防御蒙古。

明朝北境防御体系中辽西走廊的作用很突出。时人魏焕曾论曰：山海关至北镇一线以及蓟州等地，“拱卫京师，密迩陵寝，比之他边尤重。三屯营居中为本边重镇，东至山海关三百五十里，西至黄花镇四百五十里。我太祖高皇帝驱逐胡元，乃即古会州地设大宁都司、营屯等卫，外山连络，与辽东、宣府东西并列为外边。命魏国公徐达于内西自古北口，东至山海关增修关隘一道为内边，神谋远矣”[②]。古北口、山海关乃至蓟州之地的边墙虽只为内边，但对强化这一防御体系，巩固内外两层防线，拱卫京师有着极为突出的作用。显然，把控辽西走廊自中原往东北的入口意义十分重大。永乐初年大宁都司内迁，防线内缩，蓟镇一线成为边境防御的重要据点之一，成为外边，为京师防御的屏障。这一区域的边墙关隘更是日渐重要。

万历后，因蒙古诸部的压力，明朝非常重视辽东边墙西段的修护工作，在宁前道（东起今葫芦岛，西至山海关的沿辽西走廊

---

① 程妮娜：《古代中国东北民族地区建置史》，第 481 页。

② （明）魏焕：《皇明九边考》卷 3《蓟州镇疆域考》，《四库全书存目丛书·史部》，国立北平图书馆明嘉靖刻本，第 226 册，济南：齐鲁书社，1996 年，第 42 页。

的狭长地区）、锦义（今辽宁省锦州市）、广宁（今辽宁省北镇市）等一带区域广修边墙堡垒，并且在兵力配备上也倾向辽西，海州、沈阳、险山等，各路的兵马“亦不足与广宁、宁前、锦义、镇武诸路相等”[①]，体现出加强辽西走廊区域边防力量的倾向，以防止蒙古诸部进入其中以通往辽东腹地。至明朝后期九边东段防务（辽东边墙）主要面向女真（满族）建立的后金政权。辽西走廊段边墙的重要关口之山海关，“内拱神京，外捍夷虏”[②]，是明朝防守要隘之一，加上辽西走廊东段重要城池锦州，拥有山海关与锦州两处的控制，则可将辽西走廊把持在手，对明廷和后金政权的意义都非常重大。1627 年宁锦之战以及 1640—1642 年间松锦之战即是明与后金（清）之间对辽西走廊控制权的激烈争夺。皇太极曾感慨曰：“山海关、锦州防守甚坚，徒劳我师，攻之何益！”[③]直到明辽东镇总兵吴三桂开山海关投降后，清军才得以顺利入北京、临治中原。

2. 关隘堡垒、烽燧系统

长城不仅是一道边墙建筑，它包含城墙、烽燧、障塞三个子系统。明太祖洪武九年（1376 年）“敕燕山前、后等十一卫，分兵守古北口、居庸关、喜峰口、松亭关烽堠百九十六处，参用南北军士。十五年又于北平都司所辖关隘二百，以各卫卒守戍”[④]。即在辽西走廊重要关口诸如古北口、居庸关、喜峰口、松亭关等处都设置了诸多关隘、堡垒，派将士戍守。其后又有辽东都司、北平都司、北平行都司等及其所属卫所的建置。

---

① 《明穆宗实录》卷 4，隆庆元年二月辛卯条，第 102 页。

② 《明熹宗实录》卷 36，大启三年七月己酉条，第 1866 页。

③ 《清太宗实录》卷 6，天聪四年二月甲寅条，北京：中华书局，1985 年，第 91 页。

④ 《明史》卷 91《兵志三》，第 2235—2236 页。

明成祖即位之前，明朝在北方的重要建置以大宁（今内蒙古宁城）、开平（今内蒙古多伦县）、东胜（今内蒙古呼和浩特市托克托县）为前沿阵地、辅之以辽东、宁夏两处边防，形成比较合理的互相支援和配合的防线。至明成祖迁都北平后，三面近塞，于是更为积极经营边防，逐步加固北方边境防守，沿袭并增设相关边镇，形成分地防御的格局。比如“自宣府迤西迄山西，缘边皆峻垣深濠，烽堠相接。隘口通车骑者百户守之，通樵牧者甲士十人守之。武安侯郑亨充总兵官，其敕书云：‘各处烟墩，务增筑高厚，上贮五月粮及柴薪药弩，墩傍开井，井外围墙与墩平，外望如一’”[①]。往沿边各都司、行都司、各处关隘派遣镇守总兵官及军兵予以防守。明成祖一方面加强边防，一方面为笼络、安置兀良哈蒙古等因素，将大宁都司内迁，等同放弃了大宁、东胜等卫之地，并裁撤了北平都司。辽西走廊内的防线内缩至大凌河流域。

为了加强对北元的防御，明成祖开始陆续设置北方边镇，《明史》记载:“初设辽东、宣府、大同、延绥四镇，继设宁夏、甘肃、蓟州三镇，而太原总兵治偏头，三边制府驻固原，亦称二镇，是为九边。”[②] 到明中期最终形成九边十三镇的北方防务体系。随着明朝北方防务任务和形势的改变，嘉靖时期“九边”一词逐渐为明人所接受并使用，“九边”逐渐成明代北境边防体系的代名词。明朝在重兵把守的九边重镇下营建有诸多堡垒设施，如明宪宗成化十二年（1476 年）明朝英国公张懋、兵部侍郎滕昭等上疏，有言：“居庸关、黄花镇、喜峰口、古北口、燕河营有团营马步军

① 《明史》卷 91《兵志三》，第 2236 页。

② 《明史》卷 91《兵志三》，第 2235 页。

万五千人戍守，请益军五千，分驻永平、密云以策应辽东。”[①]一处关隘的守备并非全由自己独立完成，还需其他关隘的策应、配合，所以九边设置的同时，在其间建置有诸多营堡。《明实录》有相应的记载：弘治十四年（1501年），“又于蓟州、永平、山海一带修筑长城五万余丈，堤岸三百余里，墙堡亦以百计。”[②]“洪武初，魏国公徐达守御永平、山海等处，筑御贼长城三十余里，及喜峰等关口俱修筑坚完，贼至不能进入，百姓赖以安居。”[③]戚继光出任蓟镇总兵后，始于延袤二千里的蓟镇边垣，跨墙筑台一千二百座；万历初又增筑蓟镇，昌平敌台二百座，“每台百总一名，专管调度攻打。台头副二名，专管台内军器辎重。两旁主、客军士三五十名不等……五台一把总、十台一千总，节节而制之”，“尽将通人马冲处堵塞”[④]。又如，医巫闾山位于锦州附近，望海峰为医巫闾山最高峰，在该峰山顶有一个由几块大花岗岩垒成的了望台，经学者考证是明长城的遗址之一。[⑤]从中可以看出，明代边墙、边境沿线堡垒设置的数量和密度，反映出明朝对边防的重视程度。

综合来看，明代关隘、堡垒设置尤密，并适度加高加固，但边防之事最终依靠的还是防务人员。顾祖禹《读史方舆纪要》曰：“金城汤池，不得其人以守之，曾不及培塿之邱、泛滥之水。得其人即枯木朽株，皆可以为敌难。”[⑥]如戚继光守蓟镇，使得“贼

① 《明史》卷91《兵志三》，第2238页。

② 《明孝宗实录》卷176，弘治十四年七月丁未条，第3209页。

③ 《明英宗实录》卷257，景泰六年八月壬子条，第5530—5531页。

④ （明）戚继光著，邱心田校释：《练兵实纪杂集》卷6《车步骑营阵解下》，《丛书集成初编》，上海：商务印书馆，1936年，第251页。

⑤ 闫立新：《北宁的古迹遗存及现状》，《满族研究》1996年第4期。

⑥ （清）顾祖禹：《读史方舆纪要》，北京：中华书局，2005年，第15页。

不得入，即为上功；蓟门无事，则足下之事已毕。”[1]而吴三桂守山海关，却开关迎敌，推动了清朝的入治中原。再如明太祖曾称誉功臣邓愈、常遇春、徐达等为长城之将，对他们的功绩给予的评价甚高，此后明朝君臣经常以长城比喻守边将领和军士。

此外，烽燧亦非常重要，驿传和烽传系统是支撑起整个长城防御体系的“结构”，是联系京师、各边镇、关隘、堡寨的纽带。[2]明代辽东都司域内设有四条陆路交通线：辽东都司—旅顺口；辽东都司—山海关—北京；辽东都司—九连城；辽东都司—开原驿。其中辽东都司—山海关—北京这条交通线，即是从辽东都司治所（今辽宁辽阳）出发，经由辽西走廊的傍海道，出山海关，到达明京师今北京。这条交通线也是东北女真羁縻卫所人员在辽东都司的关口入关后，到京师朝贡的路线。沿途驿站为往来于京师与辽东都司的明朝官员与女真朝贡人员提供食宿，是明朝统治东北最为重要的交通命脉。

二、明代辽西走廊的民族分布

明代辽西走廊东部边墙内属辽东都司的辖区，元代以来辽西走廊的居民以汉族为主，然这一地区的汉人有相当部分是辽金时期的渤海人、契丹人、奚人等北方民族融入汉人之中的，“历辽金胡元寖成胡俗”[3]，胡风很盛。元末明初，辽西走廊区域屡经战争摧残，民众散亡。洪武二年（1369 年）明太祖曾“诏吏民内徙”，时人尹畊认为徙民是“皇祖不得已也，边土为虏巢穴者

① （明）戚继光撰，张德信校释：《戚少保奏议》，北京：中华书局，2001 年，第 52 页。

② 李严、张玉坤、李哲、徐凌玉：《明长城防御体系整体性保护策略》，《中国文化遗产》2018 年第 3 期。

③ （明）毕恭等：《辽东志》卷 1《地理志·风俗》，《辽海丛书》第 1 册，第 363 页。

垂三百年矣，一旦空之，故得无扰。是故宋人不能有其地，则生口是俘，国初不能已其害，则吏民内徙，正一时之权也”[①]。明初东北地区在较长时间内有故元势力的存在，明朝以招抚为主，辽西走廊作为明朝与故元势力交界的区域，徙民之策在此亦得以落实。如洪武二年（1369 年）至洪武三年（1370 年）常遇春、李文忠等奉命进攻故元上都（今内蒙古自治区锡林郭勒盟正蓝旗）过程中，李文忠曾先后在锦州（今辽宁省锦州市）、大宁（今内蒙古宁城）等地击败故元将士，回师途中在兴州（今河北省承德市西南）“遇元将江文清（原锦州守将）等率军民三万六千九百余人来降，至红罗山（今辽宁锦县的本岭山脉）又降其将杨思祖等一万六千余人”[②]。洪武四年（1371 年）三月，中书右丞相魏国公徐达上奏，迁徙“顺宁（今河北省张家口市宣化区一带）、宜兴州（今河北省承德市滦平县一带）沿边之民，皆入北平州县屯戍，仍以其旧部将校抚绥安集之。计户万七千二百七十四，口九万三千八百七十八”，太祖“可其奏”[③]。同年六月，“魏国公徐达驻师北平，以沙漠既平，徙北平山后之民三万五千八百户、一十九万七千二十七口，散处卫府。籍为军者，给以粮籍，为民者，给田以耕”，其中包括“已降而内徙者”“招降及捕获者”[④]。再如洪武二十年（1387 年），盘踞东北的纳哈出投降后，明朝方面“尽将降众二十万人入关”[⑤]。

① （明）严从简：《殊域周咨录》卷 16《北狄》，第 510 页。

② 《明太祖实录》卷 43，洪武二年六月己卯条，第 846 页；《明太祖实录》卷 52，洪武三年五月辛丑条，第 1021 页。

③ 《明太祖实录》卷 62，洪武四年三月乙巳条，第 1199 页。

④ 《明太祖实录》卷 66，洪武四年六月戊申条，第 1246 页。

⑤ 《明史》卷 129《冯胜传》，第 3798 页。

在基本肃清东北地区故元势力之后，“以其地旱寒，土旷人稀，不欲建置劳民，但立卫，以兵戍之”[①]。将十余万明军将士留住东北实行屯田，并将他们的家属招至东北，成为明代辽西走廊汉人的主要部分。《辽东志》所谓“国家再造寰区始以四方之民来实兹土”，是指大批明军入辽，而非普通居民。即辽东都司的居民，绝大部分为军队及其家属、帮丁等等。于是，明朝一改历朝历代在辽西走廊汉人地区设置州县的惯例，“悉更郡县以为军卫”[②]。明代东北南部地区由辽东都司统辖，下设定辽左等二十五卫二州，户口二十七万五千一百五十五。《辽东志》记载辽东都司直辖区的人口中“华人十七，高丽土著、归附女直野人十三。嗜好乖尚靡所统壹。既承平日久，煦濡浃深，礼乐文物彬彬然矣”[③]。百分之七十是汉人，而辽西走廊边墙内是汉人比较集中的区域，百分之三十的女真、高丽主要分布在辽河流域和鸭绿江流域。

辽西走廊边墙外西部地区主要分布着蒙古族各部。明初分布在东北嫩江流域的兀良哈蒙古归附明朝以后，逐渐南迁。朱棣自燕起靖难之役，曾得兀良哈三卫助力，永乐元年（1403 年），明成祖将辽西的大宁都司（今内蒙宁城）迁于塞内的保定，“遂尽割大宁地界三卫，以偿前劳”。于是兀良哈蒙古的居地扩展到“黑龙江南，渔阳塞北”。宣德初年（1426 年）兀良哈蒙古已到靠近边塞地区游牧了，“自大宁前抵喜峰口，近宣府，曰朵颜；自锦、义历广宁至辽河，曰泰宁；自黄泥洼逾沈阳、铁岭至开原，曰福余”[④]。即从开原到喜峰口明代边墙（长城）以西的地域分布着游

---

① 《明太祖实录》卷 145，洪武十五年五月丁丑条，第 2284 页。

② 《辽东志》卷 1《地理志・风俗》，《辽海丛书》第 1 册，第 363 页。

③ 《辽东志》卷 1《地理志・风俗》，《辽海丛书》第 1 册，第 363 页。

④ 《明史》卷 328《朵颜传》，第 8504 页。

牧的兀良哈朵颜、泰宁、福余三卫蒙古部落。16 世纪中叶，蒙古察哈尔部大举东迁，嘉靖二十五六年（1546—1547 年），察哈尔部东迁十万余众进入西辽河流域，其后逐步占据泰宁、福余两卫的大部分地区，土默特部、喀喇沁部等也随之迁入辽西走廊。兀良哈蒙古大部分被察哈尔部、喀尔喀部、喀喇沁部兼并，也有一部分福余卫人并入科尔沁部。东北西部地区分布的蒙古部落从南到北主要有喀喇沁部、察哈尔部、喀尔喀部、科尔沁部等。

三、辽西走廊的都司卫所

明朝初建，沿元代行省制度，但以东北地处边疆，“华夷杂糅之民，迫近胡俗，易动难安，非可以内地之治治之也”，于是，在边墙之内，“划去州邑，并建卫所，而辖之都司”[①]。辽西走廊汉人地区同样“悉更郡县以为军卫”[②]，以都司卫所制度取代行省州县制度。辽东都司卫所与内地卫所制度不同，一定程度上兼具军政合一的性质。边墙外少数民族地区推行羁縻卫所制度。明朝前半期以奴儿干都司统辖诸少数民族羁縻卫所，明中期撤销奴儿干都司后，东北少数民族地区羁縻卫所改由辽东都司统领。明代辽西走廊区域设置的行政机构先后主要隶属大宁都司（北平行都司）、辽东都司，此外还设置有兀良哈蒙古羁縻卫所。

1. 大宁都司（北平行都司）

洪武二十年（1387 年），明于辽西老哈河流域设置大宁都司，《明史》称“其地在喜峰口外，故辽西郡，辽之中京大定府也”[③]。大宁都司前身是大宁卫，《明史·地理志一》记载：“大宁卫，元

---

① 《全辽志·叙》，《辽海丛书》第 1 册，第 496 页。
② 《辽东志》卷一《地理志·风俗》，《辽海丛书》第 1 册，第 363 页。
③ 《明史》卷 91《兵志三》，第 2236 页。

大宁路，治大定县，属辽阳行省。洪武十三年为府，属北平布政司，寻废。二十年八月置卫。”[①] 洪武二十一年（1388 年）七月大宁都司更名为北平行都指挥使司，永乐元年（1403 年）再改为大宁都司，内迁至保定。

大宁都司（北平行都司）下设的主要卫所：

洪武二十年（1387 年）九月置大宁左卫、大宁右卫、大宁中卫、大宁前卫、大宁后卫、营州后屯卫、营州前屯卫。前三卫治所同在元大定县（今辽宁建平西北），大宁前卫、大宁后卫设在大凌河流域。大宁左卫、大宁右卫、大宁后卫在洪武二十六年（1393 年）改为营州左、右、中屯卫，营州左屯卫治所在今辽宁朝阳附近，营州右屯卫治所在今辽宁凌源西北，营州中屯卫治所在今辽宁建昌西北。此外，洪武二十五年（1392 年）、二十六年（1393 年）在今辽宁省朝阳市还设有营州后屯卫、营州前屯卫，这五卫在永乐元年（1403 年）都随大宁都司内迁，分别移治顺义县、蓟州、平谷县、三河县、香河县；大宁中卫、大宁前卫在永乐元年（1403 年）徙往京师，隶属后军都督府。

洪武二十年（1387 年）九月同时设置有新城卫（今辽宁凌源县）、榆木卫（今辽宁省内，具体待考）；洪武二十二年（1389 年）四月设全宁卫（今内蒙古翁牛特旗）。此三卫在永乐元年（1403 年）废置。

大宁都司及其下属卫所的设置，有力保证了明朝的北境防务，“自辽以西，数千里声势联络”。明成祖永乐元年（1403 年）大宁都司内迁，营州五屯卫随之内徙，“以大宁地畀兀良哈。自是，辽东与宣、大声援阻绝，又以东胜孤远难守，调左卫于永平，右

① 《明史》卷 40《地理志一》，第 906 页。

卫于遵化，而墟其地”[①]。这使得明朝北境防控体系有了一定的缺陷，而兀良哈三卫逐渐迁徙进入辽西走廊西部，正如《殊域周咨录》所载：“裂大宁地自古北口至山海关隶朵颜卫，自广宁前屯卫西至广宁镇白云山隶泰宁卫，自白云山以北至开原隶福余。”[②]此后又有其他蒙古部落逐步进入这一区域。

2. 辽东都司

明朝基本荡平辽东故元势力后，于洪武四年（1371 年）设置定辽都卫指挥使司，洪武八年（1375 年）改名辽东都指挥使司，简称辽东都司，通过辽东都司主管东北南部相关区域，至永乐初年大宁都司内迁，辽东都司辖区也有缩减，形成其后基本稳定的辖区，即东至鸭绿江，西至山海关，南至旅顺口，北至开原。山海关是辽西走廊傍海道重要出入口，开原位于辽东都司辖区北端，其北、西、东三面面对女真、蒙古等部族。辽西走廊北部、东部及南部区域基本在辽东都司统辖之下。

辽东都司下设置卫所，根据《明史·兵志》记载设在辽西走廊的卫有：

义州卫：设置于洪武二十年（1387 年）八月，治所在今辽宁省义县。

广宁卫：设置于洪武二十三年（1390 年）五月，治所在今辽宁省北镇市。

广宁左屯卫、广宁中屯卫：均设置于洪武二十四年（1391 年）九月，中屯卫治所在今辽宁省锦州市，左屯卫一度设治于辽河西，后移治今辽宁省锦州市。

① 《明史》卷 91《兵志三》，第 2236 页。

② （明）严从简：《殊域周咨录》卷 16《北狄》，第 505 页。

广宁右屯卫、广宁后屯卫、广宁前屯所：均设置于洪武二十六年（1393 年）正月。广宁右屯卫治在今辽宁大凌河东；广宁后屯卫先治旧懿州（今辽宁阜新），后移治义州（今辽宁义县）；广宁前屯所治所在今辽宁绥中前卫城。

广宁左卫、广宁右卫、广宁中卫：均设置于洪武二十六年（1393 年）正月，广宁左、中卫治所都在广宁城（今辽宁省北镇市），广宁右卫治所在今辽宁锦县。洪武二十八年（1395 年）曾废置广宁左、右卫，洪武三十五年（1402 年）十一月恢复，并将广宁右卫治所也移至广宁城中。

宁远卫：设置于宣德五年（1430 年）正月，治所在今辽宁兴城市。

综上，辽东都司在辽西走廊内的卫所主要设置在辽西走廊东部地区从广宁（今辽宁北镇）到山海关一线。明朝在“边方重地，即命内臣镇守，武臣充总兵官，又必命都御史巡抚或提督赞理军务”[①]。自洪武年间开始，明廷先后设置镇守辽东总兵官、镇守辽东太监、巡抚辽东督御史，驻于广宁（今辽宁省北镇市），明户部员外郎刘元《广宁新建镇东堂记》曰：“广宁于辽东为都会，辽东为卫二十有五，其戎政悉听于监军、总兵、巡抚，而听政之堂曰镇东。”[②] 镇守总兵官、镇守太监和辽东巡抚亦是管理东北边疆军政事务的最高长官。今天相关城镇仍有不少明代遗迹，如今兴城城内有钟鼓楼、将军府、明代祖氏石坊、城隍庙、文庙等古迹。再如明朝万历八年（1580 年），因辽东总兵官李成梁镇边有功而建置表彰牌坊，现在仍存于北镇市。

---

① 《全辽志》卷 5《艺文志上》，《辽海丛书》第 1 册，第 647 页。

② 《全辽志》卷 5《艺文志上》，《辽海丛书》第 1 册，第 648 页。

3. 兀良哈蒙古三卫

成吉思汗时期，兀良哈蒙古从原住地斡难河源头迁到大兴安岭以东的归流河、洮儿河、乌裕尔河、绰尔河一带。洪武二十年（1387 年），盘踞东北的故元势力纳哈出部降明，元在东北的残余势力相继瓦解，兀良哈蒙古诸部相率归附明朝，洪武二十二年（1389 年）夏四月，明“置泰宁、朵颜、福余三卫指挥使司于兀良哈之地，以居降胡”[①]。朵颜卫立在今绰尔河流域、泰宁卫在今洮儿河流域（吉林省洮安附近）、福余卫在今乌裕尔河流域、黑龙江福余一带。明太祖因兀良哈蒙古本俗而治，任命三部大人分别为三卫的指挥同知，实行羁縻朝贡制度。

明太祖洪武年间，大宁都司在东北时，管辖设置在兀良哈蒙古地区的朵颜、泰宁、福余三个羁縻卫。明成祖永乐元年（1403 年）大宁都司南迁后，兀良哈蒙古部落南下，迁至开原至喜峰口以西地区，辽西走廊西部老哈河流域成为兀良哈蒙古部落的驻牧地。明成祖永乐七年（1409 年）到成化中期（或到宣德末），为强化对羁縻卫所的管理，明廷于辽东都司之北黑龙江下游设立奴儿干都司，直接隶属中央兵部职方司。永乐七年（1409 年）以后，兀良哈三卫拨归奴儿干都司统领。奴儿干都司撤销后，兀良哈三卫由辽东都司统领。

兀良哈蒙古三卫处于明代辽东边墙之外，自设立之日起就被明朝视为东北部防御蒙古的第一道防线。16 世纪中叶，蒙古察哈尔部大举东迁，兀良哈蒙古三卫相继被东西两翼蒙古诸部瓜分，辽西走廊部分地区成为东蒙古诸部的驻牧地。

---

① 《明太祖实录》卷 196，洪武二十二年四月辛卯，第 2946 页。

4. 都司卫所职掌

明朝内地与边疆都设有都司卫所，但辽东都司作为边疆都司卫所与内地都司卫所有明显的不同。《明史·职官志》记载：卫掌“屯田、验军、营操、巡捕、漕运、备御、出哨、入卫、戍守、军器诸杂务”[①]。这是明朝一般卫所的职责。辽东等九边的都司、卫所，除了具备军事性质之外，还兼有其他各地府、州、县等衙门的一般行政职能，根据有关辽东镇的文献史料记载，都司、卫所除组织军事活动外，所理政务内容就像一般地方州县衙门一样，主要有五项：劝督农桑、征赋派役、兴办教育、管理民间贸易、处理民间（包括军队）词讼。[②]

明朝在辽东都司派驻大批将士并其家人，一方面承担防务，一方面进行屯田。军屯之外，尚有较大规模的民屯。而屯田相关管理职责皆为都司卫所承担。在屯田税赋较重、民众弃耕之下，总理九边屯田佥都御史庞尚鹏等曾屡建言屯田耕种之事，呼吁朝廷颁布“召种之令”[③]，积极劝课农桑，推广屯田，以推动辽东农业发展。辽东屯田很大部分要负担辽东军饷等问题，征收的赋役也相当之重。都司卫所被赋予劝课农桑、管理赋役的职能。

辽西走廊东部傍海道是明代东北与中原之间往来最为频繁的交通要道，广宁诸卫负有疏通商贾交流之责，如广宁中左卫等曾在上报文件中如是说：“所管城市乡村商贾人民，务要疏通，毋致阻滞。前件，依蒙，本卫遵行所属，严加省谕，所管商贾军民，

① 《明史》卷76《职官志五》，第1873页。

② 李三谋：《明代辽东都司、卫所的行政职能》，《辽宁师范大学学报》（社科版）1989年第6期。

③ 《明穆宗实录》卷28，隆庆三年二月癸未条，第760页。

并无违例阻滞。乞赐榜示，理合回报。”[①]在商业贸易中产生的纠纷，以及卫所内出现的军民诉讼事件，皆由卫所官员掌理。

为了保证民生，推动地方文化教育事业的发展也在卫所官员职掌范围内。有学者考证，辽西走廊辽东都司域内立有广宁卫学、义州卫学、广宁中左屯卫学、宁远卫学、宁远前屯卫学等诸多学校，[②]推广儒学教育，以达到地区发展和稳定的目的。

明朝在辽西地区开设马市、木市，与兀良哈蒙古三卫进行贸易，卫所负责验看兀良哈蒙古三卫入关资格，掌管马市贸易事宜。

总之，辽西走廊内辽东都司卫所官员的职掌具有军政合一的特点，同时掌管边墙外蒙古羁縻卫所的朝贡、互市事宜，而且还具有地处辽西走廊交通要道的地域特点。

第二节　马市贸易促交融

明清时期，辽西走廊“扼山海之冲要，为京师之樊篱”，是中原通往蒙古草原东部、东北的咽喉要道。辽西走廊的东北端与辽河平原连接，向东与朝鲜的朝贡道相连，西部边墙之外是蒙古兀良哈三卫的分布地，由此向西与北方草原蒙古衔接。明朝恢复了唐代羁縻统治形式，对东北女真、蒙古等族群进行统辖，在朝贡体系之下，设置马市、木市与各族群进行贸易，以维护明廷在东北边疆的羁縻统治。

---

① 辽宁省档案馆、辽宁省社会科学院历史研究所：《明代辽东档案汇编》，沈阳：辽沈书社，1980年，第230—231页。

② 李三谋：《明代辽东都司、卫所的行政职能》，《辽宁师范大学学报》（社科版）1989年第6期。

明朝在辽西走廊地区开设的广宁(今辽宁北镇)马市，主要接纳兀良哈蒙古朵颜卫、泰宁卫交易，福余卫主要在开原马市贸易，此外喜峰口市场也接纳兀良哈蒙古三卫的贸易。明朝后期在义州（今辽宁义县）开设的木市也与兀良哈蒙古各部贸易。

一、广宁马市的设立与发展

明成祖永乐三年（1405年），兀良哈蒙古朵颜卫等请求去京师货马，成祖要求辽东都司“就广宁、开原择水草便处立市，俟马至，官给其直，即遣归”[①]。在这一指令之下，永乐四年（1406年），明廷“设辽东开原、广宁马市二所，初，外夷以马鬻于边，命有司善价易之”，因前来贸易的外夷众多，故于开原设二市。[②]三处马市，广宁马市位于辽西走廊境内，开原二处马市位于辽东都司的北边。广宁马市以待兀良哈蒙古泰宁、朵颜二卫，位于开原城东的马市以待兀良哈蒙古福余卫；位于开原城南的马市，以待女真人。马市各去城四十里。明朝设立马市后，遣人管理。成化十四年（1478年），明廷令“参将、布政司官各一员监之”[③]。

广宁城位于辽西走廊东端医巫闾山脚下，是辽西走廊的重要门户。广宁马市先是开设在广宁城北马市河，成化年间两次更改，后大致稳定在广宁城至辽东边墙之间的团山堡（今辽宁北镇市马市堡）。团山堡在广宁城北二十里处，四周有城墙和城门，南北长约400米，东西宽约200米，现在只有部分建筑残存，此城南半部是交易市场，大致在西南城墙外有马市衙门，负责管理马市交易事务。

① 《明太宗实录》卷40，永乐三年三月癸卯条，第663页。

② 《明太宗实录》卷52，永乐四年三月甲午条，第776页。

③ 《明史》卷81《食货志五》，第1982页。

明仁宗、宣宗时期，对鞑靼、瓦剌蒙古持防御为主的战略，兀良哈蒙古三卫作为明朝防御蒙古的第一道防线，明廷为更好地笼络兀良哈蒙古，积极推动与之互市贸易，以经济手段达到维护边疆安宁的目的。明宣宗曾曰："朝廷非无马牛而与之为市，盖以其服用之物皆赖中国。若绝之，彼必有怨心。皇祖许其互市，亦是怀远之仁。"[①]辽东都司域内，因发展屯田，农业得以发展，农产品丰富，民间百姓也乐意与兀良哈蒙古进行相关物品交易，"小人或以酒食衣服等物邀于中途"[②]，彼此互通有无，补充生活、生产等物资。

明英宗正统十四年（1449 年），蒙古瓦剌部大举进攻明朝，兀良哈三卫受蒙古部胁迫抄掠边地，为此明朝"革朵颜三卫互市"[③]，以对兀良哈三卫进行惩戒。失去马市贸易的兀良哈人只能寻求其他途径与明贸易，如成化元年（1465 年）、三年、四年、五年连续几年向明廷乞求"欲于边地市牛及农具鞍辔等物"。明朝礼部"惟许市牛及农具",但是"帐房鞍辔无例难许"[④]。这期间，兀良哈三卫再三向明乞求重开辽东马市，都遭到明帝的拒绝。为能获得需要的物品，兀良哈三卫又通过与海西女真贸易，转道获得明朝货物。明廷认为关停马市对兀良哈蒙古没有起到预期的作用，于是明宪宗成化十四年（1478 年）关闭了 30 年的马市又重新对兀良哈三卫开放，直到明末。

明后期于辽西走廊的义州（今辽宁义县）开木市。万历

① 《明宣宗实录》卷 84，宣德六年十一月乙亥条，第 1948 页。

② 《明宣宗实录》卷 113，宣德九年十月丁巳条，第 2550 页。

③ 《辽东志》卷 3《兵食志》，《辽海丛书》第 1 册，第 402 页。

④ 《明宪宗实录》卷 49，成化三年十二月己未条，第 1011 页；《明宪宗实录》卷 60，成化四年十一月壬戌条，第 1219 页。

二十三年（1595年），朵颜卫小歹青请开木市于义州，辽东巡抚李化龙上疏言开设木市的诸多益处，认为成祖所开马市，“无他赏，本听商民与交易。木市与马市等，有利于民，不费于官”，也可用以木市所获交易税抚赏前来交易的外夷。[①]大约此后不久，明廷于义州开设木市。但仅开三年，二十六年（1598年）罢木市。二十八年（1600年），兀良哈蒙古人再次请求开木市，得到辽东总兵李成梁的首肯。二十九年（1601年）十二月，“开复朵颜各夷马、木二市，并复宁前木市”。此时，广宁有一处马市，二处木市。

马市和木市皆为官办，明朝前期，马市贸易以官办的互市贸易为主，也允许民间贸易。明后期，逐渐转向以民间贸易为主。时人有言“虏以市为命，而民（汉人）亦以市为利”[②]。华夷互补互利的边地民间贸易如火如荼地发展起来。15世纪末，广宁马市贸易出现了很多乱象，边镇将吏日渐贪婪，欺行霸市，富商又往往渔利为主，马市贸易的初衷发生改变。明孝宗弘治十二年（1499年），有官员上奏，“广宁、开原、抚顺三马市，每遇夷人持马、貂诸物来市，被镇守等官及势家纵令头目、仆从减价贱市，十偿三四，夷人受其挫勒，折阅积久，怀怨殊深，往往犯边，多坐此故”[③]。蒙古诸部怨怼颇多，寇边扰边行为日增。明熹宗天启二年（1622年）后金大汗努尔哈赤占领广宁，广宁马市废止。

二、广宁马市的管理和作用

明朝对辽东边墙之外的蒙古、女真等族实行设置羁縻卫所每

---

① 《明史》卷228《李化龙传》，第5983—5984页。

② （明）李化龙：《议义州木市疏》，载《抚辽疏稿》卷3，《四库禁毁书丛刊·史部》第69册，北京：北京出版社，1998年，第120页。

③ 《明孝宗实录》卷154，弘治十二年九月丁丑条，第2745—2746页。

年定时、定期、定员到京师朝贡的制度进行统辖，马市、木市作为朝贡制度的一部分,其目的如明帝所云以“怀远之仁”使其“皆赖中国”，从而稳定和巩固对属卫、属夷的政治统辖。明廷对马市有诸多限制和规定。明成化十四年（1478 年）规定，广宁马市每月开二次，初一日至初五日一次，十六日至二十日一次。明后期，马市开市频繁，“每月望后俱有小市”[①]，多三天一开或隔天一开，甚至每日一开，可见辽西走廊内边界外的蒙古人与边墙内的汉人之间，皆有贸易日常化的需求。

按照明朝规定，边墙外朝贡成员入市前需验明敕书，即兀良哈三卫蒙古人入市贸易，必须持有朝廷颁发的敕书，敕书是明廷在任命羁縻卫所各级官员时颁发的，共有 13 级:都督、都督同知、都督佥事、都指挥使、都指挥同知、都指挥佥事、指挥使、指挥同知、指挥佥事、正千户、副千户、百户、镇抚，无官职的部落贵族称为“舍人”。持有敕书之人具有入市资格，在马市、木市贸易时，朝廷对羁縻卫所各级敕书所享受的待遇有相应的规定。

兀良哈三卫人须携带交易物品才能入市。兀良哈三卫在马市出售的主要是马匹和土产，洪熙元年（1425 年）七月，“辽东广宁马市官千户王咬纳等进所买达官马四百六十五匹”[②]。到明英宗兀良哈三卫在马市货马的数量已达一定规模，明前期兀良哈三卫每年在马市上货马数大约 2000 匹。《明实录》与《辽东志》记载了辽东马市之马价，参见下表：

---

① 《明神宗实录》卷 9，万历元年正月庚寅条，第 320 页。

② 《明宣宗实录》卷 4，洪熙元年七月癸巳，第 117 页。

表6 辽东马市马价表①

	上上等马	上等马	中等马	下等马	马驹
永乐三年	绢八匹，布十二匹	绢四匹，布六匹	绢三匹，布五匹	绢二匹，布四匹	绢一匹，布三匹
永乐四年	米十五石，绢三匹	米十二石，绢二匹	米十石，绢二匹	米八石，绢一匹	米五石，布一匹
永乐十五年	米五石，布、绢各五匹	米四石，布、绢各四匹②	米三石，布、绢各三匹	米二石，布、绢各二匹	米一石，布二匹

明朝初年开设马市，政治意义重于经济意义，明朝与兀良哈三卫贸易皆以善价贸易之。明廷对马市贸易的管理颇严，要求马市官员、通事以及参与交易者不得“将各夷侮弄，亏少马价及偷盗货物，亦不许拔置夷人以失物为由，诈骗财物”。并明令“敢有擅放夷人入城及纵容无货人入市，有货人在内过宿，规取小利，透漏边情，违者俱发两广烟瘴地面充军，遇赦不宥”③，以保障马市交易取得安抚兀良哈蒙古的政治目的。

蒙古人的主要交易物品是马、牛、皮张等畜产品，除了与官府以朝贡贸易形式获取丰厚的米、布、绢外，初期入市交易基本是“以马易盐米”，之后贸易的种类日益丰富，从汉人手中换取布匹绸缎、铁锅、铁桦、陶瓷等生活生产用品及工具。明朝对

---

① 本表主要据《辽东志》所记马价，以及《明实录》相关记载统计而成。

② 《辽东志》卷3《兵食志·边略》，《辽海丛书》第1册，第402页。记载了永乐十五年马价，但缺少上等马价，从各等马价推测上等马价当为此数额。

③ 《辽东志》卷3《兵食志·边略》，《辽海丛书》第1册，第402页。

交易双方的马匹和各种货物进行抽分，“骟马一匹银六钱，儿马一匹银五钱，牛一只银二钱……锅一口银一分……貂皮一张银二分……人参十围抽一”[①]。马市交易规模颇大，如永乐十五年(1417年)仅泰宁卫蒙古即出售一千匹马匹，换回三百车之多的粮米，以至辽东总兵官刘江担心面对其他部族时无粮供应。[②]政府规定马匹价格并可以单方面变更价格。明初，朝廷与军队需要补充马匹，广宁马市贸易的马匹基本供应官用，宣德十年(1435年)，辽东总兵官都督巫凯曾上疏，“欲将广宁、开原二处所市马匹，上等者送京师，中等、下等者给军士充战马，其不中者给屯种军余牧养，种马送辽东苑马寺”[③]。明英宗以后，普通马匹也逐渐允许民间交易了。

明朝为安抚笼络入关贸易的蒙古卫所人员，马市官员负有接待、款宴入市贸易外夷的责任，并规定互市皆有抚赏，要求官员对沿边报事，及近边住牧，换盐米讨酒食的夷人，量处抚待。[④]广宁马市的税收银两还要用于对入市的兀良哈三卫人实行抚赏，市赏分为两种，一是抚赏，“三卫买卖达子(蒙古人)大头儿，每名袄子一件，锅一口，靴袜一双，青红布三匹，米三斗，大菓卓面半张”；二是零赏，三卫达子，“每名布一匹，米一斗，兀堵酥一双，靴一双，锅一口，每四名菓卓一张”[⑤]。前期明朝用马市抽分进行抚赏绰绰有余，到明后期则入不敷出。明末兀良哈蒙古三卫被东西两翼蒙古诸部瓜分后，蒙古贵族为获得明朝绢布、粮食、手工业品，将兀

---

① 《辽东志》卷3《兵食志·抽分货物》，《辽海丛书》第1册，第402页。

② 《明太宗实录》卷193，永乐十五年十月丁未条，第2037页。

③ 《明英宗实录》卷5，宣德十年五月乙亥条，第99—100页。

④ 《辽东志》卷3《兵食志·抚赏》，《辽海丛书》第1册，第402页。

⑤ 《辽东志》卷3《兵食志·马市》，《辽海丛书》第1册，第402页。

良哈人原有的朝贡渠道保留下来。原三卫官员仍然持明朝授予的敕书印信，按照明朝的规定入关朝贡，进行马市贸易，并且千方百计地向明朝索取赏赐。此时，明朝君臣对兀良哈三卫这道东部藩篱已经完全坍塌却不明了，尽量满足兀良哈人的要求，不断增加对兀良哈人朝贡抚赏的费用，其结果是使明辽东都司大为疲敝。

明政府对于前来入市的兀良哈蒙古人一直存有防备之心，认为“大抵辽土诸夷环落，性多贪惏”[①]，规定蒙古人交易后不得在关内留宿。如果有扰边、寇边或不听从明廷指挥者，还会采取停止马市的措施以示惩治。以畜牧经济为主的兀良哈蒙古人对汉人生产的粮食和手工业制品有着很大的依赖性，对马市贸易有较大的需求，明朝君臣深刻地认识到这一点，“我若闭关不与通，我布帛、锅口田器等项皆彼夷日用所需，彼何从得？彼之牛马羊及参貂榛松等货又何所售？”[②]明廷用罢市来约束、惩治不安分的蒙古部落，往往能达到相应的效果。比如朵颜卫因附瓦剌入寇而被停止入市贸易，事后朵颜卫重新归附明朝，屡请开市方得以恢复。[③]明末战事不断，随着明朝兀良哈三卫朝贡制度的瓦解，马市、木市贸易也随之终结。

明廷开设马市是出于治边的需要，采用厚往薄来之策，招徕安抚边疆族群，对防御北方草原北元蒙古，维持边疆的稳定起到一定作用，让利于少数民族，这种马市交易自然就对边外民族有很大的吸引力。因往来马市者还有不少内地商人，也加深了各族人民之间的经济文化交流。故马市的开放非常有利于维持边疆的

① 《辽东志》卷3《兵食志·抚赏》，《辽海丛书》第1册，第402页。

② （明）冯瑗：《万历开原图说》，《中国地方志集成·辽宁府县志辑⑫》，南京：凤凰出版社，2006年，第3—4页。

③ 《明宪宗实录》卷176，成化十四年三月丙戌条，第3183—3184页。

稳定和发展。比如开设义州木市后，“小歹青不掠锦、义，零窃少矣”，“宁前、广宁患亦渐减”[①]。

马市贸易又是农牧经济产品互利互惠的贸易活动，生活在辽西走廊西部的兀良哈蒙古以游牧生产为主，急需与东部、南部农耕经济区进行互市交易，他们以马匹、皮毛和土特产品来换取粮食、布匹、盐等生活物品，以及铁制品等生产生活用具，以满足自身需求。明政府从马市贸易中获取马匹等物资，以补充军队和交通用马。汉人换取牛、马可用于农业生产和交通运输，皮毛、毛织品等其他土特产可用于冬天御寒，丰富生活用品。这一区域诸族之间的经济交流更为广泛和深入，各族间的经济联系更加紧密。

在交易过程中，诸族民众之间的交流日多，彼此间的交往不仅仅停留在贸易往来的层面上，甚至多有缔结婚姻者，正如明代冯琦赋诗感慨上谷（今河北省张家口市怀来县）的情形相类：“胡雏岂舅甥，汉女为妻嫂。嫁女与汉人，不如与胡好。”[②]在这些过程中，不同民族在行为表现、语言文化乃至风俗习惯等方面日益深入地互相影响，丰富了这一区域居民的社会生活。

第三节　清朝东北闭关与闯关

明朝末年社会动荡不安，朱明政权呈大厦将倾之势。建州女真的努尔哈赤应势而起，逐步统一女真诸部，于 1616 年建立后

---

① 《明史》卷 228《李化龙传》，第 5984 页。

② （明）冯琦：《宗伯集》卷 1，《四库禁毁书丛刊·集部》第 15 册，北京：北京出版社，1998 年，第 49 页。

金政权，定都赫图阿拉（今辽宁新宾），后迁都盛京（今辽宁沈阳），实力逐步增强，与明朝展开角逐。1635年皇太极改女真族名为满洲，1636年改国号为清。1644年清军入关，明朝灭亡。清王朝遂定都北京，随后逐步统一全国。东北地区是清朝的龙兴之地，清廷入关之后，对待开发东北之事始终存在矛盾心理。他们既想开发东北，推动东北经济文化的进一步发展，又担心关内汉民大量进入会影响满人的生产生活，破坏满人“国语骑射”的传统。这样，在东北移民问题上，清政府左右摇摆，走出了一条招垦—封禁—开放的曲折道路。

一、清初招垦与封禁政策

明末清初，由于明清之间战争的破坏，关外诸地深受影响，一向为东北政治、经济中心的辽东地区以及向来为诸族杂居的辽西地区的人口，或死于战争，或逃入关内，据魏源《圣武记》记载：天启二年（1622年），明朝将领熊廷弼从辽东返回，委派王化贞负责殿后，带数十万难民入关。顺治元年（1644年），清廷迁都北京，八旗兵众及眷属从龙入关者众多。据时人目睹，“从奉天到北京，旅程三十五六日，男女相踵，不绝于道”。[①] 当时随之入关的到底有多少人众，限于史籍记载，并无确数，但摄政和硕睿亲王多尔衮在安抚京城民众时有言：“今皇上携带将士家口、不下亿万与之俱来者。”[②] 亿万的说法虽有夸张，但足可证从龙入关者人口之众。再者，为安抚京城民众、支持清廷财政运转，顺治帝“将盛

① ［日］稻叶岩吉著，杨成龙译：《满州发达史》，东亚印刷株式会社奉天支店，1941年，第266页。

② 《清世祖实录》卷8，顺治元年甲申九月丁亥条，第83页。

京帑银取至百余万，后又挽运不绝”[①]。一方面大量人众入关，一方面还将盛京物资携带入京，东北地区包括辽东、辽西呈现野无农夫、路无商贾之象，地广人稀，生计不蕃。

1. 清初的辽东招垦

虽然迁都北京，但龙兴之地的发展依然重要，清廷一方面加强盛京等地八旗将士的驻防，一方面积极鼓励关内各地汉民出关垦荒。顺治元年（1644 年）谕令："州县卫所荒地，无主者分给流民及官兵屯种，有主者令原主开垦，无力者官给牛具籽种。"[②]顺治八年（1651 年）又谕："以山海关外荒地甚多，至民人愿出关垦地者，令山海关道造册报部，分地居住。"[③]鼓励汉人来关外开垦土地，充分反映清廷急于充实东北地区。具有决定性的开荒政令是顺治十年（1653 年）颁布的《辽东招民开垦令》，这份招垦令在《盛京通志》中有明确记载：

> 是年定例，辽东招民开垦至百名者，文授知县，武授守备。六十名以上，文授州同、州判，武授千总。五十名以上，文授县丞、主簿，武授百总。招民数多者，每百名加一级。所招民每名口给月粮一斗。每地一垧给种六升。每百名给牛二十只。[④]

① 《清世祖实录》卷 8，顺治元年甲申九月丁亥条，第 84 页。

② （清）崑冈等修，刘启端等纂：《钦定大清会典事例》卷 166《户部·田赋·开垦一》，《续修四库全书》第 800 册，上海：上海古籍出版社，2002 年，第 673 页。

③ （清）张廷玉等编撰：《清朝文献通考》卷 1《田赋一》，上海：商务印书馆，1936 年，第 4858 页。

④ （清）阿桂等：《盛京通志》卷 35《户口志一》，《中国地方志集成·省志辑·辽宁①》，南京：凤凰出版社，2009 年，第 633 页。

这一招垦令主要包含两方面的内容，一是详细规定了对招徕者授予官职的标准。招徕者需要将其所招汉民姓名、数量等列单报户部，并带领民人出山海关，由辽东各府县官员验收并出具证明书，再赴吏、兵二部交付证明，被授予相应官职。二是对前往辽东开垦的被招徕的汉民给予口粮、籽种、牛具等待遇规定。为了鼓励关内汉人前往辽东各地开垦，清廷在顺治十一年（1654年）、十五年（1658年）、十六年（1659年）及康熙二年（1663年）、六年（1667年）等多次续颁谕令，叠加优典，以补充原令之效力，推动辽东开垦。

康熙七年（1668年），清廷推行的辽东招垦成效显著，于是便停止了辽东招民授官之事。然此时关内仍有战事，民众尚存恐慌，虽然出关者不是很多，但确已有流入东北的趋势。康熙十年（1671年）以后，战事平息，但关内许多省份陆续遭遇灾害，民众生活受到很大影响，地广人稀的关外之地成了吸引民众的乐土。于是河南、山东、直隶等地的汉族民众等大量出关，尤以山东为最。尤其是至康熙中叶，国家太平已久，人口随着生产力的发展而骤增，关内呈现土地不足、人口过剩的问题，转向关外垦荒谋生的汉民日渐增多。如康熙二十三年（1684年）九月，康熙皇帝曾召谕山东巡抚张鹏："今见山东人民，逃亡京畿近地，及边外各处为匪者甚多"，要求张鹏注意"招集流亡、俾得其所"[①]。康熙五十一年（1712年）五月上谕云："山东民人、往来口外垦地者多至十万余。"[②]可见康熙末年山东等地民人为求生存流入东北垦地谋生已形成一定规模。

---

① 《清圣祖实录》卷116，康熙二十三年九月己丑条，第218页。

② 《清圣祖实录》卷250，康熙五十一年五月壬寅条，第478页。

汉民进入关外之地大致经由海、陆两路，鲁东地区汉民大多是经海路到达辽东半岛，鲁西地区的汉民则主要是从辽西走廊傍海道出山海关进入辽西、辽东等地。当时清廷并未禁止流民进入东北，但是需要事前起票，核验明确，以防“不互相对阅查明，将来俱为蒙古矣”[①]。清人杨宾在康熙年间曾前往东北，著有《柳边纪略》，记载较为明确：“凡出关者，旗人须本固山额真送牌子至兵部，起满文票；汉人则呈请兵部，或随便印官衙门，起汉文票。至关，旗人赴和敦大北衙记档验放；汉人赴通判南衙记档验收或有汉人附满洲起票者，冒苦独力等辈，至北衙亦放行矣。”[②]杨宾还记载过民人去关外偷采人参的情况：“凡走山者，山东、（山）西人居多，大率皆偷采者也。每岁三四月间趋之若鹜，至九十月间乃尽归。其死于饥寒不得归者不知凡几矣，而走山者日益多，岁不下万余人。”[③]通过上述记载可知，当时民众往返关内、关外并未有障碍，通过辽西走廊流向关外的人口是很多的。

2. 清廷封禁东北

这一如火如荼的招垦局面在不久后发生了根本性的改变。汉人不断涌入，占据关外不少土地，威胁到旗人的生计。乾隆五年（1740 年），兵部侍郎舒赫德奏：“盛京为满洲根本之地，所关甚重，今彼处聚集民人甚多，悉将地亩占种。盛京地方粮米充足，并非专恃民人耕种而食也，与其徒令伊等占种，孰若令旗人耕种乎！即旗人不行耕种，将地亩空闲，以备操兵围猎，亦无不可。”又奏称：“奉天地方为满洲根本，所关实属紧要，理合肃清，不容群黎杂处，使地方利益悉归旗人。但此等聚集之民，居此年久，已立有产业，

① 《清圣祖实录》卷 250，康熙五十一年五月壬寅条，第 478 页。

② （清）杨宾：《柳边纪略》卷 1，《辽海丛书》第 1 册，第 238 页。

③ 《柳边纪略》卷 3，《辽海丛书》第 1 册，第 253 页。

未便悉行驱逐，须缓为办理，宜严者严之，宜禁者禁之，数年之后，集聚之人渐少，满洲各得本业，始能复归旧习。”[①]舒赫德等大臣主张封禁东北并列举了封禁的具体措施，主要有：严禁汉人出入山海关；严禁商船携带多人；严格保甲稽查；奉天空闲田地专令旗人耕种，汉族流民禁止开垦；重治私挖人参及凿山矿取利者。[②]乾隆帝采纳了这一建议，颁布了封禁东北的法令，下令“寄居奉天府流民，设法行遣，陆续令回原籍。奉旨，情愿入籍之民，准令取保入籍，其不情愿入籍者，定限十年，令其陆续回籍”[③]。一方面禁止汉人出关，一方面积极清理奉天地方（今辽宁省）未入籍的民户。

从乾隆初年开始，朝廷连续颁发封禁东北的禁令，阻止汉民出关。然而，康乾盛世既久，人口发展延续骤增的趋势，关内土地有限，又有自然灾害的影响，农民生活困苦。是故即使朝廷厉行封禁东北之策，流民出关者依然很多。乾隆八年(1743年)，天津、河间府等地受灾，“两府所属失业流民闻知口外雨水调匀，均各前往就食。出喜峰口、古北口、山海关者颇多。各关口官弁等若仍照向例拦阻，不准出口”，民众必定狼狈不堪，于是乾隆帝“著行文密谕边口官弁等，如有贫民出口者，门上不必拦阻，即时放出。但不可将遵奏谕旨、不禁伊等出口情节令众知之，最宜慎密”，即告诫官弁不许将允许出关之事宣之于众，以恐造成“贫民成群结伙投往口外者愈致众多矣”[④]。翌年，河南、山东等地受灾，乾隆帝又颁特例，“再密寄信山海关等各隘口，该管大臣官员并奉

① 《清高祖实录》卷115，乾隆五年四月甲午条，第687—688页。

② 李治亭主编：《东北通史》，郑州：中州古籍出版社，2014年，第492页。

③ 《钦定大清会典事例》卷158《户部·户口》，《续修四库全书》第800册，第564页。

④ 《清高宗实录》卷195，乾隆八年六月丁丑条，第508页。

天将军，令其稍为变通，查明实系穷民，即行放出，不必过于盘诘，亦不必声张，务须善为办理”[①]。据《清实录》载，乾隆十一年（1746年），奉天省接纳的出关民人就有4万多人，乾隆五十七年（1792年），直隶等省受水灾，前往奉天、吉林及蒙古等地的汉族民人，亦有数十万人之多。

清初封禁政策是首崇满洲基本国策的集中体现，实施封禁的主观愿望是维护旗人利益、保护本族龙兴之地。清统治者将东北视为祖宗发祥之地，担心满人受日益增多的汉人影响，渐失“满洲之本习”，所以时常告诫族人不习汉俗，鼓励“国语骑射”。如雍正二年（1724年），雍正皇帝诏谕满人：“我满洲人等，因居汉地，不得已与本习日以相远。惟赖乌拉、宁古塔等处兵丁不改易满洲本习耳。今若崇尚文艺，则子弟之稍颖悟者，俱专意于读书，不留心于武备矣。……将朕所降谕旨及此奏请之处，晓谕乌拉、宁古塔等处人等知悉，并行知黑龙江将军，共相勉励，但务守满洲本习，不可稍有疑贰。”[②]有学者认为：“清人自以为异族入主中原，猜忌之心未泯，轸域之见时存，歧视汉人，以为非我族类，其心必异。故欲保留发祥地之东北（常欲保留为根据地），勿使汉人侵入。则一旦中原有事，可以退守，不致蹈元人覆辙。此种疑忌心理之存在，实封锁东北政策之由来也。”[③]当然，清廷封禁东北的原因不只是对汉人存疑忌心理，其目的：“一是保持关外满洲淳朴风俗；二是独占东北特长；三是围场之所在，防止民人偷入捕猎。”[④]

然而清朝的东北封禁政策并未如愿，封禁政策禁中有驰、时

① 《清高宗实录》卷209，乾隆九年正月癸卯条，第692页。

② 《清世宗实录》卷22，雍正二年七月甲子条，第360—361页。

③ 龚维航：《清代汉人拓殖东北述略》，《禹贡》第6卷，第105页。

④ 李治亭主编：《东北通史》，第499页。

有例外是其失败的首要原因。清政府一方面屡申禁令、严禁流民出关，要求边官严加拦阻，另一方面，面对贫苦流民出关觅食的行为又屡开方便之门，未曾绝对禁止。可以说是始终禁中有弛，封禁政策未能得到很好的执行。其次，地广人稀的关外之地是关内贫民谋生存的乐土。前已论及，清王朝经过顺治、康熙、雍正三朝近百年的发展，出现了“康乾盛世”的局面，田亩增速不及人口增速，人口与土地比例失调，民众又受土地兼并日趋严重以及地主高利贷盘剥的不利影响，生活不易，抗灾能力不强，每逢自然灾害之际，“强壮者流离于四方，老弱者即死于沟壑”[①]。而东北地区，尤其是辽河平原沃野千里，物产丰富，且税负较轻，因而对关内流民产生了强烈的吸引力。并且，关内流民的到来，更符合关外旗人甚至一些官吏的利益。清初东北满、汉、蒙古族旗人被授予了大量土地，建立旗庄，这些旗人擅于骑射军事而难于农耕经营，经过几十年的发展，这批八旗子弟耽于享乐，不知力作，他们非常乐于将土地租给生产经验丰富的内地流民。并且，“流民多藉旗佃之名，额外开荒，希图存身，旗人亦藉以广取租利，巧为护庇”[②]，在此利益驱动下，一纸封禁政令是很难扭转流民出关之大势的。

二、东北开禁与移民潮

到了清朝后期，西方列强开始侵略东北，面对资本主义侵略，由于清廷实行封禁政策，更使东北边备空虚，清政府无能为力，无论在军事上，还是在外交上，都接连遭到失败。两次鸦片战争

① 《清圣祖实录》卷 213，康熙四十二年八月甲申条，第 159 页。

② 《清高宗实录》卷 356，乾隆十五年正月乙卯条，第 917 页。

之后，英法等国获取了在辽东沿海地区的商业贸易特权。1861 年，牛庄（营口）被迫开埠，外国商业资本正式闯入东北。从此，外国资本主义势力以发展经济为幌子，极力扩大鸦片输入，抢占东北市场，倾销商品，掠夺原料。在西方列强对东北进行政治、军事、经济侵略的同时，还进行文化侵略。天主教、基督教、东正教等传教士们，纷纷深入东北内地，打着传教的旗号，窃取情报。自第二次鸦片战争开始，到中日甲午战争前后，西方列强对东北的侵略几乎无孔不入，清政府处处被动挨打，边疆危机日益严重。

边疆危机加剧了清廷的财政危机。东北地区的财政经费主要以当地农税、商税、杂税等项税收维持。但东北地区地多人少，不能做到财政自给，之前是从中央户部领取，咸丰初改为从关内各省调拨经费至盛京（今辽宁沈阳）户部，东北三省再分别领取。但关内各地的人民起义等状况，致使直隶、山东等省都出现经济困境，解送额度大受影响，往往十不及一。同治后从各省拨济到东三省的财政经费，几乎年年缺额。这种记载频见于《清实录》中，几乎年年都在催饷，仍是年年拖欠。据统计，到同治五年(1866 年)止，“各省历年欠解奉天俸饷杂款等银，已至一百五十四万余两之多”[①]。财政的危机，与清廷封禁政策有很大关系，限制民人进入东北，阻碍了边疆的生产发展，人、财不足，以致削弱了东北的防御力量，客观上加剧了东北的边疆危机。

面对东北边疆内忧外患的全面危机，清王朝朝野上下很多仁人志士呼吁加强边务，开禁实边，力保国土。道光二十年(1840 年)十二月，给事中朱成烈上奏：“盛京地方腴田甚多，若查明垦

① 《清穆宗实录》卷 164，同治四年十二月乙卯条，第 787 页。

种，以地利所入，添补海防，实为久远之策。”[①] 而且，这种有可垦田土的地方在东北各地较为常见。再如咸丰七年(1857年)二月，御史吴焯奏,“黑龙江呼兰城迤北蒙古尔山地方。有荒原百余万晌。平坦肥腴。毗连吉林境界。并非参貂禁地”，可以开垦，咸丰帝是其议:“如果有利可兴，原应预为筹画，以抵俸饷之需。”[②] 经过官僚臣子多次奏请，咸丰皇帝勉强允诺在东北局部地区弛禁放垦。

同治、光绪、宣统时期，关内流民迁徙东北者众多。甲午战争后，沙俄加紧了对东北区域的渗透，并于1897年修建中东铁路，意在进行拓殖侵略，并计划每年往满洲移民。1901年签订《辛丑条约》后，清政府面对大量赔款，国家财政更为窘迫。在边境地区进行移民开垦，可得实边、筹款之双重效果，光绪三十年(1904年)，全部开放东北各边荒地。

三、辽西走廊地区行政建制的演变

清朝建立后，在辽西走廊设置的行政建置分为两部分，在辽西走廊的东部原明朝辽东都司的辖区隶属奉天将军与奉天府，据《清朝文献通考·舆地》记载:“凡满洲、蒙古、汉军八旗事务，则统之于奉天将军;凡民人事务，则统于奉天府尹。”[③] 奉天将军之下在辽西走廊设锦州副都统，辖有小凌河城(今辽宁凌海市东南)、宁远城(今辽宁兴城)、中前所城(今辽宁绥中县西)、中后所城(今辽宁绥中)、广宁城(今辽宁北镇)、巨流河城(今辽宁新民)、白旗堡城(今辽宁新民市东南)、小黑山城(今辽宁黑山县)、闾阳驿

---

① 《清宣宗实录》卷342，道光二十年十二月庚申条，第203页。

② 《清文宗实录》卷219，咸丰七年二月甲午条，第431页。

③ 《清朝文献通考》卷271《舆地三》，第7276页。

城（今辽宁北镇市间阳镇间阳驿村一带）、义州城（今辽宁义县）。[①]

在辽西走廊的中部和西部原蒙古诸部分布地区设置盟旗制度，先后设有土默特左、右翼二旗（左旗牧地约在今辽宁省朝阳市一带，右旗约在今辽宁省彰武蒙古族自治县至义县间），喀喇沁左、中、右三旗（左旗牧地约在今内蒙古喀喇沁旗，中旗牧地约在今内蒙古宁城与河北平泉之间，右旗牧地约在今辽宁省喀喇沁左翼蒙古族自治县）。《钦定大清会典事例》卷九八三记载："喀喇沁三旗、土默特二旗，共五旗，于卓索图地方为一会。"[②] 卓索图盟的会盟地点在今辽宁省北票市境内。康熙年间，卓索图喀喇沁三旗允许民人前往开垦种地，此后蒙古封建主相率"私招流民"垦地，这一地区的汉族民户与日俱增，为管理蒙古旗民与汉族民户的交涉事务，雍正七年（1729 年）于喀喇沁右翼旗境内八沟地方设置八沟理事同知厅（今河北平泉）；雍正十年（1732 年）设九关台门同知，驻义州，乾隆三年（1738 年）裁撤，又于喀喇沁中旗境内设置塔子沟理事同知厅（今辽宁凌源）；乾隆三十九年（1774 年）于塔子沟东境设置三座塔厅（今辽宁朝阳）。乾隆四十三年（1778 年）将此三厅改置为平泉州和建昌县、朝阳县。

清朝后期，由于中原地区人口激增，人均土地面积的减少，以及自然灾害频繁，致使广大贫民、灾民纷纷涌入地广人稀的东北地区。尽管清朝政府在东北地区实行封禁政策，但并没能阻止内地流民迁入东北的脚步，流入东北的汉民最初居住在辽河流域，进而向北迁徙进入吉黑地区。经过二三百年的人口迁徙和增殖，东北地区人口由清初的几万人、十多万人增到清末几百万人

---

① 张博泉、苏金源、董玉瑛：《东北历代疆域史》，第 299—300 页。

② 《钦定大清会典事例》卷 983，《续修四库全书》第 811 册，第 746 页。

到一千多万人。[①] 有学者统计清末东北三省人口为 1841 万[②],还有学者认为"1908 年东北地区民户猛增到 2712 万口以上，约是旗人的 20 倍"[③]。东北地区人口从山东、河北、山西、河南等地"闯关东"而来分布到各地的汉族农民达到 1000 多万。[④] 一浪高过一浪的汉族迁移浪潮，改变了东北以少数民族为主的民族结构，汉族成为人数最多的民族,1860 年至 1906 年的 46 年间设立的民署，是前 210 年的 3.8 倍左右。[⑤]

外来人口的大量涌入，广阔的土地被开垦，户籍、人口、土地和社会秩序都需要管理。为此，盛京、吉林、黑龙江三省将军多次建议清政府于新垦区设官管理。清政府根据东三省将军的奏请，批准在新开区设置新的州县，或把原来机构升格。清廷自决定东三省新垦区增设州县后，即派员前往丈量土地、升科和编户。甲午战争前，清政府在辽宁设置 4 府、3 厅、5 州、12 县、1 兵备道、1 抚民同知（抚民同知与厅同级），共计 26 个行政区划，其中锦州府（今辽宁锦州）及其下属宁远州（今辽宁兴城）、义州（今辽宁义县）、锦西厅（今辽宁凌海）、盘山厅（今辽宁盘山县）、锦县（今辽宁凌海）、绥中（今辽宁绥中县）、广宁（今辽宁北镇）以及新民府（今辽宁新民）及其下属镇安（今辽宁黑山县）、彰武县（今辽宁彰武县）等州县建置皆地处辽西走廊。[⑥] 禁区开放，

---

① 赵文林、谢淑君：《中国人口史》，北京：人民出版社，1988 年，第 477 页。

② 姜涛：《中国近代人口史》，杭州：浙江人民出版社，1993 年，第 83—84 页。

③ 田志和、潘景隆：《吉林建置沿革概述》，长春：吉林人民出版社，1990 年，第 116 页。

④ 路遇：《清代和民国山东移民东北史略》，上海：上海社会科学院出版社，1987 年，第 20 页。

⑤ 田志和、潘景隆：《吉林建置沿革概述》，第 116 页。

⑥ 赵尔巽等撰:《清史稿》卷 55《地理志二》, 北京: 中华书局, 1998 年, 第 1932 页。

新州县的扩大设置，为盛京将军向一般行省过渡打下了基础。

光绪三十一年（1905 年）六月，清廷谕令盛京五部侍郎景厚（礼部）、儒林（刑部）、钟灵（工部兼署理兵部）均到京“当差”。五部事务交盛京将军赵尔巽兼管。当年八月，清廷裁撤盛京五部，裁撤奉天府府尹，府尹原管事务均责成赵尔巽管理，结束了盛京留都之制。光绪三十二年（1906 年），东三省总督徐世昌，会同奉天巡抚唐绍仪、吉林巡抚朱家宝、黑龙江巡抚段芝贵联衔上奏“定东三省官制”，官制改革方案当年便获批准，东北行政体制改革由此推开。1907 年，清廷改东北地区的军府制为行省制，裁撤盛京将军，设立奉天、吉林、黑龙江三省。其中，奉天行省公署内分设二厅：“一曰承宣厅，禀承督抚掌一切机要总汇，考核用人各事；一曰咨议厅，掌议定法令章制”，并分设七司，“曰交涉、曰旗务、曰民政、曰提学、曰度支、曰劝业、曰蒙务”[①]。另设督练处以管军政，设提法使以理刑法。共领八府、五直隶厅、三厅、六州、三十三县。辽西走廊地区大部分处在锦州府管辖之下，锦州府下辖锦县、锦西厅、盘山厅、义州、兴城县、广宁县、绥中县等州县，基本上涵盖了山海关外的辽西走廊的东部地区。

东三省建立后，已经占据东北人口绝大多数的汉族散居于东北各地，汉族与少数民族、少数民族与少数民族之间“你中有我，我中有你”的杂居现象十分普遍，但各少数民族仍相对聚居，清政府在各少数民族地区的建置仍然各具特色，并发挥着重要作用。

东北此次的行政改革影响深远。首先，使东三省由八旗体制转为民治体制，有利于清除八旗制度带来的弊端。此外，由于地

① （清）刘锦藻：《皇朝续文献通考》卷 139《职官考二十五 · 东三省》，《续修四库全书》第 817 册，上海：上海古籍出版社，2002 年，第 521 页。

方府州县普遍得以设立，并积极招徕汉族流民，加大土地开垦，促进了东北农业经济的发展；其次，废除了旗民分治的形式，有利于民族融合。旗民两重行政体制是造成满汉民族隔阂的重要原因。设立行省后，不再推行旗民分治，旗民之间距离缩小，有利于旗民之间的融合。

四、汉人涌入与辽西开发

辽河平原的农业发展较早，因地处东北南部，与中原地区仅一关之隔，有密切不可分割的关系。清入关后，虽采取封禁政策，但并没有完全影响开发。自道光至光绪年间，河北、山东、河南、山西等省，发生过数千次虫涝旱灾害，人民无以为生，大量灾民逃荒到东北谋求生存，流民出关开垦土地已势不可挡，封禁东北的政策实际上已无法继续实行。大量汉人的涌入使得辽西走廊地区各个方面都得到了进一步的发展。

（一）盛京三大牧场土地的出放

盛京三大牧场，清入关后在盛京将军管辖范围内属于清皇室所有的三个大牧场：大凌河牧场、盘蛇驿牧场、养息牧场。三大牧场是东北官地中面积最大的官地。官地原属清王室所有，后随着逐年垦辟，官地的经营也发生了变化。部分土地准许试垦，“招佃开垦，按垧输租”，出现了官地向民地转化的趋势。[①]

大凌河牧场位于锦州以南大小凌河流域，“东至右屯卫，西至鸭子厂，南至海，北至黄山堡，东西长九十里，南北长十八里至六十里不等，计地万七千九百余顷”[②]。整个牧场大致在今辽宁

---

① 李治亭主编：《关东文化大辞典》，沈阳：辽宁教育出版社，1993年，第774—775页。

② 《清朝文献通考》卷12《田赋十二》，第4961页。

省凌海市东南、大小凌河之间。清朝初年虽行招垦之策，但牧场所在不许民间开垦，不过至康熙末年已有流民潜入私垦。乾隆十三年(1748 年)，清廷将大凌河牧场西部 93 800 亩地，分给八旗官兵，这是该牧场土地开垦之始。乾隆五十六年(1791 年)，清廷设二等庄头 38 名，每人分管土地 5100 亩，置三等庄头 26 名，每人分管 4500 亩,共出放 310 800 亩土地。嘉庆十九年(1814 年)、嘉庆二十五年（1820 年)，先后出放土地 15 850 亩、8000 亩。咸同以后，冒禁偷垦牧场的行为愈加增多。如咸丰六年(1856 年)四月,户部查出锦县（今辽宁凌海）“民人穆亭扬,径自讨种地亩,并未据该处咨报，辄敢私垦至八千亩之多”[①]。随着出放及偷垦等行为的发展，大凌河牧场日渐缩减。同治元年(1862 年)，户部在给盛京将军的咨文中称，“详细稽查，将民人私种地亩一概报明入官，按亩升科，造册送部，以收地利而裕饷需”[②]。这说明，此时民人私垦田土的趋势仍在继续，清廷对此并未反对，而是加强管理，征收地利。

盘蛇驿牧场位于大凌河东，大致位于今广宁县（今辽宁北镇）南部、盘山县大部分、双台子（约今辽宁法库县双台子乡）以北之地。由于流民潜入较早，道光年间就将这一牧场部分土地丈放开垦。同治元年（1862 年)，户部奏称 :“大凌河东岸一带闲荒，并非牧马之地，理应招垦。”[③]翌年，锦州副都统恩合上奏称:“广宁属界牧场，经该副都统督率佐领分段查丈，招佃认垦荒地二十二万余亩。”[④]反映出在此之前盘蛇驿牧场已招垦较多土地。

① 《清文宗实录》卷 195，咸丰六年四月壬辰条，第 109 页。

② 《清穆宗实录》卷 26，同治元年四月己卯条，第 710—711 页。

③ 《清穆宗实录》卷 26，同治元年四月己卯条，第 710 页。

④ 《清穆宗实录》卷 86，同治二年十一月丁卯条，第 808 页。

养息牧场，“东至科尔沁左翼前旗界九十里，西至吐默特左翼界六十里，南至彰武台边门五十里，北至科尔沁左翼前旗二百里。[①]养息牧场也很早就为流民与蒙古人私垦。嘉庆十年(1805年)，户部在该牧场查出“蒙古人等垦地二万四千四十六垧”，针对这一情形，清廷予以查实，将影响到游牧地发展的“九千四百四十六垧全部平毁”，其余适合农耕、不妨碍游牧地发展的一万四千六百垧土地分给蒙古人口，按每人四垧，约3530人分到土地。清廷加以申明：“永远定额，不准多垦。”对私垦牧场土地有所限制。至嘉庆十七年(1812年)，钦差大臣松筠、盛京将军和宁会同办理大凌河试垦事宜，在养息牧场也划出一部分土地招募旗人、民人开垦。嘉庆二十年（1815年），“已开垦成熟一百六十八顷”[②]。

官营牧场深受清朝统治者的重视，但随着关内大量流民进入东北辽西走廊等地牧场私垦，清政府开始逐步丈放牧场土地，以适应当地牧场部分土地开垦的发展趋势。

（二）八旗土地制度的破坏

关内移民不断进入辽西辽东等地，促进了当地的土地开发和经济发展，促使经济关系逐渐发生变化，官庄、旗地日渐向民地转化。

辽西地区有归属内务府的皇庄、八旗诸王等名下的王庄，以及各官府衙门所属的官庄的存在。清中叶以后，东北官庄逐渐向租佃制发展。部分庄园开始放弃壮丁编庄制度，转而将土地出租给民人。至清末，清廷将大多数内务府所属的粮庄余地收归官府，裁撤庄头，改为招民佃种，或经由庄头间接将官庄土地出租给民人耕种。官庄的租佃方式，有长租和短租两种。长租佃户实际上

① （清）杨同桂：《沈故》卷2，《辽海丛书》第1册，第296页。

② 《钦定大清会典事例》卷161《户部·田赋》，《续修四库全书》第800册，第619页。

获得了对庄地的永佃权，可以转租他人。

东北官庄普遍实行租佃制后，庄头及佃户时常私自典押、盗卖庄地，大批庄地转化为民人的事实财产。这一现象在甲午战争以后愈演愈烈，这与甲午战争、沙俄入侵等造成的官庄编审册籍、土地数字等相关记录文档被毁有较大关系，许多庄头佃户私相典售官庄土地的行为更加肆无忌惮，视官地为己有。官庄土地所有权逐渐向民间转化。并且，官庄土地也经常被庄头、佃户侵吞，这都加速了官庄的瓦解。此外，嘉庆以后佃户进行抗租霸地的斗争日益高涨，官庄进一步瓦解。清廷不得不直面官庄瓦解的现实，开始丈放官庄土地。清政府于光绪三十一年（1905 年）至宣统元年（1909 年）期间在锦州设立丈放局进行锦州官庄土地丈放工作，由奉天府尹廷杰主管，共丈放 1 356 700 余亩庄地，收价银 1 488 470 两。[①] 锦州官庄庄地的丈放是将国家土地所有权转归庄头、佃户私有。[②]

旗地，指旗人官兵人丁分得的“份地”。如顺治五年（1648 年）曾划拨给锦州附近八旗官兵每人 6 垧土地。[③] 康熙十九年（1680 年），户部郎中鄂齐礼曾勘察奉天地方旗人自开旗地，奏报称：“东至抚顺，西至山海关，南至盖州，北至开原，皆经查勘，计田万顷有奇。”[④] 旗地数量非常可观。从雍乾时期开始，旗地已有向私有地产转化的趋势。最主要的转化方式是将旗地出租给汉人，再

① 《政治官报》，第 740 号。转引自于春英、衣保中：《近代东北农业历史的变迁（1860—1945）》，长春：吉林大学出版社，2009 年，第 16 页。

② 李治亭主编：《东北通史》，第 571 页。

③ （清）鄂尔泰等：《八旗通志》卷 18《土田志》，长春：东北师范大学出版社，1985 年，第 326 页。

④ 《八旗通志》卷 18《土田志》，第 326 页。

向汉人出典，于是旗地就一变而成汉民的私有土地。最初，清廷是严禁旗民交产，规定若私售旗地则会被查撤入官。然而私售仍然难以避免。民典旗地的现象最先出现在奉天，之后，吉林、黑龙江也出现了此类现象。

面对着不可阻挡的旗地买卖的大势，清廷不得不放弃对买卖旗地的限制。咸丰二年（1852 年），清廷正式决定，允许“旗民交产”。同年，户部议奏旗地买卖章程，咸丰帝就此下谕旨：“向来旗民交产例禁綦严，无如日久弊生，或指地借钱，或支使长租，显避交易之名，阴行典卖之实。此项地亩，从前免纳官租，原系体恤旗人生计，今既私相授受，适启胥役人等讹诈句串等弊，争讼繁多，未始不由于此。若仍照旧例禁止，殊属有名无实，著照该部所请，除奉天一省旗地盗典盗卖仍照旧例严行查禁外，嗣后坐落顺天、直隶等处旗地，无论老圈自置，亦无论京旗屯居及何项民人，具准互相买卖，照例税契升科。其从前已卖之田，业主、售主均免治罪。”[①] 这道谕旨对直隶、顺天等地的旗地买卖取消了限制，辽西走廊部分地区属直隶管辖，在放开之列，但清廷对旧都所在地——奉天省的旗地买卖仍控制严格，辽西走廊部分区域也在这一控制范围内。直到光绪末年，清廷全面推行旗地自由买卖政策，奉天旗地买卖才合法合规。

光绪末年，清政府还把封闭的蒙地实行了放垦。辽西走廊有大面积的蒙古各旗旗地，源于努尔哈赤入辽后对蒙古各部的重视，建立蒙古八旗制度，给予优待政策，包括袭封大面积的土地。由于蒙旗占地很广，建立庄园制度，强迫旗丁耕种，残酷的剥削，使旗丁不断逃亡，蒙古各部的旗地便大量荒废。不得不把旗地大

① 《清文宗实录》卷 62，咸丰二年五月丁丑条，第 830—831 页。

量典给流亡到东北的汉人耕种。清代中期后辽西走廊旗地多典放耕作，旗地的封禁政策已名存实亡。光绪二十八年（1902 年）清政府正式宣布解除蒙古旗地禁封的命令，准蒙古各旗出放荒地，也鼓励汉人开发蒙地。光绪三十二年（1906 年），放科右中旗荒田 64.8 万垧。宣统元年（1909 年），放科右中旗荒田 8.3 万垧，收取押租银 23.7 万余两白银。[①]

清末辽西大量禁地的放量，使农业经济获得了发展。随着资本主义的发展，农业经济出现了近代资本主义性质的垦殖公司、经营地主和新式富农，农业商品经济的成分也大为提高了。甲午战争后，随着经济的进一步发展，导致了农业资本主义的因素增长，使农业中出现了资本主义的经营方式。地主租佃土地经营，由粮食生产改变成经济作物的种植更有利可图，便从佃农手中收回土地自己经营管理，进行商品生产。1908 年奉天省占有土地 3000 亩以上的有 93 户地主，其土地的经营数量已达到 30%。[②]农业经济中的另一个资本主义经营方式是农牧垦殖公司和近代农场。在 20 世纪初年，这一形式突然掀起了一个高潮。据统计，从 1901 年江苏南通大生集团公司的张謇创办“通海垦牧公司”开始到 1912 年为止，短短的 10 年，在江苏、东北三省、内蒙古三地便设立农牧垦殖公司 171 家，以农业垦殖和畜牧业经营为主。农牧垦殖公司的规模和数量主要集中在江苏省和东北三省。奉天省的垦牧公司比较多，从光绪二十六年（1900 年）到光绪二十八年（1902 年），首先创办的是在锦州府锦县县城的奉天天一垦务公司。随后设立的有奉天牧养公司、华兴垦务公司、畜牧股份公司、

① 田志和：《清代科尔沁蒙地开发述略》，《社会科学战线》1982 年第 2 期。

② 朱诚如主编：《辽宁通史》第 3 卷，沈阳：辽宁民族出版社，2009 年，第 467 页。

天利公司、瑞丰农务公司、兴东垦务公司等，[①] 这进一步推动了包括辽西走廊在内的东北地区的经济发展。

第四节　关东文化的嬗变

清朝龙兴关外，一度曾试图封禁东北地区来保持其尚武传统，但在人口大迁徙的洪流中逐渐开禁。大量满人从龙入关，而大批汉人穿过辽西走廊或者跨海来到关外谋生，不仅带来了东北地区经济社会的巨变，还逐步改变了关东文化的面貌。

一、明清时期的流人文化

流人由内地发配、流放到辽西、辽东乃至东北内地，自秦汉时期即已有之。明朝时期有着相对严峻的北境危机，大批流人被发配到东北充军，去往辽东都司（辽西走廊不少区域在其辖下）者最多。一方面，路途遥远，流人去往此地后不易逃亡，更有利控制；另一方面，又能补充东北兵源，开发东北土地，解决军饷问题。清朝时期，奉天省（明辽东都司大部，今辽宁省）为满人龙兴之地，满人入关后，东北地区地广人稀，发配往东北和前往关外谋生存的流亡民人络绎不绝。这些流人对东北地区的社会经济文化的发展影响深远。

明代的东北流人数量，有学者认为“至少有二三十万人”[②]。《明史》载：“江西，湖广，四川，广东，广西，直隶太平、宁国、池州、

① 朱诚如主编：《辽宁通史》第 3 卷，第 469 页。

② 李兴盛：《东北流人史》，哈尔滨：黑龙江人民出版社，1990 年，第 62 页。

徽州、广德、安庆人，发北平、大宁、辽东属卫。”[①] 明代充军之流人以入辽东都司为主，如前所述，辽东都司辖内 25 卫有多处卫所在辽西，应不乏进入辽西者。这些充军到东北的许多流人文化水平较高，如罗琦是“宣德五年进士。英宗即位，授御史，按直隶、福建，有能名”，英宗正统十年（1445 年）时以大理右寺丞之职参赞宁夏军务，“常以事劾指挥任信、陈斌。二人皆王振党。十一年四月，信、斌讦绮不法事”，被充军辽东广宁卫（今辽宁北镇）。[②] 刘济，正德六年（1511 年）进士，“在谏垣久，言论侃侃，多与权幸相枝柱，直声甚震，帝滋不能堪”，在明世宗时“大礼”议中得罪，贬戍辽东，后侨居宁远（今辽宁兴城）。[③] 这些充军到东北的流人，加速了东北地区的民族融合。如明代隆庆年间（1567—1572 年）兀良哈朵颜部首领长昂“渐习华风，多食谷，饮酪餐肉必以盐，至夏则服布衣，与汉亡异”[④]。民族间的影响是相互的。如明英宗正统七年（1442 年），礼部尚书胡濙等上奏称：“中外官舍军民戴帽穿衣习尚胡制，语言、跪拜习学胡俗，垂缨插翎，尖顶秃袖，以中国之人效犬戎之俗。”[⑤] 流人还把关内先进的生产经验以及各种生活习俗等带到东北，提高了当地生产力，促进了东北地区经济文化的发展。

到了清朝，关东、云贵、新疆，是当时朝廷指定发遣罪犯的地点，而向关东发遣得最多。清初大兴文字狱，始自顺治朝，至

---

① 《明史》卷 93《刑法志一》，第 2301 页。

② 《明史》卷 160《罗琦传》，第 4365 页。

③ 《明史》卷 192《刘济传》，第 5090 页。

④ （明）瞿九思：《万历武功录》卷 13《长昂列传》，《四库禁毁书丛刊・史部》第 36 册，第 268 页。

⑤ 《明英宗实录》卷 99，正统七年十二月己丑条，第 1986 页。

康熙朝有增无减，以雍正朝和乾隆前期为最盛，一人获罪，株连家属、同姓家族及亲属等，或几人，或数十人，多则达上百人。这些“免死减等”的罪犯被流放到关东各地，主要集中在沈阳、尚阳堡（辽宁开原）、宁古塔（黑龙江宁安）、船厂（吉林市）、卜魁（黑龙江齐齐哈尔）、瑷珲（黑龙江瑷珲县）、三姓（黑龙江依兰）等地。据统计，被流放的人数达10余万人。[①]

大批“流人”流放到关东，无疑增加了不少人口，重要的是“流人”中有不少是来自中原或江南的文化人，他们把文化、各种书籍带来，并积极开展各种文化活动，一度沉寂而凄凉的关东地区,变得活跃起来。他们的文化活动主要是教书讲学、文学创作,包括撰写文史著作、诗词文章等，还以结社的形式举行文艺活动。教书讲学活动推动了当地教育的发展，对提高该地民众的文化水平乃至人才培养都极有意义，所以这些文化流人很受当地官民的欢迎。吴兆骞在顺治十五年(1658年)时流放宁古塔,为了生存,“惟馆谷为业,负笈者数人”,宁古塔将军巴海非常器重他,聘“为书记,兼课其二子”[②]。康熙朝著名学者陈梦雷,学识渊博,善诗词文章,他因被诬依附靖南王耿精忠叛乱,于康熙二十一年（1682年）“免死减等”,流放至盛京,罚做苦役。奉天府尹董秉忠器重他的才学,邀他编纂《盛京通志》，并负责审定各县志稿。他只用两年时间,就完成《盛京通志》;同时,又审定了《海城县志》《承德县志》《盖平县志》等志书。这些书特别是《盛京通志》，至今仍是弥足珍贵的地方志书，是研究东北地方史不可或缺的重要文献。

这类“流人”还有很多，例如因撰写明朝为国捐躯诸臣事迹

① 张玉兴：《清代流人诗选》，沈阳：辽沈书社，1988年，序。

② （清）吴桭臣：《宁古塔纪略》，《中国地方志集成·黑龙江府县志辑⑥》，南京：凤凰出版社，2006年，第709、710页。

而被谪戍盛京的诗僧函可，顺治五年（1648 年）被流放沈阳，他曾在普济、广慈、大宁、永安、慈航、接引和向阳等寺庙宣讲佛法，他又经常以文会友，与诗友们吟诗作赋，做文酒之会。与函可结为文友的也大都是些同遭谪戍的流人文士，在此基础上他们成立了“冰天诗社”。冰天诗社是清初盛京乃至整个东北地区出现的第一个文人协会组织，函可也成为当时盛京文坛的盟主。冰天诗社的建立活跃了盛京地区的学术气氛，促进了盛京地区的文化交流，提升了盛京地区的文化水平，其意义不可低估。[①]

据李兴盛先生统计，在顺治至康熙初二十余年间，东北“流人”已达十万人以上，分布在盛京、尚阳堡、铁岭、辽阳、抚顺以及吉林乌喇与宁古塔等地。在康熙二十年平定吴三桂叛乱之后，将其中“三藩”的部属包括将士及家属一律发往关东黑龙江城（瑷珲）、卜魁（齐齐哈尔）、墨尔根（嫩江）等地，这一时期的“流人”不下二十万。雍正时，关东的“流人”在五六万左右。乾隆时，改变集中流放关东的做法，将大批流人发遣其他地区，但仍有小部分发配到关东，约有四五万人。自道光以后，清朝停止向关东发遣“流人”。综合以上各个时期，关外“流人”总数多达四十余万人。[②]他们来到关东，补充了关东人口的严重不足，更有意义的是，他们把中原或江南发达的文化也带到了关东，开创了关东文化的新局面。康熙时诗人丁介写有一首《出塞诗》，其中两句：“南国佳人多塞北，中原名士半辽阳”被人们广泛传颂。寥寥两句，十分准确地概括了当时遣谪关东的“流人”之多，正是这些“佳人”“名士”，使关东文化迅速改观。

---

① 廖晓晴：《清代辽宁流人与流人文化述论》，《辽宁大学学报》（哲学社会科学版）2008 年第 6 期。

② 李兴盛：《东北流人史》，第 267—268 页。

二、辽西走廊地区多民族文化的融合

清代后期，汉族流人及关内汉民大批进入东北，其初是文化流人所具有的先进文化极大地影响到东北文化，其后大量关内汉民的涌入又对东北文化带来了冲击。从关内移到关外，人文环境和自然地理环境发生巨大变化，使东北汉人形成剽悍好斗、率直敦厚、刚毅达观的性格特征。并且，东北地处边陲，远离封建统治中心，加之东北地区诸多少数民族的影响，东北汉人的社会等级观念逐步淡化，在衣食住行、婚丧嫁娶、节庆礼俗、信仰等方面都受到其他民族的影响，同时，汉族文化也对当地民族文化产生了诸多方面的影响。在这种影响和冲击下，关内关外两种文化相互影响、吸收、融汇，形成独特的东北区域文化。

东北区域文化是各少数民族文化、汉族文化相合形成的多元文化综合体。满族文化在其中的地位非常重要。东北尤其是盛京地区是满族的龙兴之地，虽然大部分满族人在清帝入主中原时从龙入关，移居关内各地，东北地区留驻者相对较少，但满人在清朝是统治民族，是故留居东北的满人不仅有政治经济等优势，在文化上也影响和带动着整个东北地区。随着汉族成为东北的主体民族，汉民族的传统文化也占据了东北文化的主导地位，同时汉文化也出现变异，以关东文化为主的中原文化与东北各民族的文化交汇融合，形成一种新型的富有移民特色的文化形态，即新型关东文化。

具体到辽西走廊，因为其“处于游牧、渔猎、农耕文明的交汇处，自古以来就是三种生产方式族群互动交流的场域，形成独特的文化因素”[①]。从先秦至明清，辽西走廊地带因为其特殊的地理位置和

① 崔向东：《辽西走廊变迁与民族迁徙和文化交流》，《广西民族大学学报》（哲学社会科学版）2012 年第 4 期。

生态特点，基本都是关内、外各民族杂居之地。因着不同民族、不同文化的不断交流、融合，辽西走廊的民俗文化在沿袭中不断发展。“闯关东”人口大迁徙后，辽西地区的汉族和满族、蒙古族等各民族在文化上积极交流，有力地推动了多民族文化的融合。这一点尤其表现在社会风俗方面，即婚姻、丧葬、信仰和社会生活的融合。①

1. 语言文字

虽然清朝帝王频繁强调“国语骑射”，以图维护满人的民族文化。然而，随着闯关东而进入东北地区的汉人的增多，汉族逐渐成为东北区域的主体民族，作为交际工具的语言也逐渐趋一，汉语由南向北逐渐代替其他民族的语言，成为东北地区的通用语。比如早在康熙皇帝末年，奉天地方就“旗民杂处，以至满洲不能说满话”②，嘉庆皇帝也曾论及这一问题:“平日屯居，该处汉人居多，故未谙清语。”③再如明清之际辽西走廊的蒙古人“有酬酢而渐通婚姻，因语言而兼习文字”，在语言文字及婚姻习俗等方面受汉族的影响亦很明显。如今辽宁喀左县，汉语是各族百姓之间的通用语言，当地满族人以汉语交流，基本不会说满语，绝大多数蒙古人都以汉语为日常交流语言。④

但是，文化包括语言文字的交流和影响从来不是单向的，历史上的其他民族语言并非完全消失，如大量满语词汇就融入汉语

① 郅光建、任学亮：《清代山东人“闯关东”对东北社会风俗的影响》，《铜仁学院学报》2007 年第 6 期。

② 中国第一历史档案馆整理:《康熙起居注》，康熙五十四年二月二十六日（癸巳），北京：中华书局，1984 年，第 2153 页。

③ 《清仁宗实录》卷 113，嘉庆八年五月壬寅条，第 501 页。

④ 郝文军、薛雷平：《基于民俗视角的辽西走廊地区多民族文化共生互化研究——以辽宁省喀喇沁左翼蒙古族自治县为例》，《渤海大学学报》（哲学社会科学版）2020 年第 6 期。

之中，大量东北地名是因满语、蒙古语而来。如辽宁省抚顺市的马塘沟镇之名即源自满语，满语本意“鼓起的丘陡地”[①]。如进入蒙地的汉人也有蒙古化倾向，以致“依蒙族、习蒙语、行蒙俗、垦蒙荒、为蒙奴、入蒙籍、娶蒙妇、为蒙僧者等等不齐”[②]。再如喀左县蒙古人通常会在交流时将蒙古语与汉语结合使用。喀左人常用汉语讲述民间故事，但遇到某些诸如人的称谓等之时，会使用蒙古语的音译词,如把姑娘称作“呼根”,把小伙子称作“扎鲁”,把富人称作“白音”，把老翁称作“额布根”等。[③]

2. 饮食习俗

饮食是人类生存最基本的需求，各区域的地理、气候、物产等自然条件对当地民众饮食结构的影响是直接而巨大的，饮食文化也最能反映当地民众的社会生活。清代以来的辽西走廊以汉族、满族、蒙古族为主要民族，他们的饮食文化随着他们交往的频繁也在产生着不断的演变。

早期满族人基本以肉、谷米等为主要食物类型，饮食结构简单，烹饪方式比较原始，以煮、晒、烤等为主。随着满人入关和大批汉人出关，关内关外的满人食品种类、烹饪技艺等饮食习惯都有了改变。《黑龙江外记》载：“满洲宴客，旧尚手把肉，或全羊。近日沾染汉习，亦盛设肴馔。然其款式不及内地，味亦迥

① 许皓光、刘延新：《汉语中的满语借词概述》，《满族研究》1996 年第 1 期。

② 郑铁铮修，孙庆璋、沈鸣诗、赵俊儒纂：《朝阳县志》卷 26《种族》，《中国地方志集成 · 辽宁府县志辑 ㉓》，第 470 页。

③ 郝文军、薛雷平：《基于民俗视角的辽西走廊地区多民族文化共生互化研究——以辽宁省喀喇沁左翼蒙古族自治县为例》，《渤海大学学报》（哲学社会科学版）2020 年第 6 期。

别，庖人之艺不精也。”[①] 表明满人虽其烹饪水平尚不足以媲美汉人，但饮食结构、礼俗等都有了明显的汉化倾向。然而，东北满人饮食并非全盘汉化，譬如直至今天仍备受推崇的清朝时的宫廷饮食——“满汉全席”，可以说是满、汉饮食风俗相互吸收、融合的产物。“满汉全席”的产生离不开汉人特别是山东厨师的功劳。但满族习俗如腌酸菜和把蔬菜下窖贮存的习惯也影响到生活在这一区域包括汉族在内的其他族人，而东北其他诸族人也开始慢慢喜欢上山东的煎饼、馒头、包子、火烧等面点。[②] 移居关外的汉人的饮食习俗也有满化倾向，王一元曾有记录：“辽左本八旗地方，合九州县之民（汉人）不及十之二三，故风俗化之，饮食起居相类者十七八。”[③]

再结合这一区域的重要族群——蒙古人来看，元明以至清初，游牧业仍是蒙古人的主业，这决定了他们的饮食结构。但清康熙帝以后，随着大批汉人进入蒙地开垦，农业渐起，蒙汉之间的交往交流交融日多。另一方面，清廷一直奉行满蒙通婚，笼络蒙古贵族，有清一代，喀喇沁蒙古部与清朝皇室联姻次数达 100 多次，因清朝宗室公主、格格们出嫁而进入蒙古人生活区域者为数不少，也把满族文化带到喀喇沁，影响着蒙古贵族乃至民间的生活，[④] 促成满蒙文化的相互融合，于是蒙古人的饮食结构也在逐渐变化。比如今辽宁省喀喇沁左翼蒙古族自治县（简称喀左县），该县是

---

① （清）西清：《黑龙江外记》卷 6，《中国方志丛书 · 东北地方 · 第二号》，台北：成文出版社，1969 年，第 174—175 页。

② 陈忠、王曦昌：《东北文化的移民文化形态及其异化初探》，《社会科学战线》1997 年第 6 期。

③ （清）王一元：《辽左见闻录》，吉林大学馆藏清抄本，第 57 页。

④ 闫芙蓉、李博：《论清代满蒙联姻对喀喇沁地区的影响》，《赤峰学院学报》（汉文哲学社会科学版）2012 年第 9 期。

辽西走廊中线主干道的要冲，明代以来兀良哈蒙古、喀喇沁蒙古部等先后进入此地，随着流人及关内汉人大批出关，该地居民逐渐以汉人、蒙古人、满人为主，汉人占大多数，饮食习俗上体现出以汉人习俗为主，以蒙古族、满族习俗为辅，满蒙汉饮食习俗共生互化的特点。[①] 例如美味可口的小吃饹馇源自河北唐山区域，而且在今天的唐山依然流行，同时它也是喀左县各族人都非常喜爱的特色小吃。但清以前的喀左县区域蒙古人并未见有这种食品，是清代时期随着唐山等地汉人出关而出现并日渐流行的。再如，备受喀左县民众喜欢的羊杂汤、蒙古馅饼、元宝汤等食品，有着明显的蒙古饮食特色。而黏豆包、黏饼子等食品则有鲜明的满族饮食特色。

3. 婚丧礼俗

随着汉人的大量涌入，东北区域包括辽西走廊地区各族婚俗也在逐渐变化。比如，结婚年龄上的改变。满族旧俗崇尚早婚，“结婚多在十岁内，过期则以为晚”[②]。在大规模移民之后，满人的早婚现象逐渐减少。至民国时期，满人的结婚年龄与汉族相近，大致是男 18—20 岁、女 17—21 岁。再者，婚姻仪式也有了一定的改变。汉人婚嫁六礼（纳彩、问名、纳吉、纳征、请期、亲迎）的习俗沿袭已久，满人婚姻早期比较古朴简单，但清中期以后逐渐要有“问名”“合婚”“相看”“放定”“迎亲”等礼仪过程才能成婚，这应该是受到了汉族婚嫁六礼的影响。当然，一族习俗也有沿袭性，《兴京县志》载：“放定之日，女饰盛服出，用旱烟筒

① 郝文军、薛雷平：《基于民俗视角的辽西走廊地区多民族文化共生互化研究——以辽宁省喀喇沁左翼蒙古族自治县为例》，《渤海大学学报》（哲学社会科学版）2020 年第 6 期。

② 《柳边纪略》卷 4，《辽海丛书》第 1 册，第 258 页。

与男家来宾以次装烟，此乃参以满洲之俗。”[①] 前文有论及，随着汉人大批进入，蒙、汉的婚姻习俗互相影响，又有清朝时期满蒙联姻关系的存在，这些民族间的通婚使彼此婚俗更趋于相近。在这一进程之中，辽西走廊地区汉族婚礼逐渐简疏，姑娘及笄礼也趋于淡化，常至嫁“梳妆加笄”，结婚当天，男方多不亲迎，但“缙绅之家亦有行亲迎礼者”，其余基本与关内略同。[②] 在某种意义上可以说，婚俗融合促进了满、蒙古、汉等族之间的通婚，间接地稳定了社会环境，为民族经济文化的融合与发展提供了条件。

东北地区丧葬习俗的发展演变也体现出汉族进入的影响。乾隆皇帝曾下发旗民丧葬事宜的诏书，有言：“遇父母之丧，弃之不忍，携之不能，故用火化，以便随身捧持，聊以遂其不忍相离之愿，非得已也。”[③] 将满人的火葬习俗予以解说。但随着汉人不断进入满人生活区域，汉族传统的“入土为安”理念影响到满人，满族也逐渐向土葬发展。在丧葬仪式方面，满汉也互相影响，满族的死后入葬礼俗逐渐向繁复发展，而东北汉族的葬俗也受当地文化影响而趋向简单，比如守孝日期缩短，而且在守孝期间，可以进行一切生产活动，这样的融合也促进了生产的发展。再如乾隆年间，蒙古人之前每逢“除夕至祖先茔上烧纸祭献，今亦有遵汉礼，遇清明节拜扫者”[④]。

---

① 沈国冕修，苏民纂：《兴京县志》卷8《礼俗·婚嫁》，《中国方志丛书·东北地方·第九号》，台北：成文出版社，1974年，第258—259页。

② 王文藻修，陆善格纂：《锦县志》卷17《礼俗·婚娶》，《中国方志丛书·东北地方·第十五号》，台北：成文出版社，1974年，第893—896页。

③ 《清高宗实录》卷5，雍正十三年十月乙酉条，第241页。

④ 《塔子沟纪略》卷12《附余》，《中国地方志集成·辽宁府县志辑㉓》，第666页。

4. 信仰习俗

辽西走廊地带历来是农牧交汇之地，是各族杂居共处之地，也是多元宗教信仰传播之地。中国古代统治者常以宗教信仰为整合诸民族和维护统治的手段，清朝统治者亦如是。

首先，辽人崇佛教，这一信仰形式在辽金元明以至清时期的辽西走廊都有一定的发展，有学者称“明清交替之际，藏传佛教于辽东（主要在辽西走廊）传布”，“明、蒙、后金的互动是‘明清之变’的关键进程，少有人注意，喇嘛曾是这一时期重要的中间人”[①]。如北票（清）惠宁寺属于藏传佛教寺庙，从建筑风格看融合了汉藏建筑特点，体现出汉藏文化在辽西走廊的交流融汇。辽西走廊区域明清之际著名寺庙尚有今朝阳市的清朝佑顺寺和处于最东位置的阜新圣经寺等。

其次，清朝以来，随着大批汉人闯关东的行为，汉族民间信仰逐渐传入东北各地区，影响着关外民众。以至民国时期，“旗人所祭之神与汉人同，而特重观世音菩萨、伏魔大帝及土地神。故祭时碟泵献酒，必敬必虔焉”[②]。总而言之，清代以来东北地区各族人的信仰结构逐渐多元化。随之而来，东北地区各类庙宇也逐渐增多，庙宇的建筑风格以及祭祀的神灵种类等与关内多有相似。

另外，入居东北的汉人也并非完全传承关内汉人传统信仰，长期与满、蒙古等族杂居共处，汉人也逐渐接受在北方诸族间颇为流行的萨满信仰。比如清朝东北汉人诸如今天吉林市乌拉街的汉军旗人也盛行萨满信仰，有着丰富的萨满文化传承。

---

① 王剑利：《“多廊联动”与多元一体的中国——从辽西走廊的宗教实践切入》，《读书》2021 年第 9 期。

② 刘爽：《吉林新志》下《人文之部》，第三章《人民》第九节《礼俗》，吉林大学藏民国抄本，1934 年，第 129 页。

5. 节庆习俗

在多族并存的辽西走廊地带，随着诸族杂居共处，各族民众间的节庆习俗也逐渐交汇融合，即便以关内汉民为主的地区，虽节庆与内地相同，但具体活动也往往增加了当地其他民族的传统。如辽宁朝阳、义县等存在的社火活动，据民国十九年《朝阳县志》："元宵时约集村众……或扮饰青年子弟十数人，为男女老幼之形，演唱通俗吉利歌词，相副路灯而行，到处则其家燃放花炮开门列炬，以示欢迎。如是三日而止，谓之灯花会。又扮演一人戴白顶或红顶凉帽，穿黄马褂、系红战裙，腰挎腰刀，手执蝇甩，摇摆前导者，谓之达子官。一人穿彩衣、践朱履，……耳挂红椒坠，手持笤篱或雕翎扇，相随于后者，谓之老迈婆……又一人白顶秋帽，貂尾双垂，补服长袍，坐独竿轿上，押随于后，谓之灯政司，亦曰灯官……"[①] 其中的灯官、老迈婆、达子官等称呼与河北秧歌相似，身着、手持彩绸、扇子等物有山东秧歌风采。又有其他摔跤等形式表演，有明显的蒙古族特色。再如喀左县有着传承久远的黄河灯会和天成观皇会。入清后，顺治帝已开始册封喀左旗首领，此时喀左旗衙门所在地官大海已开始有黄河灯会活动。这种黄河灯会活动在我国北方诸如河北、山东、山西等地都有存在，主要活动形式随各地生活习俗而有所差异。喀左旗的黄河灯会活动与当地民族结构相呼应而不断丰富，舞龙、舞狮、秧歌、灯谜等活动都在其中，体现出诸族融合的特色。与之相似，天成观皇会自清代以来都是喀左旗非常受欢迎和重视的民间节庆活动，是一个源自对药王孙思邈的纪念活动而来的大型庙会，后经清朝乾隆皇帝恩准为皇会，因着当地的民族结构而逐渐发展成各民族共

① 《朝阳县志》卷25《风土篇》，《中国地方志集成·辽宁府县志辑㉓》，第463页。

同参与，集民间音乐、舞蹈甚至武术于一体的大型演出活动，也体现出汉满蒙民族融会贯通的特色。

综上所述，随着大批关内汉人闯关东的行为，在辽西走廊区域生活的各族在语言文字、饮食习惯、婚丧礼俗、信仰文化以及节庆活动等各方面都存在互相影响和彼此融汇，促生了近代关东文化形式。辽宁喀左的多民族文化交融是辽西走廊地区民族文化融合的一个典型代表，尤其反映了清末民国时期汉、满、蒙古等民族相互杂居、文化上互相融合的历史，是关东文化嬗变的一面镜子。

参考文献

古籍

《国语》，上海：上海古籍出版社，1978年。

（汉）司马迁：《史记》，北京：中华书局，1959年。

（汉）班固：《汉书》，北京：中华书局，1962年。

（南朝宋）范晔：《后汉书》，北京：中华书局，1965年。

（晋）陈寿：《三国志》，北京：中华书局，1959年。

（唐）房玄龄等：《晋书》，北京：中华书局，1974年。

（北齐）魏收：《魏书》，北京：中华书局，1974年。

（南朝梁）沈约：《宋书》，北京：中华书局，1974年。

（唐）李百药：《北齐书》，北京：中华书局，1972年。

（唐）令狐德棻：《周书》，北京：中华书局，1971年。

（唐）李延寿：《北史》，北京：中华书局，1974年。

（唐）魏徵等：《隋书》，北京：中华书局，1973年。

（后晋）刘昫等：《旧唐书》，北京：中华书局，1975年。

（宋）欧阳修等：《新唐书》，北京：中华书局，1975年。

（宋）欧阳修：《新五代史》，北京：中华书局，1974 年。

（宋）薛居正等：《旧五代史》，北京：中华书局，1976 年。

（元）脱脱等：《宋史》，北京：中华书局，1977 年。

（元）脱脱等：《辽史》，北京：中华书局，2016 年。

（元）脱脱等：《金史》，北京：中华书局，2020 年。

（明）宋濂等：《元史》，北京：中华书局，1976 年。

（清）柯劭忞：《新元史》，上海：上海古籍出版社、上海书店，1989 年。

（清）张廷玉等：《明史》，北京：中华书局，1974 年。

（清）赵尔巽等撰：《清史稿》，北京：中华书局，1998 年。

（宋）司马光：《资治通鉴》，北京：中华书局，1956 年。

（北魏）崔鸿：《十六国春秋》，《景印文渊阁四库全书》，台北：台湾商务印书馆，2008 年。

（北魏）崔鸿撰，（清）汤球辑补，聂溦萌、罗新、华喆点校：《十六国春秋辑补》，北京：中华书局，2020 年。

（北魏）郦道元著，陈桥驿校证：《水经注校证》，北京：中华书局，2007 年。

（唐）李林甫等撰，陈仲夫点校：《唐六典》，北京：中华书局，1992 年。

（唐）杜佑：《通典》，王文锦等点校，北京：中华书局，1988 年。

（宋）王溥：《唐会要》，上海：上海古籍出版社，2006 年。

（宋）王谠撰，周勋初校证：《唐语林校证》，北京：中华书局，1987 年。

（宋）陆游：《南唐书》，《丛书集成初编》，上海：商务印书馆，1935 年。

（宋）王钦若等：《册府元龟》，北京：中华书局，1960 年。

（宋）乐史撰，王文楚等点校:《太平寰宇记》，北京:中华书局，2007年。

（宋）李昉:《太平御览》，北京:中华书局，1960年。

（宋）李焘:《续资治通鉴长编》，北京:中华书局，2004年。

（宋）沈括:《梦溪笔谈》，北京:中华书局，2016年。

（宋）苏颂:《苏魏公文集》，北京:中华书局，1988年。

（宋）苏辙:《苏辙集》，北京:中华书局，1990年。

（宋）欧阳修:《欧阳修全集》，北京:中华书局，2001年。

（宋）欧阳修:《欧阳修集编年笺注》，成都:巴蜀书社，2007年。

（宋）曾公亮等:《武经总要》，刘鲁民主编:《中国兵书集成》（第4册），沈阳:辽沈书社，北京:解放军出版社，1992年。

（宋）庄绰:《鸡肋编》，北京:中华书局，1983年。

（宋）确庵、耐庵编，崔文印笺证:《靖康稗史笺证》，北京:中华书局，2010年。

（宋）徐梦莘:《三朝北盟会编》，上海:上海古籍出版社，2008年。

（宋）范成大:《揽辔录》，《范成大笔记六种》，北京:中华书局，2002年。

（宋）彭大雅:《黑鞑事略》，《丛书集成初编》，上海:商务印书馆，1937年。

（宋）叶隆礼撰，贾敬颜、林荣贵点校:《契丹国志》，北京:中华书局，2014年。

（宋）宇文懋昭撰，崔文印校证:《大金国志校证》，北京:中华书局，1986年。

（金）王寂:《拙轩集》，文渊阁《四库全书》第1190册，台北:台湾商务印书馆，1986年。

（金）王寂：《辽东行部志》，《辽海丛书》第 4 册，沈阳：辽沈书社，1985 年。

陈高华等点校：《元典章》，北京：中华书局，2011 年。

（元）苏天爵：《滋溪文稿》，北京：中华书局，1997 年。

（明）官修《明实录》，台湾“中央研究院”历史语言研究所校勘本，上海：上海书店出版社，1982 年。

（明）严从简：《殊域周咨录》，北京：中华书局，1993 年。

（明）何乔远撰，张德信、商传、王熹点校：《名山藏》，北京：北京大学出版社，1993 年。

（明）丘濬著，林冠群、周济夫校点：《大学衍义补》，《中国经学史基本丛书》第四册，上海：上海书店出版社，2012 年。

（明）朱健：《古今治平略》，《续修四库全书》第 757 册，上海：上海古籍出版社，2002 年。

（明）魏焕：《皇明九边考》，《四库全书存目丛书》第 226 册，济南：齐鲁书社，1996 年。

（明）戚继光著，邱心田校释：《练兵实纪杂集》，《丛书集成初编》，上海：商务印书馆，1936 年。

（明）戚继光撰，张德信校释：《戚少保奏议》，北京：中华书局，2001 年。

（清）顾祖禹：《读史方舆纪要》，北京：中华书局，2005 年。

（明）毕恭等：《辽东志》，《辽海丛书》第 1 册，沈阳：辽沈书社，1985 年。

（明）王之诰：《全辽志》，《辽海丛书》第 1 册，沈阳：辽沈书社，1985 年。

辽宁省档案馆、辽宁省社会科学院历史研究所：《明代辽东档案汇编》，沈阳：辽沈书社，1980 年。

（明）李化龙:《抚辽疏稿》,《四库禁毁书丛刊》第 69 册,北京:北京出版社，1998 年。

（明）冯瑗：《万历开原图说》,《中国地方志集成·辽宁府县志辑 ⑫》，南京：凤凰出版社，2006 年。

（明)冯琦:《宗伯集》,《四库禁毁书丛刊·集部》第 15 册,北京:北京出版社，1998 年。

（明）瞿九思：《万历武功录》,《四库禁毁书丛刊·史部》第 36 册，北京：北京出版社，1998 年。

（明）陈建撰,（明）沈国元订补：《皇明从信录》,《续修四库全书》第 355 册，上海：上海古籍出版社，2002 年。

（清）谷应泰：《明史纪事本末》，北京：中华书局，2015 年。

（清）官修《清实录》，北京：中华书局，1985 年。

中国第一历史档案馆整理：《康熙起居注》，北京：中华书局，1984 年。

（清）崑冈等修，刘启端等纂：《钦定大清会典事例》,《续修四库全书》第 800 册，上海：上海古籍出版社，2002 年。

（清）张廷玉等编撰：《清朝文献通考》，上海：商务印书馆，1936 年。

（清）刘锦藻:《皇朝续文献通考》,《续修四库全书》第 817 册，上海：上海古籍出版社，2002 年。

（清)鄂尔泰等:《八旗通志》,长春:东北师范大学出版社,1985 年。

（清）杨宾:《柳边纪略》,《辽海丛书》第 1 册,沈阳:辽沈书社，1985 年。

（清）杨同桂:《沈故》,《辽海丛书》第 1 册，沈阳:辽沈书社，1985 年。

（清）吴桭臣：《宁古塔纪略》,《中国地方志集成·黑龙江府县志辑⑥》，南京：凤凰出版社，2006 年。

（清）哈达清格：《塔子沟纪略》，《中国地方志集成 · 辽宁府县志辑 ㉓》。南京：凤凰出版社，2006 年。

（清）王一元：《辽左见闻录》，吉林大学馆藏清抄本。

（清）西清：《黑龙江外记》，《中国方志丛书 · 东北地方 · 第二号》，台北：成文出版社，1969 年。

（清）曹廷杰：《东北边防辑要》，《辽海丛书》第 4 册，沈阳：辽沈书社，1985 年。

（清）阿桂等：《盛京通志》，《中国地方志集成·省志辑·辽宁①》南京：凤凰出版社，2009 年。

王树楠、吴廷燮、金毓黻等：《奉天通志》，东北文史丛书编辑委员会点校出版，1983 年。

王文藻修，陆善格纂：《锦县志》，《中国方志丛书·东北地方·第十五号》，台北：成文出版社，1974 年。

沈国冕修，苏民纂：《兴京县志》，《中国方志丛书·东北地方·第九号》，台北：成文出版社，1974 年。

郑铁铮修，孙庆璋、沈鸣诗、赵俊儒纂：《朝阳县志》，《中国地方志集成 · 辽宁府县志辑 ㉓》，南京：凤凰出版社，2006 年。

绥中县地方志编纂委员会：《绥中县志》，沈阳：辽宁人民出版社，1988 年。

刘爽：《吉林新志》，吉林大学藏民国抄本，1934 年。

孙启治等：《北魏墓志选粹》，武汉：湖北美术出版社，2001 年。

周绍良：《唐代墓志汇编》，上海：上海古籍出版社，1992 年。

周绍良、赵超：《唐代墓志汇编续集》，上海：上海古籍出版社，2001 年。

向南：《辽代石刻文编》，石家庄：河北教育出版社，1995 年。

向南、张国庆、李宇峰：《辽代石刻文续编》，沈阳：辽宁人民出版社，2010年。

陕西省考古研究院：《陕西省考古研究院新入藏墓志》，上海：上海古籍出版社，2019年。

西安碑林博物馆：《碑林集刊》第十五辑，西安：三秦出版社，2009年。

王晶辰：《辽宁碑志》，沈阳：辽宁人民出版社，2002年。

韩理洲：《全隋文补遗》，西安：三秦出版社，2004年。

（清）董诰等：《全唐文》，北京：中华书局，1983年。

（清）彭定求等：《全唐诗》，北京：中华书局，1960年。

吴钢：《全唐文补遗》（第六辑），西安：三秦出版社，1999年。

陈述辑校：《全辽文》，北京：中华书局，1982年。

陈述、朱子方：《辽会要》，上海：上海古籍出版社，2009年。

贾敬颜：《五代宋金元人边疆行记十三种疏证稿》，北京：中华书局，2004年。

赵永春：《奉使辽金行程录》，北京：商务印书馆，2017年。

［日本］菅野真道等：《續日本紀》，東京：經濟雜誌社，1914年。

［高丽］金富轼著，杨军校勘：《三国史记》，长春：吉林大学出版社，2015年。

考古学发掘、调查报告

李文信：《义县清河门辽墓发掘报告》，《考古学报》1954年第8册。

朱贵:《辽宁朝阳十二台营子青铜短剑墓》,《考古学报》1960年第1期。

吴汝康:《辽宁建平人类上臂骨化石》,《古脊椎动物与古人类》1961年第4期。

苏赫:《内蒙古昭盟发现“大唐营州都督许公德政之碑”碑额》,《考古》1964年第2期。

内蒙古自治区文物工作队:《内蒙古宁城县小榆树林子遗址试掘简报》,《考古》1965年第12期。

辽宁省博物馆:《凌源西八间房旧石器时代文化地点》,《古脊椎动物与古人类》1973年第2期。

辽宁省博物馆、朝阳地区博物馆:《辽宁喀左县北洞村发现殷代青铜器》,《考古》1973年第4期。

中国科学院考古研究所内蒙古工作队:《赤峰药王庙、夏家店遗址试掘报告》,《考古学报》1974年第1期。

喀左县文化馆、朝阳地区博物馆、辽宁省博物馆、北洞文物发掘小组:《辽宁喀左县北洞村出土的殷周青铜器》,《考古》1974年第6期。

鸽子洞发掘队:《辽宁鸽子洞旧石器遗址发掘报告》,《古脊椎动物与古人类》1975年第2期。

宿白:《东北、内蒙古地区的鲜卑遗迹——鲜卑遗迹辑录之一》,《文物》1977年第5期。

辽宁省文物干部培训班:《辽宁北票县丰下遗址1972年春发掘简报》,《考古》1976年第3期。

辽宁省博物馆、昭乌达盟文物工作站、敖汉旗文化馆:《辽宁敖汉旗小河沿三种原始文化的发现》,《文物》1977年第12期。

中国社会科学院考古研究所内蒙古工作队:《赤峰西水泉红

山文化遗址》,《考古学报》1982 年第 2 期。

李恭笃 :《昭乌达盟石棚山考古新发现》,《文物》1982 年第 3 期。

辽宁省博物馆文物工作队 :《辽宁林西县大井古铜矿 1976 年试掘简报》，载《文物资料丛刊》第 7 辑，北京 : 文物出版社，1983 年。

辽宁省博物馆、昭乌达盟文物工作站、赤峰县文化馆 :《内蒙古赤峰县四分地东山咀遗址试掘简报》,《考古》1983 年第 5 期。

郭大顺、张克举 :《辽宁省喀左县东山嘴红山文化建筑群址发掘简报》,《文物》1984 年第 11 期。

敖汉旗文物管理所 :《内蒙古昭乌达盟敖汉旗北三家辽墓》,《考古》1984 年第 11 期。

徐基、孙国平 :《辽宁朝阳发现北燕、北魏墓》,《考古》1985 年第 10 期。

徐光冀 :《赤峰英金河、阴河流域的石城遗址》，载《中国考古学研究——夏鼐先生考古五十年纪念论文集》，北京 : 文物出版社，1986 年。

李恭笃、高美璇 :《内蒙古敖汉旗四棱山红山文化窑址》,《史前研究》1987 年第 4 期。

中国社会科学院考古研究所内蒙古工作队 :《内蒙古敖汉旗小山遗址》,《考古》1987 年第 6 期。

孙建华、张郁 :《辽陈国公主驸马合葬墓发掘简报》,《文物》1987 年第 11 期。

中国社会科学院考古研究所内蒙古工作队 :《内蒙古敖汉旗赵宝沟一号遗址发掘简报》,《考古》1988 年第 1 期。

内蒙古自治区文物工作队、巴林右旗文物馆 :《内蒙古巴林右旗罕山辽代祭祀遗址发掘报告》,《考古》1988 年第 11 期。

辽宁省文物考古研究所、喀左县博物馆:《喀左和尚沟墓地》,《辽海文物学刊》1989 年第 2 期。

唐山市文物管理所等:《河北玉田县大李庄村汉墓清理简报》,《文物春秋》1991 年第 1 期。

刘观民:《内蒙古赤峰市大甸子墓地述要》,《考古》1992 年第 4 期。

邵国田:《敖汉旗铁匠沟战国墓地调查简报》,《内蒙古文物考古》1992 年第 1、2 期。

中国社会科学院考古研究所编:《中国考古学中碳十四年代数据集(1965—1991)》,北京:文物出版社,1992 年。

唐山市文物管理处等:《滦县塔坨鲜卑墓群清理简报》,《文物春秋》1994 年第 3 期。

项春松、李义:《宁城小黑石沟石椁墓调查清理报告》,《文物》1995 年第 5 期。

潘其风:《大甸子墓葬出土人骨的研究》,载《大甸子——夏家店下层文化遗址与墓地发掘报告》,北京:科学出版社,1996 年。

中国社会科学院考古研究所内蒙古工作队:《内蒙古敖汉旗兴隆洼聚落遗址 1992 年发掘简报》,《考古》1997 年第 1 期。

辽宁省文物考古研究所:《辽宁牛河梁第五地点一号冢中心大墓(M1)发掘简报》,《文物》1997 年第 8 期。

朱永刚:《锦西部集屯小荒地出土的曲刃青铜短剑与屠何故城》,《文物春秋》2000 年第 1 期。

刘泷、武自然:《敖汉旗城子山夏家店下层文化考古新发现:4000 年前的中心性祭祀遗址》,《内蒙古日报(汉)》2000 年 11 月 1 日第 5 版。

邵国田 :《城子山遗址》,《内蒙古文物考古》2001 年 2 期。

辽宁省文物考古研究所 :《辽宁北票市康家屯城址发掘简报》,《考古》2001 年 8 期。

辽宁省文物考古研究所、朝阳市博物馆 :《辽宁朝阳市黄河路唐墓的清理》,《考古》2001 年第 8 期。

辛岩、方殿春 :《查海遗址 1992~1994 年发掘报告》,载《辽宁考古文集》,沈阳 : 辽宁民族出版社,2003 年。

吉林大学边疆考古研究中心、内蒙古文物考古研究所 :《2002 年内蒙古林西县井沟子遗址西区墓葬发掘纪要》,《考古与文物》2004 年第 1 期。

中国社会科学院考古研究所内蒙古第一工作队 :《内蒙古赤峰市兴隆沟聚落遗址 2002~2003 年的发掘》,《考古》2004 年第 7 期。

索秀芬、郭治中 :《白音长汗遗址小河西文化遗存》,《边疆考古研究》第 3 辑,北京 : 科学出版社,2004 年。

辽宁省文物考古研究所、朝阳市博物馆、朝阳县文物管理所:《朝阳小东山新石器至汉代遗址发掘报告》,载《辽宁省道路建设考古报告集(2003)》,沈阳 : 辽宁民族出版社,2004 年。

辽宁省文物考古研究所 :《辽宁北票喇嘛洞青铜时代墓葬》,《文物》2004 年第 5 期。

辽宁省文物考古研究所、朝阳市博物馆、北票市文物管理所:《辽宁北票喇嘛洞墓地 1998 年发掘报告》,《考古学报》2004 年第 2 期。

内蒙古自治区文物研究所编 :《和林格尔汉墓壁画》,北京 : 文物出版社,2007 年。

辽宁省文物考古研究所 :《牛河梁红山文化第二地点一号冢石棺墓的发掘》,《文物》2008 年第 10 期。

郭大顺：《从东山嘴到牛河梁——辽西红山文化遗址发现始末》，《沈阳故宫博物院院刊》2008年第6辑。

敖汉旗博物馆：《敖汉旗杜力营子新石器时代遗址调查简报》，《内蒙古文物考古》2009年第2期。

杨虎、林秀贞：《内蒙古敖汉旗小河西遗址简述》，《北方文物》2009年第2期。

杨虎、林秀贞：《内蒙古敖汉旗红山文化西台类型遗址简述》，《北方文物》2010年第3期。

王立新、塔拉、朱永刚主编：《林西井沟子——晚期青铜时代墓地的发掘与综合研究》，北京：科学出版社，2010年。

内蒙古文物考古研究所：《内蒙古赤峰市二道井子遗址的发掘》，《考古》2010年第8期。

辽宁省文物考古研究所：《朝阳袁台子——战国西汉遗址和西周至十六国时期墓葬》，北京：文物出版社，2010年。

辽宁省文物考古研究所编著：《牛河梁——红山文化遗址发掘报告（1983—2003年度）》，北京：文物出版社，2012年。

孙永刚、赵志军：《魏家窝铺红山文化遗址出土植物遗存综合研究》，《农业考古》2013年第3期。

成景瑭、塔拉、曹建恩、熊增珑：《内蒙古赤峰魏家窝铺新石器时代遗址的发现与认识》，《文物》2014年第11期。

辽宁省博物馆：《北燕冯素弗墓》，北京：文物出版社，2015年。

辽宁省文物考古研究所：《辽宁北镇市辽代帝陵2012~2013年考古调查与试掘》，《考古》2016年第10期。

辽宁省文物考古研究所、朝阳市龙城区博物馆：《辽宁朝阳市半拉山红山文化墓地的发掘》，《考古》2017年第2期。

辽宁省文物考古研究所、朝阳市龙城区博物馆：《辽宁朝阳市半拉山红山文化墓地》,《考古》2017 年第 7 期。

辽宁省文物考古研究所、锦州市文物考古研究所、北镇市文物处 :《辽宁北镇市辽代耶律弘礼墓发掘简报》,《考古》2018 年第 4 期。

辽宁省文物考古研究院、锦州市文物考古研究所、北镇市文物管理处:《辽宁北镇市琉璃寺遗址 2016 ~ 2017 年发掘简报》,《考古》2019 年第 2 期。

辽宁省文物考古研究院、锦州市博物馆、北镇市文物处 :《辽宁北镇市辽代韩德让墓的发掘》,《考古》2020 年第 4 期。

辽宁省文物考古研究院、锦州市文物考古研究所、北镇市文物处等 :《辽宁北镇市新立遗址一号基址 2015 ~ 2018 年发掘简报》,《考古》2020 年第 11 期。

辽宁省文物考古研究院、锦州市博物馆、北镇市文物处 :《辽宁北镇辽代耶律弘义墓发掘简报》,《文物》2021 年第 11 期。

中国现代论著

著作 :

岑仲勉 :《岑仲勉史学论文集》, 北京 : 中华书局, 1990 年。

陈澄之 :《伊犁烟云录》, 上海 : 中华建国出版社, 1948 年。

陈显昌 :《唐代长安通往渤海的交通要道》,《学习与探索》1983 年第 2 期。

陈永志:《契丹史若干问题研究》, 北京:文物出版社, 2011 年。

程妮娜 :《金代政治制度研究》, 长春 : 吉林大学出版社,

1999 年。

程妮娜：《古代中国东北民族地区建置史》，北京：中华书局，2011 年。

程妮娜：《古代东北民族朝贡制度史》，北京：中华书局，2016 年。

程妮娜主编：《中国地方史纲》，长春：吉林大学出版社，2007 年。

崔向东：《义县通史》，哈尔滨：黑龙江人民出版社，2019 年。

东北考古与历史编辑委员会：《东北考古与历史》（第一辑），北京：文物出版社，1982 年。

傅斯年：《东北史纲》，上海：上海三联书店，2017 年。

冯永谦：《北方史地研究》，郑州：中州古籍出版社，1994 年。

高然：《慕容鲜卑与五燕国史研究》，北京：北京大学出版社，2018 年。

高秀静主编：《中国分省系列地图册·辽宁》，北京：中国地图出版社，2019 年。

国家文物局主编：《中国文物地图集·辽宁分册》，西安：西安地图出版社，2009 年。

姜涛：《中国近代人口史》，杭州：浙江人民出版社，1993 年。

金毓黻主编：《辽海丛书》，沈阳：辽沈书社，1985 年。

李海叶：《慕容鲜卑的汉化与五燕政权——十六国少数民族发展史的个案研究》，北京：中国社会科学出版社，2015 年。

李健才：《唐代渤海王国的创建者大祚荣是白山靺鞨人》，《民族研究》2000 年第 6 期。

李清泉：《宣化辽墓：墓葬艺术与辽代社会》，北京：文物出版社，2008 年。

李兴盛:《东北流人史》, 哈尔滨:黑龙江人民出版社, 1999 年。

李治亭主编 :《东北通史》, 郑州 : 中州古籍出版社, 2014 年。

李治亭主编 :《关东文化大辞典》, 沈阳 : 辽宁教育出版社, 1993 年。

李春利 :《东北非物质文化遗产丛书(民间建筑技艺卷)》, 沈阳 : 东北大学出版社, 2018 年。

辽宁省文物考古研究所编 :《三燕文物精粹》, 沈阳 : 辽宁人民出版社, 2002 年。

辽宁省文物考古研究所、日本奈良文化财研究所 :《朝阳隋唐墓葬发现与研究》, 北京 : 科学出版社, 2012 年。

林幹 :《东胡史》, 呼和浩特 : 内蒙古人民出版社, 1989 年。

路遇 :《清代和民国山东移民东北史略》, 上海 : 上海社会科学院出版社, 1987 年。

卢冶萍、柏艺萌 :《辽宁朝阳出土唐代孙氏墓志汇考》,《中国国家博物馆馆刊》, 2014 年第 12 期。

吕书田 :《锦州纪略》(补遗卷), 锦州市图书馆藏铅印本, 2000 年。

马长寿:《乌桓与鲜卑》, 桂林:广西师范大学出版社, 2006 年。

马长寿:《马长寿文集》, 西安:陕西师范大学出版社, 2019 年。

齐东方:《唐代金银器》, 北京:中国社会科学出版社, 1999 年。

瞿中溶 :《集古官印考证》, 东方学会, 1924 年。

任爱君 :《契丹史实揭要》, 哈尔滨 : 哈尔滨出版社, 2001 年。

宋德金、张希清 :《中华文明史》(第 6 卷), 石家庄 : 河北教育出版社, 1994 年。

宋卿 :《唐代营州与东北边疆经略》, 长春 : 吉林大学出版社, 2019 年。

孙进己、王绵厚：《东北历史地理》第一卷，哈尔滨：黑龙江人民出版社，1989年。

孙进己、冯永谦：《东北历史地理》（上），哈尔滨：黑龙江人民出版社，2013年。

孙进己：《东北各民族文化交流史》，沈阳：春风文艺出版社，1992年。

孙危：《鲜卑考古学文化研究》，北京：科学出版社，2007年。

谭其骧：《中国历史地图集》，北京：中国地图出版社，1982年。

谭其骧主编：《〈中国历史地图集〉释文汇编·东北卷》，北京：中央民族学院出版社，1988年。

田志和、潘景隆：《吉林建置沿革概述》，长春：吉林人民出版社，1990年。

佟冬主编，丛佩远著：《中国东北史》第三卷，长春：吉林文史出版社，1998年。

王国维：《观堂集林》，石家庄：河北教育出版社，2003年。

王绵厚、李健才：《东北古代交通》，沈阳：沈阳出版社，1990年。

王绵厚、朴文英：《中国东北与东北亚古代交通史》，沈阳：辽宁人民出版社，2016年。

徐光翼：《中国出土壁画全集》，北京：科学出版社，2012年。

严耕望：《唐代交通图考》（第五卷 河东河北区），上海：上海古籍出版社，2007年。

余冠英：《三曹诗选》，北京：中华书局，2012年。

于春英、衣保中：《近代东北农业历史的变迁（1860—1945）》，长春：吉林大学出版社，2009年。

张博泉、苏金源、董玉瑛：《东北历代疆域史》，长春：吉林人民出版社，1981年。

张博泉：《金代经济史略》，沈阳：辽宁人民出版社，1981年。

张玉兴：《清代流人诗选》，沈阳：辽沈书社，1988年。

赵宾福：《东北石器时代考古》，长春：吉林大学出版社，2003年。

赵文林、谢淑君：《中国人口史》，北京：人民出版社，1988年。

中国社会科学院民族研究所社会历史室资料组编译：《民族史译文集》第十集，未刊印本，1981年。

朱诚如主编：《辽宁通史》第3卷，沈阳：辽宁民族出版社，2009年。

论文：

毕德广：《唐代两蕃的考古学文化研究》，《辽宁师范大学学报》2015年第4期。

边昊、吴凤霞：《论辽金对辽西走廊交通的经营》，《北方文物》2019年第4期。

沧洲：《后燕慕容垂的疆土无洛阳》，《中国历史地理论丛》1992年第3期。

陈梦家：《西周铜器断代》（三），《考古学报》1956年第1期。

陈胜前、杨宽、董哲、陈慧、王立新：《大山前遗址夏家店下层文化石铲的功能研究》，《考古》2013年第6期。

陈平：《夏家店下层文化研究综述》，载《北京文物与考古》第5辑，北京：北京燕山出版社，2002年。

陈忠、王曦昌：《东北文化的移民文化形态及其异化初探》，《社会科学战线》1997年第6期。

曹汛：《万佛堂石窟两方北魏题记中的若干问题》，《文物》1980年第6期。

程妮娜：《辽金时代の中国东北地区における汉族の葬祭について》，日本《比较民俗研究》14 号，1996 年 9 月。

程妮娜：《辽金王朝与中华多元一体的关系》，《史学集刊》2006 年第 1 期。

崔向东：《辽西走廊变迁与民族迁徙和文化交流》，《广西民族大学学报》（哲学社会科学版）2012 年第 4 期。

崔向东：《论辽西走廊的历史地位与当代价值》，《渤海大学学报》2021 年第 5 期。

董新林:《魏营子文化初步研究》,《考古学报》2000 年第 1 期。

都兴智：《略论辽朝统治时期辽宁境内的民族》，《辽宁工程技术大学学报》（社会科学版）2006 年第 6 期。

冯时：《红山文化三环石坛的天文学研究——兼论中国最早的圜丘与方丘》，《北方文物》1993 年第 1 期。

冯永谦、韩宝兴:《凌源富家屯元墓》,《文物》1985 年第 6 期。

冯永谦：《武厉逻新考（上）》，《东北史地》2012 年第 1 期。

宓达:《十六国时期后燕未曾设过豫州》,《中国历史地理论丛》1991 年第 4 期。

干志耿、李殿福、陈连开:《商先起源于幽燕说》,《历史研究》1985 年第 5 期。

葛华廷：《辽代帝陵布局新探》，载《辽金历史与考古》（第七辑），沈阳：辽宁教育出版社，2017 年。

郭大顺：《大甸子墓地初析》，载《古代文明》第 2 卷，北京：文物出版社，2003 年。

郭大顺：《北方古文化与商文化的起源》，载《中国商文化国际学术讨论会论文集》，北京：中国大百科全书出版社，1998 年。

郭大顺:《试论魏营子类型》,载《考古学文化论集》(一),北京:

文物出版社，1987 年。

郝文军、薛雷平 :《基于民俗视角的辽西走廊地区多民族文化共生互化研究——以辽宁省喀喇沁左翼蒙古族自治县为例》,《渤海大学学报》（哲学社会科学版）2020 年第 6 期。

韩嘉谷 :《论山戎病燕》,《首都博物馆丛刊》2004 年第 1 期。

贾笑冰 :《5500 年前，牛河梁祭祀礼仪完成史前首次制度创新》，https//www.whb.cn/zhuzhan/jtxw/20221231/502094.html。

姜念思 :《辽宁朝阳市黄河路唐墓出土鞣鞨石俑考》,《考古》2005 年第 10 期。

金牛山联合发掘队 :《辽宁营口金牛山旧石器文化的研究》,《古脊椎动物与古人类》1978 年第 2 期。

金景芳:《商文化起源于我国北方说》,载《中华文史论丛》（第七辑），上海 : 上海古籍出版社，1978 年。

李海叶:《后燕退据龙城后政治之“反动”》,《内蒙古大学学报》（哲学社会科学版）2011 年第 4 期。

李三谋 :《明代辽东都司、卫所的行政职能》,《辽宁师范大学学报》（社科版）1989 年第 6 期。

李逸友 :《辽代契丹人墓葬制度概说》，载《内蒙古东部区考古学文化研究文集》，北京 : 海洋出版社，1991 年。

内蒙古自治区文物工作队:《辽中京西城外的古墓葬》,《文物》1961 年第 9 期。

李严、张玉坤、李哲、徐凌玉 :《明长城防御体系整体性保护策略》,《中国文化遗产》2018 年第 3 期。

李延祥、贾海新、朱延平 :《大甸子墓地出土铜器初步研究》,《文物》2003 年第 7 期。

李文信 :《西汉右北平郡治平刚考》,《社会科学战线》1983

年 1 期。

李文信：《中国北部长城沿革考（上）》，《社会科学辑刊》1979 年第 1 期。

李宇峰、韩宝兴、郭添刚、张春宇、王庆宇：《彰武朝阳沟辽代墓地》，载《辽宁考古文集》，北京：科学出版社，2010 年。

黎瑶渤：《辽宁北票县西官营子北燕冯素弗墓》，《文物》1973 年第 3 期。

林幹：《两汉时期"护乌桓校尉"略考》，《内蒙古社会科学》1987 年第 1 期。

林林、冯雷、郭松雪：《慕容鲜卑早期落脚点"棘城之北"考》，《草原文物》2013 年第 2 期。

林沄：《说"貊"》，《史学集刊》1999 年第 4 期。

辽宁省博物馆：《辽宁朝阳金代壁画墓》，《考古》1962 年第 4 期。

廖晓晴：《清代辽宁流人与流人文化述论》，《辽宁大学学报》（哲学社会科学版）2008 年第 6 期。

刘国祥：《夏家店上层文化青铜器研究》，《考古学报》2000 年第 4 期。

刘国祥：《赵宝沟文化聚落形态及相关问题研究》，《文物》2001 年第 9 期。

刘国祥：《红山文化研究》，中国社会科学院研究生院博士学位论文，2015 年。

刘国祥、栗媛秋、刘江涛：《赤峰二道井子聚落的形制布局与社会关系探讨》，《南方文物》2020 年第 4 期。

刘志伟：《中国历史上第一部"英雄"传记——试论王粲，〈英雄记〉》，《兰州大学学报》2002 年第 3 期。

马维仁：《明代“长城”与“边墙”称谓考辩》，《中国边疆史地研究》2022年第4期。

梅新林：《祖先崇拜起源论》，《民俗研究》1994年第4期。

聂崇岐：《宋辽交聘考》，载《宋史丛考》（下册），北京：中华书局，1980年。

单丽、路成宽：《大凌河流域地表水资源状况分析》，《东北水利水电》2008年第4期。

邵会秋、杨建华：《从夏家店上层文化青铜器看草原金属之路》，《考古》2015年第10期。

邵国田：《概述敖汉旗的红山文化遗址分布》，载《中国北方古代文化国际学术研讨会论文集》，北京：中国文史出版社，1995年。

司伟伟：《辽耶律弘义墓志考释》，《文物》2021年第11期。

宋卿：《唐代营州研究》，吉林大学博士学位论文，2008年。

苏秉琦：《辽西古文化古城古国——兼谈当前田野考古工作的重点或大课题》，《文物》1986年第8期。

孙进己：《契丹部落组织发展变化初探》，《社会科学辑刊》1981年第4期。

孙机：《论近年内蒙古出土的突厥与突厥式金银器》，《文物》1993年第8期。

索秀芬：《小河西文化初论》，《考古与文物》2005年第1期。

索秀芬：《燕山南北地区新石器时代文化研究》，吉林大学博士学位论文，2006年。

索秀芬、李少兵：《赵宝沟文化与周围考古学文化的关系》，《内蒙古文物考古》2008年第2期。

索秀芬、李少兵：《红山文化玉龙》，《内蒙古师范大学学报》（哲学社会科学版）2010 年第 5 期。

潘其风：《我国青铜时代居民人种类型的分布和演变趋势》，载《庆祝苏秉琦考古五十五年论文集》，北京：文物出版社，1989 年。

唐兰：《从河南郑州出土的商代前期青铜器谈起》，《文物》1973 年第 7 期。

田立坤：《关于北票喇嘛洞三燕文化墓地的几个问题》，载《辽宁考古文集》，沈阳：辽宁民族出版社，2003 年。

田立坤：《金岭寺建筑址为“廆庙”说》，载《庆祝张忠培先生八十岁论文集》，北京：科学出版社，2014 年。

田志和：《清代科尔沁蒙地开发述略》，《社会科学战线》1982 年第 2 期。

万雄飞、陈慧：《〈秦晋国妃墓志〉“有诏于显陵”解读——兼谈辽代寝殿学士制度》，载《边疆考古研究》（第 19 辑），北京：科学出版社，2016 年。

万雄飞、司伟伟：《辽代耶律弘礼墓志考释》，《考古》2018 年第 6 期。

万雄飞、司伟伟：《辽代韩德让墓志考释》，《考古》2020 年第 5 期。

王成生：《辽宁朝阳市刘承嗣族墓》，《考古》1987 年第 2 期。

王剑利：《“多廊联动”与多元一体的中国——从辽西走廊的宗教实践切入》，《读书》2021 年第 9 期。

王立新：《辽西区史前社会的复杂化进程》，《吉林大学社会科学学报》2005 年第 2 期。

王立新：《大山前遗址发掘资料所反映的夏家店下层文化的经济形态与环境背景》，载《边疆考古研究》第 6 辑，北京：科学出版社，2007 年。

王绵厚：《北镇龙岗耶律宗政墓北邻辽墓发现的考古学窥探》，载《辽金历史与考古》（第四辑），沈阳：辽宁教育出版社，2013年。

王苹：《辽西地区史前人像造型特征与功能探析》，《南方文物》2021年第6期。

王琦：《大凌河流域水资源开发利用程度分析》，《内蒙古水利》2015年第5期。

王旭东：《辽代五京留守研究》，吉林大学博士学位论文，2014年。

王义康：《唐代经营东北与突厥》，《陕西师范大学学报》（哲学社会科学版）2011年第6期。

魏国忠、郭素美：《论渤海主体民族的族属问题》，《社会科学战线》2001年第3期。

韦占彬：《明代“九边”设置时间辨析》，《石家庄师范专科学校学报》2002年第3期。

翁俊雄：《各地志所载唐开元、天宝户口数字的源流、系年和校勘》，《北京师院学报》（社会科学版）1987年第3期。

吴凤霞：《辽代移民辽西及其影响探析》，《北方文物》2015年第2期。

武文君：《辽代医巫闾地区交通路线》，《渤海大学学报》2016年第4期。

肖忠纯：《辽河平原主干交通线路的历史变迁》，《东北史地》2009年第6期。

肖忠纯：《古代“辽泽”地理范围的历史变迁》，《中国边疆史的研究》2010年第1期。

肖忠纯：《古代文献中的“辽泽”地理范围及下辽河平原辽泽的特点、成因分析》，《北方文物》2010年第3期。

向南：《辽代萧氏后族及其居地考》，《社会科学辑刊》2003年第2期。

辛德勇：《论宋金以前东北与中原之间的交通》，《陕西师范大学学报》，1984年第2期。

辛时代：《唐代安东都护府研究》，东北师范大学博士学位论文，2013年。

辛时代：《契丹建国前几个历史问题研究》，吉林大学博士后出站报告，2016年。

项春松：《内蒙古赤峰市元宝山元代壁画墓》，《文物》1983年第4期。

许皓光、刘延新：《汉语中的满语借词概述》，《满族研究》1996年第1期。

薛景平、宝兴：《义县四道岔子辽梁援墓》，《辽金契丹女真史研究动态》1984年第2期。

薛景平、冯永谦：《辽代梁援墓志考》，《北方文物》1986年第2期。

闫芙蓉、李博：《论清代满蒙联姻对喀喇沁地区的影响》，《赤峰学院学报》（汉文哲学社会科学版）2012年第9期。

闫立新：《北宁的古迹遗存及现状》，《满族研究》1996年第4期。

雁羽：《锦西大卧铺辽金时代画像石墓》，《考古》1960年第2期。

杨锡璋：《殷人尊东北方位》，载《庆祝苏秉琦考古五十五年论文集》，北京：文物出版社，1989年。

杨虎、刘国祥：《兴隆洼文化居室葬俗及相关问题探讨》，《考古》1997年第1期。

杨建华：《燕山南北商周之际青铜器遗存的分群研究》，《考古学报》2002 年第 2 期。

杨建华：《夏家店上层文化在中国北方青铜器发展中的传承作用》，载《边疆考古研究》第 7 辑，北京：科学出版社，2008 年。

杨军：《辽代斡鲁朵研究》，《学习与探索》2015 年第 5 期。

杨军：《2—7 世纪东北边疆人口与政局变迁》，《中国边疆史地研究》2023 年第 1 期。

赵宾福：《关于赵宝沟文化的聚落形态问题》，《华夏考古》2008 年第 3 期。

赵红梅：《前燕正统观的发展变化——兼及中原士人出仕前燕心态》，《北方论丛》2011 年第 6 期。

赵现海：《长城与边界：明朝北疆边界意识及其前近代特征》，《求是学刊》2014 年第 4 期。

张博泉：《关于殷人的起源地问题》，《史学集刊》1981 年复刊号。

张柏忠：《辽代的西辽河水道与木叶山、永、龙化、降圣州考》，载《历史地理》第 12 辑，上海：上海人民出版社，1995 年。

张小咏、李永化、刘耕年、尹怀宁：《辽西北地区全新世中期以来环境变迁》，《海洋地质与第四纪地质》2004 年第 4 期。

张星德：《红山文化分期初探》，《考古》1991 年第 8 期。

张星德：《辽西地区新石器文化的序列与谱系再认识》，载《红山文化学术研讨会论文集》，沈阳：辽宁人民出版社，2013 年。

张星德、辛岩：《大、小凌河流域夏家店下层文化聚落的初步认识》，载《东方考古》第 11 集，北京：科学出版社，2014 年。

张国庆：《慕容皝迁都龙城的前因及目的》，《辽宁大学学报》1988 年第 1 期。

张久和 :《东胡系各族综观》,《内蒙古大学学报》(哲学社会科学版) 1990 年第 2 期。

张久和 :《东胡系各族族名研究及其存在问题——兼谈译名研究的可行性条件》,《内蒙古大学学报》(哲学社会科学版) 1996 年第 1 期。

张镇洪 :《辽宁地区远古人类及其文化的初步研究》,《古脊椎动物与古人类》1981 年第 2 期。

郑君雷 :《乌桓遗存的新线索》,《文物春秋》1999 年第 2 期。

郅光建、任学亮 :《清代山东人“闯关东”对东北社会风俗的影响》,《铜仁学院学报》2007 年第 6 期。

朱泓、张全超、常娥 :《探寻东胡遗存——来自生物考古学的新线索》,《吉林大学社会科学学报》2009 年第 1 期。

朱延平 :《辽西区新石器时代考古学文化纵横》, 载《内蒙古东部区考古学文化研究》, 北京 : 海洋出版社 ,1991 年。

朱永刚:《夏家店上层文化的初步研究》,载《考古学文化论集》(一), 北京 : 文物出版社, 1987 年。

朱子方、孙国平 :《隋〈韩暨墓志〉跋》,《北方文物》1986 年第 1 期。

朱子彦 :《司马懿拒辟与狼顾相考辨——兼论司马篡魏观念的滥觞与形成》,《社会科学战线》2019 年第 2 期。

周亚利 :《朝阳三燕、北魏遗存中反映出的汉文化因素》,《辽海文物学刊》1996 年第 1 期。

邹逸麟 :《辽代西辽河流域的农业开发》, 载《辽金史论文集》第二辑, 北京 : 书目文献出版社, 1987 年。

外国现代论著

[日]蜂屋邦夫著，钦伟刚译：《金代道教研究：王重阳与马丹阳》，北京：中国社会科学出版社，2007年。

[日]稻叶岩吉著，杨成龙译：《满洲发达史》，沈阳：东亚印刷株式会社奉天支店，1941年。

[日]岛田正郎著，何天明译：《大契丹国——辽代社会史研究》，呼和浩特：内蒙古人民出版社，2007年。

[日]梶山勝：《漢魏晋代の蛮夷印の用法——西南夷の印を中心として》，载大谷光男编著：《金印研究論文集成》，東京：新人物往来社，1994年。

[日]松井等著，刘凤翥译，邢复礼校：《契丹勃兴史》，载《民族史译文集》第十集，未刊印本，1981年。

[韩]池培善：《就封裕上书论前燕慕容皝时期的经济政策》，《许昌师专学报》1999年第3期。

后　记

《辽西走廊》是“中国古代民族走廊丛书”的一种，也是国家社科基金重大专项项目：“汉晋时期东北郡县研究”（20VGB005）、“认同视阈下辽金渤海族研究”（21VGB003）和辽宁省“兴辽英才计划”项目:“三燕政权建立期间民族交融研究”（XLYC2007147）的项目研究中期成果。本书叙述了从旧石器时代到清王朝末年，在中国历史各个时期辽西走廊各民族交往交流交融的历史发展轨迹，堪称一部“辽西走廊通史”。撰写书稿的具体分工如下：

绪论、第一、二章，程妮娜撰写

第三、四章，赵红梅撰写

第五章，辛时代撰写

第六、七、八章，李忠芝撰写

本书由程妮娜主持拟定撰写大纲，在撰写过程中提出具体修改意见，以及全书最后的统稿和定稿。在收集资料过程中得到我的老同学李晓钟、孙建华、师妹刘建华的鼎力相助，在此表示由衷的感谢。在书稿即将付梓之际，青海人民出版社孙玉涛同志为本书的校对和编辑做了大量细致的工作，对此深表谢意！

程妮娜

2024 年 3 月 5 日